仙道尋蹤·唐道士廿八考

白照杰 著

生活·讀書·新知 三联书店

Copyright © 2025 by SDX Joint Publishing Company.
All Rights Reserved.
本作品版权由生活·读书·新知三联书店所有。
未经许可，不得翻印。

图书在版编目（CIP）数据

仙道寻踪：唐道士廿八考/白照杰著. —北京：
生活·读书·新知三联书店，2025.7. — ISBN 978 - 7
- 108 - 07905 - 3

Ⅰ．B959.92；B959.2
中国国家版本馆 CIP 数据核字第 2024XB9953 号

责任编辑　王婧娅
封面设计　麦梓淇
书名题字　吕昭成
责任印制　洪江龙

出版发行　生活·讀書·新知 三联书店
　　　　　（北京市东城区美术馆东街 22 号）
邮　　编　100010
印　　刷　上海雅昌艺术印刷有限公司
版　　次　2025 年 7 月第 1 版
　　　　　2025 年 7 月第 1 次印刷
开　　本　720 毫米×1000 毫米　1/16　印张　19.75
字　　数　412 千字
定　　价　79.00 元

编审委员会

主　编　权　衡　王德忠
副主编　姚建龙　干春晖　吴雪明
委　员　（按姓氏笔画顺序）

　　　　　丁波涛　王　健　叶　斌　成素梅　刘　杰
　　　　　杜文俊　李宏利　李　骏　李　健　佘　凌
　　　　　沈开艳　沈桂龙　张雪魁　周冯琦　周海旺
　　　　　郑崇选　赵蓓文　黄凯锋

总 序

当今世界，百年变局和世纪疫情交织叠加，新一轮科技革命和产业变革正以前所未有的速度、强度和深度重塑全球格局，更新人类的思想观念和知识系统。当下，我们正经历着中国历史上最为广泛而深刻的社会变革，也正在进行着人类历史上最为宏大而独特的实践创新。历史表明，社会大变革时代一定是哲学社会科学大发展的时代。

上海社会科学院作为首批国家高端智库建设试点单位，始终坚持以习近平新时代中国特色社会主义思想为指导，围绕服务国家和上海发展，服务构建中国特色哲学社会科学，顺应大势，守正创新，大力推进学科发展与智库建设深度融合。在庆祝中国共产党百年华诞之际，上海社科院实施重要学术成果出版资助计划，推出"上海社会科学院重要学术成果丛书"，旨在促进成果转化，提升研究质量，扩大学术影响，更好回馈社会、服务社会。

"上海社会科学院重要学术成果丛书"包括学术专著、译著、研究报告、论文集等多个系列，涉及哲学社会科学的经典学科、新兴学科和"冷门绝学"。著作中既有基础理论的深化探索，也有应用实践的系统探究；既有全球发展的战略研判，也有中国改革开放的经验总结，还有地方创新的深度解析。作者中有成果颇丰的学术带头人，也不乏崭露头角的后起之秀。寄望丛书能从一个侧面反映上海社科院的学术追求，体现中国特色、时代特征、上海特点，坚持人民性、科学性、实践性，致力于出思想、出成果、出人才。

学术无止境，创新不停息。上海社科院要成为哲学社会科学创新的重要基地、具有国内外重要影响力的高端智库，必须深入学习、深刻领会习近平总书记关于哲学社会科学的重要论述，树立正确的政治方向、价值取向和学术导向，聚焦重大问题，不断加强前瞻性、战略性、储备性研究，为全面建设社会主义现代化国家，为把上海建设成为具有世界影响力的社会主义现代化国际大都市，提供更高质量、更大力度的智力支持。建好"理论库"、当好"智囊团"任重道远，唯有持续努力，不懈奋斗。

上海社科院院长、国家高端智库首席专家

目 录

001　绪论　道士考证的意义和方法

005　考一　茅山道士王远知的生平及历史影响
026　考二　《王洪范碑》与茅山道士王轨
040　考三　隋唐楼观道士歧晖
045　考四　隋唐道教思想家刘进喜生平及道学成就
055　考五　唐代的两位"太和先生"
063　考六　初唐高道尹文操
070　考七　生历五朝的至德女观观主孟静素
074　考八　体玄先生潘师正道迹
084　考九　周唐鼎革中的太清观主史崇玄
094　考一〇　"科教三师"张万福札记
110　考一一　嵩山女冠焦静真
119　考一二　唐代女冠李腾空及其庐山遗产
130　考一三　盛唐仙道邢和璞
146　考一四　金仙公主道迹
153　考一五　"十五代茅山宗师"黄洞元

162	考一六	瞿童小传
167	考一七	田虚应、田良逸新识
175	考一八	天台道士冯惟良行迹爬梳
184	考一九	天台道士徐灵府杂识
193	考二〇	天台道士应夷节生平
203	考二一	女仙卢眉娘
209	考二二	罗浮先生轩辕集事迹辨析
218	考二三	边洞玄"道迹"发微
234	考二四	第二十代天师张谌札记
240	考二五	华阳洞天里的三观威仪孙智清
247	考二六	晚唐道士侯道华升仙历程考
252	考二七	峨眉王仙卿串联的一段道教散史
264	考二八	新出安国观女道士侯希言墓志解读
278	附录	道士斋醮署职"高功"一称的起源时间
289	参考文献	
311	后记	

绪论
道士考证的意义和方法

古代道士生平考证的意义和方法，本是不证自明、无须过多解释的问题。其作为基础研究的价值毋庸置疑，考证方法也并无神秘特出之处。因此，这篇"绪论"并不需要掉书袋式地综述数以百计的道士考证成果，也没必要故作高深地给出"高屋建瓴、发人深省"的指导性意见，而是希望将重点放在简明扼要地分享研究体会和基本认识上。对接下来的道士考证工作而言，面面俱到的介绍，不如更有针对性地直书其意来得明确有用。

"知人论世"是人文社会学科的重要议题，切实可信的认识是一切高深理论架构的根本基础。作为道教历史、思想、文化研究中的基础工作，道士考证是更具思辨性和综合性的研究的重要支柱，关系到后续复杂推论是否能够稳定立足等重大问题。然而，尽管近年来围绕历史上某个道士情况的考证和研究工作不断推陈出新，但眼下影响和阻碍此方面研究继续深化的情况也已清晰呈现。

阻碍集中反映在两个方面。其一是个体道士研究方面出现较严重的"内卷化"现象。对诸如陶弘景、杜光庭、孙思邈（如果可以算是道士的话）等影响力极强的道士的研究异彩纷呈，而对于更多有史可考，但相对不那么著名的道士的研究则着力不深。依历史和社会影响力的权重差异而分配研究精力的做法，看上去确实合理，相比之下，名垂千古的道士更值得收获赞美和探讨。但这样的偏重现象，却会导致对道教及其所处社会的整体认识偏差逐渐累加的不良后果。学界对影响较大的道士——不论是拥趸无数的"高道"，还是饱受批评的"妖道"——的格外关注，往往会使这些个体被塑造为"时代的代表"，从而主导对某个时代道教和道士特征的整体理解。然而，家喻户晓的道士往往只能代表教团中的上层情况，"妖道"更是脱离常态的极端，与同时代道士们的普遍境遇天差地别。以他们为"代表"而推论整体道教风貌的做法，容易犯下以偏概全的错误，不符合认知在"局部—整体—局部"之间良性互动的诠释学循环要求。与此同时，仅就那些被现代学术甄选出的著名道士而言，随着对其认识的逐渐积累，同等学术精力的投入常常无法收获与以往同等规模的研究发现。换言之，不断地在某个道士身上精耕细作，很可能使研究陷入类似农业内卷化的泥淖——投入不断提高，但因"地力"有其天然极限，产出却不会成比例增加。与农业内卷化相比，研究内卷化的后果要更令人绝望。农业内卷化毕竟仍可产出有价值的"粮食"，但研究内卷化产出的重复性成果却毫无价值可言，只是徒然浪费有限的学术资源和学者生命。解决这方面问题的办法，只能是扩大研究对象的范围，尽可能丰富研究样本，以呈现同时代道士情况的多元化和普遍性特征，纠正因个案极端而导致的认识偏差。当然，能够出现在古籍和碑铭中的道士往往也很"著名"，因此无法从根本上彻底纠正上述问题。但随着研究样本多样性的不断提高，对大量著名道士、次著名道士、主流道士、非主流道士进行综合的和多视角的考察，仍可在很大程度上改善目前有关道教史的一般认识。

很无奈，影响和阻碍道士考证研究不断深化的第二个问题，或许是目前的学术环境。当下的学术旨趣和论著发表环境，对道士考证工作而言并不算太友好。在国内学科体系中，古代宗教研究的边缘性处境是众所周知的现实，道教研究的境遇并不比其他"非本土宗教"来得更好。这一现实，对道教研究的发表和出版造成无法言说的困扰。对道教研究而言，求新求异、彰炳重大意义的学术旨趣，使陈旧乏味的道士考证很难在重要学术平台上获得充分的发表空间。近年来，道士相关墓志、碑铭、写本等新材料的发现和使用，很大限度地改善和丰富了道士研究的境遇，使这个领域的研究能够在重要学术刊物上占据一席之地。但新材料的发现可遇而不可求，材料导向使研究的随机性增强；同时，此类研究被学界看重的地方主要在于其材料价值，以及凭借对新材料的解读所能带来的发覆意义——"求新求异"的旨趣始终牵着研究选题的鼻子。无可厚非，创新与否当然是学术价值重要而永恒的衡量标准，但被"创新"所诱导的科研趋势却可能为枯燥的基础研究贴上"不合时宜"的标签。在环境不鼓励古板的、札记式的、缺少"重大意义"的道士考证研究发表时，从现实角度考虑，不论是机构还是个人都更可能倾向削减在相关工作上的投入。最终的结果则是，在现有文献中偶露头角的大量道士一如既往地缺少被关注和被讨论的机会——历史遗留的问题，依旧留给历史。现实的学术和发表环境有其内在的演化理路，不一定有对错之分，但"锐意创新"与"整理国故"之间的张力却成为两种极端的拉扯力，左右着学者们的攻坚方向。应对这方面问题的办法，或许只能奢侈地寄望于情怀、兴趣和质朴的担当了。

在了解道士考证的意义和所面临的境况后，再来简单谈谈有关道士考证的方法问题。道士考证就是"考证"，因此考据学的所有基本方法都适用于这一领域的工作。换言之，道士考证，并没有什么神秘的独特方法可言。但与一般考证相比，道士考证存在一个比较特殊的难点，即如何处理"宗教性记述"。道教无疑是一种充满神秘气质的宗教，这一点在道士生平记述上反映为各种奇妙的遭遇和神秘的道法奇迹。完全接受这样的记述，显然不是现代学术可以容忍的研究方式；彻底抛弃这样的记述，则又极端地化约了宗教的复杂性，同时可能失去从超现实记述中获取深深隐藏的现实信息的机会。对此类记述如何取择，着实是个棘手问题。尤其是当对道士进行的考述中，需要大量仰仗诸如《神仙传》《墉城集仙录》《历世真仙体道通鉴》等"道教内史"或"仙传"材料时，学者的处境便显得尤为艰难。面对这样的问题，意图提出一劳永逸的解决办法并不现实，在具体讨论中不断调整立场或许才能获得更多可靠信息。本书中，我并不强调，同时也不彻底否定来源于道教内部的神奇记述。事实上，这些奇迹是真是假，常常不是我所关心的问题。宗教研究可以解决宗教相关的绝大多数问题，但只有"灵验"与否需要暂时悬置不论。值得提及的是，对于奇迹记述所蕴含的真实意图，以及记述背后可能存在的现实运作的思考和探索，或许会为我们带来意想不到的信息和启发。因此，本书在处理古代道士们的奇迹记述时，时常会去寻找造成奇迹记述的背后原因，而不会将焦点放在判断奇迹的真假与否。

虽然存在以上困难，但当下的道士考证工作也拥有以往无法比拟的优越条件。首先是文献材料相对容易获得和查考。包括《道藏》在内的传统文献都已实现电子化（可检索），不少相关古籍获得校勘整理，与道士有关的大量碑铭石刻材料也得到整编和刊布，研究条件的改善为道士考证工作带来极大便利。其次，学界对于道教历史情况的认识得到不断的调整和深化，海内外道教学交流前所未有地畅通频繁，使我们有机会以更可靠的认识为基础来对某个具体道士的生平情况进行解读。

本书共收入二十八位唐代道士的考证文章，总为"唐道士廿八考"，另附一篇简短的道教仪式署职名称考证。以"详其所略，略其所详"为原则，对学界熟悉的情况尽量少做介绍，对学界较为陌生和有误解的问题进行较为详细的考证。所选择的道士中，既包括王远知等非常著名的上层道士，也包括侯道华等原本寂寂无闻，但因奇迹叙事而在"白日升仙"后获得社会声誉的底层道士。本书希望以并不华丽甚至略显琐碎的考证，为唐代道教研究提供一些相对可靠、多少具备一些理据的信息，为未来更富思想性的研究提供帮助。

最后，有关谢自然、闾丘方远、聂师道、陈守元等唐代著名道士的详细情况，以及已收入本书的边洞玄升仙事件如何被政治利用的问题，本人也已进行详细讨论，相关论述收入《赓续与过渡——中晚唐道教侧写》中（商务印书馆，即出）。有关盛唐时期影响最大的女道士玉真公主的生平，笔者正在撰写的《玉真公主与她的道教时代》一书将有详细交代。有兴趣的读者还请参考以上两部著作中的讨论。

考一
茅山道士王远知的生平及历史影响

活跃于茅山和洛阳等地的王远知,是隋唐之际政治影响力最大的道士之一,人生经历极富传奇色彩。其常年出入宫廷,经历梁、陈、隋、唐四朝,均获朝廷礼遇。王远知的弟子徒孙多能继承志业,光大山门,诸如潘师正、司马承祯、李含光等,代不乏人。经后嗣弟子的兴作,王远知的道教团体和"茅山法脉"最终获得当时人和后世道教界的认可和赞许,王远知本人因此也被追奉为紧接陶弘景之后的"第十代茅山宗师"。

有关王远知的情况,李渤《真系》、新旧《唐书》、刘大彬《茅山志》、江旻《唐国师升真先生王法主真人立观碑》等材料均有记载,但彼此之间存在差异,间或夹杂谬说,须稍加清理。现代学者已对王远知做出不少讨论,陈国符结合各类材料,最早对王远知的生平情况进行爬梳,[1] 参考价值很高,但其没有完全剔除原始文献中的错误记述。吉川忠夫对王远知传记的考察最为详细,斩获较多,意义较大。[2] 除此二位外,宫内淳平、卢国龙等学者对王远知情况进行简明梳理,[3] 诸如《中国道教史》之类的道教通史著作也对王远知及其教团情况有所关注。[4] 雷闻对新发现的两方王远知后人墓志进行深入讨论,推进了有关王远知家族和身后情况的

---

[1] 陈国符:《道藏源流考》,北京:中华书局,1963年,第47—50页。
[2] 吉川忠夫:《王远知传》,《东方学报》1990年第62期,第69—98页。
[3] 宫内淳平:《道士王远知について》,《社会文化史学》1977年第14号,第74—76页;卢国龙:《隋唐五代道教学者志》,《道协会刊》1986年总第17期,第22—25页。笔者未获得宫内淳平的简要札记,此文相关信息来自日本国立国会图书馆检索系统以及雷闻文章(见后文)中的介绍。
[4] 例如卿希泰、詹石窗主编:《中国道教通史》,北京:人民出版社,2020年,第二卷,第109—122页。

理解。其文章最后给出"王远知家族大事年表",颇便使用。① "蓬莱外史"依据陈国符、雷闻、吉川忠夫等人研究,拟出《王远知年谱》,发表于道教自媒体"道教之音"。② 常志静(Florian C. Reiter)尝试对后世所撰王远知传记进行讨论,指出这些传记并不写实,而是按照标准的高道形象来塑造王远知生平。③ 常志静的思路提醒我们有必要带有一点"后现代"的眼光来看待和分析现存王远知传记材料。除此之外,宫川尚志、王光照、严振飞及本人的研究工作,也对认识王远知传奇般的生命历程提供了帮助。④ 在以上研究的基础上,本考试图综合目前所能搜集到的所有相对较早的王远知材料,对其生平经历和持续性影响进行完整爬梳。

一、王远知的家族和前半生经历

希玄观三洞道士江旻所撰《唐国师升真先生王法主真人立观碑》(简称《立观碑》),贞观十六年(642)立石,是为纪念朝廷敕建太平观完工而竖立的石碑。碑文记述了王远知的主要情况,是梳理王远知生平最值得倚重的材料。新旧《唐书》等材料主要继承李渤《真系》而来,史源不够早,记述也较为简略。《真系》创作于贞元二十一年(805)李渤幽居庐山期间,此书内容非常重要,引起了海内外学者的广泛关注。近来有研究推测,此书可能是受道士李方来(庐山道

---

① 雷闻:《茅山宗师王远知的家族谱系——以新刊唐代墓志为中心》,《隋唐辽宋金元史论丛》2014年总第4辑,第139—152页。"王远知家族大事年表",见第151—152页。
② 蓬莱外史:《王远知年谱》,"道教之音"2017年3月7日,链接:https://www.daoisms.org/article/zatan/info-28018.html。
③ Florian C. Reiter, "Wang Yüan-chih (? 528 - 635), a model Taoist," in his *The Aspirations and Standards of Taoist Priests in the Early T'ang Period* (Wiesbaden: Harrassowitz Verlag, 1998), pp. 20 - 28.
④ 宫川尚志:《唐室の创业と茅山派道教》,见其《六朝史研究·宗教篇》,京都:平乐寺书店,1964年,第176—187页,此文初刊于1949年《佛教史学》第1卷第4号;王光照:《隋炀帝与茅山宗》,《学术月刊》2000年第4期,第74—79、97页;严振飞:《两个王远知》,《中国道教》1991年第4期,第32—33页;白照杰:《华阳有道,勒铭丰碑——〈王洪范碑〉与茅山道士王轨》,《中国道教》2020年第2期,第45—52页,修订稿见本书考二。

士？）之托所写。① 书中有关王远知的记载，含有不少盛唐之后道教内部产生的传说内容，需要折中后方能使用。《立观碑》和《真系》即本考最倚重的两种文献。有关江旻此碑，吉川忠夫等人已有不少研究，不必过多介绍。根据碑文所述，王远知，字德广，临沂人，出身著名的琅邪②王氏，父祖辈在南朝担任重要官职：

> 法主大父景贤，梁征北将军、江州刺史。考昙选，散骑常侍、太子右卫率、轻车将军、陈车骑将军、扬州刺史、建安郡公，食邑三千户，鼓吹一部，班剑二十人。……法主镇五石于生宫，韫三田于命府，降灵以资妙气，受炼而浴兰池。③

王远知的祖父是梁朝官员，父亲先后在梁、陈供职，在陈朝任官期间手握实权，享受朝廷鼓吹、班剑礼制优待。因王远知"显赫"的父、祖不见史载，吉川忠夫怀疑这样的家族谱系和琅邪王氏出身可能出自假托。④ 雷闻凭借最新的文物发现试图反对吉川的观点。《王硕度墓志》现藏西安大唐西市博物馆，"茅山高士王远知者，即君之伯父也"；⑤《王绍文墓志》见于《河洛墓刻拾零》，志主是王硕度的侄子，王远知的侄孙。⑥ 雷闻指出，这两方王远知家族后辈的墓志，均记载祖先在南朝的任职情况，尽管与《立观碑》的记载在细节上稍有差异，但整体却非常一致。因此"从《王硕度墓志》的记载来看，基本上可以印证《王远知碑》（案：即本考所谓《立观碑》）的记载，所以我们推测江旻所记王远知身世应该是可信的"⑦。《王硕度墓志》和《王绍文墓志》的记载确实增加了《立观碑》所述王远知先祖情况的可

---

① 有关《真系》的学术史综述及新看法，见白照杰：《唐代"上清道"的身份觉醒与法脉建构》，《文史》，2024年第1辑，第87—111页。李方来是《真系》中提及的最后一位道士，文中给出的法脉是：王远知—潘师正—司马承祯—李含光—韦景昭—皋洞虚—李方来。
② 琅耶、琅琊、琅邪，所指相同。本书行文中统一使用"琅邪"，引文则依原文而定。
③ 江旻：《唐国师升真先生王法主真人立观碑》，见刘大彬编，江永年增补，王岗点校：《茅山志》，上海：上海古籍出版社，2016年，卷12，第307页。本考所使用《立观碑》均出此本，后不复出注。
④ 吉川忠夫：《王远知传》，第71—73页。
⑤ 雷闻：《茅山宗师王远知的家族谱系——以新刊唐代墓志为中心》，第140页。
⑥ 雷闻：《茅山宗师王远知的家族谱系——以新刊唐代墓志为中心》，第147页。
⑦ 雷闻：《茅山宗师王远知的家族谱系——以新刊唐代墓志为中心》，第144页。

信度，依据墓志中对王远知同辈人的官职的记载，可知王家数代以来拥有较高的社会和政治地位，辅证家族先辈可能确实身居高位的判断——尽管这似乎仍不能完全消弭王远知生前其家族内部已形成的有关祖统的统一认识未必一定属实的怀疑。

王远知的母亲，《立观碑》称为"济阳丁夫人"，《真系》则指出王远知的外祖父是"丁超，梁驾部郎中"。[1] 有关王远知外祖的情况，《立观碑》及王硕度、王绍文墓志均不见记载。但考虑到时人重门第，如果王远知确实出身琅邪王氏、父祖身居高位的话，他的母亲丁氏也当出身于官僚家庭。据《立观碑》记载，丁氏"尝因昼寝，梦身为飞凤所集。既寤，见赤光贯乳，遂感而娠"。王远知"七日便啼，声闻于外"；少年时习学坟典，倾心道学，生发修道的意愿。有关王远知少时情况，《真系》"补充"了一些内容，称：丁氏怀孕时，"闻腹中啼"，神僧宝志曰"生子当为神仙宗伯也"；王远知七岁，日览万言；等等。"腹中啼声"似乎是演化了《立观碑》中"七日便啼"的情况，但《立观碑》的原文似乎也可理解为"出生七天后才啼哭，声音洪亮传至家外"。宝志的预言不知从何而来，后文再做讨论。《玄品录》和《茅山志》均记载王远知生于梁大通二年（528），[2] 但有关王远知出生时间存在分歧，其中又牵扯其师承问题，也容稍后再述。

《立观碑》接着记载，王远知拜师"国师宗道先生"，"爰在冠年，虔修上法"。有关宗道先生臧兢（或臧矜）的情况和道学著述，吉川忠夫已经做过非常细密的处理。吉川忠夫指出，宗道先生臧兢是陈宣帝时代最活跃的道士之一，其对《道德经》的理解尤为后世所推重。通过辑佚的办法，吉川忠夫整理出臧兢四卷《道德经疏》的部分内容，参考价值很高。[3]《立观碑》记载，王远知跟随臧兢收获良多；接着，碑文赞美茅山胜景，王远知"乃抗表阙廷，愿归岩谷。黄门侍郎贺彻，奉宣中旨，维是山栖，所须并令官给"。负责宣旨的贺彻，也是陈朝较为著名的人物，曾出现在多个场合。[4] 虽然碑文没有明确记述，但通过这段文字可以知晓王远知此

---

[1] 李渤：《真系》，见张君房编，李永晟点校：《云笈七签》，北京：中华书局，2003年，卷5，第79页。本考所引用《真系》均出此本第79—81页，后不烦出注。
[2] 张天雨：《玄品录》，卷4，《道藏》，北京、上海、天津：文物出版社、上海书店出版社、天津古籍出版社，1988年，册18，第124a页。本书所使用《道藏》，均为此三家本，后不复给出出版信息。刘大彬编，江永年增补，王岗点校：《茅山志》，卷7，第200页。
[3] 吉川忠夫：《王远知传》，第73—78页。
[4] 吉川忠夫：《王远知传》，第79页。

时应该被陈朝君主留在左近，故才有复归山林之请。《真系》在这里补充道："陈主召入重阳殿，特加礼敬，赏赉资送还茅山。"这里的"陈主"很可能是欣赏臧兢的陈宣帝，王远知之所以能受到朝廷尊重，可能也有宗道先生推荐等原因。

有关王远知的师承，《真系》给出更为复杂的说法，称王远知"年十五，入华阳事贞白先生，授三洞法"，而后才从宗道先生臧矜"传诸秘诀"。然而，王远知与陶弘景（贞白先生）之间的师徒关系并不可靠。陈国符早已指出，按王远知生于大通二年、陶弘景卒于大同二年（536）计算，陶弘景卒时王远知才九岁，二人不太可能有师徒关系，《立观碑》中也未记载此事。《真系》《茅山志》《新唐书》等给出的陶为王师的记载，"盖误"。[①] 吉川忠夫对此问题的研究很透彻，给出三点反证：1.《立观碑》记载王远知卒于贞观九年（635），且称王远知享年126岁，则其当生于510年（与《茅山志》等记载不同），陶弘景536年羽化时王远知27岁，可以成为前者弟子。但以今人眼光来看，享年126岁的说法太过离奇。2.《立观碑》中不见丝毫记述陶弘景是王远知师父的文字。3.《许长史旧馆坛碑》碑阴记刻于普通三年（522），给出陶弘景弟子们的名字，其中没有王远知。[②] 如果以"王远知享寿126年，且在522年之后才成为陶弘景弟子"为辩解，确实可规避第1和第3点指控。但《立观碑》的不书其事，及前揭《玄品录》和《茅山志》有关王远知实际出生于大通二年的矛盾记载，则难以轻易解决。笔者近来的研究试图证明，王远知被定为陶弘景弟子，与唐代"上清道"的谱系建立运动有关。换言之，这一师承关联的出现，可能是王远知羽化后才被制造出来以接续"上清正统"的工具。[③]

二、王远知在隋唐时期的道教事业

在梁、陈两朝的王远知，表现较为平凡，其中既有年资尚浅的原因，或许也有看透南朝势如危卵、但求隐居避祸的考虑。进入隋唐时期，王远知一改低调的处事风格，积极涉足政治，与多位统治者展开交往。

---

① 陈国符：《道藏源流考》，第48页。
② 吉川忠夫：《王远知传》，第70—71页。
③ 白照杰：《唐代"上清道"的身份觉醒与法脉建构》，第95—97页。

《立观碑》记载，王远知前后两次受杨广征召。第一次发生在隋开皇十二年（592），还是晋王的杨广"分陕维扬"，亲自管控扬州，其间将王远知请下茅山。碑文记载，杨广令长吏王子相接待王远知，"咨议顾言。每申对谈，法主豪墨所至，必罄今古；辞义所该，殆无遗逸"。王子相是隋代著名人物，尽管正史中没有专门传记，但在《隋书》中出现多次，开皇十年（590）隋文帝杨坚幸并州时，还曾宴请过他和秦孝王，并赋诗一首。① 正如众所周知的那样，杨广确实是一位喜欢结交宗教大师的统治者：佛教方面，他与天台智者大师的关系早已成为一桩美谈；道教方面，杨广同样交际广泛。《隋书》记载，活跃于缙云山和天台山的修道者徐则便颇受晋王杨广礼遇。据信杨广坐镇扬州时，曾请徐则为之传授道法，但后者回绝了这一请求。《隋书·徐则传》的最后甚至提到了王远知，称："时有建安宋玉泉、会稽孔道茂、丹阳王远知等，亦行辟谷，以松水自给，皆为炀帝所重。"② 有关隋炀帝与茅山道教领袖王远知的交往问题，除一般道教史论著外，王光照也已做出专题研究，总结出双方交流的两方面意义：1. 杨广借此拉拢教界，服务政治统一的文化战略；2. 客观上促进道教的南北交流和三教融合。③

《真系》记载了杨广与王远知初次见面的情况，但其中记述与《立观碑》颇为不同。《真系》称，受晋王之命征召和接待王远知之人有两位，分别是王子相和柳顾言，后者是当时极受朝廷重视的文学之士，史书中多有记载。柳顾言其人多次参加杨广与智𫖮等宗教大师的交流活动，《隋书·徐则传》还记载他在徐则死后受晋王之命为这位天台道士作赞。《真系》称，当王远知下山与杨广相见后，"斯须而须发变白。王惧而归之，少选复旧"。这样的记载有浓郁的神异色彩，可能是重新整合第二次征召王远知时杨广的赞语而衍生出的传说（详见下文）。王远知此次蒙召，并没有在扬州停留很久，不久便坚请还山，潜隐修道。

《立观碑》记载，开皇十三年（593）正月七日夜间，王远知在精思中获朱衣神人来降，神人令其"宣扬法味，开度后学"。于是王远知开始在茅山广度弟子，"山门著录，三千许人，并立精舍，实为壮丽"。《桐柏真人茅山华阳观王先生碑文并序》（简称《王洪范碑》）拓片今存，文中的王轨（字洪范）就是王远知的著名弟

---

① 魏徵、令狐德棻撰：《隋书》，北京：中华书局，1973年，卷22，第639页。
② 《隋书》，卷77，第1758—1760页。
③ 王光照：《隋炀帝与茅山宗》，第74—79；97页。

子。根据近来考证,王轨很可能就是在这段时间被王远知收入门下。① 《王洪范碑》记载,王轨年及弱冠从王远知学法,后者带领他卜居茅山,"初在法主座下听《老子》《西升》《灵宝》《南华真人论》",王远知对王轨的理解能力感到满意。②

《立观碑》记载,王远知的山居并没有阻断杨广与他的联系。开皇十九年(599),杨广遣使者郑子虔送书慰问。大业七年(611),已成为皇帝的杨广,敕使散骑员外郎崔凤迎请王远知,此即王远知在隋朝的第二次受召。此次王远知被迎至涿郡临朔宫,③ 二人相见时,炀帝感慨:"朕昔在扬州,师已素发。今兹重睹,更有童颜。岂非道固存焉,养之得理者。"炀帝的这段赞美,可能就是《真系》中王远知"须发变白"的滥觞。正如众所周知的那样,大业七年至十年(611—614)正值炀帝三征高句丽,王远知正在此际被征至涿郡。受召时的王远知,早已今非昔比,数年广收门徒的活动使他在江南地区的社会影响空前高涨。炀帝的这次征召,或许也是了解这一情况后的结果——在战争焦灼时期获得拥有较大影响力的宗教家的辅佐,无疑有助于更有效地调动社会力量支持朝廷军务。此次征召后,王远知开始长期陪伴在炀帝左右。《立观碑》称,炀帝六军反旆,王远知随军队一同返回都城洛阳,而后奉旨于中岳修斋。关于王远知返回洛阳的时间,似有不同看法。吉川忠夫和雷闻基本认为炀帝在第一次征辽失败后,于大业八年(612)七月班师,九月抵达洛阳,王远知从此留寓东都二十余年。④ 但似乎没有材料直接反映这一情况。但不论如何,在征辽彻底失败,也就是大业十年后,王远知与弟子王轨已开启长驻洛阳的时光。《真系》记载,回到洛阳后,炀帝为王远知师徒建造玉清玄坛予以安置,"仍令代王越师焉"。将王远知安置在玉清玄坛一事获得《王洪范碑》的印证,碑文记载王远知"追赴东都。先生此辰从游京洛。……当时奉敕玉清玄坛行道"云云。⑤ 事实上,在《立观碑》等初唐文献中,王远知被称为"玉清观道士"。然而,有关玉清玄坛建造于何时何地,在史料中却存在分歧。

---

① 白照杰:《华阳有道,勒铭丰碑——〈王洪范碑〉与茅山道士王轨》,第49页。
② 于敬之:《桐柏真人茅山华阳观王先生碑铭并序》,《茅山志》,卷12,第315页。
③ 有关临朔宫,见吉川忠夫:《王远知传》,第82页。
④ 吉川忠夫:《王远知传》,第82页;雷闻:《茅山宗师王远知的家族谱系——以新刊唐代墓志为中心》,第144页。
⑤ 于敬之:《桐柏真人茅山华阳观王先生碑铭并序》,《茅山志》卷12,第315页。

表1　玉清玄坛建造时间、地点分歧表

时间	
1. 炀帝继位，临朔宫相会后	《真系》（《云笈七签》卷5） 《旧唐书》卷192 《太平御览》卷726 《历世真仙体道通鉴》卷64
2. 晋王镇扬州时	《谭宾录》（《太平广记》卷22）
地点	
1. 东都	《旧唐书》卷192 《太平御览》卷726
2. 江都	《谭宾录》（《太平广记》卷22） 《历世真仙体道通鉴》卷64

虽然相对严谨的史料均将玉清玄坛的建造地点记为东都洛阳，且将建造时间放在大业七年之后，但这两种说法可能并非一是一非那么简单。山崎宏根据《集古今佛道论衡》《续高僧传》《辩正论》等种种佛教方面的材料，指出杨广的"四道场"（即慧日、法云佛教道场，玉清、金洞道教玄坛）是随其本人移动的宗教中心、宗教领袖，而非某座建筑，才是四道场的根本所在。此四道场在开皇十二年前即已成立，彼时晋王杨广镇守扬州，四道场自然也在扬州。随着杨广登基和活动重心移至洛阳，四道场也跟着转移到洛阳。[1]孙齐对玉清玄坛情况的总结，印证了山崎宏的观点，指出四道场具有炀帝私人庙宇的性质，会随着他本人的所在而移动。[2]如是，或可推测王远知在扬州与杨广相见时即被安置在玉清玄坛之中，后坚求还山。至大业年间，王远知与弟子王轨抵达洛阳后，又列入洛阳玉清玄坛。

《真系》"仍令代王越师焉"的来源不详，查隋炀帝大业时期，被封为"代王"

---

[1] 山崎宏：《炀帝（晋王广）の四道场》，收其《隋唐佛教史の研究》，京都：法藏馆，1967年，第85—115页。
[2] 孙齐：《唐前道观研究》，山东大学博士学位论文，2014年，第235—238页。

的是后来成为隋恭帝的杨侑，而不是"杨越"。① 至于杨侑与王远知之间是否有师徒关系，则无其他早期材料印证。《旧唐书》记载炀帝欲下扬州，"远知谏不宜远去京国，炀帝不从"。② 正如陈国符注意到的那样，这一说法也被元代张天雨《玄品录》所接受，③ 但却得不到时代较早材料的佐证。

炀帝在扬州的遭遇我们已耳熟能详。与此同时，身在洛阳的王远知开始与茁壮成长的李渊、李世民集团暗通款曲。有关王远知与李唐集团的交往，史料记载并不充分，最重要者自然还是《立观碑》《真系》，更晚的相关记载主要承袭《真系》而来。《立观碑》没有记载王远知与李渊的关系，但称王远知在李世民还是藩王时（"在昔藩朝"），获得后者"频经降问"。此段碑文应该是直接援引了马上就会提及的《太宗赐王法主诏》。《真系》的记载丰富很多，称"高祖龙潜时，先生尝密告符命"；秦王与房玄龄微服就谒，王远知指出"此中有圣人"，获知面前为秦王后，还嘱托后者"方作太平天子，愿自爱也"。秦王李世民于是从王远知"受三洞法"。受法一事系出编造的可能性极高，密告符命和天命也很难判断是否真实发生。④ 但事后，王远知在李世民统治时期受到格外优待，反映出这些记载并非完全没有可能，尤其是考虑到《立观碑》中出现太宗"以兹先觉，曲招恩礼"这样的话。政治密谋本身是极端隐秘的事情，背后详情恐怕永远也无法为人所知。根据《大唐创业起居注》等相对可靠的记载可知，李唐创业之初确实与道教产生不少关联，道教是李唐天命权力的重要信仰来源。有关于此，宫川尚志和吉川忠夫的研究已有细致考察。前者对李唐创业与茅山道教的关系进行整体观察；⑤ 本考多次引及的吉川忠夫《王远知传》，则在铺陈王远知获得李唐封赏的基础上，怀疑"创业"期间的霍山和羊角山政治信仰事件，可能与王远知存在关联。⑥

---

① 《隋书》，卷5，第99页。
② 刘昫等撰：《旧唐书》，北京：中华书局，1975年，卷192，第5125页。
③ 张天雨：《玄品录》，卷4，见《道藏》，册18，第124a页。陈国符：《道藏源流考》，第49页。
④ 预言李世民当为"太平天子"一事，在后世王远知传记中反复出现，在后来甚至演绎出王远知不仅预言李世民为帝，还顺带指出一同私访的房玄龄是"圣之辅也"的情节。见李昉等：《太平御览》，北京：中华书局，1960年，卷726，第3217a页。
⑤ 宫川尚志：《唐室の創業と茅山派道教》，见其《六朝史研究・宗教篇》，京都：平乐寺书店，1964年，第176—187页。
⑥ 有关霍山和羊角山事件不少学者已做过研究，最近的总结和讨论见白照杰：《整合及制度化：唐前期道教研究》，上海：格致出版社，2018年，第28—30页。

或许正是由于为李唐集团提供了信仰支持，王远知才获得统治者的褒赏，最重要的恩赐就是茅山上的那座太平观——《立观碑》就是为此观建成而立。《王洪范碑》记载，王远知获得太宗重视，居留洛阳。弟子王轨被派往茅山，负责恢复曾经的上清胜迹，建造华阳观。① 不久之后，太宗应允王远知的归山请求，并为之敕建一座全新道观——太平观。《立观碑》称："屡有陈闻，乞还江外。乃诏洛州资给人船，并施法服。敕润州于旧山造观一所，赐田，度道士七七（案：四十九）人，以为侍者。"碑文接着记载道，贞观九年四月，王远知抵达茅山，不久后：

> 敕文遣太史令薛颐、校书郎张道本、太子左内率长史桓法嗣等，送香油、镇彩、金龙、玉璧于观所，为国祈恩。复遣朝散郎萧文远赍玺书慰问，并赐衲帔、几杖等。皇太子以其年六月，又遣将仕郎张万迪送香油、龙璧，供山中法事。敕又遣桓法嗣送香，八月十三日至观。

如此频繁的降赐，显示出王远知在朝廷心中的崇高地位。王远知获得赐物后，将香分送四近道观。《太宗赐王法主诏》为《旧唐书》和《茅山志》等材料保存下来，玺书最后称"近已令太史令薛颐往宣朕意"，显示出这可能就是引文中薛颐、张道本等人一同来茅山时携带的太宗文书。太宗赞美王远知"反华发于百龄之外"，得到道教真传；"朕昔在藩朝，早获闻道"，"近览来奏，请归故山。已有别敕，不违高志。并许置观，用表宿心"。在玺书最后，太宗询问了王远知在茅山的情况以及宫观建造进度。②《立观碑》中有一大段文字对太平观的修造和状貌进行描写，但正如碑文所述，王远知本人并没有亲眼见到太平观竣工。《立观碑》记载，太平观建造之始，"前刺史辛君昌与五县官人"一同在茅山议定山所，而后在地方官府的帮助下最终完成项目。观内雕梁画栋，其中还为卒于636年的文德皇后建造元始天尊及二真人像一铺。

有关李唐对王远知的奖励，晚唐五代高道杜光庭的《历代崇道记》中有一段很具体的记载，称：

---

① 于敬之：《桐柏真人茅山华阳观王先生碑铭并序》，《茅山志》，卷12，第315页。
② 李世民：《太宗赐王法主诏》，《茅山志》，卷1，第52—53页。又见《旧唐书》，卷192，第5125页。《真系》节录了太宗诏书的部分内容。

> 武德三年，诏晋阳道士王远知授朝散大夫，并赐缕金冠子，紫丝霞帔，以预言高祖受命之征也。太宗又加远知银青光禄大夫，并远知预言之故也。羽衣人赐紫衣，自兹始也。[1]

杜光庭这则记载被宋代《犹龙传》等著作继承，[2]似乎可以补充我们的现有认识，但记载的情况却可能并不属实。《茅山志》收录的《高宗赠王法主诰》，下发于调露二年（680），也就是王远知死后45年。此时王远知才获赠散官"太中大夫"。[3]《旧唐书》等资料的记载，与之契合。[4]查《唐六典》可知，朝散大夫是正五品下，太中大夫是从四品上，银青光禄大夫是从三品。[5]如果在太宗朝王远知就获得从三品的散职，那么高宗为何还要赐给他一个更低的从四品散职作为褒奖？这一点完全不符合封赠奖励的逻辑。而高祖赐予"朝散大夫"一事，恐怕也不可贸然相信。如果王远知在生前获得这一官职，那么很难在《立观碑》《王洪范碑》《真系》中毫无记载。尽管今天很难获悉杜光庭此则记载是否有文献来源，又或者是抱着怎样的心态虚构创作，但这段文字难以令人取信这一点当无疑义。

最后，《立观碑》记载下王远知羽化的情况，称其于贞观九年八月十三日获桓法嗣送香，十四日梦中获得冥召，将补仙伯之位。十五日沐浴更衣、嘱托弟子，十六日辰时安然而化。这段记述颇为神奇，后世在此基础上敷衍出新的王远知传说。有关于此，稍后详论。

三、王远知的持续性影响

王远知死后的持续影响至少表现在以下几个方面：死后所获朝廷封赐；杰出弟

---

[1] 杜光庭：《历代崇道记》，见《道藏》，册11，第2b页。
[2] 贾善翔：《犹龙传》，见《道藏》，册18，第28c页。
[3] 李治：《高宗赠王法主诰》，《茅山志》，卷1，第53页。
[4] 《旧唐书》，卷5，第106页。
[5] 李林甫等撰，陈仲夫点校：《唐六典》，北京：中华书局，1992年，卷2，第30页。

子的涌现与"上清宗师"地位的确立；附加在王远知身上的仙道传说产生。

（一）王远知的死后尊荣与"上清宗师"地位的确立

王远知生前获得的荣宠前文已做介绍。王远知去世前不久，太宗下令为他建造太平观，贞观十六年道观落成时的立碑活动，实际就是一次对王远知的公开表彰。接下来，根据《旧唐书》等不少材料的记载，高宗"调露二年，追赠远知太中大夫，谥曰升真先生。则天临朝，追赠金紫光禄大夫。天授二年，改谥曰升玄先生"。① 高宗和武后加赠王远知的诏书均保存下来。《高宗赠王法主诰》称，为奖励玉清观道士王远知"自缔构之初，迄光华之旦，绸缪恩遇，事昭纶綍"，故于调露二年二月七日下诏，赠王远知太中大夫之职、升真先生之谥，并令"主者施行"。② 正如吉川忠夫敏锐观察到的那样，《立观碑》的碑题"唐国师升真先生王法主立观碑"中因有"升真先生"的谥号，故只可能是调露二年之后的产物。③ 有可能的是，这方《立观碑》碑石建于贞观十六年，但在高宗统治时期曾更换碑额——这或许就是"主者施行"的具体工作之一。高宗在同年二月廿五日还下发敕旨，令润州太平观道士准七寺等例，度满四十九人，如后有缺，随即拣度。七寺是唐太宗下令在开国大战之处所建的重要佛寺，以此抚慰战将亡魂，具备很高的官方身份。④ 例等七寺，显示太平观的官方地位获得提升。

《旧唐书》中所谓"天授二年"武后改谥王远知"升玄先生"的情况，恐怕有误，陈国符已指出这一问题。⑤《茅山志》保存了《武后加赠王法主诰》，写明"嗣圣元年正月二十八日"。诏书中赞美王远知"藏往知来，察幽鉴远"，故加赠"金紫光禄大夫升玄先生"。⑥《新唐书》等材料记载的一个故事试图解释为何王远知死后会获得高宗和武后的追赠：

---

① 《旧唐书》，卷192，第5126页。
② 李治：《高宗赠王法主诰》，《茅山志》，卷1，第53页。
③ 吉川忠夫：《王远知传》，第70页。
④ 李世民：《于行阵所立七寺诏》，见道宣：《广弘明集》，卷28，CBETA 2022. Q1, T. 52, no. 2103, pp. 328c12–329a6. 有关七寺的问题，已有一些研究，基本情况参李淞：《唐太宗建七寺之诏与彬县大佛寺石窟的开凿》，收其《长安艺术与宗教文明》，北京：中华书局，2002年，第13—50页，等等。
⑤ 陈国符：《道藏源流考》，第50页。
⑥ 武则天：《武后加赠王法主诰》，《茅山志》，卷1，第53—54页。

遗命子绍业曰："尔年六十五见天子，七十见女君。"调露中，绍业表其言，高宗召见，嗟赏，追赠远知太中大夫，谥升真先生。武后时复召见，皆如其年。又赠金紫光禄大夫。天授中改谥升玄。①

王绍业并不是王远知的儿子，雷闻凭借王远知后辈墓志，确凿无疑地证明王绍业其实是王远知的侄孙。②"六十五见天子"一事当与调露二年加赠王远知挂钩；"七十见女君"则当与嗣圣元年（684）挂钩，二者之间正好约差五年。③嗣圣元年是一个非常特殊的年份，嗣圣是中宗的年号，但当年武后改立睿宗，更年号为文明。没过多久后，武后完全掌握朝权，又更年号为光宅，次年再改元垂拱。因此，这一年可以算是武后把持政权的关键时期，事件爆发颇为密集。此时，武后需要各种势力为她的统治摇旗呐喊，宗教信仰所能提供的统治正当性和神圣性尤其受到倚重。有关武后使用佛教和道教来支持自身统治的问题，早已是一个成果丰硕的研究领域，这里没必要掉书袋式地堆砌研究论著。只需注意，在这样的政治背景下，王绍业奏报初唐时期政治身份最高的道士的预言，无疑是为武后统治站台的效忠行为，符合武后当时的迫切需要。宋代陈思《宝刻丛编》中著录了一方《唐王法主碑》，内容引自更早的《集古录目》。此碑为凤阁侍郎同凤阁鸾台平章事刘祎之撰，扬州登仕郎齐怀素书，"以文明元年立在茅山"。④可知武后在听取了王绍业的奏报后，不仅加赠王远知官职和谥号，还为他在茅山重新立了一方碑刻。只是这方碑刻早已佚失，内容也不见抄录。雷闻很敏锐地发现中国国家图书馆拓本部收藏一唐代拓片，文曰"唐故国师太平观王法主师之神道"，推测可能是江旻所撰《王远知碑》的碑首。⑤但江旻所撰者就是本考所谓的《立观碑》，碑文含有很多描述太平观立观过程的内容，是为纪念道观落成而作，似乎不适合视作王远知的"神道碑"。那么，此拓片是否有

---

① 欧阳修、宋祁撰：《新唐书》，北京：中华书局，1975年，卷204，第5804页。
② 雷闻：《茅山宗师王远知的家族谱系——以新刊唐代墓志为中心》，第146页。
③ 很难相信"七十见女君"这样的话，会成为"六十五"岁的王绍业奏报高宗的内容。将之作为武后把持朝政后的统治合法性"预言"，可能更符合历史逻辑。
④ 陈思：《宝刻丛编》，卷15，《石刻史料新编》第1辑，台北：新文丰出版社，1977年，册24，第18327b页。
⑤ 雷闻：《茅山宗师王远知的家族谱系》，第143页。

可能是文明元年在茅山上为王远知竖立的那方《唐王法主碑》的碑首呢？

此外，值得注意的是，就在为王远知立碑的同一段时间内，虢州阌乡县龙台乡方兴里皇天原又发生了一起老君降现事件。据信临凡的老君委托邬玄崇提醒武后不要篡夺李唐政权，但武后集团却最终想办法将这场老君降现转变为支持自身统治的祥瑞。① 由此可见，在武后展开擅权运作的时代里，不同人群会采取不同的方式来运作"道教信仰"，以达到各自的政治目的——有时这些目的恰恰是相互对立的。《真系》记载，武则天之后，玄宗在天宝年间令李含光为王远知在太平观"造影堂写真像，用旌仙迹焉"。

王远知之所以被称为"王法主"，原因在于他广开道门，弟子无数。前述《立观碑》记载王远知在开皇十三年受仙人指令，宣扬道法，传道三千人的事迹。史料的缺失使我们无从得知王远知绝大多数弟子的姓名，但其中四位的名字却在《立观碑》和《真系》中得到保存。《真系》记载，潘师正、徐道邈是王远知的"入室弟子"，陈羽和王轨"次之"。潘师正是唐前期著名道士，常年于嵩山地区修炼，与高宗有所往来，培养出司马承祯这样的一代道教领袖。这些情况人尽皆知，不必赘述。徐道邈的情况目前不是很清楚，但晁公武《郡斋读书志》著录《徐（道邈）注西升经》二卷，称"勾曲人，未详何代"；② 郑樵《通志·艺文略》著录了他的《老子西升经注》二卷。③ 今《道藏》中存碧虚子陈景元集之《西升经集注》六卷，自述集自以下人物之注疏：

  华阳韦处玄 句曲徐道邈 冲玄子
  任真子李荣 刘仁会④

可知徐道邈《西升经注》的部分内容仍保存至今，书中"徐曰"者当即出自徐道邈的作品。王轨因有《王洪范碑》传世，基本情况已获得讨论，他常年陪伴王远知，

---

① 文明元年的老君降现事件多少有些复杂，参白照杰：《文明元年（684）的一起太上老君降现事件》，《北京道教》2022年第3期，第33—38页。
② 晁公武撰，孙猛校证：《郡斋读书志校证》，上海：上海古籍出版社，2011年，卷16，第746页。
③ 郑樵撰，王树民点校：《通志二十略》，"艺文略第五"，北京：中华书局，1995年，第1619页。
④ 陈景元集：《西升经集注》，卷1，见《道藏》，册14，第567b页。

最后成为独当一面的高道。陈羽的事迹尚不清楚。《立观碑》中有一段记载，称王轨和陈羽积极领导了太平观的修造工作："弟子陈羽，弱年服道，暮齿不疲。禀洞神之言，得入微之致。"可知贞观十六年立碑时，陈羽已经年纪很大，他少年入道，能够贯彻信仰，一生以道为务。王远知的弟子中出现潘师正、王轨等能继承师学和教内地位，并与统治者保持交往的杰出人物，使王远知在世间的影响得以绵延。

王远知成为"上清宗师"的过程实际有些曲折，现存史料记载的上清道从南朝一直传承不辍的情况并不属实。吉川忠夫最早对这一问题进行处理，认为潘师正后来在嵩山地区模仿佛教法脉编纂出"上清法脉"，使王远知成为一代"上清宗师"。① 但近来的研究指出，在唐代首先挑起"上清道"大旗的很可能不是潘师正，而是他的弟子、王远知的再传弟子司马承祯，最终完成这一事业的则是司马承祯的杰出弟子李含光等人。正是在这样的祖统创作运动下，王远知才被确定为绍续陶弘景的上清道宗师。其中原委和论证过程相当复杂，此处不便详述。② 但不论如何，弟子和后学们建设光荣祖统的运动，为王远知的生命增加了权重。

（二）王远知的传说回响

王远知死后至少产生过三个传说，其中一个还引起有关王远知"著作"和"两个王远知"的讨论。根据《立观碑》的记载，王远知在贞观九年八月十四日午睡醒后向侍者称："吾向暂游洞宫，仙官见报，欲以疲朽，补为仙伯，名位已定，行在不久。"十五日沐浴更衣，等待接引，十六日辰时便即羽化。王远知自述获神灵征召，担任"仙伯"之职，符合中古道教（尤其上清传统）里"冥召"亡化的叙事传统。其"仙伯"身份在接下来的传说中得到重现。李渤的《真系》详细记载下王远知作为"仙伯"的传说，称王远知出生前，著名的神异僧宝志就向王远知的家人宣称"生子当为神仙宗伯也"——显然这是与"少室仙伯"相呼应的一则预言。③ 李渤接着记载：

---

① 吉川忠夫：《王远知传》，第91—96页；《道教の道系と禅の法系》，《东洋学术研究》1988年第27卷别册，第11—34页。
② 参白照杰：《唐代"上清道"的身份觉醒与法脉建构》，《文史》2024年第1辑，第87—111页。
③《旧唐书·隐逸传》等后世著作在记述王远知时，直接参考《真系》，故亦承袭了宝志预言等故事，将之写入"正史"。见《旧唐书》，卷192，第5125页；等等。

> 时有窦德玄，先经扬州，遇司命使者，言其有重禄，以九九数当终命。德玄求哀于使者。云："真人王法主，是少室仙伯，检录人鬼之任，关奏天曹，无不即应。"德玄遂恳祈于先生。先生不得已，因与请命。使者报曰："更延十三年。"至高宗朝，德玄为左相。捐馆之日，言皆如此。

如果熟悉仙传和录异故事的话，不难发现类似主题的传说在同时代或更早的仙传和感应故事中并不罕见。窦德玄是初唐时期著名文臣，《旧唐书》等屡屡提及，其于高宗乾封元年（666）八月卒。[①] 根据上文所述，王远知卒于贞观九年，则以窦德玄卒年上溯十三年，王远知也早已不在人间，二人之间不可能发生引文中的交流。有理由推测这个传说最早也得是在窦德玄死后才被创作出来的故事。但这一经过李渤手笔书诸纸面的故事，[②] 使王远知"少室仙伯"的身份得到印证——对比之下，可以发现《立观碑》中王远知的自述里并没有提及"少室"。神僧宝志预言王远知会成为"仙伯"这么重要的事，也不见于《立观碑》《王洪范碑》等更早的材料。

《真系》的故事还未讲完，李渤接着记载，王远知向潘师正吐露："吾昨见仙格，以小时误损一童子吻，不得白日升天，署少室仙伯，将行在近。"次日，王远知沐浴更衣、焚香而寐，就此辞世。这段有关王远知亡化的记载，又与《立观碑》等材料差异明显——冥召和亡化时间上的细小差异暂且不提，被告知者从"侍者"改为名声更大的潘师正也按下不表，[③] 单单"误损小童吻"不得白日飞升一说的突然出现就足以令人感到惊讶。传说的产生遵循着在既有知识范围内进行合理演化的逻辑，但现代学者必须学会将演化的痕迹与真实的情况做出区分。

李渤对王远知及其"少室仙伯"身份的宣传，并不止于《真系》里的《唐茅山升真王先生》。"谏议大夫李渤"所撰《少室仙伯王君碑铭》，原石早不见踪影，《茅山志》所录为"大元至元廿四年，正议大夫、御史中丞王博文子冕重书"[④]，显为元代于茅山所建的重立碑。李渤在原文中称其于贞元癸未年（十九年，803），"至

[①]《旧唐书》，卷5，第90页。
[②] 笔者并不认为李渤创作了这个故事。这个故事的更可能来源是教界内部，尤其王远知后嗣弟子之间。李渤有可能是从道士李方来处获悉此则传说。
[③] 王远知死前告冥召于潘师正似为虚构，潘师正常年修道嵩山，并不在茅山侍奉尊师。
[④] 李渤：《少室仙伯王君碑铭》，《茅山志》，卷12，第313页。

自庐岳，栖托瀺溪，牵萝践危，深入丹窟，漱挹瑶水，感仙储洛游，礼空投诚，铭辞于石"。① 从李渤的记述来看，此碑完成于他隐居瀺溪、在临近游访期间，而瀺水源出少室山，结合此碑开篇盛赞"少室山天标中气"云云，可推测李渤此碑最初应立于少室，而非茅山。经生活在 13 世纪的王博文（字子冕）重书而立于茅山的元代《少室仙伯王君碑铭》，为移地另建之碑。在碑铭中，李渤再三强调王远知的仙位，称少室山"天标中气，吐颖浸洛，潜匐神洞，别辉日月，为灵人正府。府有伯，太清正中莅之。故刘北台光其前，王法主袭其后"。② 李渤的说法由来有自，事实上，更早的道教经书记载少室仙伯另有人选。南朝上清道经《上清众真诸真圣秘》列述仙界神人，其中就有"少室仙伯北台郎刘千寿"；③ 北周道教类书《无上秘要》同样记载"刘千寿，沛人，少室仙伯北台郎"。④ 但李渤所谓少室仙伯"太清正中莅之"却与陶弘景撰、闾丘方远修订的《真灵位业图》记载不同，后者称这一仙职属太清"左位"，中位是地位更高的太上老君和上皇太上无上大道君。⑤ 李渤的这篇碑铭中，复述了陶弘景羽化前跟潘师正的交代，自称"被署少室仙伯"。

《历世真仙体道通鉴·王远知》的前大半内容看上去直接继承《真系》而来，因此也就相对严谨地抄录了王远知救窦德玄的传说。活跃于唐武宗时期的胡璩，在《谭宾录》中也相对直接地转述了《真系》中的这则传说。⑥ 然而，晚唐五代时期的杜光庭却对这个传说进行了相当程度的改写，使情节更为复杂离奇。书如其名，杜光庭的《道教灵验记》是一部重要的灵验类护教著作，这部书中的《窦德玄为天符专追求奏章免验》给出了一个新的传说版本，情节更为充实，不妨引述如下：

> 都水使者窦德玄，贞观中，奉诏于淮浙名山检括真经。于汴河上逢一使者脚痛，途步甚为艰难，欲托船后，谓从者曰："某远道行役，脚疾忽甚，官程有限，又难驻留，欲寄船后，聊歇三五十里，不知可否？"从者白于德玄，德

---

① 李渤：《少室仙伯王君碑铭》，《茅山志》，卷 12，第 313 页。
② 李渤：《少室仙伯王君碑铭》，《茅山志》，卷 12，第 313 页。
③ 《上清众经诸真众圣秘》，见《道藏》，册 6，第 808a 页。
④ 宇文邕编，周作明点校：《无上秘要》，北京：中华书局，2016 年，卷 84，第 1050 页。
⑤ 陶弘景编，闾丘方远校定：《真灵位业图》，见《道藏》，册 3，第 276c 页。
⑥ 胡璩：《谭宾录》，清抄本，卷 1，第 1 页。引自"爱如生中国基本古籍库"8.0 版。

玄亦以窗中窥见，深有哀悯之心，因令船后安泊，日给茶饭。直过淮口，将息已较，欲辞德玄出船，方问其行止，曰："某太山使者，非世间人也。奉天符往扬州追窦都水耳。"闻之极惊，请天符一看，如人间符牒，不敢开之，因问曰："某都水使者窦德玄也。既是专追，何须待到扬州耶？"使者曰："某不识其人，但据文字行耳。所到之处，下天符之后，当处土地同共追收，未到之间，固不合妄泄于天机也。既君是都水，与牒中事同，数日存恤之恩，理须奉报。欲免此难，可径诣扬州王远知仙伯，拜章求请，某即未下天符，待上章了，必有敕命尔！此外不可禳之也。"德玄至扬州，主客参迎才毕，便诣王仙伯，具述性命之急，恳乞拜章。仙伯曰："某退迹自修，不营章表，既有冥数之急，敢不奉为也。"乃与自写章拜之，是夕使者复来白："章已达矣！太上有敕，更延三十年，位为左相。"其后年寿官秩，皆如其言矣。①

显然，杜光庭给出的这则传说，要更具文学性。然而，基于对杜光庭创作情况的整体认识，其对窦德玄传说的改写很可能是自己的发挥，未必袭自更早的某个传说变体。此前指出《真系》版传说以窦德玄延命十三年计亦不可能与王远知相逢的漏洞，在杜光庭这里试图做出修订——窦德玄与王远知的相见时间改为贞观时期，且窦德玄寿命被延了三十年。然而，需要指出的是，这一策略仍未能完美解决问题——窦德玄卒年（666）上溯三十年为636年，前一年的八月王远知已在茅山羽化。从杜光庭《道教灵验记》的记载中，可以看到传说演化的细节和敷衍"策略"，为思考传说在流传中的变迁问题提供了一个较好的案例。最后，值得注意的是，不论是在《真系》之中，还是在杜光庭笔下，窦德玄获得王远知帮助的地点都是在扬州，这一点反映传说有产生或流传于扬州地区的可能。值得注意的是，扬州是王远知父亲任职的地方（扬州刺史），晋王杨广也曾征召王远知赴扬州，这之间是否存在什么联系呢？

有关王远知的第二则传说就是那部"获罪于天"的《易总》的故事。这则传说最早出现于柳宗元的《龙城录》中，② 篇题《上帝追摄王远知〈易总〉》。文称高

---

① 杜光庭：《道教灵验记》，《云笈七签》，卷121，第2677页。
② 有关此书作者归属的看法存在分歧，李剑国对之进行详细考订。见李剑国：《唐五代志怪传奇叙录》（增订本），北京：中华书局，2017年，第613—628页。

宗上元年间，台州道士王远知擅《易》，"曲尽微妙，善知人死生祸福"，著《易总》十五卷，自秘其本。一日晒书，雷雨大作，一青衣老人随阴云而下，怒斥王远知泄露天书，"上帝命吾摄六丁雷电追取！"王远知大惊，见旁有六青衣人捧书而立。老者继续斥责称："上方禁文，自有飞天保卫，玉笈金科，秘藏玄都，汝是何者，辄混藏缃帙，据其所得，实以告我！"王远知战栗之间，对曰"青丘元老"传授。老者颔首，并告知上帝已救赐王远知仙品，二十四年后当可升仙。而后王远知跪拜，老者一众离去，《易总》亦被将去。王远知此后悠游人间，光宅（684）中被武后招至京城玉清观安置，但王远知时常逃去。武后封之金紫光禄大夫，王远知"但笑而不谢"。一日，王远知将死，请求武后将自己尸身扔入东流水中，武后不许，敕葬开明原。长寿年间（692—694），有人在台州海中遇险，见王远知乘船而来，告之已离岸十万里。王远知"借子迅风"使之归航，并委托舟人到登州语天坛观张光。舟人登州上岸方知王远知死之久矣，张光也已于两日前去世，"方验二人皆仙去！"①

不难发现，《龙城录》记载的这位"王远知"与隋唐之际具有很大政治影响力的王远知在时代、地域以及事迹上均不和，因此严振飞很早之前就认为这是两个同名的不同人物。②但古人和今人却往往将之合为一人。③例如卢国龙在综合《龙城录》《茅山志》以及目录学著作后，已经发现《易总》的著录情况存在问题，但仍认为"王远知著过《易总》大概是不必怀疑的。从江旻《碑》中亦可看出王远知精于《易》学。尚《周易》之玄理，《老子》之微言，唐初道教学者大率如此"。④这样的分析恐怕还是缺少必要的根据，总体上看严振飞的观点似乎更有道理。但与此同时，另一个不容忽视的可能是，这位在传说中创作《易总》的道士，有可能也是从初唐王远知身上演化出来的传说角色，未必是一位真实存在过的历史人物。然而，传说故事的天马行空，使我们只能在此做出一些推测而很难给出更具实证性的论据。传说的不可捉摸，为"混淆"大开方便之门。将"两位"（或者说作为真实

---

① 柳宗元：《柳先生龙城录》，卷1，见《景印文渊阁四库全书》，台北：台湾商务印书馆，1983年，册1077，第281b—282a页。
② 严振飞：《两个王远知》，第32—33页。
③ 此外，卿希泰所撰《王远知》即接受《历世真仙体道通鉴》的记载，记录此人"著有《易总》十五卷"。见卿希泰：《王远知》，《宗教学研究》1983年第2期，第41页。
④ 卢国龙：《隋唐五代道教学者志》，《道协会刊》1986年总第17期，第24页。

人物与虚构角色的）王远知事迹混淆起来的情况，最晚在元代便已出现。宋代陈葆光《三洞群仙录》中"青丘元老"和陈耆卿的《嘉定赤城志》，尚能相对稳定地复述上面的故事。① 但到元代《历世真仙体道通鉴》中，情况便发生了变化。《历世真仙体道通鉴·王远知》前半内容可能继承《真系》而来，最后一段则接续了这个"青丘元老"的传说，由此将两个脉络的传说合并在同一个人物身上。② 对茅山道教研究影响更大的《茅山志》，在《众真所著经论篇目》中著录："《易总》十五卷。王法主撰。"③ 使王远知著《易总》一事更加坐实，以至于陈国符等非常严谨的学者也受到影响，将《易总》十五卷作为王远知的真实著作。④ 在对此则传说进行分析之后可以发现"王远知"传说的又一条演化逻辑：通过合并不同来源的传说可以达到丰富人物性格和事迹的实际效果。此外需要指出的是，《易总》这部传说中有十五卷的著作，恐怕仅仅是传说的产物，很可能从没在人间出现过。

有关王远知的最后一个传说，比前两个要简单很多。在现存资料中，这个传说也是首见于《真系》之中，因此也很可能是盛、中唐时期产生于王远知后嗣内部的故事。李渤记载称，陈国君主（陈宣帝）征召王远知入重阳殿，后送还茅山。王远知在茅山洞（华阳洞？）西北岭上结靖修道。太建（569—582）末年，"靖室中忽有一神人，醉卧呕吐。先生然香礼候。神人曰：'卿是得道之人，张法本亦甚有心。吾欲并将游天台山，石桥广阔可过得。彼多散仙人，又常降甘露，以器盛之，服一升可寿得五百岁。卿能去否？'先生便随出，上东岭，就法本。至山半，忽思未别二三弟子付嘱经书，背行三十步，回望神人，化为鹤飞去"。笔者尚未查到传说中的"张法本"是何方神圣；故事本身是对仙缘得而复失这一主题的再现，看上去只是一个晚出的、比附在著名道士身上的一般性仙话，目前还看不出太过深邃的内涵和特定的语境关联。继承《真系》的《历世真仙体道通鉴·王远知》自然也接纳了

---

① 陈葆光：《三洞群仙录》，卷20，见《道藏》，册32，第362b页；陈耆卿：《嘉定赤城志》，卷35，见《景印文渊阁四库全书》，册486，第904b页。陈葆光称此传说引自《异人录》，陈耆卿称引自《龙城录》《异人录》。此《异人录》疑即《江淮异人录》，但今所辑《江淮异人录》中似不见这则王远知传说。
② 赵道一：《历世真仙体道通鉴》，卷25，见《道藏》，册5，第245a页。
③ 《茅山志》，卷6，第184页。
④ 陈国符：《道藏源流考》，第50页。

这则传说,并未做出太多改写,但主动略去了不知名的"张法本"。①《茅山志》中的一则记载,则称贞观年间王远知在天圣观附近遇到了这位"法本仙人"。②

余论

　　以上对王远知的生命轨迹、历史地位和身后传说进行全盘考察。不难发现,理解和解读道教人物,首先需要正确把握相关材料的内在意图,尽量避免被材料或有意或无意的"错误"所误导。接着,需将人物放入具体的历史背景中进行考察,尽可能找出他/她所处的恰当历史语境。这一点对于讨论王远知死后荣宠和传说的形成问题尤其重要。在秉持这两个原则的基础上,以上对王远知的考察便能产生更丰富的对话层次。对话的对象不仅是作为源头、真实存在的王远知和当代学者的各种分析与解读,更有演绎和利用王远知"高道形象"和仙话传说的各色人等。

　　通过这样的研究,不仅能够知晓王远知在梁、陈、隋、唐的生命轨迹,了解他如何一步步接近政治,获得崇高的教团地位,更能看到他死后如何被反复推崇和利用,甚至成为武后集团论证统治合法性的依据。就这一点而言,王远知的生命并没有在贞观九年画上句号,他的影响通过门人和自家晚辈的种种运作得到延续。而仙话传说,使宗教人物的信仰生命得到最大程度的延展。成为少室仙伯、能够拯救窦德玄、从青丘元老领受《易总》的王远知,已经成为不朽的存在,"身与名俱灭"的现象很难发生在他的身上。因此,传说不仅仅是保证道教人物记忆存续的有益回响,更是重新浇铸人物与此世恒久关系的有效策略。

---

① 赵道一:《历世真仙体道通鉴》,卷25,见《道藏》,册5,第244b页。
② 《茅山志》,卷10,第270页。

考二
《王洪范碑》与茅山道士王轨

正如考一所述，王远知是隋唐之际政治和社会影响力最大的道士之一。王轨作为王远知的高足，对熟悉中古道教史的人而言并不算太过陌生。但总体而言，王轨在道教史上的地位或许遭到后起"茅山/上清宗师"谱系的掩盖和排斥，以至于当下道、学两界谈及王远知门下时常以潘师正、司马承祯一脉为"正宗"，而低估了王轨在当时道教界的地位和影响。[①] 尽管《中国道教史》等著作依据碑铭和《道藏》材料早已给出简明的王轨生平记述，[②] 吉川忠夫也曾对王轨相关史料有所讨论，[③] 但后来学者对这些成果既未全面继承，也罕见有意义的推进。鉴于目前道教史著作中有关王轨的描述依旧过于简略，不少问题尚余挖掘空间，故此在继承前贤研究的基础上，复对王轨相关史料及生平进行考察，以期对中古道教和茅山道教研究贡献绵薄之力。

[①] 有关唐代茅山道教及茅山/上清道士的研究数以十计，但在对"代表人物"的描述中，不少论著在王远知之后仅衔接潘师正和司马承祯，王轨的作用往往遭到忽视。这一问题与王轨没有进入《茅山志》等材料给出的"茅山宗师"谱系存在一定关联，但唐代的"上清道"教团身份和传承谱系，实际是司马承祯、李含光时代才开始出现的社会认识。有关唐代茅山道教的大致情况，除一般道教史著作外，可参考 Edward H. Schafer, *Mao Shan in T'ang Times* (Second Edition; Boulder, Colorado: Society for the Study of Chinese Religions, 1989)；汤其领：《唐代茅山道论略》，《河南科技大学学报》2008年第6期，第31—34页；等等。有关唐代上清道及谱系认识的兴起和影响，参白照杰：《唐代"上清道"的身份觉醒与法脉建构》，《文史》2024年第1辑，第87—111页；白照杰：《中晚唐天台上清正统的重建与赓续——"洞玄灵宝三师"考》，《社会科学》2022年第5期，第52—64页；等等。

[②] 卿希泰主编：《中国道教史》，成都：四川人民出版社，1996年，第2册，第125—126页。

[③] 吉川忠夫：《王远知传》，《东方学报》1990年第62号，第84—86页。

一、《王洪范碑》基本信息解析

有关王轨的记载，虽有《历世真仙体道通鉴》《茅山志》等道内传记传世，[①] 但最值得信赖者其实还是他的墓碑。围绕这方墓碑，可对王轨道迹进行相对可靠的考察。首先来分析这方碑刻的基本情况，这将为我们提供不少有关王轨的重要信息。

王洪范碑全称《桐柏真人茅山华阳观王先生碑文并序》（王轨字洪范），诸如《宝刻丛编》（卷15）、《宝刻类编》（卷2）等宋以降金石著作屡屡著录，现有陈垣依据多种材料整理之录文可供参考。[②] 陈垣引《重修玉晨观记》之记载，接受此碑毁于嘉靖三年（1524）的说法。虽碑石无存，但幸运的是，《王洪范碑》因书法卓越而获古人重视，有宋拓传世。[③] 据陈垣测量，此碑"拓本高五尺二寸，广二尺八寸，三十八行，行六十九字，正书"。[④] 碑文开头给出撰文、书丹者姓名：

> 散朝大夫行江宁县令河南于敬之撰
> 琅耶王玄宗书

此二人均为彼时重要人物，值得稍作考察。

撰文者江宁县令于敬之，相关情况见诸现存史料者甚微。结合《旧唐书·地理志》和《元和郡县图志》的记载，可知江宁县屡次改名，但在太宗贞观九年（635）至肃宗至德二载（757）间则长期保持江宁之名。[⑤] 郁贤皓依《元和姓纂》及《新

[①] 刘大彬编，江永年增补，王岗点校：《茅山志》，上海：上海古籍出版社，2016年，卷9，第155页；赵道一：《历世真仙体道通鉴》，卷25，见《道藏》，册5，第245a—b页。
[②] 陈垣编纂，陈智超、曾庆瑛校补：《道家金石略》，北京：文物出版社，1988年，第58—60页。本考所引《王洪范碑》文字均出《道家金石略》，唯标点、句读时有修订，后不复出注。
[③] 《王洪范碑》书法精湛，被奉为唐代小楷经典，为历代书家所重，得以碑帖形式保存至今。碑帖例见《唐王洪范碑》，上海：上海书画出版社，2000年。
[④] 陈垣编纂，陈智超、曾庆瑛校补：《道家金石略》，第58页。
[⑤] 李吉甫撰，贺次君点校：《元和郡县图志》，北京：中华书局，1983年，卷25，第594页。

唐书宰相世系表》考于敬之出身河南洛阳于氏家族,"乃隋右翊卫大将军仲文侄孙。相州刺史敏直从祖兄弟",可能于唐高宗(650—683 在位)时期担任复州刺史一职。① 撰写《王洪范碑》时,于敬之所任官职为江宁县令。沈文凡、孟祥娟在对唐代河南于氏文人的考察中称"又据其所撰王轨碑,应生活在玄宗、肃宗朝",进而否定郁贤皓的观点。② 然从《王洪范碑》中无论如何看不出于敬之为玄宗、肃宗时人的蛛丝马迹,沈、孟二人亦未给出任何解释,恐系误读碑石的结果。事实上,尽管《王洪范碑》并未直接写明撰碑时间,但从碑文内容可知此碑必然写于王轨逝世后不久。《王洪范碑》开头即指出:

> 谨命终南山万福观道士麹元敬祗召先生□□□□□辰先生霞装奄俶。麹法师痛徽音之永隔,收蕤松涧,弟子祁行则丁玄亮等,悲陟岵之长往,采绚芝岩,共勒丰碑,同甄盛烈。

这段关键文字向来没有引起注意,但其中既言明立碑缘起,又给出王轨晚年的一些信息,不论是对于确定此碑撰成时间,还是对于王轨生平记述而言,实际都非常重要!历代帝王常常征召宗教领袖、有道高人入宫讲学,宗奉老君为圣祖的唐代皇帝更不例外。根据这则记载,终南山万福观道士麹元敬奉命赴茅山征召王轨,但当他抵达茅山时王轨已经辞世。于是与王轨弟子祁行则、丁玄亮等人为之制作墓碑以为纪念。根据碑刻后文所述,王轨卒于乾封二年(667)十一月九日,当月十七日下葬。麹元敬奉命征召当在此前不久,获悉噩耗和为之立碑也当在同一背景之下。因此,或可确定此碑之撰写和建造均在乾封二、三年(667—668)间。如是,则担任江宁县令的撰碑人于敬之也只能活跃于唐高宗统治前后,而不太可能在五十年后的玄宗(713—756 在位)时期依旧担任地方官职,更不可能是近百年后肃宗朝(756—762)的人物。郁贤皓的观点显然更符合事实,后来的纠错反而有误。

有关于敬之,目前所知还有一方碑刻与之相关。《金石录》等材料著录《唐襄

---

① 郁贤皓:《唐刺史考全编》,合肥:安徽大学出版社,2000 年,卷 194,第 2650 页。
② 沈文凡、孟祥娟:《唐代河南于氏家族文学缉考》,《古籍整理研究学刊》2010 年第 2 期,第 79—80 页。

州孔子庙堂碑》,题为垂拱元年(685),亦为"于敬之撰"。[1] 二者当为一人,可知于敬之至少在武后统治(685—704)初年依旧在世,且可能任职襄州。由这两方见于金石学家著录的碑石,可了解于敬之在碑铭文学方面具备一定才能。不难推测,于敬之拥有茅山地方长官和优秀文学家的双重身份,故麹元敬和王轨弟子方会请其为王轨创作碑文。

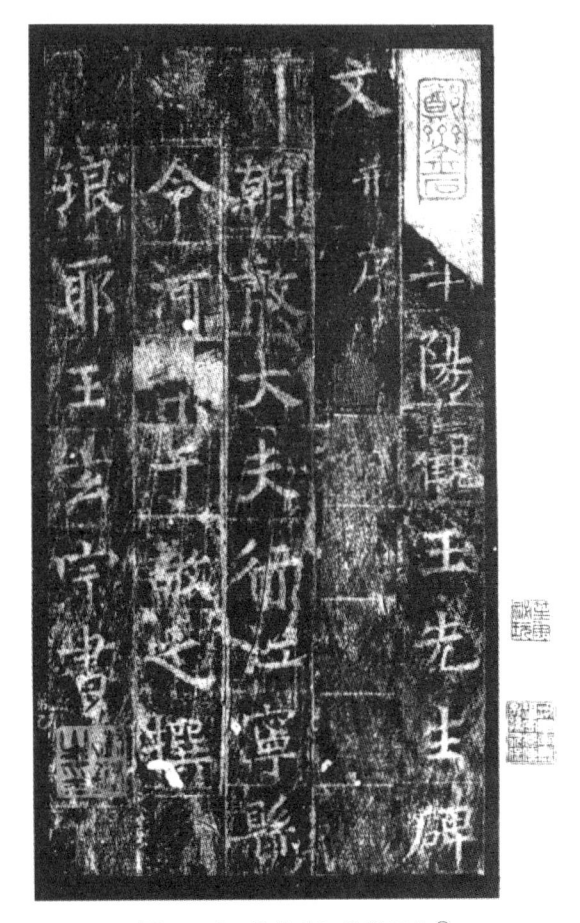

图 1 《王洪范碑》传世拓片[2]

---

[1] 赵明诚:《宋本金石录》,北京:中华书局,1991 年,卷 4,第 93 页。又见《宝刻丛编》卷 3、《六艺之一录》卷 25 等。
[2] 引自《唐王洪范碑》。

书丹者琅邪王玄宗生于632年，卒于686年，是初唐著名道家人物。有关王玄宗的情况，各界关注不多，这里对之稍作介绍，后辟专考对之进行详细讨论。王玄宗是王绍宗（字承烈）的兄长，《新唐书》称他们是"梁左民尚书铨曾孙。系本琅邪，徙江都云"。① 王绍宗少年家贫，但颇嗜书法，曾在僧坊为人写书维生。后通达，累进秘书少监等职。据信其书法造诣颇高，可与虞世南比肩。兄长王玄宗，"隐嵩山，号太和先生，传黄老术"。② 《新唐书》的这一记载过于简略，幸有《大唐中岳隐居太和先生琅耶王征君临终口授铭并序》（简称《口授铭》）可补其阙。《口授铭》刻石位于河南登封老君洞南，内容为王玄宗临终口授遗言，由王绍宗手书记录，后者还为之写下长长的《序》，其中亦提供不少信息。由于王绍宗书法技艺精湛，此碑铭作为唐代书法精品早获重视，碑文录入《中州金石记》《金石萃编》等多种金石著作。③

　　王绍宗在《序》中称，垂拱二年（686）孟夏（四月）四日，六兄王玄宗"见疾太渐"，"侨居惠和里之官舍"。某日，王玄宗向王绍宗交托自己的丧葬安排，希望遵从自然无为之道，一切从简。其后，"升真潘先生门徒，同族名大通，越中岳而来，自远问疾"。此处所谓"升真潘先生"当指著名的嵩山道士潘师正。潘师正的情况已有不少研究，此无须赘言。王大通得知王玄宗命不久矣并自主安排葬事后，请求王玄宗归神嵩山中顶石室。潘师正生前修道嵩山，故王大通称"曩者升真临终一令宅彼"，如能葬身其中，亦可与两年前（684）刚刚羽化的潘师正接续友谊。王玄宗允可，并要求随意选以青石，刊刻碑铭。这样一位主要活跃于洛阳地区的道家人物，为何会成为《王洪范碑》书者？有关这一问题目前不易回答，但与王玄宗交好的潘师正恰是王轨同门师兄弟。于是，正如吉川忠夫所述，一个可能的推测便是潘师正或许在书碑一事上发挥了中介作用。④

　　最后，目前所能见到的《王洪范碑》拓片和录文均为碑阳文字，但碑阴实际续刻有其他内容。据宋陈思《宝刻丛编》记载，《唐华阳观主王轨碑》"后有总章二

---

① 欧阳修、宋祁：《新唐书》，北京：中华书局，1975年，卷199，第5668页。
② 《新唐书》，卷199，第5668页。
③ 陈垣编纂，陈智超、曾庆瑛校补：《道家金石略》，第71—72页。本考所引《口授铭》文字均出此书，后不复出注。
④ 吉川忠夫：《王远知传》，第84页。

年，弟子李义廉题名《集古录目》"。① 《宝刻类编》给出了类似的记载："李义廉。王轨碑后题石。总章元年六月立，昇。"② 由于碑石已毁，且拓片仅拓碑阳，有关碑阴题刻的原本内容已无从得知。但碑石焚毁前编修的（至大）《金陵新志》给出了一则非常有用的记载，称："《桐柏王法师碑》……李义廉奉敕使还篆六字额。"③《金陵新志》的著录过于简短，文字理解存在歧义，但最可能的解释是：李义廉此次是奉高宗敕命，返回茅山，开展对王轨的纪念活动，其间为王轨碑增补了六个字的篆书碑额。换言之，"李义廉奉敕使还"，很可能是王轨死后李义廉（随奉命征召其师的麹元敬一同？）赴京城向高宗奏报消息，而后高宗令其返茅山致以哀荣。有关六字碑额（或即"桐柏王法师碑"六字），因缺少明确记载，不能确定是否李义廉所书。但《王洪范碑》文中给出的王轨门下得意弟子（包括祁行则、丁玄亮及包方广等，见后文）并不包括李义廉在内，可推测李义廉在王轨门下地位未必很高，可能不具有篆额的身份。倘如是，则书额者当另有其人——高宗本人亦非绝无可能。无论如何，至此已可从王洪范碑碑阴的点滴信息了解到，王轨羽化后两年内，唐高宗下敕举哀纪念，于总章元年（668）在茅山举行纪念活动，其间为王洪范碑增补六字篆额，弟子李义廉等人为纪念此事刻文碑阴。④

从以上对《王洪范碑》基本情况的考察可以发现，王轨的羽化引起朝廷和道教内部的重视。朝廷方面，不论是江宁地方还是高宗代表的李唐中央都对之表示哀悼；道教内部除王轨门下和奉敕前来的麹元敬等人积极安排葬事，与王轨师出同门的潘师正和嵩洛地区的著名道家人士也参与其间，由此可略微领略王轨在当时道门内外的重要影响力。高宗皇帝、使者麹元敬、撰碑人县令于敬之、书丹者王玄宗、师兄弟潘师正以及门下弟子等参与立碑和纪念活动的各类人士，组成了王轨的部分社会关系网络。在对这些情况有所了解后，以王轨为中心的道教史画面方能有效地展开。

---

① 陈思：《宝刻丛编》，卷15，《石刻史料新编》第1辑，台北：新文丰出版社，1977年，册24，第18327a页。题名误"轨"为"乾"。
②《宝刻类编》，卷2，《石刻史料新编》第1辑，册24，第18421b页。
③ 张铉：（至大）《金陵新志》，卷12下，见《景印文渊阁四库全书》，台北：台湾商务印书馆，1983年，册492，第486a页。
④ 事实上，碑阴的刻文可能极为简单，不具有"文章"意义，书体也远不如碑阳精美，故不为后人重视，终无拓片传世。

二、以《王洪范碑》碑文为中心的王轨生命历程梳理

在对《王洪范碑》本身有较充分认识后,接下来以此碑文为中心,展开对王轨生命历程的梳理工作。

《王洪范碑》较为详细地记载了王轨的传奇一生。碑文称王轨,"字洪范,一字道模,琅耶临沂人",卒于乾封二年,春秋八十八岁,可推其约出生于陈宣帝太建十二年(580)。碑文称王轨自曾祖以降,历朝任官,具体如下:

表2　王轨父祖情况

曾祖	王筠	梁	散骑常侍、太府卿、度支尚书
大父	王铦	梁	简文太子洗马、招远将军
		陈	大中正、光禄大夫
父	王瑜	陈	著作佐郎、鄱阳国常侍

众所周知,琅邪王氏是中古时期著名的贵族世家,妇孺皆知的王导、王羲之等均出自这一家族。倘王轨确实出自这一簪缨家族,则其在初唐时期这一仍重地望氏族的时代里,自然会获得较高的社会身份。然而,《王洪范碑》的以上记载并不属实,这一点详究王筠和王铦的传记便可知晓。

王筠在《梁书》中有专门传记,据称其字元礼,一字德柔,琅邪临沂人,祖父即著名的王僧虔。根据《梁书》记载,王筠颇有文学才华,曾奉敕为昭明太子撰写哀册文。大同五年(539)担任太府卿,六年(540)迁度支尚书——与《王洪范碑》所述相符。太清三年(549),有贼夜攻其家,王筠坠井而亡,享年六十九。[①] 王铦,正史无传,但《王洪范碑》中有关他历任官职的叙述却与《陈书》所记载的王冲极其吻合。《陈书》记载,王冲字长深,琅邪临沂人,祖王僧衍。王冲为梁武帝偏爱,年十八即出仕,"累迁太子洗马、中舍人。出为招远将军"等。侯景之乱后,梁敬帝绍泰(555—556)中,"累迁左光禄大夫、尚书右仆射……寻复领丹阳尹、南徐州大中正,给扶"。梁陈禅代后,"解尹,以本官领左光禄大夫。未

---

① 姚思廉:《梁书》,北京:中华书局,1973年,卷37,第484—487页。

拜，改领太子少傅。文帝嗣位，解少傅，加特进、左光禄大夫"。至光大元年（567）薨，年七十六岁。① 不见经传的王铦与彪炳史册的王冲在时代和历任官职上的吻合，不能视为无独有偶的"巧合"，更可能的解释是王冲实际就是王铦的"原型"——《王洪范碑》中王铦（如果此人并非莫须有的话）的荣耀经历是有意的"张冠李戴"。由于王铦并无传记传世，其与王筠是否有父子关系很难确定，但王冲显然不是王筠的儿子，这一点在上文所述二人卒年和年寿上就可看出：王筠生于481年，卒于549年；王冲生于492年，卒于567年。中古重门第，攀附名门是常见的社会现象，出现在王轨身上也不算稀奇。《王洪范碑》记载的王轨父亲王瑜，亦不见其他史料，但一者王瑜时代较近，二者碑文所述王瑜官职不高，可信度或许较曾祖、大父要高一些。

《王洪范碑》记载，王轨"年甫八岁，早丧所天"，"属陈运告终，人神靡托"，乱世之下，"萍流不定，蓬转无依"。依王轨生卒年计算，其八岁时正是陈后主祯明元年（587），陈朝已危若累卵，次年杨广帅隋军来攻，一年后陈朝覆灭。值陈朝没落之际而丧父，幼年王轨陷入窘境。碑文记载，此时幸有故人相帮，王轨被"携养寄诸包氏，一经憩庑，五载方离"。换言之，少年王轨有五年时间，被寄养于某个包姓家庭。有关此包姓家庭目前缺少文献介绍，但王轨门下弟子中的一支却格外引人注意。《王洪范碑》后文给出王轨门下几位杰出弟子的名字，其中便有包方广。此人还出现在贞元三年（787），陆长源为茅山韦景昭所撰的《华阳三洞景昭大法师碑》中。碑文给出韦景昭的师承："初法师师事大法师包士荣，荣师事崇玄观道士包法整，整师事上士包方广，广师事华阳观道士王轨，轨师事升玄先生王远知，远知师事华阳隐居陶弘景。"② 家族传承的道士群体非常常见，③ 张氏天师世家自不待言，唐代而言，著名的邓氏④、叶氏⑤等均可为例。因

---

① 姚思廉：《陈书》，北京：中华书局，1972年，卷17，第235—236页。
② 陈垣编纂，陈智超、曾庆瑛校补：《道家金石略》，第166页。
③ 有关中古前期的奉道家族学界已有一些讨论，参刘屹：《晋宋"奉道世家"研究》，收其《神格与地域：汉唐间道教信仰世界研究》，上海：上海人民出版社，2011年，第190—220页。
④ 有关麻姑邓氏的问题，参雷闻：《碑志所见的麻姑山邓氏——一个唐代道教世家的初步考察》，《唐研究》2011年总第17卷，第39—70页。
⑤ 叶氏家族人才辈出，研究综述和新见，参吴真：《为神性加注：唐宋叶法善崇拜的造成史》，北京：中国社会科学出版社，2012年。

此，王轨门下这个至少三代、传承有序的包氏道士群体很可能也是出自同一家族。尽管目前没有任何材料证明这个包氏道士群体与收养王轨的包氏存在关联，但二者同宗亦不失为一种可能。

《王洪范碑》称，少年王轨萌发对道教的兴趣，继而拜师王远知，人生轨迹出现重要转折。正如上一考所述，王远知是隋唐之际社会影响力最大的道教人物。陈国符、宫内淳平、吉川忠夫、常志静（Florian Reiter）、雷闻等学者已分别从不同角度对王远知的情况进行深入探讨，这些研究为我们呈现出王远知个人及其家族情况，以及他之于隋唐中央政治和道教内部的深远影响。在包家生活五年之后的王轨，终于投入王远知门下修道。《王洪范碑》对王轨投师王远知的记载，由于充斥太多赞誉文字而使时间逻辑有些缠杂。碑文指出，王远知是当时的道门领袖，"一代伟人"，王轨于是"卜居茅谷，为香瓶弟子一十六年"，长期伴随王远知左右，接受道学熏陶。接着，碑铭记载道："先生（王轨）爰及冠年，虔受经法。"事实上，所谓充当"香瓶弟子"的十六年，正是从冠年（二十岁）开始计算的。根据《王洪范碑》后文可知，大业十一年（615）王轨被炀帝指派任务，从此长期离开王远知。王轨二十岁时正是公元600年，至大业十一年恰十六年时间。再根据前述他寄养包家五年的情况上推，可知他在十五岁时（即595年）方获包氏救济。换言之，王轨在八岁丧父之后，曾在自己家庭中困苦生活七年左右的时间。① 贞观十六年（642）江旻撰《唐国师升真先生王法主真人立观碑》（简称《立观碑》）记载王远知的基本情况，碑文称王远知在开皇十二年（592）时，受到当时还是晋王的杨广的征召，勉强出山，后请还山，杨广"遣使将送"，于人迹罕至之山间修行。开皇十三年（593），据信王远知得朱衣羽人劝说，不再坚守独修之道，随即大开法席，广度后学，"山人著录，三千许人，并立精舍，实为壮丽"。② 王轨拜师王远知正是此后不久的事情，或许他正是获悉王远知大开山门的消息后才奔赴茅山。

根据《立观碑》的记载，王远知为"琅耶临沂人也"。前揭近年发现的王远知

---

① 正是由于《王洪范碑》先说"十六年"，而后再话及受学经法一事，使人怀疑王轨是否一开始是作为道童服侍王远知，二十岁时"转正"为正式道士。但上文的分析已否定这一怀疑。因此，赵道一等人在《历世真仙体道通鉴·王轨》的理解是对的："轨年二十岁，事法主王远知，执巾瓶之礼，凡十六年。"
② 江旻：《唐国帅升真先生王法主真人立观碑》，收陈垣编纂，陈智超、曾庆瑛校补：《道家金石略》，北京：文物出版社，1988年，第51—54页。本考所引《立观碑》均出此书，后不再出注。

后辈的两方墓志同样自称出自琅邪王氏，雷闻在研究中对之进行考察，认为二者所述与《王法主碑》记载吻合，接受王远知家族在南朝和隋代历任高官的看法，认为王远知"家族源出琅邪王氏未必是江旻的伪托"①。尽管尚不能完全排除王远知琅邪王氏的家族谱系是新创造的祖统脉络，但至少这种身份认同在王远知生前已经建立。前文已讨论过王轨的"琅邪王氏"出身问题。事实上，《王洪范碑》中王轨三代祖先的记述或许并不是撰碑者或王轨弟子辈的凭空创造，而有可能源自王轨本人生前自述。倘若如此，则不论王轨家族是否真的出自琅邪王氏家族，他本人都自持琅邪王氏的身份认同。陈隋递代造成的社会混乱，为伪托氏族源流提供了某种方便。同属"琅邪王氏"的身份或祖统认同，或许对王轨成为王远知亲密弟子起到一些帮助。②《王洪范碑》记载称，王轨"初在法主座下听《老子》《西升》《灵宝》《南华真人论》，退席之迹，即为人讲说。五行俱览，一字无遗"。以至王远知感慨："吾道东矣，何独康成！"王远知此语使用了郑玄（字康成）的典故。《后汉书·郑玄传》记载郑玄求学于马融门下，当郑玄学成后准备返回山东时，马融评价说："郑生今去，吾道东矣！"③

《王洪范碑》记载，在茅山跟从王远知学习一段时间后，王远知受隋朝皇帝征召，王轨"从游京洛"。根据《立观碑》的记述可知，王远知曾至少两次受杨广征召，④第一次就是上文提及的开皇十二年征赴扬州。而这一次征召应该是指大业七年（611）的事件。《立观碑》和《王洪范碑》分别记载了相关情况，二者可以互相参考补充：

> 《立观碑》：大业七年，炀帝遣散骑员外郎崔凤赉敕书迎请，见于涿郡之临朔宫。……六军返旆，扈驾洛阳，奉敕于中岳修斋仪。
>
> 《王洪范碑》：王法主……追赴东都。先生此辰，从游京洛。……当时奉敕

---

① 有关两方墓志信息及讨论，见雷闻：《茅山宗师王远知的家族谱系——以新刊唐代墓志为中心》，《隋唐辽宋金元史论丛》2014年总第4辑，第139—152页，引文见第150页。
② 根据《立观碑》的记载，在王远知门下弟子中最杰出的"入室弟子"是陈羽，排在第二位就是王轨。不幸的是，目前有关陈羽的情况并不清晰。
③ 范晔撰，李贤等注：《后汉书》，北京：中华书局，1965年，卷35，第1207页。
④ 有关王远知与隋炀帝交往的概要介绍，参王光照：《隋炀帝与茅山宗》，《学术月刊》2000年第4期，第74—79、97页。

> 玉清玄坛行道……随后主簿伐玄兔，先生扈从黄龙，车驾凯旋，陪还洛邑。大业十一年，有诏特委先生于河南廿四郡博访缁素、有道术异能、杂技德行、讲说灼然、堪供养者，及精通兵法之徒，并具状追送驾所。

大业七年至十年间，正值炀帝三次亲征高句丽，王轨与师父一同参与了这一历史事件。有关玉清玄坛和隋炀帝出征等问题，上一考已做过讨论，此不再赘述。

根据上引《王洪范碑》文字可知，高丽战争结束后不久，王轨就被委任外出河南二十四郡，寻访异人奇才。碑记接着记载，王轨"以兹衔名，言归旧庐"，其间隋末混战爆发，以致"关河路绝，因即避乱名山，遂历天台、赤城、四明、桐柏、金庭、蔡嶅、缙云、若邪"，"日月居诸，复淹十载，而黔黎涂炭，县命有归"。在避难天台山地区的十年里，王轨与师父王远知失去联系。正如众所周知的那样，彼时王远知脱离杨隋集团，投身李唐政权，在李唐的创业战争中辅佐李世民等人，为后者树立起道教信仰上的统治合法性，赢得舆论支持，从而在道教与李氏统治家族之间建立起桥梁。

根据《王洪范碑》记载，在天台山附近避难十年后，随着李唐政权取得决定性胜利和江南社会逐渐稳定，王轨"背天台，还地肺，入轘辕而迎法驾，游郏鄏而谒真人"。"地肺"自然是指又名地肺山的茅山，"轘辕"是洛阳附近的山岳，"郏鄏"则是洛阳的古地名之一。这段文字显示，王轨离开天台山后首先回到茅山，继而又转赴洛阳拜见王远知，师徒二人终于团聚。

根据目前所知的情况来看，王远知自大业七年之后似乎长期以洛阳玉清玄坛为中心开展活动，《立观碑》记载他在贞观九年（635）前请求还山获准，太宗即"诏洛州资给人船"。王远知返回茅山数月之后便仙逝了（贞观九年八月十六日）。在洛阳与师父相会后，王轨被委以重建许陶旧观的任务，率先返回茅山。《王洪范碑》对此事记载较为详细：

> 于时法主尚承恩梓泽，未果言之柳汧，[①] 故遣法师先还，修葺许陶遗址。

---
① 雷平山有柳汧水，参吉川忠夫：《王远知传》，第98页注2。

> 此观梁武皇帝于许真人旧宅为陶隐居建立，号曰朱阳。皇明启运，更以华阳为目。……而旧基夷漫，余迹沦芜，先生更剪棘开场，肇兹崇构。敬造正殿，三间两庑，并及讲堂、坛靖、房宇、门廊……又于殿内奉造元始天尊像一躯，光跃丈八。左右真人夹侍，神仪肃穆，法相希微。

《王洪范碑》全称即以华阳观加诸王轨名上。根据引文所述，这所道观具有极其重要的象征意义，其本身与江南道教，尤其与上清传统的著名人物相联系，对此道观的继承，在一定程度上象征着对传统的自觉归附。尽管作为道教团体和组织的唐代"上清派"在此时尚未获得稳定的社会身份和团体认同，但王远知和王轨的这一举动却能够成为后来正式打起"上清"旗帜的司马承祯和李含光等人的历史资源。吉川忠夫的文章对王轨华阳观的问题有所涉及，认为《王洪范碑》中记载的奉造元始天尊和左右真人，就是江旻所撰《立观碑》里的"又于内殿奉为文德皇后造元始天尊像一躯，二真夹侍"。[①] 但这里可能存在误会，《立观碑》所记载的三尊神像建于太平观中，王轨所建神像则是在华阳观里，二者并不相同。王轨所造之像仅称"奉为"，造像原因不详。但有可能的是，文德皇后（601—636）卒后，朝廷令茅山的太平和华阳等观均造天尊、真人像，以此为皇后追福。换言之，尽管是分别两处的造像，但却可能拥有同样的造立背景。

前半生犹如转蓬、颠沛流离，至中年开始王轨终于过上了稳定安宁的生活。《王洪范碑》记载，重回茅山的王轨除妥善地完成了重建华阳观的任务，晚年还从事其他一些活动：

> 法师往于名山福地，感遇真经，晚居华阳，又摸写上清尊法、洞玄洞神符图秘宝，并竭钟卫之楷模，尽斑倕之剞劂，缄封静室，永镇山门。先生自幼及长，恒味松术。平生斋讲传授，所有信施，并入功德，赒救贫无。

碑文盛赞王轨的书法造诣，其手书大量道经"永镇山门"，使华阳观拥有了一批固定的经宝。个人修炼方面，碑铭称王轨善于服食，有关他服术的问题，王家葵有简

---

① 吉川忠夫：《王远知传》，第86页。

要讨论，认为这是王轨师门传统中一向坚持的修道方式。① 以斋讲所得法信施舍来救度贫困，显示出王轨慈善济人的一面。

接着，时间来到乾封二年。十一月一日朝礼之后，王轨向门人讲述前夜五更的奇梦，称梦见三位仙人来召，"告云华阳天宫，素已品藻，用师为神仙万人主者，兼知领校省官"。王轨称，此前避难桐柏山期间就曾有此梦，今次势在必行。于是以诸事嘱咐门下弟子，交托各类事务。十一月八日香汤沐浴，九日从容而化，春秋八十八岁。当月十七日，葬于"华阳观南、雷坪山西、陶贞白墓右"。或许正是因为在桐柏山潜修十年，且最早于此山梦到仙官召请，王轨才会被冠以"桐柏真人"的名号。

大约就在此时，本考开篇提及的终南山万福观道士麹元敬奉诏至茅山征召王轨入京，但终于缘吝一面，只得与祁行则、丁玄亮等人一同主持为王轨立碑等事宜。《王洪范碑》序文最后，给出了此次立碑事件的一些信息，称王轨弟子千余人，其中戴慧恭、包方广、吴德伟、王元晔最为杰出，他们也参与了王轨碑的撰立活动。正如前文所述，为王轨撰碑一事涉及江宁地方官和多位嵩洛著名道家人物，从中可以窥见王轨在道教内外的影响力。两年之后，李义廉等人奉高宗敕令展开对王轨的又一轮纪念活动，为《王洪范碑》补撰六字碑额，并刻名碑阴。

小结

以上考察了《王洪范碑》和王轨的生命历程，通过对碑石情况和碑文记述的双重考索，隋至初唐时期茅山道士王轨的大致情况已较为清晰。从目前有关唐代茅山道教的研究情况来看，有关王远知的问题已获得很多重视。就影响层面而言，王远知与李唐朝廷之间的密切互动当然是其教团及道教场所能够走向兴盛的重要原因。但王远知本人直到去世当年方返回茅山，茅山道观的重建工作实际是由包括王轨在内的门人弟子操刀，这些人的经历和作为同样值得关注。

---

① 王家葵：《王洪范碑所见茅山道教饵术传统》，收其《石头的心事》，北京：新星出版社，2011年，第47—49页。

在对王轨的考察中，笔者试图将之放入恰当的历史和社会环境中进行理解。如此不仅可增进对王轨本人经历的认识，更能透过王轨个人，收获有关彼时道教界的更多信息——个体往往蕴藏着时代的普遍基因。因此，对王轨生平考索的价值并不止步于"考证史实"本身，而是希望能够从他身上发现在朝代更迭的大变迁时代里，不同地位道士的现实人生。

王轨青少年时遭逢乱世，父亲早亡，生活不幸，投师王远知使王轨的生命迎来转机，步入社会上层圈子，但当混战爆发时王轨却只能选择避难天台十年之久。唯李唐鼎革后，方回归茅山，重获安宁，在道教圈子里继续发挥自我价值，临终前获得皇帝征召的殊荣。与师父王远知一向高调的人生不同，王轨的经历充满起伏和不确定，而他本人似乎更倾向以自然无为、内向隐忍来面对特殊的政治和社会环境。在"你方唱罢我登场，城头更换大王旗"的特殊时代里，像王远知这样积极地与不同政权建立联系的道士毕竟不可能是多数，诸如王轨"有道则显，无道则隐"的道士恐怕要更为普遍。

考三
隋唐楼观道士歧晖

歧晖，又作岐晖，中年更名（或字）平定，系隋至初唐时期的楼观（宗圣观）观主，因以道士身份支持李唐创业而获朝廷重视。由于歧晖参与李唐创业，道教史和唐史学界对之提起一定重视，但相关讨论亦止于支持李唐本身，而于歧晖其人几乎漠不关心。然楼观在歧晖治下转变为带有李唐皇室庙宇性质之"宗圣观"，李唐皇室亦由此坚定崇道之心，故歧晖在楼观史和道教史上实际占据颇为重要的地位。有关此人，有考究之必要。

虽有数种资料记载歧晖生平概况，但相关文献时代普遍较晚，史料来源需要讨论。首先来看最可靠的记载。歧晖参与李唐创业由此获唐高祖李渊尊重一事，因有碑石传世而略无疑义。《大唐宗圣观记》是目前有关歧晖事迹最可靠之资料。此碑立于盩厔县（今陕西省周至县）楼观大殿前，自唐以来常著录于金石、书法相关著作，碑石今存。碑记由欧阳询撰序，陈叔达作铭，碑额隶书，碑文八分书，建于武德九年（626）二月十五。[1]《金石录》误录书者为欧阳询，[2] 后世部分金石著作（如《金石萃编》卷41）因袭其说，当代学者偶尔亦袭其误，[3] 更有将之作为欧体法帖流传仿效之现象。此碑真实书者不详，《金石林时地考》即已明言"今不题书人名"。[4]《来斋金石刻考略》认为今存碑石为元人翻刻，"失其笔意耳"，又称"石

---

[1] 欧阳询撰：《大唐宗圣观记》，陈垣结合拓片、《古楼观集》、《金石萃编》等材料整理录文，见陈垣编纂，陈智超、曾庆瑛校补：《道家金石略》，北京：文物出版社，1988年，第46—48页。
[2] 赵明诚：《宋本金石录》，北京：中华书局，1991年，卷3，第64页。
[3] 爱宕元：《唐代楼观考——欧阳询撰〈大唐宗圣观记〉碑を手掛りとして》，收吉川忠夫编：《中国古道教史研究》，京都：同朋社，1992年，第275—322页。
[4] 赵均：《金石林时地考》，卷2，见《景印文渊阁四库全书》，台北：台湾商务印书馆，1983年，册683，第436a页。

高六尺，广二尺五寸，计二十三行，每行六十字"。①《金石萃编》卷41所录碑石体量与此不同，称"高一丈二尺五分，广三尺七寸"，但同为"二十三行，行六十字"。②《来斋金石刻考略》记录的体量显然依据拓本，减去了碑座等部分；《金石萃编》所录则为整碑体量。碑文录于朱象先《古楼观紫云衍庆集》③、《金石萃编》等材料，④本考主要以陈垣《道家金石略》录文为据。

《大唐宗圣观记》称，隋末战乱，"民坠涂炭"，李渊顺天命而起，拯救万民，以武德三年（620），赐改楼观为宗圣观，感念先祖老君之威灵。武德七年（624），李渊亲幸楼观，表彰歧平定"知来藏往，尽化穷神，豫鉴天休，赞弘景福"。五代宋初王松年所编之《仙苑编珠》引唐前期成书之《楼观传》（案：全书早佚）内容，指出高祖初取天下时，歧晖"与道士八十人有济国之功，授金紫光禄大夫，已下皆受银青"。⑤《宗圣观记》所谓歧晖"豫鉴天休，赞弘景福"当指此而言。谢守灏《混元圣纪》编成于南宋，专录老君显化事件，多可与确凿史料相应。此书记歧晖参与李渊创业之事较详，可与宗圣观碑及《仙苑编珠》等所引《楼观传》互相印证。

《混元圣纪》称隋大业七年（611），炀帝亲驾征辽，歧晖预见隋国祚不久，谓弟子曰："天道将改，吾犹及见之，不过数岁矣。"面对天道所归之询问，歧晖回答："当有老君子孙治世。"数年后，隋乱。现存资料中，歧晖大业七年预见天将改命一事，以《混元圣纪》所录最早，然谢守灏于此未有向壁虚构之必要，疑此说可能抄自《楼观传》等更早文献。此事真伪甚难断定，依史料而论，《混元圣纪》等书时代颇晚，即使袭自初唐《楼观传》，亦可能有掺杂时人传说之嫌，难以为据；但以南北朝隋唐时期"李弘"救世之说在道门内外广泛流传，且炀帝辽东之征实是隋朝走向衰亡的重要转折点，具备时政眼光者亦可由此推测杨隋将乱，于理又似可通。

---

① 林侗：《来斋金石刻考略》，卷3，见《景印文渊阁四库全书》，册684，第66b—67a页。
② 王昶编：《金石萃编》，卷41，见《石刻史料新编》第1辑，台北：新文丰出版社，1977年，册1，第701b页。
③ 朱象先：《古楼观紫云衍庆集》，卷1，见《道藏》，册19，第549c—550c页。
④ 王昶编：《金石萃编》，卷41，见《石刻史料新编》第1辑，册1，第701b—703a页。
⑤ 王松年：《仙苑编珠》，卷2，见《道藏》，册11，第36b页，"蓬莱尼公太白歧晖"条。

有关歧晖领八十道士辅助唐军一事，《混元圣纪》称李渊晋阳起兵，驸马柴绍举旗响应，兵过宜寿宫（位于今西安周至马召镇）时，歧晖以观中资粮奉给军需。后李渊过蒲津关，歧晖喜曰："此真君来也，必乎定四方矣。"因而改名"平定"响应唐军，复派遣道士八十人赴蒲津关接应李渊。李渊于是下诏褒奖，授歧晖金紫光禄大夫，其他道士授银青光禄大夫。歧晖推辞，李渊强授之。① 《混元圣纪》记载李渊亲幸楼观一事，歧晖再次出现。其事见于《大唐宗圣观记》，但《混元圣纪》误将武德三年敕改楼观为宗圣观事与武德七年圣驾亲临宗圣观混淆杂糅，② 当据唐碑正之。

《大唐宗圣观记》之后，上文提到的《楼观传》中由活跃于唐前期的尹文操续成之内容，当为有关歧晖之最早且最详细之记载。尹文操本人亦曾任宗圣观主，受赐银青光禄大夫之职，今有员半千所撰《大唐故宗圣观主银青光禄大夫天水尹尊师碑》存世，③ 可以为证。依碑铭来看，尹文操卒于垂拱四年（688），十五岁逢文德皇后（卒于636年）去世，得以入道配住宗圣观。则尹文操入宗圣观时距歧晖离世仅相差数年（歧晖生卒年，见后文），虽不能亲见，但亦可得闻歧晖故事，故其笔下之歧晖记载具备较高参考价值。《楼观传》的成书过程颇为复杂，其书经历了从一卷本到二卷本、三卷本逐渐续成的过程，书中有关隋和初唐楼观高道之记载系出尹文操之手，王士伟、曾召南等曾撰文讨论此书，颇可参考。④ 其书久已亡佚，《仙苑编珠》所录歧晖故事声明引自此书，⑤ 朱象先《终南山说经台历代真仙碑记》自称编纂楼观先师传时参考《楼观内传》，⑥ 两份材料均录歧晖与八十道士辅助高祖、为国设醮之瑞验及与弟子登太白山求仙三事；后者更明确指出歧晖之师为某苏法师、歧晖春秋七十三年等。

---

① 《大唐创业起居注》录李渊授道士逸民诏书，称："虽欲勿用，重违其情。逸民道士等，诚有可嘉，并依前授。"此诏概即歧晖推辞李渊所受之散职，李渊强受之诏。见温大雅撰，李季平、李锡厚点校：《大唐创业起居注》，上海：上海古籍出版社，1983年，卷2，第29页。
② 谢守灏：《混元圣纪》，卷8，见《道藏》，册17，第855b页。
③ 员半千：《大唐宗圣观主银青光禄大夫尹尊师碑》，见《道家金石略》，第102—103页。
④ 王士伟：《〈楼观内传〉考略》，收其《楼观道源流考》，西安：三秦出版社，1995年，第一章；曾召南：《尹轨和〈楼观先师传〉考辨》，《宗教学研究》1984年00期，第76—82页。
⑤ 王松年：《仙苑编珠》，卷2，见《道藏》，册11，第36b页。
⑥ 朱象先：《终南山说经台历代真仙碑记》，见《道藏》，册19，第548a页。

除此之外，谢守灝《混元圣纪》、陈葆光《三洞群仙录》所引贾善翔《高道传》、①赵道一《历世真仙体道通鉴》中亦叙述歧晖故事，文字、记事多与《仙苑编珠》所引《楼观传·歧晖》及《终南山说经台历代真仙碑记·金紫光禄大夫岐法师》重合。歧晖其人并不以道法高妙、行为神秘著称当世，后世道教内史未有专门编造歧晖传说故事之必要。朱象先《终南山说经台历代真仙碑记》自称参考《楼观传》，王士伟据此认为《楼观传》于元初全本尚存，元代多次焚毁《化胡经》相关书籍，《楼观传》或受牵连以至亡佚。以上所列道教传记资料成书多早于《楼观传》亡佚时间，有参考甚至抄录《楼观传》之可能。是以尽管不排除前举文献在流传过程中存在辗转抄录之可能，但颇疑其间有关歧晖之记载均以《楼观传》为根本来源。倘如此，则此类仙传资料于歧晖之记载便相对确凿，具有较重要之史料价值。

在道教内史中，以《历世真仙体道通鉴》（简称《仙鉴》）卷29所录歧晖生平事迹最为详尽，②《宗圣观记》等材料有关记载皆可在其中找到对应之处。其文称，歧晖"字平定"，京兆人，卒于贞观四年（630），享年七十三岁，则当生于558年前后。此书记载，歧晖在北周武帝太和五年（案：当为天和五年，570）入道，稍后即逢周武灭法，被迫还俗。隋立国（581）后，歧晖于二十六岁时复又出家，入通道观，师某苏法师。隋大业七年，见炀帝亲征高句丽，预言天下将乱、老君子孙治世。后与唐高祖李渊相交，获得褒赏；为国设醮时，有"白云覆坛"等瑞应；高祖亲幸楼观，赐改宗圣观。此后，歧晖因仙经有言"欲为仙客登太白"，故与弟子游太白山。最末述歧晖死前一日，告知弟子自身次日羽化，即期果终，时在贞观四年七月十九日。此处《仙鉴·歧晖》有关李渊幸楼观及赐改宗圣观之记载，与前揭《混元圣纪》相关记述犯下相同错误，即误将楼观改名和高祖亲幸合二为一，认为均发生于武德三年。有关于此，前文已指出，当据《宗圣观记》所述，别为武德三年和七年两个事件。

最后需要指出，孙克宽早年认为初唐羊角山吉善行告符命事件可能为歧晖导演，③但从以上讨论可知，并无任何材料反映歧晖曾参与羊角山符命事件。事实

---

① 陈葆光：《三洞群仙录》，卷18，见《道藏》，册32，第352c页，"歧晖返室慧虚渡桥"条。
② 赵道一：《历世真仙体道通鉴》，卷29，见《道藏》，册5，第267a—268a页。
③ 孙克宽：《唐代道教与政治》，收《史记考证·秦汉中古史研究论集》，《大陆杂志史学丛书》1981年第5辑，第2册，第495a页。

上,羊角山符命事件背后的策划者更可能是被后人尊为一代茅山宗师的王远知。有关于此,详细讨论可参吉川忠夫等学者之研究,[①] 以及本书考一之专论。

以上即目前所能整理出的楼观观主歧晖生平情况。尽管笔者尝试深挖材料,但所获依旧有限。有关歧晖更多情况的揭秘,或许只能依靠新材料的不断发现。

[①] 吉川忠夫:《王远知传》,《东方学报》1990年第62期,第69—98页。

考四
隋唐道教思想家刘进喜生平及道学成就

刘进喜是隋至初唐时期非常重要的道教思想家，在《道德经》学方面造诣颇深，对道教重玄学的发展和成熟功不可没。由于老学和重玄学研究深受海内外学界关注，不少论著均对刘进喜及其著述提起注意。但现存史料对刘进喜的记述匮乏而分散，因此有必要在借鉴前贤研究的基础上，对刘进喜道学的基本情况进行梳理和总结，对其思想贡献给出恰当评价。

一、刘进喜与初唐三教论辩

刘进喜的生平事迹非常模糊，唯其参加初唐佛道论辩的部分情况得到记载，稍可觅其鳞爪。《甄正论》是武周时期僧人玄嶷的护法著作,[①] 书中称刘进喜是"隋道士"。[②] 晚唐五代杜光庭《道德真经广圣义》亦称"隋朝道士刘进喜""隋道士刘进喜，作疏六卷"。[③] 这些记载在一定程度上导致目前致力于研究刘进喜论著（如《本际经》等）思想的成果，常将刘进喜作为彻彻底底的隋朝人对待。但事实上，目前所能搜集到的刘进喜事迹均发生在唐武德和贞观年间。而他在隋朝时的情况，反而不见任何材料给出丝毫线索。

[①] 佛教内史中有不少关于玄嶷"舍道入佛"传奇人生的记载，但这些记载可能存在一些疑问。参张鹏：《塑造与讹误：从对〈甄正论〉作者的质疑而展开》，《中国典籍与文化》2017年第3期，第121—130页。
[②] 玄嶷：《甄正论》，卷3，见《大正藏》，册52，第569c页。
[③] 杜光庭：《道德真经广圣义》，见《道藏》，册14，第309c、340c页。

据稍后将要引述的各种佛教文献的记载，刘进喜是长安清虚观的道士。王溥《唐会要》记载，清虚观位于长安咸宁县"丰邑坊，隋开皇七年，文帝为道士吕师辟谷炼气，故以清虚为之名"。① 宋敏求《长安志》给出的记述类似，但更详细地指出清虚观位于丰邑坊东北隅，立观时间为"开皇十年"（590），首位道士是"吕师元（玄）"。② 骆天骧《类编长安志》所述与《长安志》基本一致，但立观时间写为"开皇七年"。③ 古书流传往往会出现一些文字讹变，"七"讹为"十"、"玄"讳改为"元"是常见的文献现象。综合来看，刘进喜所隶属的清虚观当建于开皇七年，系隋文帝为道士吕师玄所造，拥有一定的"官方色彩"和宗教地位。出身这样一所处于政治中心且相对受到关注的道观，对刘进喜在初唐时期获得朝廷重视、多次参与官方论辩活动，当有一定帮助。

刘进喜见于记载的在武德和贞观年间的活动，主要是作为道教方面的代表，参与了三次重要的宗教论辩。④ 尽管记载这些事件者主要是佛教方面的"护法"文献，不免因立场特殊而带有一些偏见，但却仍能揭示刘进喜的若干真实情况。首先来看发生在武德七年（624）的三教论辩。初唐时期的佛道争论和三教论辩，较之中晚唐沦为"戏弄"的降诞节论辩要严肃和激烈得多，辩论中表现太差者有时还会受到终极评审——皇帝的惩罚。武德七年的这场由高祖李渊坐镇的三教辩论，获得不少记载，引起现代学者的广泛关注。王溥为我们提供了这些辩论的确凿背景信息。据其《唐会要》记载，武德七年二月十七日，李渊亲临国学参加释奠礼。⑤ 仪式结束后，下令在国学中开展三教论辩活动。新、旧《唐书》中的《陆德明传》记载了这场辩论的概要情况，指出当年高祖亲临释奠后，命刘进喜、惠乘、徐文远作为道、佛、儒的代表互相辩难，最后又令极富声望的陆德明与三人分别辩难。李渊最后评价称："三人者诚辩，然德明一举辄蔽，可谓贤矣。"⑥

---

① 王溥：《唐会要》，北京：中华书局，1955年，卷50，第876页。
② 宋敏求撰，毕沅校正：《长安志》，台北：成文出版社，1970年，卷10，第247页。
③ 骆天骧撰，黄永年点校：《类编长安志》，北京：中华书局，1990年，卷5，第150页。
④ 有关唐代三教论辩活动，学界已有不少研究，对这些研究的综述及最新成果，参刘林魁：《三教论衡与唐代文学》，北京：人民出版社，2021年。
⑤ 王溥：《唐会要》，卷35，第640页。
⑥ 欧阳修、宋祁：《新唐书》，北京：中华书局，1975年，卷198，第5640页；刘昫等撰：《旧唐书》，北京：中华书局，1975年，卷189上，第4945页。

表 3　武德七年三教论衡代表及宣讲经典

宗教	道	佛	儒	通
代表	刘进喜	惠乘	徐文远	陆德明
所讲经书	《老子》	《般若经》	《孝经》	"难此三人，各因宗指，随端立教。"（《旧唐书》卷189上）

陆德明活跃于南朝到初唐时期，著述颇丰，有《经典释文》传世，是当时儒家学者中非常著名的饱学之士。① 新、旧《唐书》站在儒家立场之上，褒扬陆德明自属常态，二者有关辩难细节的不置一词却不免令人感到失望。相较之下，佛教方面则较为细致地记述了惠乘等僧人与刘进喜等道士间的交锋。

彦琮的《唐护法沙门法琳别传》和道宣的《集古今佛道论衡》等著作，记载惠乘在这次三教讲论上的"优胜"表现。《集古今佛道论衡》称，辩论开始时，道教方面率先立论，认为大道"高迈宇宙"，宣讲《道德经》之主旨。佛教方面马上予以辩难，就"道"与"自然"的关系提出质疑。最终"仲卿在座，周惮神府，抽解无地，忸报无答"。② 接着道士潘诞引佛经中所谓"求于无上正真之道"等话语，宣称佛教所求者为"道"，于是提出"道先佛后"的命题，③ 惠乘则马上予以回击。有关此间"佛道先后"的辩论，《唐护法沙门法琳别传》也给出相近的概要记述。④ 类似记载还可在道宣的另一部著作《续高僧传·释惠乘传》中发现，但道宣在这两部著作中给出的辩论时间却是武德八年（625）。⑤ 王娜和郭武针对道宣有关辩论时间的错误记载，怀疑此次辩论中的"道先佛后"论辩可能并不符合历史事实，

---

① 有关陆德明的基本情况，参孙照海：《陆德明考论》，山东大学硕士学位论文，2005年。《经典释文》自成书开始便受到重视，后人制作之"汇校""索引""疏证"颇为不少，参孙照海论文，第42页。有关《经典释文》的研究目录，参第44—45页。
② 道宣撰，刘林魁校注：《集古今佛道论衡》，北京：中华书局，2018年，丙卷，第179—180页。
③ 在念常编纂的《佛祖历代通载》中，潘诞的这段质问，成为刘进喜的话语，见卷11，《大正藏》，册49，第563c—564a页。《佛祖历代通载》时代较晚，说法来源不详，恐为后世妄改的结果，暂不取其说。
④ 彦琮：《唐护法沙门法琳别传》，卷2，《大正藏》，册50，第205b页。
⑤ 道宣撰，郭绍林点校：《续高僧传》，北京：中华书局，2014年，卷25，第940页。

而更像是道宣为了特定目的而进行的编造。① 佛教方面的上述记载确实可能存在些许疑问，但却仍可补充新、旧《唐书》和《唐会要》等带有官方色彩的著作的缺失。上述记载中出现刘进喜之外的两个道教人物：一是"仲卿"，也就是与刘进喜一样隶属清虚观的李仲卿，有关此人后文还会论及；另一个则是名为潘诞的道士。隋唐时期确有一著名道士名为潘诞，据《资治通鉴》记载其为嵩山道士，曾为隋炀帝炼制丹药，耗费巨资，但最终没有成功，惹得龙颜大怒，于大业八年（612）被隋炀帝斩首，临死时宣称："此乃天子无福，值我兵解时至，我应生梵摩天。"② 显而易见，这位在隋末兵解的潘诞可能与参加武德七年论辩者并非一人，而我们对后者实际一无所知。但不论如何，可以确定的是，参加此次辩论的道教代表不只有刘进喜一人。结合两《唐书》所述刘进喜讲《老子》的记载，可推测前揭《集古今佛道论衡》所谓道教首先立义者，应该就是刘进喜。至于《集古今佛道论衡》为何仅强调惠乘回应后李仲卿束手无策，则可能是因为刘进喜约在贞观初年就已辞世（至少不再活跃），李仲卿在接下来的时代里影响更大，导致道宣在复原辩论场景时弱化了刘进喜的作用。此次辩论结束后，李渊下发一封诏书，解释发起此次论战的真实目的，称："朕今欲敦本息末，崇尚儒宗，开后生之耳目，行先王之典训。而三教虽异，善归一揆。"③ 可知李渊开启武德七年三教辩论，确实是一种政治策略，其目的在于阐明和宣传儒学典章的意义，而并不是想在佛、道之间评判高下。辩论中二教的激烈交锋，不是李渊期望见到的场面，恐怕也没有为任何一方挣得李渊的好感。

刘进喜参与佛道辩论的第二个事件，是其在武德年间撰写的一部著作引起了持久争论，这场争论最终导致前文提及的"护法沙门法琳"身陷囹圄、客死于流放途中。法琳是初唐佛道争论中极端活跃的佛教代表，其本身可能与李氏集团存在交集，因此在李唐统治者上层圈子里非常有影响力，包括虞世南在内的重要官员都曾为他的著作撰写过序文。④ 有关法琳的情况，海内外不少学者已做出讨论，

---

① 王娜、郭武：《唐武德年间"三教位次"考辨——兼论其出现的历史语境与宗教情感》，《宗教学研究》2021年第3期，第251—第256页。
② 司马光编著：《资治通鉴》，北京：中华书局，2011年第2版，卷181，第5766页。
③ 王钦若等编纂，周勋初等校订：《册府元龟：校订本》，南京：凤凰出版社，2006年，卷50，第529页。
④ 刘林魁：《虞世南编纂〈法琳集〉考——兼论法帖〈破邪论序〉的真伪》，《世界宗教文化》2021年第3期，第161—167页。

李猛近来对这些研究成果进行总结，可以参考。① 根据彦琮《唐护法沙门法琳别传》的记载，② 法琳在两次出家为僧之间，曾于义宁初年（617）到武德初年（618）之间伪装成道士，与道教界密切往来，深入道教典籍的学习和研究。这一经历为他日后驳难道教积累了不少素材。《开元释教录》和《大唐内典录》记载，进入武德时期，朝中以傅奕为代表的官员激烈反佛，引起佛教界的恐慌和不满。傅奕在武德四年（621）和武德七年分别上表，建议高祖严厉限制佛教。针对傅奕武德四年向高祖提出的抑佛理由，法琳创作《破邪论》予以回击。③ 李猛指出，法琳曾将这部《破邪论》以启的形式呈予李建成、李世民等政治人物。④ 前揭《开元释教录》记载，傅奕为继续与法琳辩难、限制佛教，请道士李仲卿上《十异九迷论》、刘进喜上《显正论》，贬斥佛教，最终导致武德九年（626）禁佛诏令的产生。法琳受此事影响，逐渐定下撰写《辩正论》的计划。《唐护法沙门法琳别传》将傅奕获得清虚观道士刘进喜和李仲卿反对佛教的著作的时间定在武德四年，但前揭李猛的研究则指出此时距法琳撰写《辩正论》为时尚远，有确凿材料显示法琳大约是贞观三年（629）才开始着手撰写此书，大约在贞观八年（634）完成书稿。法琳《辩正论》全书现存，而刘、李之书均已亡佚。《辩正论》中《十喻篇》和《九箴篇》确实直接针对李仲卿《十异九迷论》而发，从中可知晓李仲卿的主要观点。但《辩正论》中却没有指出哪些内容是专门辩驳刘进喜的著作，且根据史料记载，"仲卿优劣之论，十有九条；进喜《显正》之文，才唯一轴"，⑤ 而法琳《辩正论》却洋洋洒洒八卷之多，想要从中找出确定属于《显正论》的观点，恐怕并不容易。⑥ 由于

---

① 李猛：《释法琳〈破邪〉〈辩证〉二论之编撰与早期流传》，《文献》2021年第3期，第120—121页。法琳的基本事迹，参砺波护：《初唐的佛教、道教与国家——法琳事迹考》，收其著，韩昇编、刘建英译：《隋唐佛教文化》，上海：上海古籍出版社，2004年，第10—32页。
② 有关这部法琳传记的成书经历、基本内容等情况，参张倩倩：《〈唐护法沙门法琳别传〉研究》，安徽大学硕士学位论文，2013年。
③ 智昇：《开元释教录》，卷8，见《大正藏》，册55，第554c页；道宣：《大唐内典录》，卷5，见《大正藏》，册55，第281b页。
④ 李猛：《释法琳〈破邪〉〈辩证〉二论之编撰与早期流传》，《文献》2021年第3期，第120—137页。《破邪论》存在版本差异，初次成书后，有增补修订的情况发生，参李猛此文。
⑤ 彦琮：《唐护法沙门法琳别传》，卷2，见《大正藏》，册50，第205b页。
⑥ 《唐护法沙门法琳别传》中记载了刘进喜的一个观点，指出刘进喜宣称："胡来此土未全有信，姚石已后胡风乃盛"（卷2，见《大正藏》，册50，第205c页）。此观点很可能出自《显正论》。

《辩正论》中存在诋毁老君信仰等内容，引起唐太宗不满，法琳随即受到责问和惩罚，最终被判流放，死于途中。

史料记载刘进喜参与的第三个事件是与僧人道岳的辩论。这场论辩的记载还是出自佛教僧人之手——毫不出乎意料，刘进喜依旧被描述成失败的一方。根据道宣《续高僧传》记载，贞观年间朝廷"广延两教"，刘进喜作为道教的代表，创开《老子通诸论》，僧人道岳"问以'道生一二'，征据前后"，刘进喜无法回答，"遂杜默焉"。道岳调侃道："先生高视前彦，岂谓目击取通乎？"于是，"坐众大笑而退"。[①] 据《新唐书·艺文志》记载，刘进喜确实有一卷《老子通诸论》传世，[②] 但此书似乎流传不广，在《新唐书·艺文志》之外不见其他书目著录，怀疑北宋之后便逐渐亡佚。从道宣的记载中，既看不到刘进喜的观点，也无法了解道岳的反驳。但从《老子通诸论》的名称来看，刘进喜的理论有可能是在宣称大道无所不通、遍布一切的道理。道岳最后的戏谑，看上去化用了《庄子·田子方》中据传出自孔子的一句话："若夫人者，目击而道存，亦不可以容声矣。"简言之，道岳似乎是在批评刘进喜的论述逻辑不严密，对"老子通诸"的认识是来自灵机一动的感悟，经不起推敲。

二、刘进喜的论著及道学成就

佛教文献对刘进喜的负面评价恐怕是立场决定的结果。作为隋唐之际的高道，尤其是初唐三教论争中道教界的重要代表，刘进喜绝不可能是平庸之辈。根据目前的研究来看，刘进喜至少曾撰写四部重要著作。其中"一轴"（一卷）的《显正论》和一卷的《老子通诸论》上文已做介绍，二者均为当时道教方面的护法著作。《显正论》因僧人法琳的激烈反应引起轩然大波；《老子通诸论》阐释道教玄理（重玄学?），具备一定哲学高度。但可惜的是，有关这两部书的更多信息目前并无线索。

---

① 道宣撰，郭绍林点校：《续高僧传》，卷13，第455页。此段文字，因不详《老子通诸论》为著作或论点，导致标点有误，称："时黄巾刘进喜创开《老子》，通诸论道，岳乃……。"当为"时黄巾刘进喜创开《老子通诸论》，道岳乃……"
② 《新唐书》，卷59，第1521页。

另外两部著作分别是六卷《道德经疏》和五卷本《本际经》，以下分别介绍。

刘进喜的《道德经疏》全本已经亡佚，但同时代和稍晚著作中屡次提及此书，并对此书内容稍有引述，使我们有机会略窥面目。《郡斋读书志》著录唐代蜀地岷山道士张君相所辑八卷《三十家注老子》，其中包含刘进喜的注疏。① 《文献通考》亦如是著录。② 前揭杜光庭《道德真经广圣义》称"隋朝道士刘进喜"等人所注《老子》"皆明重玄之道"，"隋道士刘进喜，作疏六卷"。可知，刘进喜的《道德经疏》（或《老子疏》）以阐发重玄学为宗旨，拥有六卷的体量。宋代李霖《道德真经取善集》中征引刘进喜《疏》凡八次，民国时期李孟楚曾一一辑出，③ 此不妨以表格形式枚举，略窥此书风格。④

表 4　刘进喜《老子疏》辑佚

编号	《道德经》原文	刘进喜《疏》	出处
1	是故甚爱必大费，多藏必厚亡。	刘进喜曰：贪欲无厌，谓之"甚爱"。欲甚丧身，故云"大费。"	898c
2	大巧若拙。	刘进喜曰：匠成万物，炉锤群生，有大功巧而忘功用，晦迹同凡，故曰拙也。	900a
3	圣人无常心，以百姓心为心。	刘进喜曰：百姓者，众人之总称也。然圣人无心，有感斯应，应随物感，故以百姓为心。既无心应，亦无不应。	903b
4	非其神不伤民，圣人亦不伤民。	刘进喜曰：神者效验灵也。非此鬼无灵效，但人君用道，鬼乃福佑于人，不能伤害于物。	917c
5	夫大国不过欲兼畜人，小国不过欲入事人。	刘进喜曰：小国用柔者，更无余心，不过欲入大国之中，慕德接事。	919a
6	为无为，事无事，味无味。	刘进喜曰：为无为，修道业也。事无事，见道相。味无味，达道理。	921a

---

① 晁公武撰，孙猛校证：《郡斋读书志校证》，上海：上海古籍出版社，2011 年，卷 11，第 464 页。
② 马端临：《文献通考》，北京：中华书局，1986 年，卷 211，第 1730c 页。
③ 李孟楚：《敦煌石室老子义疏残卷，本刘进喜疏证》，《国立中山大学语言历史学研究所周刊》1930 年第 2 期（总第 10 集第 120 期），第 1—3 页。
④ 以下所引《道德真经取善集》出自《道藏》，册 13，"出处"所列者为当册页码。

续 表

编号	《道德经》原文	刘进喜《疏》	出处
7	是以圣人自知不自见，自爱不自贵。	刘进喜曰：保养真性，不轻染欲，自爱也。谦卑静退，先物后己，不自贵也。	932b
8	民之难治，以其上之又为，是以难治。	刘进喜曰：有为则政烦，无为则事简，简则易从，烦则难治。六情难制，由一心之有为。	935a

辑佚所得文字所阐发的主要是修心保性、无为顺道的道家基本理念，并不容易发现刘进喜的重玄学思想，这一点中岛隆藏也曾指出。① 尽管如此，考虑到刘进喜不仅曾撰写一部《老子通诸论》，更是在武德七年的御前辩论中宣讲《道德经》真意的事实，有理由认为刘进喜的《道德经疏》确当有过人之处。值得一提的是，20世纪初敦煌藏经洞中发现一部《老子义疏》，李孟楚将上述八则刘进喜《老子疏》佚文与此敦煌写卷比较，认为此敦煌卷子就是亡佚已久的刘进喜《疏》。② 然而，经过接下来专家学者更仔细的讨论，最终发现这部敦煌《老子义疏》的作者其实是唐代高道成玄英。③ 刘进喜的《老子疏》，或许依旧躺在某个角落里，等待我们的发现。

最后来看刘进喜的《本际经》。与刘进喜其他作品的际遇不同，《本际经》受到现代学者的高度重视，引发无数讨论。玄嶷《甄正论》称："至如《本际》五卷，乃是隋道士刘进喜造，道士李仲卿续成十卷。"④ 根据前文所述可知，刘进喜与李仲卿关系十分密切，二人同为长安清虚观道士，且常常一同参与佛道论辩，合作完成十卷本《本际经》颇为可能。《道藏》本《本际经》残缺严重，且分隶多处，幸有敦煌卷子发现，随即中外学者展开对敦煌所见十卷本《本际经》的辑录和研究工作，其中陈祚龙、吴其昱、镰田茂雄等学者在材料整理方面所做贡献较为突出，为

---

① 中岛隆藏：《从现存唐代〈道德经〉诸注看唐代老学思想的演变》，《宗教学研究》1992年Z1期，第20页。
② 李孟楚：《敦煌石室老子义疏残卷本刘进喜疏证》，《国立中山大学语言历史学研究所周刊》1930年第2期（总第10集第120期），第1—4页。
③ 周诗华：《发现成玄英：敦煌文献研究中的知识细化问题——以敦煌本〈老子道德经义疏〉第五残卷的研究为中心》，《历史文献》2021年第23辑，第392—406页。
④ 玄嶷：《甄正论》，卷3，《大正藏》，册52，第569c页。

接下来的研究奠定基础。① 叶贵良近年又完成《敦煌本〈太玄真一本际经〉辑校》，亦可参考。②《本际经》在边陲敦煌流行，显示此经在当时影响巨大。据王卡先生考察，敦煌卷子中约有唐写本《本际经》140多件，占道经抄本的五分之一。③ 又唐玄宗开元二十九年（741），下令天下道观转读《本际经》。④ 姜伯勤指出玄宗令天下观转读《本际经》的原因主要是此经包含《护国品》，有助朝廷治道。⑤《本际经》在唐代的重要地位，自然有李唐朝廷的推波助澜，但书中蕴含丰富而新颖的重玄思想，必然也是促使这部著作广泛流传的重要原因之一。今存《本际经》洋洋洒洒整十卷，对其中重玄理论的阐释并非本考所能涵摄。这里仅需点出的是，《本际经》的研究早已是当代道教哲学研究领域里的一个热点，这一现象从对海内外《本际经》研究的综述中便可见一斑。⑥ 事实上，《本际经》在重玄学发展史上的里程碑意义，使任何有关重玄学的通论性著作都不可能绕过它。⑦ 强昱是致力于重玄学和《本际经》研究的重要学者，其对《本际经》主要贡献的总结，或许可以作为对这部经书历史意义的基本评判。强昱认为，《本际经》的主要贡献包括：1. 为重玄学提供定义；2. 奠定重玄的基本理论框架；3. 明确心灵自觉为人生的终极意义；4. 较为集中地讨论心性关系；5. 与《海空智藏经》一起标志着大规模造经活动的终结。⑧ 就本考所关注的道教人物刘进喜而言，比较遗憾的是，目前传世的《本际经》是经过李仲卿补充的十卷本，刘进喜原来的五卷本在唐代便已不再流传。这使我们很难确定现存《本际经》中哪些观点确属刘进喜的创造。尽管此问题对重玄学的思想史研究所造成的负面影响不算太大，但如果未来能发现更多新材料，或许相关研究还能进一步细化。

---

① 有关敦煌本《本际经》的辑录和研究工作，参姜伯勤：《〈本际经〉与敦煌道教》，《敦煌研究》1994年第3期，第1—16页。
② 叶贵良：《敦煌本〈太玄真一本际经〉辑校》，成都：巴蜀书社，2010年。
③ 王卡：《敦煌道教文献研究——综述·目录·索引》，北京：中国社会科学出版社，2004年，第193—211页。
④ 谢守灏：《混元圣纪》，卷8，见《道藏》，册17，第865b页。
⑤ 姜伯勤：《〈本际经〉与敦煌道教》，《敦煌研究》1994年第3期，第2页。
⑥ 黄崑威：《敦煌本〈太玄真一本际经〉思想研究》，苏州大学博士学位论文，2010年，第1—7页。
⑦ 有关重玄学研究的整体情况，参黄海德：《20世纪道教重玄学研究之学术检讨》，《诸子学刊》2017年第15辑，第272—289页。
⑧ 强昱：《〈本际经〉的重玄学思想研究》，《世界宗教研究》2001年第3期，第62页。

小结

本考对刘进喜的整体情况进行梳理和介绍。不难发现,刘进喜对道教义学的领悟和推进,使他成为同时代道教界理论水平的一座高峰,得以代表道教界多次参与朝廷组织的三教论辩。其对重玄学的理论推进,更是在道教哲学史和道教思想史中留下了重要的一笔,为唐代重玄学步入辉煌打通门径。在未来的研究中,有必要对刘进喜提起更多重视,留心是否还有其他相关材料尚未获得关注。

考五
唐代的两位"太和先生"

明代高道邵元节号"太和先生"一事广为人知，但历史上以"太和先生"为号者实际还有多人。其中生活在唐中前期的两位"太和先生"，由于时代接近，且均与茅山存在关联，存在被混淆的可能。本考分别考述二人生平及道学成就，以免学界出现张冠李戴的错误。

一、太和先生王玄宗

第一位太和先生是王玄宗。本书考二讨论茅山道士王轨时曾对此人有所涉及，这里详细论述。隋唐之际影响力最大的道士王远知门下有高徒若干，其中之一是常年修道茅山、开创华阳观的王轨（字洪范）。王轨墓碑《王洪范碑》的书者正是这位太和先生"琅耶王玄宗"。① 有关王玄宗的情况，此前各界关注不多，基本依靠《新唐书·王绍宗传》的简要提及对之进行描述。更为可信和充实的王绍宗资料，却迟迟不见使用。

首先还是来看《新唐书》的相关记载。王玄宗是王绍宗（字承烈）的兄长，《新唐书》称其是"梁左民尚书铨曾孙。系本琅邪，徙江都云"。王绍宗少年家贫，然颇嗜书法，曾在僧坊为人写书维生。后通达，累进秘书少监等职。据信其书法造诣颇高，能与虞世南比肩。王绍宗的兄长王玄宗，"隐嵩山，号太和先生，传黄老

---

① 如前文所述，此碑毁于明嘉靖时，然有宋拓本传世，后人依此录文。碑帖见《唐王洪范碑》，上海：上海书画出版社，2000年。

术"。① 此有关王玄宗的记载实在太过简略，幸而另一篇更早、更详细的材料保存至今，可以让我们更直接地了解这位太和先生的基本情况。

这份材料就是《大唐中岳隐居太和先生琅耶王征君临终口授铭并序》（以下简称《口授铭》）。《口授铭》刻石登封老君洞南，内容为王玄宗临终时口授遗言，由王绍宗记录并书写，后者一并为之写下长长的《序》，提供不少重要信息。由于王绍宗书法技艺精湛，此碑铭早获重视，碑文录入《中州金石记》《金石萃编》等多种金石著作，近有陈垣等人整理之录文可以参考。② 王绍宗的《序》称，垂拱二年（686）孟夏（四月）四日，六兄王玄宗"见疾太渐"，"侨居惠和里之官舍"。一日，王玄宗向七弟王绍宗交代自己的丧葬问题，表示希望能一切从简，遵从自然无为之道。此事发生时，"沛国桓（案：《道家金石略》录为"垣"，但据后文泰山《岱岳观碑》可知当为"桓"）先生道彦，亦在吾兄之侧"。桓道彦听闻王玄宗意见后，感慨王玄宗所言是"真率之理，道流所尚"，必然遵从。其后，"升真潘先生门徒，同族名大通，越中岳而来，自远问疾"。此处所谓"升真潘先生"指著名的嵩山道士潘师正。但有疑问的是，潘师正谥号"体玄"，"升真"是其师王远知的谥号。《授堂金石跋》认为"此称升真，蒙其师王远知号也"，③ 暂从其说。所谓"同族"，当指大通与王玄宗、绍宗为同族。可知王玄宗的同族王大通，曾于潘师正门下修道。王大通得知王玄宗命不久矣并自主安排葬事后，请求王玄宗归神嵩山中顶石室。潘师正生前修道嵩山，王大通称"曩者升真临终一令宅彼"，如能葬身其中，亦可与两年前（684）羽化的潘师正接续友谊。王玄宗允可，要求随意选以青石，刊刻碑铭。王绍宗接着介绍称，族人亲友根据王玄宗的行为举止，"强号曰'太和先生'"。王玄宗继而开始自述铭文，王绍宗依兄口授恭录之。在所授铭文中，王玄宗称自己字承真，"本琅耶临沂人，晋丞相文献公十代孙。陈亡过江，先居冯翊，中徙江都"。自称年五十五命终，希望后人将自己葬在嵩山"中顶旧居之石室"，认为伊洛之间乃"吾祖上宾之地"，得葬于此，"几不忘本也"。最后，王玄宗口述一

---

① 欧阳修、宋祁：《新唐书》，北京：中华书局，1975年，卷199，第5668页。
② 陈垣编纂，陈智超、曾庆瑛校补：《道家金石略》，北京：文物出版社，1988年，第71—72页。本考此铭并序均出此书，后相关引文不再出注。
③ 见王昶：《金石萃编》，卷60，见《石刻史料新编》第1辑，台北：新文丰出版社，1977年，册2，第1027a页。

篇四字铭文。

从王绍宗的记录可以发现几个重要问题。其一是"太和先生"之号,此号是"私谥",而非王玄宗生前的自号。其二是材料中所述王氏家族的情况,较之《新唐书·王绍宗传》所述要更为详细。王玄宗所称的十代先祖"晋丞相文献公"就是王导,王玄宗认为自家为王导后人,以琅邪王氏自居,如此方有他在《王洪范碑》中自称"琅耶王玄宗"的现象发生。王玄宗称其家族迁至南方后,先居冯翊,终迁江都,而《新唐书》仅记迁徙江都,不言前者。然而,琅邪只是"郡望",王玄宗和王绍宗早年实际生活的地方其实就是江都(今属江苏扬州)。故成书于727年的张怀瓘《书断》径称"王绍宗字承烈,江都人"。① 王玄宗后来隐居嵩山,当是成年后的选择。

其三,这篇材料中出现了几个重要人物,分别是桓道彦、潘师正及其弟子。先来讲桓道彦。事实上,王绍宗《序》中的"沛国桓先生道彦"在接下来的十数年间成为道教界的领袖之一。根据王绍宗的叙述来看,垂拱二年时已经活跃于洛阳一代的桓道彦似乎还没有什么特别的身份,但698年的一则石刻题记则显示他已成为洛阳最著名道观的观主。泰山上保存至今的唐代岱岳观碑刻有三十余段各自独立的文字,多为唐代道士奉命于泰山斋醮的记载,其中便有桓道彦相关内容,文称武周圣历元年(698)大弘道观观主桓道彦带领弟子等,奉敕在东岳设金箓宝斋河图大醮,"七日行道,两度投龙,遂感庆云三见。用斋醮物,奉为天册金轮圣神皇帝敬造等身老君像一躯并二真人夹侍",活动期间兖州当地官员一同参与并刻名碑上。② 能够成为武则天的使者并在具有"天命"象征意义的泰山举办重要护国和祈福仪式,说明大弘道观观主桓道彦在武后眼中具备很高的教内地位。根据佛教方面保存的相关资料来看,此时桓道彦应该是刚担任大弘道观观主不久。《宋高僧传》记载,炼师杜乂曾是道门高才,担任洛阳弘道观观主,值"天后心崇大法,杨阐释宗",杜乂于是反出道教,请求为僧。武后诏许之,令住佛授记寺,改名玄嶷。改宗佛教后的玄嶷撰写《甄正论》一部,走上尊佛排道的道路。③ 尽管已有学者怀疑杜乂与玄

---

① 张怀瓘:《书断》,卷3,见《景印文渊阁四库全书》,台北:台湾商务印书馆,1983年,册812,第72a页。
② 《岱岳观记》录文及部分金石跋文,见王昶:《金石萃编》,卷53,收《石刻史料新编》第1辑,册2,第888b—903a页。
③ 赞宁撰,范祥雍点校:《宋高僧传》,北京:中华书局,1987年,卷17,第414页。

嶷并非一人，相关事迹为护法僧捏造，[1]但上述情况在诸如《开元释教录》（卷9）等多种材料中得到确认，是非虚实似不易断，此暂从旧说。《宋高僧传》等书并未给出玄嶷改宗的确切时间，《佛祖统纪》则明确指出时间是在武周万岁通天元年（696）。[2]可知，696年前担任大弘道观观主者为杜义，698年时任观主者已经变成桓道彦——或可推测玄嶷改宗后，桓道彦即继任观主一职。除以上信息外，目前还能了解到桓道彦曾在中宗短暂的统治时期内积极投身一场重要的佛道争论活动。这一事件也见于《宋高僧传》的记载。《化胡成佛经》（以下简称《化胡经》）是佛道争论的核心文本之一，围绕这部（类）经书展开的争论往往不是二教间的单纯交锋，朝廷强制力的卷入使辩论充满了意识形态的味道。在神龙政变后复位的唐中宗治下，有关这部经书以及"老子化佛"的问题再次成为二教御前争论的焦点。根据《宋高僧传》的记载，在佛教方面法明等人的激烈反对下，中宗于神龙元年（705）九月下敕禁止化胡说及相关文本、图像的流传。值此之际，"洛京大恒道观主桓道彦（案：原文倒错为"桓彦道"）等上表固执"，但中宗下敕批答，依旧坚持前见，并称道教《道德经》等拥有非常丰富的优秀思想："何假《化胡》之伪，方盛老君之宗。"[3]尽管此次二教争论中，桓道彦看上去并不是取胜的一方，但他在《化胡经》被禁时依旧强硬抗言的表现，反映他彼时拥有道教领袖的地位和担当。

接着来看潘师正及王大通。除属于王氏族人外，我们对王大通的情况几乎一无所知，但凭借现存的大量记载和丰富研究，我们对其师潘师正则而知之甚详。有关潘师正的详细情况，可参本书考八，这里仅给出必要信息。潘师正很早便受师父王远知指示，以嵩山为修道场域。在嵩山期间，潘师正成为继王远知之后又一位直接与李唐皇帝交从甚密的道教大师。王玄宗与潘师正卒年相近，根据王绍宗所记录的王玄宗临终口授材料可知，同时生活在嵩山的王玄宗与潘师正曾有交流。此时让我们回忆上文提到的王玄宗所书《王洪范碑》——王轨也是王远知的高足。有关材料中未见王玄宗与茅山王轨或其门人存在直接接触的记载。但正如此前已点明的那

---

[1] 张鹏：《塑造与讹误：从对〈甄正论〉作者的质疑而展开》，《中国典籍与文化》2017年第3期，第121—130页。
[2] 志磐撰，释道法校注：《佛祖统纪》，上海：上海古籍出版社，2012年，卷40，第933页。此书记其名为"杜义"。
[3] 赞宁撰，范祥雍点校：《宋高僧传》，卷17，第415—416页。

样,很可能的是,由于王轨和潘师正同是王远知的高足,王轨的门人弟子正是通过潘师正请求王玄宗为家师书写碑铭。王绍宗的书法水平前文已有交代,王玄宗的书法成就也不遑多让,这一点从《王洪范碑》被后世书家目为唐代小楷精品即可获悉。

以上梳理了唐代第一位太和先生王玄宗的基本情况。不难发现,以王玄宗为中心,串联起了"琅邪王氏"(至少是自称)、嵩山潘师正教团、茅山王轨教团、东都弘道观主桓道彦等多个重要道教群体,呈现出唐代嵩洛道教内部交流的重要面相。

二、太和先生王旻

第二位太和先生是活跃于唐玄宗统治时期的王旻。有关此人的情况,尽管依旧材料稀少,但却已引起一些学者的关注。《历世真仙体道通鉴》(简称《仙鉴》)中有王旻专门传记,记载王旻著《山居杂录》三篇(又称《山居录》或《山居要术》)。① 这部《山居杂录》被认为是"我国现存最早的种药专著"(张固也、李辉论文标题),旧时引起药物学和农学专家重视,但历来认为已经亡佚,讨论亦未深入。近十数年间吴佐忻、张固也、李辉的研究指出,约成书于元代的《居家必用事类全集》中保存了《山居杂录》的主要内容(虽然其间存在后世改写和注文混入正文的现象),有关王旻本人的情况得以重获关注。②

有关王旻的记载并不太多,其中以牛肃《纪闻》所录最早,《仙鉴》所述最详,但两者记述并不完全一致,后者有误植他人传记的可能。牛肃活跃于唐玄宗、唐肃宗时期,其《纪闻》原本十卷,但久已散佚,部分文字为《太平广记》等材料所收,李剑国作辑目一二六条。③ 牛肃活跃时期与王旻一致,记述可信度也就相对较高。《纪闻》王旻相关内容为《太平广记》所收,但分为"王旻"和"王旻之"两

---

① 赵道一:《历世真仙体道通鉴》,卷32,见《道藏》,册5,第283a页。
② 吴佐忻:《〈山居要术〉考》,《医古文知识》2003年第3期,第30—31页;张固也、李辉:《〈山居录〉——我国现存最早的种药专著》,《南京中医药大学学报》2008年第4期,第208—212页;张固也:《王旻〈山居要术〉新考》,《中医药文化》2009年第1期,第48—51页;李辉:《〈山居录〉研究》,吉林大学硕士学位论文,2011年。
③ 李剑国:《唐五代志怪传奇叙录(增订本)》,北京:中华书局,2017年,第234—250页。

则。《太平广记·纪闻·王旻》①记载称，王旻是得道高人，爱好游历五岳名山。其父母亦皆修道，母亲道行更高，善房中之术，常出没于衡岳、天台、罗浮等宗教圣地。天宝初年，通过某人举荐，玄宗将王旻征召入宫，安置在内道场，玄宗和杨贵妃常"访以道术"。《纪闻》称王旻也擅长佛教学说，以此教导玄宗。玄宗本身不热衷佛教，但在王旻的劝说下"帝亦雅信之"。《纪闻》记载王旻善于服食养生，这一点与其所著《山居要术》可以相互佐证。天宝六载（747），南岳道者李遐周担心王旻沉迷京城繁华不务修道，故自荐于朝廷。天宝七载（748）赴京后，李遐周劝诫王旻不要贪恋世乐。王旻接受劝告，向玄宗请求赴高密牢山炼药。玄宗允可，并改牢山为辅唐山。据《纪闻》记载，王旻还对玄宗时期的著名道士张果等人做过评价，点明好生戒杀方可成就天仙大道的道理。

《太平广记·纪闻·王旻之》中给出了王旻迁居牢山后的一则奇事。文称王旻使人告琅邪太守许诚言，称其治下临沂沙村水中有逆鳞鱼，是宝贵的炼丹药材，希望与太守合捕此鱼。王旻随后赴沙村，与许诚言等人一同捕捉大鱼，但最终大鱼逃脱。此后当地为大鱼建造祠庙，水旱必祷。②有关琅邪太守许诚言，《太平广记》还收有另外两则记载，同样出自牛肃《纪闻》，③可知牛肃对同时代人许诚言比较熟悉，其中"萧正人"条以"琅耶太守许诚言尝言"开篇，或反映二人之间存在直接交往。又《文苑英华》收《授许诚言检校太仆卿制》，称肃宗朝时许诚言曾任金吾大将军，后考绩尤佳，迁检校太仆卿。④

《仙鉴·王旻》综合多种材料写成，部分内容不见上述《纪闻》记载，其中包括王旻早年修道洛阳青罗山、著《山居杂录》、与武攸绪和达奚侍郎相交，以及奉命赴茅山诸事。前揭张固也等人的研究对《山居杂录》的流传史做过较为详细的讨论，此书为王旻所作当无疑问。但有关王旻与武攸绪和达奚侍郎（即达奚珣）的关系不见其他记载，或可存疑。张固也认为，王旻与武攸绪相交，在时代上存在可能，但与达奚侍郎的关系，则可能是《仙鉴》作者赵道一将《酉阳杂俎》中的"王

---

① 李昉等编：《太平广记》，北京：中华书局，1961年，卷72，第447—448页。后不复出注。
② 李昉等编：《太平广记》，卷466，第3841—3842页。
③ 李昉等编：《太平广记》，卷494，第4055页，"许诚言"；卷332，第2638页，"萧正人"。
④ 李昉等编：《文苑英华》，北京：中华书局，1966年，卷397，第2014b页。

皎"误认为"王旻",进而将前者故事误掺入后者生平的结果。① 张固也此说有一定道理,暂可信从。有关王旻早年隐居青罗山和后来奉命赴茅山一事,《茅山志》中存在相应记载,并称"事见《仙传拾遗》"。②《仙传拾遗》是杜光庭的作品,原书四十卷散佚已久,今本为后人辑佚而成。③ 若《茅山志》此说属实,则一应记载便可上推至杜光庭生活的唐末前蜀时期。然今可确定为《仙传拾遗》佚文的材料中不见"王旻"条或相关文字。《茅山志》中有关王旻赴茅山的记载出现多处,较《仙鉴》更为详明。据《茅山志·李含光传》记载,上清经诰"已多散逸",茅山高道李含光奉诏搜求,"备得宝书进上之"。④ 但书中存在阙文,因此玄宗令王旻(《茅山志》写为"王旼")赴茅山紫阳观请李含光亲自手书,以补阙漏。《茅山志》中给出了王旻的专门传记,对其此次茅山紫阳观之行原因的记载与前者相同,其间甚至部分抄录玄宗诏书并记述李含光写经时出现的灵应现象。⑤ 此外,张固也指出,颜真卿为李含光所撰《唐茅山玄静先生广陵李君碑铭并序》也明确记载"玄宗诏山人王旼强请先生楷书上经一十三纸"的事情,可知此事确凿。⑥《茅山志》中收录的一则玄宗制书亦可对此事的经过稍作补充。制文称赞道:"尊师抱一守中,采微昭远。能回贞洁,发挥道门。遂与太和先生启是仙宗,起予虔奉。崇饰灵迹,广求真经。则诗以宠行,物将厚意,永慰岐路,以彰礼贤也。所谢知。"⑦ 这份制书缺少上下文,但从内容可推测这是太和先生王旻携带李含光手抄经书返回京师后,玄宗下达的表彰信。其中提到玄宗赠送诗歌和物品,慰劳李含光搜求经书的弘道行为。有关王旻与李含光的接触,收录在《居家必用事类全集》中的王旻《山居

---

① 张固也:《王旻〈山居要术〉新考》,《中医药文化》2009年第1期,第49页。
② 刘大彬编,江永年增补,王岗点校:《茅山志》,上海:上海古籍出版社,2016年,卷9,第256页。
③ 有关《仙传拾遗》大致情况,参罗争鸣辑校:《杜光庭记传十种辑校》,北京:中华书局,2013年,第749—750页;辑佚见同书,第751—878页。
④ 刘大彬编,江永年增补,王岗点校:《茅山志》,卷7,第203页。
⑤ 刘大彬编,江永年增补,王岗点校:《茅山志》,卷9,第255—256页。
⑥ 张固也:《王旻〈山居要术〉新考》,第49页。颜真卿所撰李含光碑文,见陈垣编纂,陈智超、曾庆瑛校补:《道家金石略》,第160—161页。
⑦ 刘大彬编,江永年增补,王岗点校:《茅山志》,卷1,第55页。

要术》里也有一点线索。王旻在书中称："茅山玄靖先生劝余食芋，云补中益气无比。"① 由于目前未见王旻与李含光在其他场合存在交集的记载，故推测有关食芋养生的这段对话或许正是发生在王旻奉诏赴茅山请李含光手书经书的背景下。最后，有关王旻的号"太和先生"，当为其生前所用（非谥号），《无梦园初集》《天台山全志》等称"赐号太和先生"。② 虽玄宗"赐号"亦在常理之内，但尚无其他更确凿的资料辅证此说，因此到底是赐号还是自号，目前还不好贸然定论。

小结

以上简要梳理两位生活时代接近、均以"太和先生"为号、皆与茅山有关的道教人物，希望后来研究可避免人物混淆的情况发生。从论述中不难发现，存在于历史中的人物并非独立个体，其与周围人物之间可能存在多种类型的交往。只有将历史人物尽量放回切实环境背景，方能获得对此人更为深刻的理解。同时，由于个体包含整个时代的基因，因此通过对复杂交际网中具体人物的考察，也可让我们获得一窥社会和历史剖面的机会。

---

① 《居家必用事类全集》，戊集，见《北京图书馆古籍珍本丛刊》，北京：书目文献出版社，1988年，册61，第188a页。
② 陈仁锡：《无梦园初集》，明崇祯六年刻本，卷28；张联元：《天台山全志》，清康熙刻本，卷8，均收"爱如生中国基本古籍库"8.0版。

考六
初唐高道尹文操

尹文操未入两《唐书》列传，常规史料中有关他的记载不多，唯朱象先《楼观先师传碑》（《终南山说经台历代真仙碑记》）录其小传，但失之过简。幸有《大唐故宗圣观主银青光禄大夫天水尹尊师碑》（简称《尹尊师碑》）传承至今，又有若干佚文、偶记传世，使今人能够觅其踪迹。

朱象先《楼观先师传碑》立碑于元至元三十年（1293），至今尚在，存于宗圣宫内，拓片、照片流传较广，碑文为朱象先撰并书。[①] 碑文前半多承袭成书过程复杂的《楼观先师传》；[②] 而有关尹文操的部分，则由碑文"详见员半千撰道行碑"可知，系朱象先总结《尹尊师碑》而补入的内容。有关于此，《四库总目》述之颇详，称："今碑记仅一卷而有三十五人，盖象先节录文操所传，又增入文操等五人耳。"[③] 因此，《尹尊师碑》显然是有关尹文操生平记述的最基本资料。尹尊师碑自宋以来常见著录，如宋代《墨池编》等书便著录"《宗圣观主尹文操碑》，员半千书，凤翔"等，[④] 可知此碑传承有序。据《楼观台道教碑石》之著录，尹尊师碑高4.5米，宽1.26米，厚0.23米，虽经破坏断为三截，但整体尚可拼合，不至湮灭不传。碑文称，此碑由尹文操弟子侯少微等建，员半千撰文，立碑于开元五年（717）十月二日。碑阳左下角文字又称，是碑原文磨灭不清，故于元大德元年

---

① 相关记录，见王忠信编：《楼观台道教碑石》，西安：三秦出版社，1995年。
② 相关讨论，参曾召南：《尹轨和〈楼观先师传〉考辨》，《宗教学研究》1984年00期，第76—82页；王士伟：《〈楼观内传〉考略》，收其《楼观道源流考》，西安：三秦出版社，1995年，第3—19页。
③《四库全书总目》，卷147，见《景印文渊阁四库全书》，台北：台湾商务印书馆，1983年，册3，第1121b页。
④ 朱长文纂次，陈志平汇校：《墨池编》，上海：上海古籍出版社，2023年，卷18，第1555页。

（1297）由提点聂志贞等"遂重摹于石，以寿其传"。明代赵崡《石墨镌华》即惋叹此碑"不著姓名，且经元朝翻刻失真，可惜"。[1] 元人朱象先《古楼观紫云衍庆集》录此碑全文，数处与此元代翻刻之碑不符。总体而论，《紫云衍庆集》版碑文较现存元碑更为详细。王士伟根据《紫云衍庆集》收录尾题"至大元年"（1308）的《玉华观记》，指出《紫云衍庆集》成书必然晚于是年。[2] 故朱象先编纂《紫云衍庆集》时，《尹尊师碑》已经重刻，若朱象先本人并未在楼观收集到更早的拓本或抄本，便当以此重刻为依据。而事实上，如果楼观保存某更优本子，恐怕也不会在重刻碑石时弃之不用。故今本《紫云衍庆集》所收《尹尊师碑》当在原有碑刻上有所改动，只是不知改动者到底是朱象先本人，还是后人传抄《紫云》时的增衍。基于这一认识，本考以元代翻刻之《尹尊师碑》为依据，对尹文操的经历进行概述。[3]

《尹尊师碑》称，尹文操字景先，陇西天水望族。先祖尹纬任后秦尚书，迁入长安，族居鄠县。"曾祖洪，宇文朝（案：即北周）商州长史。大父舒，隋文州别驾。昭考珍，皇朝散大夫。"母袁氏，据说梦玄妙玉女（案：即传说中的老子母亲）授九老丈人之符，继而有孕，"数月而闻腹中诵经声，且时时有异光绕身矣"。尹文操降生后，聪明非凡，唯诵《老子》及《孝经》。稍长，听闻有"尹真福庭"（即楼观，当时名为宗圣观），便即事之，并开始研读道教意味更重的《西升经》、灵宝经。后恪守当时道教习学经法必从师受的传统，[4] 拜某位周法师为师。[5] 周法师谓尹文操曰："汝于劫会之中，已受龟山之录也。"于是便"训以紫云之妙旨，授以青羽之隐法"。中古后期道教对受经和修道次第有较严格规定，

---

[1] 赵崡编：《石墨镌华》，卷4，见《景印文渊阁四库全书》，册683，第493a页。
[2] 王士伟：《楼观道源流考》，第32页。
[3]《楼观台道教碑石》录文合并《紫云衍庆集》录文与元翻刻碑文字，由《紫云衍庆集》补入者，以方框纳之。这里主要依仗陈垣《道家金石略》的录文。陈垣录文主要依据艺拓及《金石萃编》卷71，并参合《古楼观紫云衍庆集》。凡与《古楼紫云衍庆观集》版碑文不同之处，陈智超均出注指明。见陈垣编纂，陈智超、曾庆瑛校补：《道家金石略》，北京：文物出版社，1988年，第102—104页。本考所引碑文，标点略有改动。
[4] 参白照杰：《道法外传与经需师受》，《道学研究》2015年第1期，第13—25页。
[5] 王士伟以《紫云衍庆集》所录碑文为据，认为尹文操第一位师父名为"周法"，当误。见其《楼观道源流考》，第102页。

初入道门不可顿修上法。①此段内容显然是说周法师认为尹文操前世已得受《龟山玄录》等级之经法，接下来可直接授予他更高级的经戒法箓，不必拘泥常规修行次第。尽管已开始修道，但李唐奉行较严格的道籍制度，尹文操在此时尚未正式出家住观。恰逢文德长孙皇后（卒于636年）去世，朝廷为皇后修功德而度人入道，年届十五岁的尹文操获选"奉敕出家"，配住宗圣观。接着，尹文操四处游历，"遍寻五岳"。归来即拜谒周法师，此后常住终南山。忽"有神曰：法师上迁"，尹文操于是再赴周法师居所拜望，②发现周法师已然去世，于是为师守丧至贞观末年。

永徽三年（652），尹文操游太白山，据说见闻奇异。此后尹文操常涉足李唐崇道事务，与高宗有文书往来，为国斋醮多次，屡有神验。根据碑文所说，"尊师所有游山异迹，祈醮灵应，并有别录，此不载之……一二要者，略举其目"，可知尹文操游历奇遇及斋醮灵应在当时很可能有专门的详细记录，但其书或文章亡佚甚早，此碑之外不见任何其他文献提及。碑文所举尹文操灵应事件如下：

1. 游太白山顶，现奇特天象，"云雾四周，声振万壑，忽涌圆光，去地千仞，复有像充九色，其高十仞"。
2. 高宗在九成宫见彗星，问尹文操。尹文操答以"此天诫子"，须顺天修德。高宗依从，彗星"应时消矣"。于是，高宗令尹文操兼任昊天观观主一职。此昊天观，是由高宗为太子时之旧宅改建而成。据《长安志》《唐会要》等记载，昊天观位于南保宁坊，占据一坊之地。贞观初为高宗龙潜故宅，显庆元年为太宗追福改立为观，高宗御书撰额。③

---

① 白照杰：《仙阶与经教——先唐道教法位制度渊源爬梳》，《弘道》2016年第8期，第100—119页；《唐前期（618—755）道教法位制度厘正》，《宗教学研究》2017年第1期，第63—79页。
② 尹文操游历归来，当常住宗圣观（楼观），但却不能与周法师相见，可知周法师不住宗圣观。事实上，尽管碑文称尹文操居于楼观，但全均未明确表示这位周法师是否是楼观道士。根据《尹尊师碑》以上文字，此周法师很可能是居住在楼观附近终南山中的修道者。
③ 宋敏求：《长安志》，台北：成文出版社有限公司，1970年，卷7，第164页；王溥：《唐会要》，北京：中华书局，1955年，卷50，第689页。据《金石录》卷10、《宝刻类编》卷4、卷6记载，曾有王起撰、柳公权书的《昊天观碑》立于武宗会昌三年（843），存于京兆。碑文中当有爬梳昊天观历史梗概之内容，或涉及尹文操担任观主等事，笔者尚未见到此碑，怀疑早已亡佚。

3. 仪凤四年，高宗在东都洛阳，请尹文操于老君庙修功德，皇帝、皇后、百官、公卿同见老君乘白马，腾空而来。为纪念此事，高宗下敕，令尹文操编纂《玄元皇帝圣纪》一部，"凡十卷，总百廿篇，篇别有赞"。《尹尊师碑》的撰者员半千参与此事。高宗对尹文操编纂之《玄元皇帝圣纪》非常满意，授其银青光禄大夫、行太常少卿之职。尹文操推辞不成，最终仅接受散职（银青光禄大夫）。

4. 永淳二年，高宗礼中岳嵩山，天发祥瑞。太后以此询问尹文操，尹文操建议"陛下宜存思谅暗，极想钦明，密理百神，潜庇万姓"。

时至武后垂拱四年（688），尹文操羽化，据称"颜色如常"。长寿四年（695?①）四月十二日，迁葬终南山文仙谷。

《尹尊师碑》及若干材料中还给出尹文操其他方面的一些记载。首先是师徒传承。赵道一《历世真仙体道通鉴》收田仕文传记，称其开皇七年（587）入道，修道精进有成，贞观十七年（643）卒，享年七十五岁，"门弟子惟尹文操为入室者"②。赵道一有关楼观田仕文的记述，与朱象先《楼观先师传碑》的内容大体对应。③ 根据陈国符等人研究可知，《楼观先师传》中田仕文的传记为尹文操所写，但其中并未点明田仕文与尹文操存在师承关系；④ 同时，正如上文所述，记载尹文操生平最详细的《尹尊师碑》根本没有提及田仕文，而是说到某位周法师曾传法尹文操。笔者怀疑赵道一所谓尹文操为田仕文入室弟子之说并不属实，而是赵道一误认为"楼观派"存在一脉传承之现象，错将前代观主判作后代观主之师的结果。根据《尹尊师碑》的记载，可以确定尹文操至少有一个名为侯少微的弟子，正是这位侯少微在开元五年（717）为其建碑。

其次是著述。尹文操续作《楼观先师传》的问题前文已有所涉及，其奉敕编纂《玄元皇帝圣纪》一事也已宣明。尽管《玄元皇帝圣纪》已不存完本，但此书对南宋谢守灏《混元圣纪》及《太上混元老子史略》颇有影响。谢守灏正是认为尹文操

---

① 武后长寿年号仅有三年，接下来一年年号屡改（延载、证圣、天册万岁）。
② 赵道一：《历世真仙体道通鉴》，卷29，见《道藏》，册5，第267a—b页。
③ 朱象先：《终南山说经台历代真仙碑记》，见《道藏》，册19，第584b页。
④ 相关讨论王士伟已有总结和发挥，见《〈楼观内传〉考略》，收《楼观道源流考》，第3—19页。

《玄元皇帝圣纪》和贾善翔《犹龙传》"虽记述颇详,而枝蔓旁引,首尾失次,其间取舍,未免乖违,二三其说,览者滋惑",方决定重新编纂《混元圣纪》。① 在谢守灏这两部书中,多次征引尹文操之论述,如:

> 唐昊天观主尹文操尝著论驳之曰:"抱朴撰传,意在显述。老君起自修成,将以训诱后人,令其勉力故云。若谓老子是得道之人,则人必勉力竞慕;若谓是神灵,则非可学也。"
>
> 唐尹文操论云:"老君乃积劫得道之大圣人也,故能寄惠人间,和光幽显,千变万化,今古常存。"
>
> 唐尹文操论曰:"老子者,即道之身也。迹有内外不同,由能应之,身或异也。……"(此段亦为谢守灏用于《太上混元老子史略》卷2)②
>
> 尹文操论曰:"班固谓清虚之道养性延年,不及于物,殊不知清虚者法制之本,无为者万事之根,道覆天下而不为主,德施万物而不为厚,乃圣贤所贵,家国所愿,岂止养性延年而已哉。"③

以上引文,当源自佚书《玄元皇帝圣纪》。除此之外,《尹尊师碑》称尹文操著"《祛惑论》四卷,《消魔论》卅卷,《先师传》一卷"。《先师传》者,即尹文操续作之《楼观先师传》。《终南山说经台历代真仙碑记》所录尹文操小传,称其著《大道消魔论》等书。④ 卢国龙怀疑《道藏阙经目录》所著录的不题撰人之《正真祛惑论》(二卷)和《大道消魔论》(十卷)就是尹文操的这两部著作。⑤ 尹文操应该还撰写过一部解读《道德经》的《简要义》。晚唐五代名道杜光庭《道德真经广圣义·序》记载,"道士尹文操作《简要义》五卷",⑥ 只是此书亡佚甚早。另外,根据《道藏阙经目录》末尾之《道藏历代尊经纲目》记载,尹文操还编纂过一部《玉

---

① 谢守灏:《混元圣纪》,卷1,见《道藏》,册17,第780a页。
② 谢守灏:《混元圣纪》,卷1,见《道藏》,册17,第786b页、第790b页;卷2,见《道藏》,册17,第805c页。
③ 谢守灏:《太上混元老子史略》,卷3,见《道藏》,册17,第910c页。
④ 朱象先:《终南山说经台历代真仙碑记》,见《道藏》,册19,第584c页。
⑤ 卢国龙:《隋唐五代道教学者志(续)》,《道协会刊》1986年总第18期,第64—90页。
⑥ 杜光庭:《道德真经广圣义》,序,见《道藏》,册14,第309c页。

纬经目》，据称收经七千三百卷，但此书也早已不传。①陈国符、吉冈义丰、张泽洪等人对此较为重视，相关讨论可资参考。②另外，杜光庭《太上黄箓斋仪》记载："玄宗著《琼纲经目》，凡七千三百卷。复有《玉纬别目》，记传疏论，相兼九千余卷。"③此《琼纲经目》与《玉纬别目》共计九千多卷，前者七千三百卷，则后者录经两千卷上下。其书自与尹文操之《玉纬经目》不同。有学者认为所谓之"琼纲"-"玉纬"名目对应，二书当有关联之论，似不适用于尹文操之《玉纬经目》。

最后，我们还能从佛教文献中发现尹文操参与佛道争论的记述。现有佛教材料证明，尹文操至少在两个问题上与佛教方面有所争执。首先是有关《老子圣纪》的问题。玄嶷在《甄正论》中给出一段材料，提到昊天观道士尹文操奉敕撰写的《老子圣纪》（案：当即《玄元皇帝圣纪》）引用了当时颇受争议的《老子化胡经》，称老子化身为佛。④在中古佛道二教相争的语境下，尹文操在撰述中援引老子化身为佛的说法，多少都会带有些崇道贬佛的意味。但这一次的"争执"并未真实发生在尹文操身上，只是后人对其观点的讨论。在另一个问题上，尹文操本人确实直接将矛头指向佛教。《法本内传》是著名的佛教伪经，真实成书年代约为南北朝后期，本质上是一部崇佛贬道的护法类文献。因内容多不属实，唐代佛教内部也对之颇为怀疑，僧人智昇在其所编的《开元释教录》中称，此书"明敕禁断，不许流行，故不编载"⑤。法云《翻译名义集》记《汉明法本内传》时，以小字注解道："道家尹文操斥《法本内传》是罗什门僧妄造。"但佛教方面指出，《法本内传》中汉明帝梦金人诸事原出《后汉纪》等正史资料，不可能是罗什门徒编造，以此驳斥尹文操。⑥现存道教文献于尹文操此论并无记载，但笔者怀疑此论出自尹文操所著之

---

① 《道藏阙经目录》，卷2，见《道藏》，册34，第516b页。
② 陈国符：《道藏源流考》，北京：中华书局，1963年，第112—114页；吉冈义丰：《尹文操の玉纬藏经》，收其《道教と佛教》，东京：日本学术振兴会，1959年，第261—263页；张泽洪（案：原刊为"张津洪"，盖"泽"之误）：《唐代〈道藏〉的编纂与传写》，《中国道教》1992年第4期，第39—44页；张泽洪：《唐代敦煌道教的传播》，《中国文化研究》2000年第1期，第59—64页。
③ 杜光庭：《太上黄箓斋仪》，卷52，见《道藏》，册9，第346a页。
④ 玄嶷：《甄正论》，卷2，见《大正藏》，册52，第565b页。
⑤ 智昇：《开元释教录》，卷13，见《大正藏》，册55，第625b页。
⑥ 法云：《翻译名义集》，卷1，见《大正藏》，册54，第1068b页。

《祛惑论》或《消魔论》。事实上，尽管《祛惑论》《消魔论》早已亡佚，但这两部著作在名称上与同时期或稍早的佛教护法著作《甄正论》《二教论》《笑道论》存在一定相似性，有可能是道教方面的护法作品。但有关这一点，因缺少更直接证据，暂时只能止步于猜测。

小结

以上在现有材料的基础上，对尹文操生平稍作梳理。不难发现，尹文操在唐高宗时期大红大紫，但似乎因为武后执政及政治和文化环境转向佛教等原因，尹文操在道教史上的地位和功绩渐遭埋没。尹文操与初唐崇道事件关系紧密，从他个人身上可折射出彼时道教发展趋势和李唐神化统治的运作流程。尽管材料有限，但有关这位初唐高道及相关历史背景，仍有进一步挖掘的必要和可能。

考七
生历五朝的至德女观观主孟静素

孟静素生活在南朝萧梁至唐太宗时期,是当时非常著名的女道士,获得隋唐两朝统治者的高度重视,在长安的上层社会中产生很大影响。但有关这位女道士的基本情况,当代学界关注不多,且时常出现莫名其妙的误读,如毫无根据地将之定为"楼观派道士"等,[1] 因此有必要梳理目前所能搜集到的相关材料,给出一些比较准确的信息。

有关孟静素的生平和道学,道教内部及一般文献均缺少记载,唯岑文本所撰《唐京师至德观法主孟法师碑铭》(简称《孟法师碑》)记录了这个重要人物,极其简要地揭示了她的部分情况。《孟法师碑》立于贞观十六年(642),时任中书侍郎江陵县开国子的岑文本作文,谏议大夫褚遂良书,万文韶刻字。[2] 岑文本和褚遂良均为初唐名臣,自不待言。刻工万文韶是当时朝廷刻工中颇为出众的一位,曾为欧阳询书《姚辩墓志》和《化度寺舍利塔铭》、褚遂良书《雁塔圣教序》等名碑刻字,技艺超群。根据《孟法师碑》所述,孟静素死后葬事获唐太宗御赐恩荣,岑文本、褚遂良、万文韶三位精善文、书、刻的官方人士受命为之制作碑石。由于这方碑石在艺术尤其书法造诣上的卓越,碑铭及拓本得以不断流传,也使得孟静素的事迹为后人所知。根据笔者所见,《孟法师碑》在宋代极受关注,为诸如欧阳修《集古录》(卷5)、赵明诚《金石录》(卷3)、《宝刻类编》(卷2、3)、郑樵《通志·金石略第一》等金石著述所著录,并成为后人争相效仿的书法名作。后世论褚遂良书法者,

---

[1] 赵超:《初盛唐的崇道狂迷——谈终南山道教与文人活动》,《太原师范学院学报》2005年第2期,第86页。
[2] 此碑碑文,见陈垣编纂,陈智超、曾庆瑛校补:《道家金石略》,北京:文物出版社,1988年,第54—55页。本考所引《孟法师碑》,均出于此,唯标点时有修订,不烦出注。

对《孟法师碑》赞不绝口，甚至认为褚遂良传世作品中当以此为最佳代表。[1] 路远对《孟法师碑》的流传过程进行深入考察，认为此碑原本存于孟静素所在的至德观，最晚在北宋元祐五年（1090）已迁至长安孔庙（即今西安碑林），而在元代之前碑石遭到毁坏。路远分析碑石被毁原因，怀疑是金正大八年（1231）蒙古占领京兆前，金军对京兆进行大肆破坏的结果。晚明时期，突然出现《孟法师碑》的唐代拓本，引起轰动，时人在此拓片基础上又制作了若干摹本。可惜这份唐拓《孟法师碑》几经辗转，流落日本。[2] 宋人姚铉所编《唐文粹》中收有岑文本《京师至德观法主孟法师碑铭并序》，[3] 可与今存拓片互相参照。[4]《孟法师碑》的文字和碑石拓片传承较为有序，具备一定可靠性，下面以此碑记述为主轴，梳理孟静素的主要事迹。

《孟法师碑》记载孟静素卒于贞观十二年（638），享年九十七，则其当生于梁武帝大同八年（542），历经梁、陈、北周、隋、唐五朝。据碑铭记载，孟静素是江夏安陆（今湖北省安陆市）人。江夏安陆原属南朝管辖，后为北周占领，继而归隋。孟静素出生于南北朝末之乱世，成长于复杂的社会环境中。据岑文本所述，孟静素世系可追溯至孟轲，但这似乎只是唐人重门第背景下的比附，未必存在真实依据。

《孟法师碑》称，孟静素年少时就钦慕道教，"幼而慕道，超然拔俗，志在芝桂，譬刍豢于糠秕，心系烟霞，方绮罗于桎梏"。及笄（十五岁）之后，拒绝婚配，正式进入道门修行。据信孟静素深入道教经教之学，"若夫金简玉字之余论，玄牝道枢之妙旨，《三皇内文》《九鼎丹法》莫不究其条贯"。"金简玉字"借用当时的上清、灵宝经中天文化现为神圣经书的教义；"玄牝道枢"则主要指"哲学性"较强的道教学问；《三皇内文》是与上清、灵宝合为"三洞"的道教洞神经书，重点强调"法术"知识，具有较高的道内地位；《九鼎丹法》则是中古道教丹道著作中最

---

[1] 王世懋：《跋孟法师碑》，见其《王奉常集》，明万历十七年刻本，卷50，收"爱如生中国基本古籍库"8.0版。
[2] 路远：《褚遂良〈孟法师碑〉曾为碑林藏石》，《上海文博》2008年第3期，第35—38页。
[3] 岑文本：《京师至德观法主孟法师碑铭并序》，收姚铉编：《重校证唐文粹》，卷65，见《四部丛刊初编》，第1647册，第12—13页。
[4] 有关《孟法师碑》拓片，参《褚遂良〈孟法师碑〉》，武汉：湖北美术出版社，2019年。

著名的太清丹经之一。这段文字意在彰显孟静素通贯当时流行的所有主流道教理论知识。孟静素拥有极高的教义素养，被视为"人宗楷模"，由此引起隋文帝关注，被召至京师。

李刚认为孟静素是在开皇八年（588）受隋文帝诏入京，[①] 段塔丽可能直接继承李刚的观点，但并没给出任何史料依据。[②] 实际上，目前没有任何资料明确指出孟静素被隋文帝征召入京的时间，但《孟法师碑》记载她入京后被安排在至德观居住。根据宋敏求《长安志》所载，至德女冠观位于万年县所辖朱雀门内街东北的兴道坊西南隅，隋文帝开皇六年（586）建。[③] 从碑文隋文帝令孟静素"居于至德观"的记载来看，孟静素入京时至德观应当已经存在，则其受征召当在开皇六年之后。需要指出的是，至德观是隋唐时期长安城中重要的女冠观。除孟静素外，目前至少还发现上元二年（761）《唐至德观上座杨仙师（法行）志文》[④] 和建中年间（780—783）《故上都至德观主女道士元尊师（淳一）墓志文》，[⑤] 可以充实对这座著名女冠观的认识。在传世史料中，还存在一则有关至德观的负面记载，反映这座道观的一段重要历史变迁。《唐语林》记载，唐宣宗微行至德观，见到观中有女道士浓妆艳抹，龙颜震怒。立即令左街功德使宋叔康驱逐至德观女道士，另选两个男道士住持至德观。[⑥] 从此，至德观从女冠观改为道士观。尽管女冠观改道士观一事并不光彩，但宣宗能够微服走访至德观的事实却反映出这座女冠观在朝廷心中具有较高地位。

孟静素入至德观后应该没有马上担任观主一职，但却立即在长安城的上流社会中产生影响，通过广开讲坛的方式获得公卿贵胄及其家庭成员的敬仰。碑铭记

---

① 李刚：《隋文帝与道教》，《福建论坛》1992年第1期，第67—71、49页。
② 段塔丽：《略论隋朝统治与道教》，《晋阳学刊》1998年第2期，第82页。
③ 宋敏求：《长安志》，台北：成文出版社，1970年，卷7，第159页。
④ 《唐至德观上座杨仙师（法行）志文》，著录见北京大学图书馆金石组胡海帆、汤燕、陶诚编：《北京大学图书馆藏历代墓志拓片目录》，上海：上海古籍出版社，2013年，第547页。拓片照片，见浙江大学图书馆古籍碑帖研究与保护中心"中国历代墓志数据库"：http：//csid.zju.edu.cn/tomb/stone/detail?id=40288b9569fda3ab016a57b304db01a5&rubbingId=40288b9569fda3ab016a57b304e401a6
⑤ 《故上都至德观主女道士元尊师（淳一）墓志文》，见周绍良、赵超主编：《唐代墓志汇编续集》，上海：上海古籍出版社，2001年，第729—730页。
⑥ 王谠撰，周勋初校证：《唐语林校正》，北京：中华书局，1987年，卷1，第80页。

载道：

> 公卿虚己，士女翘心。于是高视神州，广开众妙，悬明镜于讲肆，陈鸿钟于灵坛。著录之侣，升堂者比迹；问道之客，及门者成群。虽列星之仰天津，众山之宗地轴，未足以喻也。

根据岑文本所撰碑铭的题目可知，孟静素被称为"法主"。"法主"之称在道教史上并不多见，其可能是专指讲法或传法非常卓越的高道的称谓。如前文已详细讨论的、与孟静素生活在同一时代的另一位重要道教人物王远知，在相关碑铭中也被尊称为"法主"。[1]

岑文本的碑文继续讲道，李唐革命，高祖、太宗相继称帝。此时孟静素似乎成功避过改朝换代带来的冲击，在大唐建立后依旧得以维持至德观主的地位，并获得新朝的尊重。孟静素如何度过鼎革时段并无线索，但似乎这段日子也并非毫无波澜。《孟法师碑》记载孟静素"维持科戒，弘宣经典，时历夷险，怀赵璧而无玷；年殊盛衰，鼓吴涛而不竭。迹均有待，心叶无为"。凭借以无为之心行有为之事的方式，孟静素似乎没有卷入任何与政治有关的事务当中，仅将自身活动限定在道教的经教科戒范畴之内，以此成功地避免在波诡云谲的时代里受到任何可能的政治牵连。

有关孟静素入唐后的情况，《孟法师碑》没有给出明确记述，时间直接来到贞观十二年七月十二日。这一天，孟静素亡故，春秋九十七岁。据称她死后"颜色如生，举体柔弱，斯盖仙经所谓尸解者"。孟静素的死亡在长安城的上层圈子里引起震动，碑文记载"冕旒惜道门之梁坏，缙绅悼人师之云亡"，于是太宗敕赐物品资助葬事；以陈光为代表的孟静素门人弟子表达了沉沉哀思。开篇所述的岑文本、褚遂良、万文韶在内的重要官方人士，参与了包括制作碑铭等方面的葬仪活动。毫无疑问，孟静素的葬事情况反映她获得很高的朝廷礼遇，体现出这位女道士在当时朝野间的崇高地位。

---

[1] 江旻：《唐国师升真先生王法主真人立观碑》，收陈垣编纂，陈智超、曾庆瑛校补：《道家金石略》，第51—54页。

考八
体玄先生潘师正道迹

  常年修道于嵩山的潘师正，是唐前期极其重要的道士之一。其上续隋唐之际的高道王远知，下传影响玄宗宗教政策的司马承祯，占据着承前启后的重要位置。有关潘师正的情况，新旧《唐书》、《真系》、《茅山志》、《历世真仙体道通鉴》等道教内外文献均有记载，但最详细可靠者则是王适所撰、司马承祯所书的《唐默仙中岳体玄先生太中大夫潘尊师碣文并序》（简称《潘尊师碣》）。据信为陈子昂撰写的《续唐故中岳体玄先生潘尊师碑颂》（简称《续潘尊师颂》）亦为时代相近的作品，学界普遍认为其可与《潘尊师碣》互证，但此观点恐怕还需斟酌。《新唐书·艺文志》著录《潘尊师传》一卷，小字注"师正"，[1] 此书今已不存，情况不详，无法参考——笔者多少有些怀疑《历世真仙体道通鉴》等较晚材料中对潘师正的记述可能部分源于这部书（见后文）。现代学者对潘师正多有讨论，其中佐藤康裕[2]和汪桂平[3]等人用功最深。不少唐代道教史论著亦对潘师正情况有所涉及。以下首先对潘师正生平相关之最重要材料进行简要讨论，而后以这些材料为中心，结合前贤研究来梳理潘师正道迹。

---

[1] 欧阳修、宋祁：《新唐书》，北京：中华书局，1975年，卷59，第1523页。
[2] 佐藤康裕：《唐代の道教における潘师正の位置》，《早稻田大学大学院文学研究科纪要》1998年第1分册第44辑，第97—108页。本考撰写时，未获得此文全文，此文主旨等信息来自相关文章的介绍。
[3] 汪桂平：《潘师正生平考述》，《中国本土宗教研究》2020年总第3辑，第306—323页。

一、对作为"核心材料"的两方潘师正碑的简要分析

欲加深对潘师正相关问题的讨论,首先需要对《潘尊师碣》和《续潘尊师颂》的情况稍作讨论。《潘尊师碣》为"大周圣历二年太岁己亥二月八日建立",潘师正弟子司马承祯亲书,内容极其丰富。《续潘尊师颂》一般认为是陈子昂所撰,但未给出撰、立时间,汪桂平认为此碑与《潘尊师碣》"大约同时所立",并认为系"陈子昂应潘师正弟子韩法昭之请所写,是接续王适所撰《潘尊师碣》之后的一篇颂文",故有"续"之一说。① 此说有合理之处,但仍有重要细节值得推敲。《续潘尊师颂》以"续"为称,确实为接续《潘尊师碣》而作,其作者陈子昂最晚卒于702年,则此碑与《潘尊师碣》建立之圣历二年(699)必然不会相去太久。根据《潘尊师碣》所述,此碣乃"(韩法)昭等永惟尊师灵迹洞业,高深迈古",为防后世无知,故"琢石幽山,申颂玄德"。② 可知此碣建立确为潘师正得意弟子韩法昭发起,而立此碣时潘师正已去世十五年之久。

现存文献对韩法昭生平记述并不详细,《新唐书》记载京兆三原人田游岩,隐于箕山许由祠旁,曾获唐高宗拜访,后进太子洗马,放还山林后与韩法昭、宋之问为"方外友"。③《旧唐书》指其进授朝散大夫拜太子洗马事在"文明中"(684),但在垂拱(685—688)初即因"坐与裴炎交结,特放还山",④ 裴炎则在684年因反对武则天称制而遭杀害。田游岩所隐居之箕山与潘师正和韩法昭常年修道的嵩山相邻,而宋之问则在《使至嵩山寻杜四不遇慨然复伤田洗马韩观主因以题壁赠杜侯》(简称《使至嵩山》)中提及二人:"田公谢昭世,韩子秘幽埏。"⑤ 结合诗题中嵩山"田洗马""韩观主"的身份以及前述《新唐书》的记载,基本可判断田公指田游岩,韩子则指韩法昭,宋之问因二人逝世而感伤。

---

① 汪桂平:《潘师正生平考述》,第306页。
② 王适:《潘尊师碣》,见陈垣编纂、陈智超、曾庆瑛校补:《道家金石略》,北京:文物出版社,1988年,第85页。本考所引《潘尊师碣》均出此本,后不烦出注。
③《新唐书》,卷196,第5599页。
④ 刘昫:《旧唐书》,北京:中华书局,1975年,卷192,第5117页。
⑤ 宋之问:《使至嵩山寻杜四不遇慨然复伤田洗马韩观主因以题壁赠杜侯》,见李昉等编:《文苑英华》,北京:中华书局,1966年,卷302,第1543a页。

新旧《唐书》记载宋之问先天年间（712—713）被玄宗处死，且于景龙年间（707—710）便遭贬谪、景云元年（710）又遭流放，[①] 则其作为使者赴嵩山寻找隐士时所作《使至嵩山》诗大约成于遭贬之前，韩法昭则当卒于更早时候。尽管目前没有办法进一步推定韩法昭的卒年，但《潘尊师碣》与《续潘尊师颂》在内容上的差异却可能为我们提供某种猜测，并由此增进对这两方碑石情况的理解。这两方碑石存在明显的文字重叠现象，而"重叠"之间又隐藏着意味深长的差异：

表5 《潘尊师碣》与《续潘尊师颂》对比

碑题	《潘尊师碣》	《续潘尊师颂》
作者	王适	陈子昂
A	尊师亦尚冲密，勤愍幽深，理心事天，所宝唯啬，绝圣弃智，不耀其光，故真感冥期，珍图秘学，性与天道，不可得而闻也。若乃崇标旷迹，遐情远意，志摩青云，蓬视紫闼。	尊师业尚冲密，勤愍幽深，理心事天，所宝惟啬，绝圣弃智，不耀其光，故真感冥期，珍图秘学，性与天道，不可得而闻也。若乃崇标旷迹，遐情远思，志摩青云，蓬视紫闼。
B		<u>高宗每降銮辇，亲诣精庐，尊师身不下堂，接手而已。</u>
C	每叹曰："大丈夫业于道，不能投身霄岭，灭景云林，而疲疴此山，以烦世主，吾之过乎！"遂欲东求蓬莱，孤舟入海，属天皇敦笃斯道，祈款逾深，迟蹰山隅，绝策未往。既而金格有命，镌锴遗区。于戏，昔姑射有神人，尧轻天下，空峒有至道，轩屈顺风，玄真高踪，万古同德，何其盛哉！	每叹曰："大丈夫业于道，不能投身霄岭，灭景云林，而疲疴此山，以烦时主，吾之过也。"遂欲东求蓬莱，孤舟入海，属天皇敦笃斯道，祈款逾深，踟蹰山隅，绝策未往。既而金革有命，镌锴遗区。于戏，昔姑射有神人，尧轻天下，崆峒有至道，轩屈顺风，玄真高踪，万古同德，何其盛哉！
D	尊师有弟子十人，并仙阶之秀，然鸾姿凤骨，眇爱云松者，唯颍川韩法昭，皆禀训瑶庭，密受琼室，专太清之业，遣下仙之傅，谷汲芝耕，服勤于我，盖历岁纪也。	尊师有弟子十人，并仙阶之秀，然鸾姿凤骨，眇爱云松者，唯颍川韩法昭、<u>河内司马子微</u>，皆禀训瑶庭，密受琼室，专太清之业，遣下仙之傅，谷汲芝耕，服勤于我，盖历岁纪也。

---

① 《旧唐书》，卷190中，第5025页；《新唐书》，卷202，第5750—5751页。

续 表

碑题	《潘尊师碣》	《续潘尊师颂》
作者	王适	陈子昂
E		始尊师受箓于茅山升玄王君，王君受道于华阳隐居陶公，陶公至子微二百岁矣，而玄标仙骨，雅似华阳。……
F	昭等永惟尊师灵迹洞业，高深迈古，而弃世往矣，其若之何。乃琢石幽山，申颂玄德。	法昭等永惟尊师灵迹洞业，高深迈古，而弃世往矣，其若之何！乃斫石幽山，申颂玄德。①

由表格中的对比不难发现两方碑石在文字上的极端相似性。王适的《潘尊师碣》因碑石保存至今，情况相对明确。由此而生的问题则是：这样一篇主体抄袭王适作品的《续潘尊师颂》到底是怎样制作出来的？是否皆为陈子昂的手笔？制作这样一篇"续"作的目的何在？这些疑问，恐怕要在结合更大的唐代"上清道"背景知识的基础上才能获得答案。

目前所见《陈伯玉集》等陈子昂文集中，此文名为《续唐故中岳体玄先生潘尊师碑颂并序》。此文实际由"序"和"颂"两部分组成，而这两部分或许应该分拆来开。陈子昂应司马承祯（不是韩法昭）之请为潘师正撰"颂"确实合情合理。事实上，陈子昂与修道嵩山时期的司马承祯确有往来，其至少在两篇作品中提到司马承祯：其一是《昭夷子赵氏碑》中，指出志主赵元亮的故人包括"嵩山道士河内司马子微"；② 其二则是在撰于"龙集乙未十二月二十日"的《送中岳二三真人序》中，自称在嵩山中与司马子微有过交往。③ 问题主要出在"序"的部分并非原创，且整篇文章是否刻碑也尚难断定。就笔者考察，元及元以前金石著作似未著录过此方"碑石"的信息，明清金石著作也只是怀疑此文曾建碑嵩山。但《续潘尊师颂》中"颂"的末句确实称"弟子不知其所如也，乃刻石以思其人"，因此颂文确实是为了刻碑的需要而创作。所见陈子昂文集中此碑以"续"为称的

---

① 陈子昂：《体玄先生潘尊师碑颂》，陈子昂撰，徐鹏点校：《陈子昂集》，北京：中华书局，1960年，卷5，第98—100页。
② 陈子昂撰，徐鹏点校：《陈子昂集》，卷5，第92页。此版本删去了"并序"二字。
③ 陈子昂撰，徐鹏点校：《陈子昂集》，卷7，第157页。

情况，倘原本题目如是，则必然撰成于《潘尊师碣》之后。"续"的出现，是为了补充更早的《潘尊师碣》的内容，其间或许还隐含着对前者的不满。与《潘尊师碣》相应内容相比，表格中《续潘尊师颂》的"序"主要多出 B、E 两段，以及 D 段中对司马承祯的强调。B 段所述高宗事，专为推崇潘师正；E 段则在强调师承法脉，尤其需要注意的是，这条法脉的重点是"司马承祯"（同样不是韩法昭）。由这些差异不难看出，《续潘尊师颂》"序"的改编主要是为了突出司马承祯的地位及其所自持的上清法脉，而这些内容在更早的《潘尊师碣》中却并不明显。近来有研究指出，唐代上清道并不能真正追溯到南朝陶弘景，唐代的上清法脉和教团意识很可能是司马承祯的首创，并于之后的岁月中通过李含光等人的鼓吹而获得社会认同。① 因此，一个有些大胆的猜测或许是，司马承祯在《潘尊师碣》建立至陈子昂去世的时间段内，委托陈子昂为家师潘师正撰颂。当获得颂文后，司马承祯又抽取并改造了原本王适《潘尊师碣》中的部分文字，形成一篇相应的"序"，继而又将序与颂合二为一，拼凑成后世所谓"陈子昂撰"《续唐故中岳体玄先生潘尊师碑颂并序》。而司马承祯如果想在嵩山潘师正纪念处建立这方新的碑刻，必然会与左近原有碑刻在内容上产生重叠和冲突，其中观点或许也会遭到潘师正最得意门生韩法昭的质疑。沿着这一思考，便会产生两种可能的推测：一、《续潘尊师颂》并未真正刻碑；二、韩法昭可能在建立《潘师正碣》之后不久便即去世，故司马承祯方获得"篡改"历史的勇气和可能，继而创作和刻立《续潘尊师颂》。不论如何，这方新碑的背后似乎隐藏着司马承祯与韩法昭的较量，随着司马承祯势力逐渐壮大、受到玄宗的尊重，其最终取得"道派"历史的解释权。

通过以上分析，不难发现《潘尊师碣》和《续潘尊师颂》尽管撰写时间不会相差很远，但史料价值却迥然有别，其中尤其要对司马承祯的某些刻意引导区别对待。在对潘师正核心材料进行分析后，接下来主要以《潘尊师碣》的记载为线索，来看潘师正的基本情况。

---

① 白照杰：《唐代"上清道"的身份觉醒与法脉建构》，《文史》2024 年第 1 辑，第 87—111 页。

二、以《潘尊师碣》为中心的潘师正道迹梳理

《潘尊师碣》记载,"唐嵩山上清之证真者"潘师正,字子真,赵国赞皇青山里人。汪桂平指出,有关潘师正的籍贯,李渤《真系》、刘昫《旧唐书》等较早材料均主赞皇说,更晚的《新唐书》《资治通鉴》《茅山志》《历世真仙体道通鉴》则认为是"贝州宗城人",当以时代较早之材料为准。[1]《潘尊师碣》继而描述潘师正的风貌,据信其少年时便已好道,"年十二,通《春秋》及《礼》,见黄老之旨,薄儒墨之言"。十三丧母,"攀坟柏以泣血,伏冢庐而摧心"。按碑文所记潘师正卒年和寿命计算,此时约值开皇十八年(598)前后。潘师正侍母至孝一事,为《真系》等书所重复。[2] 有关潘师正父亲的情况,较早的材料缺少记载,情况不详。但元代赵道一《历世真仙体道通鉴》称潘师正父潘寞,隋通州刺史,母鲁氏;且文中记述鲁氏对潘师正在道教等方面的教导,以及潘师正在母亲去世前后的孝行。[3] 类似记述来源不详,距离潘师正生活时代相对较远,若非向壁虚构,便可能参考已佚之《潘尊师传》等文献。至于所述是否属实,目前无从判断。

《潘尊师碣》记载,潘师正在"大业云季"正式转向道教,开始参与金丹、辟谷等修道实践。此时听闻"升玄真人王君"在茅山,而茅山又有华阳洞天,是最重要的道家圣地之一,故虚心而往。抵达茅山后,潘师正从王远知"受秘录于金坛,奉玄文于石室"。有关王远知的基本情况,本书考一已做完整交代。王远知曾跟随师父臧兢修学,受陈宣帝赏识,不久又辞别陈宣帝归心茅山,广传道法,至杨广坐镇扬州而获征召,不久再次还山。炀帝征高句丽时被调至涿州前线,事后与弟子王轨等驻留在洛阳玉清玄坛。在隋末动荡时期,王远知与李渊和李世民暗通款曲,为李唐的建国战争做出贡献,由此为所属道教团体与李唐王朝的良好关系奠定基础。《潘尊师碣》所谓之"大业云季"指隋大业末年群雄争斗之时,若所述确凿,潘师正既能在彼时拜师于茅山金坛,则可推测王远知在大

---

[1] 汪桂平:《潘师正生平考述》,第307—308页。
[2] 李渤:《真系》,见张君房编,李永晟点校:《云笈七签》,北京:中华书局,2003年,卷5,第81页。
[3] 赵道一:《历世真仙体道通鉴》,卷25,见《道藏》,册5,第245b页。

业末年也已离开洛阳，在某个时间回到过茅山。汪桂平发现，《历世真仙体道通鉴》和《茅山志》等较晚材料有关潘师正入道因缘的记载非常详细，且其中提到另一位确有其人，即与潘师正同隐嵩山的道士刘爱道（又称刘道合）。[①] 相关记载称，隋炀帝大业时期，刘爱道一见潘师正便非常器重，推荐潘师正从王远知学道，并从中斡旋。不久，王远知归茅山，潘师正随行。[②] 同潘师正父母相关记载类似，这段内容同样来源不详，但并不像是凭空虚构——这样的虚构既无必要，也有难度（尤其是涉及真实人物刘爱道），因此或许也有某个文献（或口传历史）源头。

《潘尊师碣》称，潘师正从王远知受道后，被派往中岳嵩山修道。入嵩山后，"漱阴屺之双泉，庇阳崖于二室"，潜修十年，但因此处依旧有樵歌可闻，人迹常至，故另寻幽隐之处，徙居逍遥谷。进入逍遥谷后，潘师正结茅修道，虔心炼养，直到唐高宗时期才获得朝廷关注。碑文的重点转到潘师正与高宗和武后的交往上来，历次情况可以表格形式呈现：

表6 潘师正与高宗、武后间的交流

时间	交流情况
上元三年（676）	高宗幸洛阳，亲至嵩山，"谒三元之洞，征六甲之图"。潘师正"以道有所申，贵有所屈，竟不屑命，对以无为"。
仪凤三年（678）	高宗巡幸许京，征召潘师正。潘师正"谢以幽疾"。未果。
调露元年（679）	孟冬，高宗和武后与潘师正会于嵩阳观。而后高宗拜访潘师正茅庐，颇为感慨，令有司为之建隆唐观于逍遥谷。
调露元年至二年（680）之间	高宗与潘师正书信往来。高宗问："九宫神秘，顾已通其大纲，太一紫房，犹未解其深旨。"潘师正"微言冲答，秘世莫闻"。

[①] 有关刘道合，参《旧唐书》，卷192，第5127页。汪桂平指出，太一观主刘道合（刘合）又出现在《大唐大弘道观主故三洞法师侯尊师志文》中，元代刊刻的《唐嵩岳太一观蝉蜕刘真人传》则是专门记述刘道合情况的碑石，见其《潘师正生平考述》，第310—311页。
[②] 赵道一：《历世真仙体道通鉴》，卷25，见《道藏》，册5，第245c页；刘大彬编，江永年增补，王岗点校：《茅山志》，上海：上海古籍出版社，2016年，卷7，第201页。

续　表

时间	交流情况
调露二年	仲春，高宗召潘师正入洛城配宫，深入交流。而后降制，以嵩阳观为奉天宫。奉天宫苑囿与潘师正隆唐观相接，"左辟仙游之路，右启浔真之门"。此次相会，又见《旧唐书》卷5，当年二月戊午，高宗赐潘师正师王远知谥号升真先生，并赠大中大夫。数日后幸道遥谷，见潘师正。[1]
永隆二年（681）或开耀元年（681）	高宗征召潘师正于金阙亭相会，"问三洞之阶，稽七真之秘"。武后亲自举炊，犒劳天师。又以功德事咨询潘师正，以太子甲第造弘道坛，老君寿宫造玄元观，二名出于潘师正之口，榜额为高宗亲题。
永淳元年（682）	正月乙未，天有异象，高宗怀疑潘师正羽化，驾幸奉天宫，发现潘师正尚在人世。

以上表格所列高宗与潘师正的交往，汪桂平在文中亦有梳理，颇可参考。更为重要的是，汪桂平根据《旧唐书》等材料，指出高宗在永淳二年（683）先后两次巡幸奉天宫，而由于奉天宫毗邻潘师正的隆唐观，推测二人或许也曾借机会面。[2] 虽然这一推测并非没有可能，但一者《潘尊师碣》等材料并无记述；二者，若二人之间有此往还，恐怕《潘尊师碣》中不会轻易放过（尤其考虑到这篇碑文事实上将很大篇幅放在二者的历次交流上），故怀疑永淳二年高宗幸奉天宫时二人未曾相会可能性更大。至于未曾相会的原因，可能是两人身体状况不佳，此时二人阳寿将尽。从《潘尊师碣》对潘师正与高宗的交往记述来看，潘师正本人确实并不算"热情"。这一点在前述《续潘尊师颂》多出来的那段话中获得回响——"高宗每降鸾辇，亲诣精庐，尊师身不下堂，接手而已"。同时，这样的清高态度在《潘尊师碣》后文的一段记述也获得呼应。碑文末尾感念潘师正道行的文字回忆道，潘师正深怀绝世清修之志，每叹曰："大丈夫业于道，不能投身霄岭，灭景云林，而疲疴此山，以烦世主，吾之过乎！"于是潘师正计划出海访仙，寻找蓬莱仙岛，但因高宗与之往来频繁，最终无法成行。结合前述潘师正初入嵩山时一心寻找隔绝人世的隐修之所等

---

[1]《旧唐书》，卷5，第106页。
[2] 汪桂平，《潘师正生平考述》，第318—319页。

情况来看，他确实怀有隐修求道、不求闻达的志愿。

有关潘师正与唐高宗的交往，《旧唐书》等材料也有不少记载，如称高宗在东都洛阳召见潘师正，询问山中有何需要。潘师正答曰："所须松树清泉，山中不乏。"由此获得高宗和武后的尊敬，为其起崇唐观（案：当即隆唐观），并于岭上别起精思观以处之。① 此事有可能是表6中调露元年的那次相会。据同书记载，高宗前后赠予潘师正的诗歌达数十首之多，二人交谊不可谓不深厚。今《道藏》之中保存的《道门经法相承次序》，基本是潘师正与高宗的问答记录。② 此外，钱镠《天柱观记》中一段话引起学界注意：

> 洎大唐创业，以玄元皇帝为祖宗，崇尚玄风，恢张道本。天皇大帝握图御宇，授箓探符，则有潘先生宏演真源，搜访神境，弘道元年，奉敕创置天柱观焉。仍以四维之中，壁封千步，禁彼樵采，为长生之林。③

一般认为，文中的"潘先生"应该就是潘师正，学界依此认为创建天柱观者就是潘师正。但根据上文所述，高宗卒于弘道元年（683）；潘师正次年去世（见下文），他在去世前一年似乎不太可能受敕亲往江南建立宫观。且这一情况在《潘尊师碣》等材料中得不到印证。近来刘凯指出，创建天柱观者其实是另一位余杭本地的"潘尊师"，其讨论可为此问题划上句号。④

潘师正性格冲淡，交游不广，门徒也不多。前揭《旧唐书》等材料记载，刘爱道与潘师正同隐嵩山。后世所立《唐嵩岳太一观蝉蜕刘真人传》亦持此说，称刘爱道，一名道合，陈宛丘人，隋末入道，武德中入嵩山与潘师正同居修道。⑤ 除刘爱道外，似唯太和先生王玄宗等与之较为熟稔。这位太和先生，本书考五也已有所讨论。根据《潘尊师碣》和《续潘尊师颂》等材料所述，潘师正有弟子十人，虽然据信个个出色，但毕竟数量稀少。汪桂平找出其中六人姓名：继承潘师正隆唐观主之

---

① 《旧唐书》，卷192，第5126页。
② 潘师正：《道门经法相承次序》，收《道藏》，册24。
③ 钱镠：《天柱观记》，收邓牧编纂：《大涤洞天记》，卷3，见《道藏》，册18，第155c页。
④ 刘凯：《杭州洞霄宫研究》，成都：巴蜀书社，2024年，第44—48页。
⑤ 《唐嵩岳太一观蝉蜕刘真人传》，见陈垣编纂，陈智超、曾庆瑛校补：《道家金石略》，第717页。

位、地位最高的韩法昭,后来影响逐渐扩大的司马承祯,郭崇真,韩文礼,潘大通,冯齐整。① 六人之中五人记述相对可靠,唯韩文礼的记载出自时代较晚的《历世真仙体道通鉴》,文称韩文礼是潘师正嘱托建造蝉蜕石室的弟子。②《茅山志》亦记载韩文礼事,虽不称其有建造石室之功,但却指出韩文礼在潘师正升霞之前陪伴在侧。③ 记载韩文礼的材料时代不够早,且其是否可能就是韩法昭也很难确定,暂时存疑。

《潘尊师碣》记载,高宗去世次年季夏(文明元年［684］六月④),潘师正向弟子表示,自己已在嵩山修道五十余年,若非与皇帝频繁交流,或许早已飞升成仙;"今名登玄录,身历太阴,升玄之言,信吾命也。"当夜山中出现异象,次日潘师正曰:"吾其蜕矣。"而后安然入静,端坐而逝,多日后葬于石室之中。武后听闻此事,感念去岁高宗去世,今岁秋季,"广成之居又寂,以此哀悼,情何可任",褒赠潘师正大中大夫,谥"体玄先生"。

在武则天赐予褒奖的十五年后,潘师正弟子韩法昭、司马承祯等人为尊师建造了本考的主要文献依据——《潘尊师碣》。大约稍晚,在司马承祯的运作下,另外一份《续潘尊师颂》也被制作出来。随着司马承祯、李含光在接下来一段时间里对"上清道"及其光辉法脉的不断建构和推崇,潘师正也很快演变成"上清正宗"中的重要一环,数百年后又成为《茅山志》中所述的"第十一代上清宗师"——尽管潘师正生前或许从来没有想到自己会获得这一宗派身份。

---

① 汪桂平:《潘师正生平考述》,第 321—322 页。
② 赵道一:《历世真仙体道通鉴》,卷 25,见《道藏》,册 5,第 246a 页。
③ 刘大彬编,江永年增补,王岗点校:《茅山志》,卷 7,第 201 页。
④ 有关潘师正卒年,不同材料记载有异,但正如汪桂平所述,当以时代最早、撰书人与志主关系最密切的《潘尊师碣》的记载为准。见其《潘师正生平考述》,第 320 页。

考九
周唐鼎革中的太清观主史崇玄

被后世尊为"科教三师"之一的晚唐五代著名道士杜光庭，在《仙传拾遗》中为中唐道士申元之作传时，罗列了开元年间玄宗皇帝身边的重要高道，包括"邢和璞、罗公远、叶法善、吴筠、尹愔、何思达、史崇、尹崇、秘希言"等。[1] 其中的史崇，全名史崇玄，卒于713年，年寿不详。其名中的"玄"字可能因宋朝避"赵玄朗"之讳，为后代之书略去。[2] 得与人尽皆知的叶法善、罗公远、邢和璞等高道齐名，可知史崇玄在道教内部地位之高绝。但与道教内部的极度推崇形成两极反差的是，唐宋教外文献多将史崇玄视作典型的负面人物，《太平广记》甚至将其列入"妖妄"类属。[3] 宗教内、外史料对同一个人物做出截然不同的评价，根源于各自立场上的差异，双方均不可避免地带有某种偏见和预设。有鉴于此，有必要综合当下所能搜集到的一切资料，对史崇玄的主要事迹加以梳理，并以此为据对史崇玄进行客观评价。土屋昌明、雷闻等学者此前在对长安太清观（史崇玄曾任此观观主）和《一切道经音义》编纂问题的考察中已对史崇玄有过一些探讨，[4] 但有关史崇玄本人行迹仍存在一些可以推敲的空间。

史崇玄在神龙年间之前的情况并不清楚。《新唐书·金仙公主传》中言史崇玄

---

[1] 李昉等编：《太平广记》，北京：中华书局，1961年，卷33，第210页，征引杜光庭之《仙传拾遗》。
[2] 朱玉麒：《唐代道教人物三考》，《中国道教》1995年第2期，第38—39页。
[3] 李昉等编：《太平广记》，卷288，第2292页。
[4] 土屋昌明：《長安の太清観の道士とその道教：史崇玄と張萬福を中心に》，《人文科学年报》2013年第43号，第109—136页；雷闻：《唐长安太清观与〈一切道经音义〉的编纂》，《唐研究》2009年第15卷，第199—226页。

"本寒人";① 《朝野佥载》称史崇玄"怀州河内县缝靴人也。后度为道士"。② 有关史崇玄曾为靴匠的说法,仅见《朝野佥载》。《朝野佥载》的作者张鷟与史崇玄的生活年代交错契合,所记载之内容有可能与当时的"现实"(非"真实")情况最为接近,但史崇玄因卷入玄宗与太平公主的政治斗争而丧命,作为敌对方和胜利方的玄宗阵营有可能对之进行污名化处理,将其出身与贱业联系起来。倘若如此,张鷟所记录的说法便有可能是有目的地编造出的"谣言"——尽管编造者未必是张鷟本人,但他显然接受这一观点。但不论如何,《新唐书》等材料所记载的史崇玄寒族出身应该可以坐实。事实上,也正是由于史崇玄寒人出身、事迹不显,才给敌对政治势力留下编造其卑贱往事的空间。

根据《新唐书》等材料的记载,史崇玄得以突然崛起,是"事太平公主"的结果。从史崇玄生平经历的总体情况来看,其确是太平公主一方的忠实拥趸,并参与神龙至先天年间复杂的政治斗争。《旧唐书》卷7对神龙二年(706)正月的一系列封官赐爵事件进行记载,获封赏者包括敬晖、桓彦范、袁恕己等。③ 对唐中期政治史有一定了解后便不难看出,这些官员都是参与逼迫武则天还政李唐的神龙政变功臣,所授封赏必然是为了表彰他们在神龙政变中的功劳。根据《旧唐书》记载,就在一个月后,僧人慧范(或写为会范、惠范)和道士史崇玄等十余人"授官封公,以赏造圣善寺功也"。④ 陈金华对圣善寺和僧人慧范进行过非常细致的讨论,指出慧范的"妖僧"形象并不符合历史事实,文中重新评价了慧范的历史地位和现世功绩。⑤ 事实上,史崇玄"妖妄"形象与慧范"妖僧"形象的创造很可能是同一个历史事件及政治环境下的产物。《资治通鉴》对史崇玄此次获封的官职记载颇为详细,

---

① 欧阳修、宋祁等撰:《新唐书》,北京:中华书局,1975年,卷83,第3656页。
② 张鷟:《朝野佥载》,与《隋唐嘉话》合本,北京:中华书局,1979年,卷5,第114页。
③ 刘昫等撰:《旧唐书》,北京:中华书局,1975年,卷7,第141页。此三人虽获高官,但由于此时掌握大权的武三思对之心存忌惮,故三人均外任地方刺史。见司马光等撰:《资治通鉴》,北京:中华书局,2011年,卷208,第6715页。
④ 《旧唐书》,卷7,第141页。
⑤ Chen Jinhua (陈金华), "A Complicated Figure with Complex Relationships: The Monk Huifan and Early Tang Samgha-state Interactions," in Thomas Jülch ed., *The Middle Kingdom and the Dharma Wheel: Aspects of the Relationship between the Buddhist Samgha and the State in Chinese History* (Leiden & Boston: Brill, 2016), pp.140-221;陈金华《圣善寺考论》,收李四龙、周学农主编:《哲学宗教与人文》,北京:商务印书馆,2004年,第471—510页。

称其"加五品阶,除国子祭酒,同正"。[1] 史崇玄获得官位的原因,似乎不会是《旧唐书》给出的"赏造圣善寺功"。首先,史崇玄作为道士,不太可能因为参与修造佛寺而受如此重大之褒赏,特别是考虑到数年后史崇玄获罪流放的表面原因是受到佛教势力陷害(详见后文)。实际上,从前揭陈金华论文可知,修造圣善寺是由僧人慧范全程督导,与史崇玄关系不大。其次,史崇玄获授的"国子祭酒"是"同正",即所谓员外置同正员,拥有与正员相同的实权。[2] 这样的官职,与唐代著名高道往往仅得受荣誉性"散官"(如金紫光禄大夫、银青光禄大夫等)而并无实权的情况大不相同。实权的赋予要与参与朝廷事务的功劳挂钩;实权在掌握后,又进一步促使利益获得者卷入更深的朝政事务之中。当将这两个疑问与不久前神龙功臣封官一事相联系时,《旧唐书》"赏造圣善寺功"的说法便显得有些欲盖弥彰了——其目的似乎很单纯,掩盖史崇玄等太平公主势力在周唐鼎革中的作用和功绩。

现有材料既未指出史崇玄是如何在太平公主一方参与神龙政变,更未解释其到底发挥多大效力,但新、旧《唐书》的一则记载或许可以给我们一些大胆推测的依据。《旧唐书·经籍志》和《新唐书·艺文志》均记载,一部共计十二卷的《十二次二十八宿星占》系史崇的作品。[3] 唐及唐代以前,以"史崇"为名而通天文者最少有两人。其中之一生平不详,《隋书·经籍志》所著录之《天文》十二卷,为"史崇注"。《隋书·经籍志》由魏徵等人编纂,成稿于太宗、高宗朝,所录主要为前朝之书,此史崇当非史崇玄。但两唐书所录之《十二次二十八宿星占》的作者史崇到底是前代之人,抑或是唐代的史崇玄,便难以判断了。倘若此书的作者是道士史崇玄,那么事情便会变得非常有趣。从书名可知,此书是天文星占类著作。中古时期天文星占之学与人间政治变动关系密切,以天文变化为借口发动的政治和社会运动屡见不鲜,天文之学由此成为影响政治脉动的重要神圣资源。是故朝廷对之多有限制,严禁民间妄传星象之学,希望由官方垄断这一技术。[4] 然而,彼时僧、道之中多有通此学问者,史崇玄很可能就是其中之一。既然史崇玄拥有窥探天象、预言改朝换代、天命所归的"专业技能",或可推测他有可能凭此技术依附太平公主,

---

[1] 司马光等撰:《资治通鉴》,卷208,第6715页。
[2] 黄莉莉:《试论唐前期员外置同正员制》,《江苏第二师范学院学报》2018年第2期,第54—59页。
[3]《旧唐书》,卷47,第2037页;《新唐书》,卷59,第1544页。
[4] 有关此问题,参赵贞:《唐宋天文星占与帝王政治》,北京:北京师范大学出版社,2016年。

并在神龙政变中给予太平公主信仰上的支持和行动上的鼓励。对太平公主而言，作为职业宗教家的史崇玄很可能是她的主要参谋之一。倘此推测成立，神龙二年史崇玄获受实职，便合情合理、顺理成章了。然而，这一系列推测都建立在两《唐书》的"史崇"系指"史崇玄"的基础上，但有关这一点因原书已佚、历代目录对此问题辨析含糊，导致这里所建构的论说并不牢靠，未来很可能会有修正观点的必要。

  神龙政变之后，李唐朝廷局势依旧纷繁复杂。中宗、睿宗、太平公主、韦后、安乐公主以及后来的玄宗李隆基，各种势力合纵连横、犬牙交错。从目前仅有的材料来看，中宗神龙二年至玄宗先天二年（713）之间，夹在这些政治大人物中间的史崇玄主要参与了三个历史事件，分别发生于唐殇帝、睿宗、玄宗统治时期，个人地位由此得以不断提升。首先是入主太清观。法国学者傅飞岚（Franciscus Verellen）介绍太清观时，称之为"长安的帝国老子信仰之所在"（seat of the imperial Laozi cult in Chang'an）。① 但有关太清观的资料不多，傅飞岚的这一说法缺少可靠依据。实际上，傅飞岚很可能是将太清观误为著名的"太清宫"，而后者才是大唐帝国老子信仰的中心。② 根据宋敏求的《长安志》记载，长安金城坊东南隅有一开善尼寺，寺北即"废太清观"，而这座太清观的前身正是"悖逆庶人宅"。③ 所谓悖逆庶人者，其实就是中宗和韦后（卒于710）之女安乐公主（李裹儿），她曾嫁武三思之子武崇训，后又嫁给武承嗣之子武延秀。神龙政变后中宗复位，韦后和安乐公主欲夺大权，与李隆基和太平公主发生矛盾，终为李隆基和太平公主政变诛杀，死后贬为"悖逆庶人"。④ 在扑灭韦后和安乐公主势力的唐

---

① Kristofer M. Schipper and Franciscus Verellen, *The Taoist Canon: a History Companion to the Daozang* (Chicago and London: The University of Chicago Press, 2004), p. 443.
② 有关太清宫的情况，见丁煌：《唐代道教太清宫制度考》，收其《汉唐道教论集》，北京：中华书局，2009年，第73—156页。
③ 宋敏求：《长安志》，卷10，见《景印文渊阁四库全书》，台北：商务印书馆，1983年，册587，第146a页。根据宋敏求所述，先天二年史崇玄被玄宗诛杀后，太清观随即被废。雷闻指出，长安彼时还存在另外一座太清观，亦与太平公主关系密切——即其早年逃避与吐蕃联姻而暂时出家的道观。因此，雷闻认为，之所以以"太清观"命名由悖逆庶人宅改建之道观，实系此名对于太平公主而言是"一个值得纪念的名称"。详细考述，见雷闻：《唐长安太清观与〈一切道经音义〉的编纂》，第211—213页。
④《旧唐书》，卷7，第155页。安乐公主墓志已经出土，见孟宪实：《〈安乐公主墓志〉初探》，收西安碑林博物馆编：《纪念西安碑林九百二十周年华诞国际学术研讨会论文集》，北京：文物出版社，2008年，第315—323页。

隆政变（710）中，太平公主一方也做了不少工作，这一点早已成为学界共识。而由将不久前被诛的安乐公主私宅改为太清观并赐予史崇玄，或许可推测史崇玄作为太平公主一方的参谋，又一次参与宫廷政变，是以事后获得褒奖，所得"奖品"就是政变失败者的"财产"。《册府元龟》中的一则睿宗材料称："（景云）二年（711）正月，加银青光禄大夫、行太子率更令史崇玄为金紫光禄大夫、太清观主。"[①] 私宅改道观需要一定时间，政变结束数月后史崇玄才正式担任太清观主符合常理。

史崇玄在睿宗朝的辉煌事迹，是为著名的金仙公主和玉真公主传授洞玄等法位，并因各种原因官位得到升迁。[②] 有关传法一事，《旧唐书》《新唐书》《朝野佥载》等均有记载，但记此事最详细的材料则出于"科教三师"之一张万福的笔下（另外二师是陆修静、杜光庭）。根据张万福的《传授三洞经戒法箓略说》（简称《略说》）尾题可知，其书成于玄宗先天元年（712），彼时张万福亦为太清观道士，太清观被废后转隶清都观。《略说》一书着重讨论唐代道教传法规矩，其书最末介绍睿宗景云二年正月十八日，"三洞大法师、金紫光禄大夫、鸿胪卿、河内郡开国公、上柱国、太清观主史尊师"为两位公主传授灵宝中盟经戒法箓的情况。[③] 由于张万福是此次传法活动的"临坛大德、证法三师"，全程参与法事过程，因此他的记述应该非常可靠。从张万福给出的史崇玄官位可以发现，较之五年之前，史崇玄的官阶大大提高，实际权力也得以扩大。但张万福的这一记载却有些含糊，实际上，从神龙二年到景云二年的五年之间，史崇玄的官位最少经历过两次提升。正如上文所述，神龙政变后，史崇玄获得"五品阶，除国子祭酒同正"的职位，而根据刚刚提到的睿宗那则制书可知，在景云二年正月加封史崇玄"金紫光禄大夫"之前，他实际已经是"银青光禄大夫、行太子率更令"。银青光禄大夫是从三品的散官，金紫光禄大夫则是正三品散官，则在官阶上，史崇玄又连续提升了两个档次，

---

① 王钦若等编纂，周勋初等校订：《册府元龟：校订本》，南京：凤凰出版社，2006年，卷53，第557页。
② 有关两位公主受道过程，Charles Benn 已做专门研究，参 Charles Benn, *The Cavern-Mystery Transmission: A Taoist Ordination Rite of A.D. 711* (Honolulu: University of Hawai'i, 1991).
③ 有关唐代道教传法次第，参白照杰：《整合及制度化》，上海：格致出版社，2018年，第274—328页。

获得唐代道士授散职的最高等级。① 而史崇玄在景云二年之前就已担任的太子率更令，为执掌太子东宫禁卫和皇族礼乐、惩罚的官职，② 与皇族关系密切。由此而论，史崇玄之权柄不可谓不重，与统治家族之关系不可谓不紧密。然而，雷闻推测史崇玄的"鸿胪卿"职事官是在景云二年与金紫光禄大夫的散职一同得受的，③ 但截至景云二年，尚无材料表明史崇玄已获得张万福所述的"鸿胪卿、河内郡开国公、上柱国"三个职位。此三个职位也可能是景云二年之后逐渐获得，尤其是考虑到上述张万福的那个尾题写于先天元年。史崇玄在其《妙门由起序》中自称"金紫光禄大夫、鸿胪卿员外置同正员、上柱国、河内郡开国公、太清观主"，与张万福所述完全吻合。由于《妙门由起》本系《一切道经音义》的一部分，完成时间当与后者一致。《一切道经音义》是玄宗下令史崇玄领编的著作，故《妙门由起》显然也只可能完成于玄宗登基之后到史崇玄去世之前，即 712 到 713 年之间。雷闻从参编《一切道经音义》人员的官职入手，更将《音义》的编纂时间确定为先天元年八月至十二月的四个月里。④

由以上讨论可知，从神龙二年到先天二年短短七年中，道士史崇玄的官职最少经历了四次升迁。

表 7　史崇玄官职升迁表

时间	官职	导致升迁的可能原因
中宗，神龙二年	五品阶，国子祭酒同正	参与神龙政变
神龙二年至景云二年	银青光禄大夫（从三品）、行太子率更令	依附太平公主参与皇室事务
睿宗景云二年	行太子率更令（延续?）加：金紫光禄大夫（正三品），太清观主	参与唐隆政变

---

① 王永平：《唐代道士获赠俗职、封爵及紫衣、师号考》，《文献》2000 年第 3 期，第 67—79 页。
② 有关此官职的演变简史，见吕宗力主编：《中国历代官制大辞典（修订版）》，北京：商务印书馆，2016 年，第 122—123 页。
③ 雷闻：《唐长安太清观与〈一切道经音义〉的编纂》，第 214 页。
④ 雷闻：《唐长安太清观与〈一切道经音义〉的编纂》，第 200—201 页。

续 表

时间	官职	导致升迁的可能原因
景云二年至先天二年	金紫光禄大夫、太清观主（延续）；加：鸿胪卿员外置同正员、上柱国、河内郡开国公	经太平公主引介，进一步参与朝政①

史崇玄在玄宗先天年间参与的重要事件，就是领编著名的《一切道经音义》。原书一百三十卷上下的《一切道经音义》早已散佚，② 根据史崇玄《妙门由起序》描述的此书编纂过程可知，其书为玄宗敕编并亲自撰序，且令数十位大学士和高道大德参加，其中就包括卢藏用、韦利器、沈佺期、员半千等名臣和刚刚提到过的高道张万福。③ 显然，这部巨著是玄宗初期最重大的道教项目，背后可能隐藏着玄宗凭借道教信仰稳固李唐统治合法地位的意图。更为复杂的是，参与此项目的人员中混合了玄宗和太平公主两个政治势力中的一些关键人物，因此项目本身可能既有缓和玄宗与太平公主势力的考虑，也有如雷闻所述，玄宗希望借此机会获得太平公主方政治情报的可能。④ 不论如何，史崇玄能够成为帝国重大文化项目的领衔者，主持一应工作，说明他在这一时期俨然具有道教界最高领袖的资质和身份。正如上文所述，在编纂《一切道经音义》时史崇玄已经获得极高官位，这一点对他取得道教内部最高地位应当有所帮助。有关《一切道经音义》的内容，雷闻等学者已有一些讨论，此处可以从略。需要指出的是，虽然《一切道经音义》完本已经不存，但由于包括宋代陈景元《上清大洞真经玉诀音义》在内的音韵书大段征引《一切道经音义》的内容，因此在某种程度上我们仍能看到这部著作的只鳞片爪。⑤

---

① 有关于此，《新唐书》的记载将史崇玄拜鸿胪卿与事太平公主直接联系起来，称："崇玄本寒人，事太平公主，得出入禁中，拜鸿胪卿，声势光重。"见《新唐书》，卷83，第3656页。
② 有关《一切道经音义》的卷数，各家目录著录有别，分别为113、130、140、150不等。相关讨论，见汪业全：《史崇玄〈一切道经音义〉考》，《广西师范大学学报》2004年第2期，第71—74页。有关《一切道经音义》的音韵学成就，参汪业全：《〈道藏〉音释研究》，广西师范大学硕士学位论文，2001年，第22—31页。
③ 史崇玄：《妙门由起序》，见《一切道经音义妙门由起》，见《道藏》，册24，第721a—723a页。
④ 雷闻：《唐长安太清观与〈一切道经音义〉的编纂》，第220—224页。
⑤ 陈景元：《上清大洞真经玉诀音义》，见《道藏》，册2，第705c—710c页。

玄宗将编纂《一切道经音义》的重任委托给太清观主史崇玄，对之表现出一定的信任，然而这一信任最终没能从"道教文化事业"拓展到政治层面。对玄宗而言，史崇玄是太平公主一方的重要力量，且拥有很高的信仰权威，是一个颇具危险性的存在。在唐隆政变诛杀韦后和安乐公主后，玄宗与姑姑太平公主之间的关系越来越紧张。双方都在试图消解对方的政治势力，至少是将对方阵营中的主力战将赶出长安。在唐睿宗统治的短短两年间，担任太子的李隆基方面，后来双双成为开元名相的姚崇和宋璟便因相关斗争被贬地方；太平公主一方，甚至公主本人也曾一度被睿宗派出京师，以避免家族内斗。[①] 然而，随着713年睿宗传位玄宗，权力的天平明显倾向了玄宗阵营。睿宗传位玄宗的过程比较特殊。先天元年"有彗星入于太微"，[②] 太平公主以星象为由中伤李隆基将有谋朝之举、不利当今圣上。然而，出乎太平公主意料的是，睿宗不但没有惩罚李隆基，反而决定"顺应天命"，传位玄宗。如果结合前文所述史崇玄有可能精通天文星占之术来进行推测的话，或许太平公主此次倡言星灾的背后恐怕会有史崇玄的影子——但这一推测尚未获得充分的材料支持，危险性较高。大约在《一切道经音义》编纂完成后不久，史崇玄遭到流放。《新唐书》记载称：

> 群浮屠疾之（史崇玄），以钱数十万赂狂人段谦冒入承天门，升太极殿，自称天子。有司执之，辞曰："崇玄使我来。"诏流岭南，且敕浮屠、方士无两竞。太平败，崇玄伏诛。[③]

有关这一事件发生的时间《新唐书》并未给出任何说明，但由于史崇玄在玄宗登基后到《一切道经音义》成书前地位非常稳固，故此事只能发生在宏伟的道教文化事业完成之后。引文中的事件本身显得非常不合理，这些不合理表现在以下几个方面：第一，狂人段谦独自一人，不太可能轻松避开守卫，入承天

[①] 有关这一时期李唐皇族内斗的大致过程，参崔瑞德，中国社会科学院历史研究所西方汉学研究课题组译：《剑桥中国隋唐史》，北京：中国社会科学出版社，1990年，第290—301页；阎于诚、吴宗国著：《盛唐之子：唐玄宗的成败》，太原：山西人民出版社，2022年，第22—44页；等。
[②]《新唐书》，卷5，第119页。
[③]《新唐书》，卷83，第3657页。

门、登太极殿；第二，自称"天子"是谋逆大罪，即使得钱数十万，亦未免得不偿失，段谦何至"疯狂"（狂人）若此；第三，僧徒倘出此计，未免过于愚蠢，段谦被执，若供出背后指示，必然牵连僧徒自身，此计策本身的危险系数极高，尤其是"狂人"本不可以常理度之，反水的可能性难以预料；第四，朝廷对此事的处理极不合理，从《新唐书》给出事件原委、点明段谦受僧徒教唆，以及事后皇帝下诏令僧、道不要竞争来看，此事在当时应该就已水落石出。如此，为何不见对段谦和僧徒之惩罚，反而是将明明遭受诬陷的史崇玄流放岭南？真是咄咄怪事！

如果《新唐书》对此事件的记载不是出于后人的编造，那么这个事件背后或许就隐藏着某个政治阴谋。先天年间玄宗与太平公主的关系已经破裂，玄宗必然要着手进一步分化太平公主的势力。拥护太平公主且同时拥有世俗和宗教界极高地位的史崇玄已成为玄宗的眼中钉，玄宗一方自然希望除之而后快。尽管依旧缺少直接证据证明政治阴谋的存在，但只有赋予玄宗一方甚至玄宗本人阴谋策划者和裁决人的双重身份，以上列出的一系列疑问才能获得合乎逻辑的解释，即：整个事件都是玄宗势力所策划、为最终剿灭太平公主所做的预先准备。713 年 7 月 29 日，就在太平公主阴谋政变的前一天，消息泄露，玄宗很有效率地将对方主要成员斩首，三天之后逃亡在外的太平公主被赐自尽。随着太平公主的死亡，史崇玄失去了最终的靠山，受牵连被诛。

小结

至此，笔者已将史崇玄的现存事迹做一完整梳理。事实上，尽管史崇玄最终被朝廷诛杀，但从现有材料来看，不仅完全没有发现他有"大奸大恶"的行为，甚至还发现他对李唐复国和道教文化建设做出过杰出贡献。最后的悲剧收场，只是因为"站错队"，过度地卷入政治斗争中，成为玄宗皇帝的对立面，沦为政治斗争的牺牲品。这时我们再来回忆《朝野佥载》中有关史崇玄被杀后，"京中士女相贺"的话语，便一点也不觉得惊讶。历史是由胜利者来书写。张鷟的立场无疑站在胜利者玄宗一边，站在对立面的太平公主一方在其笔下必然被描写成遭万民唾弃的丑恶形象,但这样的妖魔化形象与历史上真正的史崇玄已拉开距离。追求知人论事的客观性,必须首先剖析和溯源既有议论中的立场偏向,进而重新思考材料背后的真实情况。有关史崇玄的分析,恰是一个很好的案例。

考一〇
"科教三师"张万福札记

宋代高道宁全真在其著名的《灵宝领教济度金书》中，以仪式文书的形式列出"科教三师"：

> 简寂先生陆真人
> 清都先生张真人
> 广成先生杜真人①

陆修静、张万福、杜光庭是道教研究领域人尽皆知的人物，三人在各自的时代里为道教仪式的整理和拟构工作做出卓越贡献，影响深远，故在宋代之后获得"科教三师"的崇高地位。② 与陆简寂（陆修静）和杜广成（杜光庭）相比，张清都（张万福）的情况因史料阙如至今仍重锁雾中。

张万福生平不详的问题，自宋朝开始便已如是。《崇文总目》曾著录一《五等朝仪》，称："张万福撰，不详何代人。"宋代黄长睿《校正崇文总目》指此张万福为"唐人，有传"。③ 此之"有传"，当指《唐书》中有传记。然《唐书》所录之"张万福"实为德宗朝之武将，与创作《五等朝仪》的道士张万福并非一人。明代胡应麟发现《崇文总目》等书著录上的问题，继而翻检唐代文献，发现唐代有多个"张万福"：一者是著名武将，一者是名医，而编纂《五等朝仪》的张万福"乃道家

---

① 宁全真：《灵宝领教济度金书》，卷317，见《道藏》，册8，第794a页。
② 有关"科教三师"对道教仪式的贡献，参张泽洪：《论科教三师》，《宗教学研究》1998年第4期，第33—39页。
③ 王尧臣撰，钱东垣辑释：《崇文总目辑释》，清嘉庆刻汗筠斋丛书本，卷4，页33b—34a。

者流"。①

　　胡应麟的怀疑确有道理，但他的观点并没有获得足够重视。晚明周婴在《卮林》中对胡应麟展开批评，认为《唐书》有传的那位"张万福"一身多能、文武医道兼修并无不可："则《五等朝仪》何知非张尚书著述？且其年九十未尝一日言病，非道家何以得此？然则万福盖文士习武，有道术而善医，又善相人者。胡云有三？予谓直是一人。黄长睿云'唐人，有传'，尽之矣！"② 周婴的这段话看上去就像是无理取闹，但显而易见的是，不仅今人不清楚张万福的基本生平，就连比我们更接近历史、拥有更多史料的宋代以来（甚至更早）的古人对张万福的情况也不甚了解。根据现有材料，仅能知晓张万福活跃于盛唐时期，曾隶属太清观、清都观，参与了两起带有官方性质的重要道教活动，但其间详情却也并不清楚，学界对相关问题的一些认识甚至存在完全相反的观点。尽管困难重重，但有关张万福基本情况的讨论，依旧有继续推进的空间。鉴于张万福生平和著作相关问题较为琐碎，这里以类似"札记"的形式对之进行些许总结和讨论，以期为未来的研究工作做些有益的铺垫。

一、张万福生平线索札记
——隶属上清观与清都观之先后问题

　　能够准确定位张万福活动时间的材料实际只有两个，分别是史崇玄的《妙门由起序》和张万福自己的《传授三洞经戒法箓略说》。首先来看《妙门由起序》。太清观主史崇玄曾是红极一时的道教人物，但因卷入太平公主和唐玄宗的政治斗争最终殒命。有关他的情况，考九已详细介绍。《一切道经音义》是玄宗登基之初下命展开的重要道教文化工程，史崇玄担任"大使"领导此书编纂，雷闻的研究已将此事前因后果写明。③ 在《妙门由起序》中，史崇玄列出了参与《一切道经音义》编纂的学士和"大德"，道门大德中第一位被提及的便是"京太清观大德张

---

① 胡应麟：《少室山房笔丛》，卷10，《景印文渊阁四库全书》，台北：台湾商务印书馆，1983年，册886，第279a页。
② 周婴：《卮林》，卷9，《景印文渊阁四库全书》，册858，第207b页。
③ 雷闻：《唐长安太清观与〈一切道经音义〉的编纂》，《唐研究》2009年第15卷，第199—226页。

万福"。① 根据雷闻的考证，《一切道经音义》编纂于先天元年（712）八至十二月间，据此可判断张万福至少在此时当为太清观道士，且身为"大德"，拥有较高道内身份。接着来看《传授三洞经戒法箓略说》。在张万福的这部著作中，述及金仙和玉真公主在景云二年（711）春正月十八日的洞玄授度，以及先天元年冬十月二十八日的"五法、上清经法"传授。张万福亲身参与了公主的传法活动，称：

> 万福自惟凡鄙，戒行无取，谬奉恩旨，滥预临坛大德、证法三师。既睹兹法会，实怀悚作。缘公主受道并别有记，今粗书之，冀万代之后，知道法之尊重也。大唐先天元年岁次壬子十二月丙申十二日丁未。太清观道士张万福谨记。②

从张万福的自述可知，他作为两位公主传法仪式中的"临坛大德、证法三师"，是受睿宗（和玄宗——如果他在先天元年传法中担任同样职位的话，详见后文）圣旨任命的结果，显示他一度获得大唐皇帝的重视。根据这两则带有纪年的张万福材料，只能知晓张万福在711—712年间身为太清观道士，可能与太清观观主史崇玄关系较密，③且获得睿宗和玄宗重视，拥有较高的教内身份，能够参与公主的传法活动。然而，两个材料给出的时间点太过集中，根本无从判断张万福此时处于生命的哪个阶段——或者说，是老是少。

张万福在另一作品中留下的言辞，使问题变得复杂起来。《洞玄灵宝道士受三洞经戒法箓择日历》（后简称《择日历》）署名"京三洞弟子清都观道士张万福撰"——可知撰写此书时张万福隶属于清都观，而非此前述及的太清观。此书开篇称：

> 而吴蜀二境、京洛两都，递相承用，因循靡革。万福仰惟积善，庆及庸微，既厕道流，又参真秘。自升净域，向五十许年；从师结誓，亦四十余载。敢窥琼检，窃诵金章。香灯之暇，辄此撰录。只望示之门人，未敢闻之于外。

---

① 史崇玄：《妙门由起序》，见《道藏》，册24，第722c页。
② 张万福：《传授三洞经戒法箓略说》，卷2，见《道藏》，册32，第197c页。
③ 雷闻在《唐长安太清观与〈一切道经音义〉的编纂》中称张万福是史崇玄的"得意弟子"，但并无材料反映二人之间存在师徒关系。

> 先修《三洞众戒》，已具二十一卷中，恐披卷轴繁多，罕能存录。今指此一卷，庶弟子志之。①

正如丸山宏和土屋昌明所述，张万福的这段自述，显示他已进入道观五十来年，从师父受学道法也已过四十余载。若以十来岁作为童子进入道观计，此时他最少也已是五六十岁的老人。② 因此，可以确定的是，年龄较长、德高望重，还有一些门人弟子的张万福隶属于清都观。但接下来问题就来了：没有任何材料能够直接指明张万福是先隶属清都观，还是先隶属史崇玄的太清观。雷闻在前揭论文中直接认为张万福是在史崇玄被杀、太清观被废后，才转入清都观，但并未给出下此判断的理由。与此相反，土屋昌明试图否定这一观点，怀疑张万福因与史崇玄关系密切，在史崇玄被杀时可能受到株连，故太清观应当是张万福所居住的最后一所道观，则隶属清都观当在更早时候。③ 然而，土屋昌明此观点的基础是张万福受史崇玄严重株连，"是以，即使张万福活了下来，但还能有多少写作能力和领导力，是值得怀疑的问题"（原文为"したがつて、張萬福が生存していたとしても、どれほどの執筆意欲と指導力をもてたか疑問である"）。但此论纯然是一种猜测，缺少可靠证据，张万福因史崇玄株连而遭到惩罚的程度，未必很重。

与此同时另一个连带问题随之产生：太清观道士张万福的《传授三洞经戒法箓略说》，是否与隶属清都观时自述为晚年之作的《择日历》完成于大约同一时期？丸山宏以张万福主要著作均讲述道门传法之事为由，判二者为同时期的作品；而由于《传授三洞经戒法箓略说》完成于先天元年，《择日历》自述入道五十年，故推张万福生活年代可能是650—713之间。④ 然而，丸山宏这一判断似乎没有注意到两部著作创作时，张万福分别隶属太清观和清都观的事实。而以两书主题相似而论二书成于同一时期，虽非绝无道理，但论说多少有些薄弱。查尔斯·贝恩（Charles Benn）的推测，与丸山宏的观点存在差异。查尔斯·贝恩发现，张万福在《传授三

---

① 张万福：《洞玄灵宝道士受三洞经戒法箓择日历》，见《道藏》，册32，第182a—b页。
② 丸山宏：《张万福の道教礼仪学と唐代前期の道教界》，见其《道教仪礼文书の历史的研究》，东京：汲古书院，2004年，第423—424页；土屋昌明：《长安の太清観の道士とその道教：史崇玄と张万福を中心に》，《人文科学年报》2013年第43号，第121页。
③ 土屋昌明：《长安の太清観の道士とその道教：史崇玄と张万福を中心に》，第120—121页。
④ 丸山宏：《道士张万福と唐代前期の道教界》，见其《道教仪礼文书の历史的研究》，第423—424页。

洞经戒法箓略说》结尾处对于金仙、玉真两位公主两次受法的描述差异明显：其对711年洞玄授度记载详细，而对712年传法活动的记述却极端简略。他由此认为张万福确实参与了洞玄授度，但恐张万福此时尚未受得更高等的上清等法位经法，故未亲身参与后一次传法活动。[①] 这一观点也有较大猜测成分，缺少直接的材料依据，但却符合当时道教的"经需师授"、不得窃泄天宝的规定，也有一定道理可言。《择日历》显示张万福对所有道法（包括上清经法）都了然于胸，若接受贝恩的推测，则《择日历》的创作应当要晚于《传授三洞经戒法箓略说》。

众说纷纭而都没有相对可靠的依据，问题变得更加扑朔迷离。那么到底如何区分张万福先隶属的道观是清都观还是太清观？张万福是否受史崇玄牵连而在大约同一时间走到了人生尽头，或丧失了写作能力？《择日历》是否与《传授三洞经戒法箓略说》创作于同一时期？尽管因材料缺失目前无法给出确凿答案，但将张万福另一部作品《三洞众戒文》纳入观察后，对以上问题的探讨，依旧可以斩获很大的进展。张万福亲笔撰写的《三洞众戒文序》自称"三洞弟子京太清观道士张万福编录"。显然，此书完成于张万福隶属太清观的时段之内。今《道藏》本《三洞众戒文》似非完秩，有关于此稍后再谈。就在张万福《择日历》的开篇部分，实际提及《三洞众戒文》，称：

> 先修《三洞众戒》，已具二十一卷中，恐披卷轴繁多，罕能存录。今指此一卷，庶弟子志之。[②]

通过这句话可以判断，《三洞众戒（文）》的完成要早于《择日历》。此时再结合《三洞众戒文》题署"太清观道士张万福"，而《择日历》题署"清都观道士张万福"的事实，便可确凿无疑地得出结论：张万福先隶属于太清观，而后才迁入清都观！将《三洞众戒文》纳入观察后，峰回路转、豁然开朗，实在是"众里寻他千百度，那人却在灯火阑珊处"！于是，《传授三洞经戒法箓略说》由于也是张万福隶属太清观时期的作品，自然要早于在清都观创作的《择日历》了——但到底早多少仍无从得知。

---

① Charles Benn, *The Cavern-Mystery Transmission: A Taoist Ordination Rite of A. D. 711* (Honolulu: University of Hawai'i Press, 1991), p.20.
② 张万福：《洞玄灵宝道士受三洞经戒法箓择日历》，见《道藏》，册32，第182b页。

从目前的材料或可推测，张万福在史崇玄被诛、太清观被废后没有因牵连而丧命，只是转入清都观，从此相对低调地生活，但依旧笔耕不辍。有关这一判断，似乎还可以找到一点"理证"。第一，通过检索"学衡数据·道藏"可以发现，① 张万福在晚唐之后的道教文献中，一直被称为"清都观张万福天师""张清都""清都张君""清都张真人""清都法师张万福"，他的名字在后世著作中未见与太清观挂钩，或能反映张万福最终的落脚点是清都观，并可能在清都观生活较长时间、对道教科仪整合做出一定贡献后方才去世。第二，张万福在道教内外材料中，从未被污名化，也没有成为需要隐晦的人物。即使是在时代相对较近的杜光庭的作品中，也被恭敬地称为"西京清都观张万福天师"，② 并形成"张天师、陆先生、寇天师、张清都"这样光辉的仪式传承脉络。③ 形象和威望传承后世，或可说明张万福至少没有在史崇玄案后遭到朝廷严厉处置。

上面的分析尽管稍显复杂细碎曲折，但对于理解张万福的情况来说却非常必要。张万福生平记载太过稀缺，只鳞片爪都不容轻易放过。有关唐代长安太清观和清都观的基本情况，文献记载稍显繁复，土屋昌明已对之进行处理。④ 太清观的兴起过程比较复杂，但《长安志》等材料记载韦庶人和诸武遭诛后，以韦庶人故宅改为太清观新址，并令史崇玄居之，当可采信。史崇玄在先天二年（713）被杀后，此观又遭废弃。⑤ 则张万福转入初建于隋文帝开皇七年（587）、当时已徙于永乐坊的清都观，⑥ 亦当发生于先天二年。

二、张万福著述札记

张万福的不少著作均是对中古道教制度性材料的整合，在对唐代道教和道

---

① 学衡数据·道藏：http://www.xueheng.net/dz.html。
② 杜光庭：《太上黄箓斋仪》，卷57，见《道藏》，册9，第371c页。
③ 杜光庭：《太上黄箓斋仪》，卷53，见《道藏》，册9，第347b页。
④ 土屋昌明：《長安の太清観の道士とその道教：史崇玄と張万福を中心に》，第111—114页。
⑤ 宋敏求撰，毕沅校正，《长安志》，台北：成文出版社，1970年，影印民国二十年铅印本，卷7，第173页。
⑥ 宋敏求撰，毕沅校正，《长安志》，卷7，第170页。

教制度等问题的讨论中，张万福的著作总是会成为无法规避的重要文献。有关这些材料的基本介绍和总结，海内外学界均已做出不少讨论，①其中贝恩对张万福八部作品的情况进行总体性介绍，参考价值最高。②土屋昌明总结张万福佚存著作共十部，③但其所列《洞玄灵宝度人经大梵隐语疏义》原书并无题署，存在争议。《洞玄灵宝度人经大梵隐语疏义》无题署，《道藏提要》称："此篇就《度人经》中道君所撰《大梵隐语》及《元始灵书中篇》之标题、三十二天内音及《道君后序》，采集诸家之说，分别加以疏解，"④但未指出撰者姓名。《道藏通考》（*Taoist Canon*）中劳格文（John Lagerwey）对此书中"大梵隐语"的道教学意义进行简要介绍，但同样没有指出作者是谁。⑤查相关材料，唯明代白云霁《道藏目录详注》著录《洞玄灵宝度人经大梵隐语疏义》为"张万福纂"。《道藏目录详注》的常用版为《四库全书》本（见图2），⑥其对张万福著作的著录看上去存在错误。紧邻《度人经大梵隐语疏义》的《无量度人经诀音义》为《道藏》收录，流传至今，署为"张万福纂"。但《四库》本白云霁的《道藏目录详注》中，却未给出这部书的作者归属，而是将"张万福纂"放在《度人经大梵隐语疏义》下面。这看上去应该是一起张冠李戴事件，如果不是《道藏目录详注》原本就有此错误，则可能是传抄错行所致。因此，在无其他证据的情况下，《度人经大梵隐语疏义》不当被视为张万福之作品。

此外，前述《崇文总目》著录之张万福《五等朝仪》一卷，并未引起学界注意，但亦当纳入讨论。取舍之后，可以获悉张万福的十部作品情况，分别是：⑦

---

① 丸山宏：《张万福の道教礼仪学と唐代前期の道教界》，见其《道教仪礼文书的历史的研究》，第423—431页；土屋昌明：《长安の太清观の道士とその道教：史崇玄と张万福を中心に》，第119页。《道藏提要》《道藏通考》等提要著作中，张万福现存作品均获得一定介绍，亦有参考价值，不赘。
② Charles Benn, "Appendix Three: The Works of Chang Wan-fu," in his *The Cavern-Mystery Transmission: A Taoist Ordination Rite of A. D. 711*, pp. 144 – 158.
③ 土屋昌明：《长安の太清观の道士とその道教：史崇玄と张万福を中心に》，第119页。
④ 任继愈主编、钟肇鹏副主编：《道藏提要》（第三次修订本），北京：中国社会科学出版社，2005年，第42页。
⑤ Kristofer Schipper and Franciscus Verellen, *The Taoist Canon: a History Companion to the Daozang* (Chicago and London: The University of Chicago Press, 2004), p.722.
⑥ 白云霁：《道藏目录详注》，卷1，见《景印文渊阁四库全书》，册1061，第637b页。
⑦ 此表格参考土屋昌明的列表，但一些认识存在差异，详见后文。

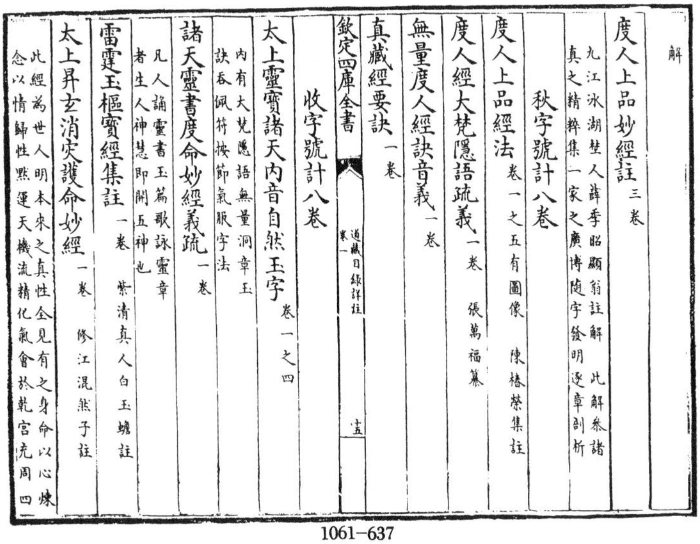

解
度人上品妙經註 三卷
九江冰湖埜人薛季昭顯翁註解 此解參諸
真之精粹集一家之廣博隨字發明逐章剖析
秋字號計八卷
度人上品經法 卷一之五有圖像 陳椿榮集註
度人經大梵隱語疏義 一卷 張萬福纂
無量度人經訣音義 一卷
真藏經要訣 一卷
欽定四庫全書 道藏目錄詳注 卷一 十五
收字號計八卷
太上靈寶諸天內音自然玉字 卷一之四
內有大梵隱語無量洞章玉
訣各佩符按節氣服字法
諸天靈書度命妙經義疏 一卷
凡人誦靈書玉篇歌詠靈章
者生人神慧即開五神也
雷霆玉樞寶經集註 一卷 紫清真人白玉蟾註
太上昇玄消災護命妙經 一卷 修江混然子註
此經為世人明本來之真性全見有之身命以心煉
念以情歸性默運天機流精化氣會於乾宮充周四

1061–637

图 2　四库本《道藏目录详注》

表 8　张万福著作情况表

编号	书名	存辑情况	撰述时所隶道观
1	《三洞众戒文》	存	太清观
2	《三洞法服科戒文》	存	太清观
3	《洞玄灵宝三师名讳形状居观方所文》	存	太清观
4	《传授三洞经戒法箓略说》	存	太清观
5	《洞玄灵宝无量度人经诀音义》	存	不详（太清观）
6	《洞玄灵宝道士受三洞经戒法箓择日历》	存	清都观
7	《黄箓斋仪》	独立著作佚；部分内容为后世黄箓斋科仪吸收，见蒋叔舆《无上黄箓大斋立成仪》卷 16 等	不详（清都观?）

续 表

编号	书名	存辑情况	撰述时所隶道观
8	《醮三洞真文五法正一盟威箓立成仪》	存	不详
9	《灵宝五炼生尸斋仪》	佚	不详
10	《五等朝仪》	佚	不详

这里没有必要对以上作品进行一一介绍——贝恩的书作及各家道经提要类论著早已完成这些工作,而是有选择地集中在以下几个小问题的简明讨论上,以图增进对张万福及其著作的认识。

(一) 三部早已亡佚的著作

张万福确曾修过一部《黄箓斋仪》。此书早已亡佚,但杜光庭《太上黄箓斋仪》、蒋叔舆《无上黄箓大斋立成仪》、金允中《上清灵宝大法》、王契真《上清灵宝大法》等后世有关黄箓斋的作品中,多次征引张万福的黄箓斋仪式。尤其是蒋叔舆的《无上黄箓大斋立成仪》卷16详细介绍此卷科仪的形成过程,称本卷为:

> 东晋庐山三洞法师陆修靖(案:当为静)撰
> 大唐清都三洞法师张万福补正
> 上清三洞法师李景祈集定
> 三洞法师冲靖先生留用光传授
> 太上执法仙士蒋叔舆编次[1]

从这样的题署,可以看出蒋叔舆眼中黄箓斋仪的传承脉络。有关张万福修黄箓斋及其历史意义,山田利明已有专门讨论,颇可参考,这里不再重复。[2] 张万福的

---

[1] 蒋叔舆:《无上黄箓大斋立成仪》,卷16,见《道藏》,册9,第471a页。
[2] 山田利明:《张万福修醮考》,《东洋の思想と宗教》2000年通号17,第19—34页。

《黄箓斋仪》在宋代似乎仍能看到，但稍后便走向消亡。参考张万福著述的新的、更完善的黄箓斋仪的产生，似乎使张万福的旧仪丧失了实用价值。原本作为仪式实践指导手册的作品，一旦丧失实用价值，便很可能被历史的后浪所覆没。此外，蒋叔舆等人应该可以看到张万福此书，他们在引述张万福《黄箓斋仪》时均称之为"张清都"或"清都观张先生"等，或可推测张万福《黄箓斋仪》的署名是"清都观道士/三洞弟子张万福"，由此又可推测此书编纂于张万福隶属清都观之后。

张万福的《五等朝仪》也是一部早已亡佚的著作。正如本考开头所述，此书仅在《崇文总目》中获得著录，且引发后世学者有关作者"张万福"身份的认识分歧。这部著作似乎在宋初之后就已亡佚，内容无从知晓，也没有引起当今学界关注，例如土屋昌明等人所开列的张万福论著名单中几乎都不见此书名目。结合张万福《三洞众戒文》等作品"抄集汇编"式的写作模式，推测此书有可能是整编更早的"五部"或者说"五等"朝真科仪而来。就目前对道经的研究可知，唐代确实流行着"五等朝仪"。《洞玄灵宝道学科仪》是一部唐代的道教作品，[①] 书中《必斋品》在列述道教科仪名目时首先列出五种朝仪的名称：

箓生朝仪
五千文朝仪
灵宝朝仪
上清朝仪
三皇朝仪[②]

如果了解唐代道士所奉行的法位制度的基本结构，便不难发现以上五种朝仪应当分别归属于不同的法位等级，彼此之间存在"等"级差异，因此可以被合称为"五等"朝仪。而这五种或五等朝仪，在初唐之前就已存在。《三洞奉道科戒仪范》是

[①] 见 Kristofer Schipper and Franciscus Verellen, *The Taoist Canon: a History Companion to the Daozang*, p. 464。
[②]《洞玄灵宝道学科仪》，卷1，见《道藏》，册24，第771c—772a页。

成立于隋唐时期的作品，反映着唐代道教法位制度的基本结构。① 此书《法次仪》"在字面上"列出四种朝仪，包括：

表 9　五等朝仪的法位归属

所属法位	朝仪名称
正一法位	正一朝仪
高玄法位	五千文朝仪（一卷）
洞玄法位	灵宝朝仪（一卷）
洞真法位	上清朝仪（一卷）②

两相比较不难发现：《三洞奉道科戒仪范·法次仪》中的"正一朝仪"对应《洞玄灵宝道学科仪·必斋品》中的"箓生朝仪"；其他三种朝仪，两书所述完全相同；唯《法次仪》缺少"三皇朝仪"。难道是《三洞奉道科戒仪范·法次仪》所介绍的洞神三皇法位所需受学之经戒法箓有所遗漏？事实并非如此。《法次仪》所列洞神法位（高于高玄、低于洞玄）经箓中包含"《洞神经》十四卷"。《太上洞神三皇仪》约成书于初唐时期，书中开列仪式中所传授之十四卷《洞神经》细目，包括"《洞神经》卷十三：《三皇朝仪》"③，可知《三洞奉道科戒仪范》所给出的朝仪，涵盖了《洞玄灵宝道学科仪》所列的全部五种朝仪，两者的完全对应显示五种/等朝仪在唐代当有一定流行度。回到张万福的《五等朝仪》，这部著作有可能就是将当时流行，但各自单独流传的几本朝仪抄集一处而形成的著作。除非张万福对这些朝仪提出明确的改革意见，否则此书本身并不具有多大的原创性，只是方便阅读和使用的一部汇编性仪式手册，为仪式整理和整合工作提供了一点便利。

张万福的《灵宝五练生尸斋仪》历史影响不大。常见道教材料里，仅在蒋叔舆

---

① 有关《奉道科戒仪范》（敦煌对应本《奉道科戒营始》）及唐代道教法位制度，海内外已有不少研究，以之为主题而形成的专著也不止一部。各家学者给出的法位细节有一定差异，但大体框架基本一致。相关研究及较近讨论，参白照杰：《整合及制度化：唐前期道教研究》，上海：格致出版社，2018年。
②《三洞奉道科戒仪范》，卷4，见《道藏》，册24，第757b—759a页。
③《太上洞神三皇仪》，见《道藏》，册18，第302b页。

《无上黄箓大斋立成仪》卷16中出现一次，且是作为"标准"咒语的奇特对比项出现在行间注中。蒋叔舆所列五练生尸仪中央咒文引自著名的《五练生尸经》，称："黄中理气，统摄无穷，镇星吐辉，流炼神官。"而张清都的《灵宝五炼生尸斋仪》则不同，相应仪式环节所需吟诵的咒语是："黄帝一炁天文，黄中土炁，总统众灵，镇星吐精，流炼神形。"蒋叔舆称张万福所给出的咒文特殊，不知所出，"当考"。①

（二）《洞玄灵宝无量度人经诀音义》的成立背景

尽管署名未点明是成书于太清观还是清都观时期，但《洞玄灵宝无量度人经诀音义》题署"张万福纂"的事实，至少使这部书的著作权不会产生疑义。②如果我们回忆起，史崇玄在《妙门由起序》中所开列的《一切道经音义》项目组成员里，"太清观大德张万福"是参与项目的道教大德的头一位，那么便能联想到这部《洞玄灵宝无量度人经诀音义》有可能就是《一切道经音义》的附属性成果之一。

有关《一切道经音义》，学界已有一定研究。陈国符注意到玄宗御制之《一切道经音义序》称此书"凡有一百四十卷，其音义目录及经目不入此数之中"；③而史崇玄《妙门由起序》则称"今所音经目与旧经目录都为一百十三卷"，④《新唐书·艺文志》《通志·艺文略》等著录与史崇玄所述卷数相合；但《道藏阙经目录》却注此书有一百五十卷之多。⑤三者差异明显。⑥雷闻将太清观编纂此书与当时的政治斗争情况联系起来，获得很多新见；⑦汪业全则将宋代陈景元《上清大洞真经玉诀音义》中所征引之《一切道经音义》整理出来并进行音韵学分析，探讨《一切道经音义》的解字方式。⑧三者从各自角度介入分析，均富有参考价值。由于这些先行研究的存在，使我们对《一切道经音义》并不算太过陌生。但毕竟《一切道经音义》早已亡佚，以至于我们对这部书的基本结构和具体工作程序等无从知晓。若

---

① 蒋叔舆：《无上黄箓大斋立成仪》，卷16，见《道藏》，册9，第473c页。
② 张万福：《洞玄灵宝无量度人经诀音义》，见《道藏》，册2，第527a页。
③ 李隆基：《一切道经音义序》，见《道藏》，册24，第720c页。
④ 史崇玄：《妙门由起序》，见《道藏》，册24，第723a页。
⑤ 《道藏阙经目录》，卷2，见《道藏》，册34，第509a页。
⑥ 陈国符：《道藏源流考》，北京：中华书局，1963年，第118页。
⑦ 雷闻：《唐长安太清观与〈一切道经音义〉的编纂》，第199—226页。
⑧ 汪业全：《史崇玄〈一切道经音义〉考》，《广西师范大学学报》2004年第2期，第71—74页。

张万福《洞玄灵宝无量度人经诀音义》确实与《一切道经音义》的编纂存在联系——不论它是准备工作，还是《一切道经音义》编纂完成后从中摘录《度人经》相关内容纂合而成，[①] 都将为我们了解《一切道经音义》的文本内部情况提供一定帮助。因此，今后的研究中，或许有必要对张万福这部作品的文本结构、阐释原则、音韵释例等问题提起注意，进行更深入的讨论。同时，由于张万福这部著作与《一切道经音义》之间可能存在潜在联系，或可暂将两部著作成书时间绑定。根据前揭雷闻的研究，《一切道经音义》成书于先天元年八月到十二月间，《洞玄灵宝无量度人经诀音义》亦当在此前后。

（三）《三洞众戒文》及其与张万福其他两部作品的关系

蔡雾溪（Ursula-Angelika Cedzich）等学者指出，《道藏》本《三洞众戒文》并不完整。[②] 就在之前引用过的那段《择日历》文字中便称："先修《三洞众戒》，已具二十一卷中，恐披卷轴繁多，罕能存录。"这段张万福的自述显示完整的《三洞众戒文》应该有二十一卷之多，而不止是如今的两卷。事实上，张万福所撰《三洞众戒文序》中便提及多种分属于不同法位次第的戒律，但今本正文则并没有完全给出这些戒律的内容或概要介绍。具体对比如下：

表10　《三洞众戒文序》所列戒目与正文对应情况

《序》列述之戒目	正文是否存在相应内容
入道受三归戒	√
箓生五戒、八戒	√
在俗男女无上十戒	×
新出家者初真戒	×
正一弟子七十二戒	×

---

① 事实上，贝恩也怀疑此书最后两部分可能源自于《一切道经音义》，见 Charles Benn, *The Cavern-Mystery Transmission: A Taoist Ordination Rite of A. D. 711*, p.145.
② Kristofer Schipper and Franciscus Verellen, *The Taoist Canon: a History Companion to the Daozang*, p. 456.

续　表

《序》列述之戒目	正文是否存在相应内容
男官女官老君百八十戒	×
清信弟子天尊十戒十四持身品	×
五千文金钮太清阴阳戒	×
太上高玄法师二十七戒	×
洞神三道要言五戒、十三戒、七百二十戒门	√（无要言五戒，但有"三要文"，不知二者关系如何）
升玄内教百二十九戒	×
灵宝初盟闭塞六情戒	√
灵宝中盟智慧上品大戒	×
灵宝大盟三元百八十品戒	×
上清智慧观身三百大戒	×

这样的不对应，显示《道藏》本《三洞众戒文》绝非完帙。通过以上对比，可以发现所缺失者多是卷帙浩繁且单行本流传至今的戒律。或许正是这些单行本依旧流行，使张万福这部汇抄的价值大打折扣，故后人在传抄此书时仅将篇幅较短、有时稍显冷僻的戒律摘出，编为目前的两卷本，最初的原本也因此散佚。

《三洞众戒文序》中的一段话，显示张万福现存的另外两部著作原本可能也是二十一卷版《三洞众戒文》的组成部分，其称：

> 凡受法，各授法服，宣示**法服科戒**。简授法位，乃授天尊要戒及劝戒，三日后设斋谢恩，**授三师名讳形状居观方所**，并具之于左。①

正如上文张万福著作表所体现的那样，《三洞法服科戒文》和《洞玄灵宝三师名讳

---

① 张万福：《三洞众戒文序》，见《道藏》，册3，第396c页。

形状居观方所文》是张万福的两部见存著作。从书名来看，二者可能对应于《三洞众戒文序》中"具之于左"的"法服科戒"和"三师名讳形状居观方所"，被安置在《三洞众戒文》所录戒文的后面。如此来看，这三部著作应该编纂于同一时期。而事实上三部著作均署名"太清观道士张万福"，则均为张万福隶属太清观时期的作品。

最后，结合张万福先隶太清观、后隶清都观的情况，以及以上对张万福作品系年和署名的分析，或许可以为这些作品排一个大致的时间线：

表 11　张万福著作与其道观隶属对应关系

太清观时期作品	a. 《三洞众戒文》 b. 《三洞法服科戒文》 c. 《洞玄灵宝三师名讳形状居观方所文》 d. 《传授三洞经戒法箓略说》，先天元年（712）十二月十二日 e. 《洞玄灵宝无量度人经诀音义》，约撰于先天元年（712）前后
清都观时期作品	a. 《洞玄灵宝道士受三洞经戒法箓择日历》 b. 《黄箓斋仪》，很可能是清都观时期作品

两相对比，张万福在太清观时期的作品更偏重汇抄戒律和制度类文献，唯一例外的《度人经诀音义》，可能是配合《一切经音义》编纂的产物；张万福在清都观时期的两部作品，似乎更重视对道教仪式本身的拟构或修订。如是观之，则撰作时期不详的《醮三洞真文五法正一盟威箓立成仪》《灵宝五炼生尸斋仪》《五等朝仪》也可能是张万福在清都观中完成的作品——但这个推测的依据很不充分，有一定危险性。

小结：雪泥鸿爪张万福

张万福不可谓不是一位高道，他既有能力成为公主们传法仪式上的临坛大德证法三师，又能以极高的地位参与《一切道经音义》的编纂活动，还能为后世留下可供参考的戒律、科仪、制度文献，成为"科教三师"之一，这些现象反复印证出他高超的社会和历史价值。然而，或许是因为受到史崇玄的牵连，或许只是单纯的文献不足，导致后人对这位原本非常著名的道士的生平情况知之不详。

通过前贤的研究和以上对细节问题的处理，对张万福的认识获得一定程度的补充。然而，他留给我们的依旧只是雪泥鸿爪，仍有大量空白亟待填补。虽然通过某些角度和技术还可推进对张万福的理解，但真正大幅推进认识的机缘看来仍要仰仗新材料的发现。期待不久的未来，能够发现张万福或相关人物的墓志碑铭，推进道教研究继续发展。

考一一
嵩山女冠焦静真

在唐代李渤的《真系》梳理出的上清传承脉络中，真正得继司马承祯道学者只有两位：一者是李含光，另一人即女道士焦静真。李含光的光辉形象和事迹，我们已非常熟悉；[1] 但焦静真的情况却仍十分暧昧。笔者所见，对焦静真有价值的专门讨论似乎只有柯睿（Paul W. Kroll）和土屋昌明论文中的部分内容。[2] 二人的研究整理了多数与焦静真有关的史料，几位著名唐代诗人所写的关于焦静真的诗歌，令人直观地感受到这位女道士的卓越不凡。但两篇文章中，前者以论诗为主旨，后者以李白为中心，对焦静真相关材料的发掘和解读，仍有进一步调整和补充的余地。

从下文所涉及的诗歌、杂传等材料可以发现，焦静真主要活跃于开元天宝时期。这一时期是唐代崇道的顶峰，道教要素不仅在帝王家族的信仰层面发挥引导作用，更是直接融入帝国礼乐制度和官僚制度，道教几乎成为大唐的国教（state religion）。此时期出现大量高道，焦静真就是其中的一位。与其他很多事迹流传至今的唐代道教人物不同，与焦静真相关的史料非常匮乏。从现有材料来看，焦静真自身没有留下任何著作、文章，在修道方面似乎也没有特别的创新。如此，作为受到包括李白、王昌龄在内的多位有识诗人重视和赞誉的"高道"，焦静真到底"高"在哪里呢？让我们带着这一问题，走进这位著名女道士的生命历程。

---

[1] 参何安平：《王者之师：唐代高道李含光的生平与事业》，《中华文史论丛》2021年第1期，第183—218页。

[2] Paul W. Kroll, "Notes on Three Taoist Figures of the T'ang Dynasty," *Society for the Study of Chinese Religions Bulletin* 9(1981): 19-41；土屋昌明：《李白之创作与道士及上清经》，《四川大学学报》（哲学社会科学版）2006年第5期，第105—111页。

一、焦静真与司马承祯的师徒关系

正如开篇所述,李渤在《真系·王屋山贞一司马先生》中指出:"先生门徒甚众,唯李含光、焦静真得其道焉。"焦静真与司马承祯的师徒关系,富于传奇色彩,《真系》记载称:

> 静真虽禀女质,灵识自然,因精思间,有人导至方丈山,遇二仙女,谓曰:"子欲为真官,可谒东华青童道君,受《三皇法》。"请名氏,则贞一也。乃归而诣,先生亦欣然授之。①

以上材料指出,焦静真神游出海,在方丈山得仙女点化,得知司马承祯是"东华青童道君",归而师之。从这则资料中,至少可以确认焦静真曾跟随司马承祯学习,并成为司马承祯的得意弟子之一。然而,这则看似简单的材料,还隐藏着如下一些问题。第一,焦静真在司马承祯处学习的是"三皇法"。《三皇文》在唐代饱受争议的事实已为学界熟稔。这里的受学"三皇法",可能反映焦静真实际是从司马承祯处得受"三皇法位"(唐代法位制度中的一个中级阶次)。② 第二,焦静真泛海遇仙人介绍司马承祯道行高深一事,也为南唐沈汾《续仙传》所记载。然而,就在同一部书中,类似的情节也出现在另一位著名的、据传白日升天的女仙谢自然身上。③ 有关于此,《四库全书总目》编者在整理《续仙传》时即有所怀疑,认为"惟泛海遇仙使归师司马承祯事,上卷以为女真谢自然,下卷又以为女真焦静真,不应二人同时均有此异。是其虚构之词,偶忘其自相矛盾者矣"。④《总目》编纂官

---

① 见张君房编,李永晟点校:《云笈七签》,北京:中华书局,2003年,卷5,第83页。
② 有关唐代法位制度的整体讨论,见白照杰,《仙阶与经教——先唐道教法位制度渊源爬梳》,《弘道》2016年第68期,第100—119页;《唐前期(618—755)道教法位制度厘证》,《宗教学研究》2017年第1期,第63—79页。
③ 沈汾:《续仙传》,卷1"谢自然"条,卷3"司马承祯"条,分别见《景印文渊阁四库全书》,台北:台湾商务印书馆,1983年,册1059,第593b—595a页、第606b—607b页。有关《续仙传》作者学界尚有异说,但其成书时间公认为五代时期。
④ 见《文渊阁四库全书总目》,台北:台湾商务印书馆,1983年,册3,卷146,第1099a页。

的意见有一定道理，然而我们却发现这一传说，并非沈汾个人的"虚构之词"。焦静真（神游）泛海遇仙归师司马承祯的传说，最晚在李渤生活的唐中后期就已经出现，且被录入带有一定权威性的《真系》之中，因此谢自然传说比附焦静真相关记载的可能性更大。第三，司马承祯的仙界身份。前引《真系》文字中，仙女称司马承祯是"东华青童道君"，这一点很可能是后世的"笔误"。"青童君"是中古道教著名的神灵，不可能被随意比附于某人。更为重要的是，这一"东华青童道君"的说法与其他著作对同一事件的记载均不契合。《大唐王屋山中岩台贞一先生庙碣》（简称《贞一先生庙碣》）是为纪念司马承祯羽化而建造的碑石。此碑虽未写明立碣时间，但陈垣根据碑文内容考订为开元二十四年（736）立，[①] 较《真系》成书要早得多。碑文记载道："尝梦有凤鸟衔玺，置于法案，刻曰：授君东华上清真人。"[②] 后世材料，如五代沈汾《续仙传》（卷3）、南宋吕太古《道门通教必用集》（卷1）、元赵道一《历世真仙体道通鉴》（卷4）均继承《贞一先生庙碣》的说法。可知《云笈》本《真系》系误，而致误原因则有可能是"东华青童帝君"太过著名，抄手不慎误写所致。另外值得注意的是司马承祯"东华上清真人"的身份被"透露"的途径。根据上引《贞一先生庙碣》的记载，这一身份是司马承祯在梦中确认的，因此也应该是由他本人揭露出来。《真系》中则改由焦静真所遇之仙女透露出来。再至《续仙传》中，则改为焦静真跟随司马承祯不久即升天，"尝降谓薛季昌曰：先生得道，高于陶都水之任，当为东华上清真人"。[③] 薛季昌亦跟从司马承祯学道，陶都水则指陶弘景。陶弘景是南朝时期著名道士，据《周氏冥通记》记载，陶弘景弟子周子良从神人处得知其师当任"蓬莱都水监"一职，隶属阴府，掌管水事。[④] 故后人多以此称呼陶弘景，如《道藏》本《真诰》即提"金阙右卿司命

[①] 碑文录字和陈垣的意见，见陈垣编纂，陈智超、曾庆瑛校补：《道家金石略》，北京：文物出版社，1988年，第122页。
[②] 卫凭：《贞一先生庙碣》，见陈垣编纂，陈智超、曾庆瑛校补：《道家金石略》，第120页。
[③] 沈汾：《续仙传》，卷3，《景印文渊阁四库全书》，册1059，第607a页；柯睿教授使用了《历世真仙体道通鉴后集》中对应的内容，但对原文理解错误，误以为很快羽化的是司马承祯，降临在薛季昌面前宣说神位者也是司马承祯自己。见 "Notes on Three Taoist Figures of the T'ang Dynasty," *Society for the Study of Chinese Religions Bulletin* 9(1981): 36, n.19。
[④] 麦谷邦夫、吉川忠夫编，刘雄峰译：《〈周氏冥通记〉研究（译注篇）》，济南：齐鲁书社，2010年，卷3，第163页。

蓬莱都水监梁国师贞白真人华阳隐居陶弘景造"。①《续仙传》在这里使用的"降"字，显然也有特殊的意味。这个字表明焦静真升仙后，通过如同上清真人们一样的方式，"降现"于世，揭示此一讯息。显然，宣说司马承祯这一身份的人经历了司马承祯自己、海外女仙、升仙女道士焦静真的变化，每一次变化，都使司马承祯"东华上清真人"的身份变得更为"确凿可信"。

从上面的讨论不难发现，焦静真的传说与司马承祯的传说有很多地方存在内在关联，逐渐发展为可以"互证"的传说系统。换言之，司马承祯的某些神圣性是由焦静真来确认的，而焦静真在道教界的地位则是围绕"司马承祯弟子"的身份展开。需要指出的是，《续仙传》有关焦静真拜师后很快就去世的说法缺少根据，事实上我们马上就会看到焦静真在天宝年间仍参与了嵩山的某些重要道教活动。

二、焦静真在嵩山的活动

从唐代诗歌中爬梳的材料来看，焦静真在拜司马承祯为师后长期在嵩山修道。前揭柯睿的文章已经对这些诗歌的内容进行了解说，这里着重阐发诗歌所透露的焦静真的真实情况，并补充一些新的材料和观点。

李白《赠嵩山焦炼师》的序文对追溯焦静真的形象很有价值，其称：

> 嵩丘有神人焦炼师者，不知何许妇人也。又云生于齐梁时。其年貌可称五六十，常胎息绝谷。居少室庐，游行若飞，倏忽万里。世或传其入东海，登蓬莱，竟莫能测其往也。余访道少室，尽登三十六峰，闻风有寄，洒翰遥赠。②

这首诗歌撰写年份不详，詹锳和黄锡珪分别得出734年和750年的观点，但是否确

---

① 陶弘景编：《真诰》，见《道藏》，册20，第491a页。
② 李白：《赠嵩山焦炼师》，见彭定求编：《全唐诗》，北京：中华书局，1960年，卷168，第1739—1740页。

凿仍有疑问。① 根据序文内容，我们得知李白在此次游少室山时，并没有真正见到焦炼师，他的描述来自道听途说。但即使是"耳闻"，也可确定焦静真的几个特点：1. 来历、年寿不详，面相五六十岁；2. 在少室山结庐修道；3. 传说曾入东海蓬莱，这可能就是后来焦静真入海遇仙传说的事实源头；4. 焦静真研习胎息、辟谷之法，这一点王维在《赠焦道士》一诗中也曾提到，称："天老能行气，吾师不养空。"② 多少有点奇怪的是，与司马承祯相识多年的李白，③ 似乎并不知道焦静真是司马承祯的学生。这一现象可能存在多种解释向度，其中之一是怀疑彼时焦静真尚未拜司马承祯为师。司马承祯卒于735年，焦静真拜师必然在此之前，如果这一推测成立，则可反证这首诗创作下限应该是735年，然而史料的缺乏使我们只能止步于四面漏风的"推测"。李白这首《赠嵩山焦炼师》中的一些诗句与序文直接对应，如"二室凌青天""潜光隐嵩岳"点名焦静真隐居在嵩山之中，但所透露的焦静真真实情况却没有超出序文的范围。

735年得中进士的李颀，其《寄焦炼师》的头两句称："得道凡百岁，烧丹惟一身。"④ 可知，在李颀创作这首诗歌的年代，焦静真已经年老，且参与烧炼丹药的实践。但这首诗歌最后所阐发的希望见到焦炼师的内容，却反映出作者并未真正见过焦静真，这不免令我们对"烧丹"的真实性产生怀疑。然而，王昌龄和王维所写的两首诗歌，则可以确信焦静真与丹药炼制存在直接关系。王昌龄在《谒焦炼师》中希望可以从焦静真那里"拜受长年药"；⑤ 王维的《赠东（案：当为"中"，下不赘）岳焦炼师》称焦静真"自有还丹术"。⑥

除以上诗歌外，唐代诗人钱起的两首诗中提到的"焦道士"可能指的也是焦静

---

① 詹锳：《李白诗文系年》，北京：作家出版社，1958年，第12页；黄锡珪：《李太白年谱，附李太白编年诗目录》，北京：作家出版社，1958年，第56页。
② 王维：《赠焦道士》，见彭定求编：《全唐诗》，卷127，第1288页。
③ Paul W. Kroll, "Szu-ma Ch'eng-chen in T'ang Verse," *Society for the Study of Chinese Religions Bulletin* 6(1978), pp.16–30.
④ 李颀：《寄焦炼师》，见彭定求编：《全唐诗》，卷132，第1339页。
⑤ 王昌龄：《谒焦炼师》，见彭定求编：《全唐诗》，卷142，第1440页。
⑥ 王维：《赠东岳焦炼师》，见彭定求编：《全唐诗》，卷127，第1288页。柯睿教授指出，王维这首诗名称中的"东岳"其实是"中岳"之误。

真。① 两首诗歌分别如下：

省中春暮酬嵩阳焦道士见招

朝花飞暝林，对酒伤春心。

流年催素发，不觉映华簪。

垂老遇知己（一作"明代"），酬恩看寸阴。

如何紫芝（一作"多惭紫阳"）客，相忆白云深。②

题嵩阳焦道士石壁

三峰花畔（一作"半"）碧堂悬，锦里真人此得仙。

玉体（一作"醴"）才飞西蜀雨，霓裳欲向大罗天。

彩云不散烧丹灶，白鹿时藏种玉田。

幸入桃源因（一作"应"）去世，方期丹诀一延年。③

钱起于751年中进士，做过一段时间秘书省校书郎，第一首诗应该创作于那个时期，此和与焦静真有联系的诗人们的活跃时代一致。诗中提到的"白云"，很可能是指司马承祯的道号"白云子"，理由如下：第一，钱起的"白云"与"紫芝客"（或"紫阳客"）相对应，后者指向传说中的道家高士，则"白云"可能也是在暗示某个人物；第二，将白云与司马承祯联系在一起，对盛唐诗人而言是非常自然的事情——711年司马承祯离开长安时，三百多位大臣为他撰写了诗歌，编为《白云记》。④ 因此，如果说这首诗中的"焦道士"就是司马承祯的弟子焦静真，那么钱起的这一措辞便显得非常恰当，且暗含深意。第二首诗中"烧丹""丹诀"则与李颀、王维、王昌龄笔下的焦炼师的修道实践相同。第一首诗中的"见招"，应该说的是焦道士为皇帝所召见。王维《赠东岳焦炼师》则称焦静真"频蒙露版诏，时降

---

① 土屋昌明认为钱起这两首诗中的"焦道士"就是指"焦静真"，但却缺少论证，见其《李白之创作与道士及上清经》，第106页。
② 钱起：《省中春暮酬嵩阳焦道士见招》，见彭定求编：《全唐诗》，卷237，第2632页。
③ 钱起：《题嵩阳焦道士石壁》，见彭定求编：《全唐诗》，卷239，第2671页。
④ 计有功：《唐诗纪事》，上海：上海古籍出版社，1955年，卷9，第115页。

软轮车",说明焦炼师确实为帝王征召。第二首诗歌中使用的"霓裳"一词,又隐隐与李白《赠嵩山焦炼师》中的"霓衣何飘摇"相呼应。① 以上诸般契合不能以"巧合"进行解释,有理由推测钱起笔下的"焦道士"就是焦静真。于是,钱起的题壁诗就应该是撰写于焦静真去世后,因为"锦里真人"已经"去世""得仙"。②

钱起的诗歌将焦静真与嵩阳观联系在一起。与李白听闻焦静真在少室山结庐而居不同,嵩阳观的位置是在嵩山的太室山脚下。根据杜光庭《历代崇道记》记载,嵩阳观为武则天舍中岳奉天宫所建,目的是纪念高宗皇帝,此后成为"唐代上清道"的重要据点,潘师正、司马承祯、吴筠等均在此观居住过很长时间。③ 焦静真师从司马承祯后,可能属籍(道籍所属)嵩阳观。另外,根据撰写于天宝二载(743)的《玉真公主受道灵坛祥应记》可知,玉真公主受道后,即"息驾太室,扪日阙,步玄门,挹上清羽人焦静真于中峰绝顶,访以空同吹万之始,丹田守一之妙"④,可知焦静真确实也常常出现在太室山中,其所修行"丹田守一"之法与李白听闻的"胎息绝谷"相契合。

另外,由于前引多首诗歌声称焦静真善于丹道,因此笔者怀疑她有可能参与了天宝初年嵩阳观炼丹的重要活动。这一活动记载于天宝三载(744)李林甫撰写的《嵩阳观纪圣德感应颂》中。此次炼丹活动专门为玄宗皇帝服务,皇帝派道士孙太冲亲赴嵩阳观负责相关事宜,天宝三载时金丹已获六转,之后将移送缑氏山升仙太子庙毕其九转。⑤ 虽然焦静真的名字没有正式出现在李林甫的颂文中,但焦静真作为嵩阳观驰名遐迩、善于丹道实践的道士,或多或少地参与此事当在情理之中。联系前文所述焦静真曾获得皇帝接见一事,或许亦与此炼丹事件不无关系。

---

① 此外,根据白居易在安史之乱后写的《嵩阳观夜奏霓裳》(见彭定求编:《全唐诗》,卷450,第5085页)一诗来看,嵩阳观确实存在表演霓裳曲的传统,因此钱起在这里会不会是以这一情况入诗呢?
② 前揭土屋昌明文章,根据"锦里真人"之称指出焦静真应该是蜀地之人。
③ 杜光庭:《历代崇道记》,《道藏》,册11,第2c页;刘大彬编,江永年增补,王岗点校:《茅山志》,上海:上海古籍出版社,2016年,卷7,第201—202页;《宗玄先生玄纲论》,中吴筠的进表称:"中岳嵩阳观道士臣筠表上。"见《道藏》,册23,第673c—674a页。
④ 蔡玮:《玉真公主受道灵坛祥应记》,见陈垣编纂,陈智超、曾庆瑛校补:《道家金石略》,第139页。
⑤ 李林甫:《嵩阳观纪圣德感应颂》,见董诰等编:《全唐文》,北京:中华书局,1983年,卷345,第3507a—3508a页。

三、唐五代时期有关焦静真的传说

炼师焦静真既已声名卓著，比附于她的小说家言自然也会出现，除前引《续仙传》等记述她出海遇仙、死后降示等传说外，唐中期的《广异记》中还出现了一则更为有趣的故事。这则故事曾引起柯睿和土屋昌明的重视，不妨引介如下，以助谈资：

> 唐开元中，有焦炼师修道，聚徒甚众。有黄裙妇人自称阿胡，就焦学道术，经三年，尽焦之术，而固辞去，焦苦留之。阿胡云："己是野狐，本来学术，今无术可学，义不得留。"焦因欲以术拘留之，胡随事酬答，焦不能及。乃于嵩顶设坛，启告老君，自言："己虽不才，然是道家弟子，妖狐所侮，恐大道将隳。"言意恳切。坛四角忽有香烟出，俄成紫云，高数十丈，云中有老君见立，因礼拜陈云："正法已为妖狐所学，当更求法以降之。"老君乃于云中作法，有神王于云中以刀断狐腰，焦大欢庆。老君忽从云中下，变作黄裙妇人而去。①

就故事所给出的"开元中""嵩顶""焦炼师"的各种因素，可以断定这则故事就是比附焦静真创作出来的。故事中，焦静真虽然受到妖狐的愚弄，但故事本身却没有否定焦静真道法高超的形象，只是"道高一尺，魔高一丈"。这样的戏谑故事当然不会被随意比附，实际上，其恰恰需要利用非常著名的人物作为故事主角，才能达到强化反讽效果的目的。焦静真被如此嘲弄，从反面说明她确实是那个时代最杰出的道士之一。

小结

什么样的道士才是高道？什么样的道士才能留名千古？这是引人思考的问题。

---

① 李昉等编：《太平广记》，北京：中华书局，1961年，卷449，第3672—3673页。

像焦静真这样希望隐居山中专事修行的道士，虽然可能会因行为高绝而名动一时一地，但却往往会随着时间的流逝而被淹没在以世俗为中心的历史记述中。当这样的道士并没有著作藏之名山或收入官私文库时，后世之人只能凭借历史碎片中的一鳞半爪来凭吊他/她们的昔日风采。对于人类的历史记忆而言，最深层的遗忘，表现为对遗忘本应带来的空虚感的消失。在不知不觉中，残存的历史片段被我们误认为整个历史。

在历史的长河中肯定还有很多如焦静真一般避世绝尘的高道存在，尽可能地再现他/她们的生命历程成为道教研究的重要任务之一。对历史上高道真实行为和特征的思考和借鉴，最终也将促进对道教文化在当代阐扬的思考。

考一二
唐代女冠李腾空及其庐山遗产

> 多君相门女，学道爱神仙。
> 素手掬青霭，罗衣曳紫烟。
> 一往屏风叠，乘鸾着玉鞭。
> ——李白《送内寻庐山女道士李腾空·其二》①

修道庐山的李腾空是著名的唐代女道士，活跃于唐玄宗至唐德宗时期。宰相李林甫之女的身份、与李白夫妇等当时重要文人间的交流，以及放弃奢华生活、隐居庐山修道的特立独行，使她成为唐代之后庐山地区重要的文化记忆。今人有关唐代道教的研究中不时会提及这位女道士，② 但由于原始资料匮乏，学者们很难真正将注意力投注在这位女道士的生平和历史影响上。尽管如此，当我们重新对现有文献进行深入挖掘和分析后，依旧有可能大大推进对李腾空相关问题的理解，给予这位著名女道士应有的人文尊重。

一、李腾空生平情况补正

就目前所搜集到的材料来看，言及李腾空生平情况最详细的材料是元代赵道一

---

① 李白：《送内寻庐山女道士李腾空》，收李白著，王琦注：《李太白全集》，北京：中华书局，1977年，卷25，第1191—1192页。"着玉鞭"，一作"不着鞭"。
② 较佳论述见贾晋华著译：《唐代女道士的生命之旅》，北京：社会科学文献出版社，2022年，第100页。

的《历世真仙体道通鉴》（简称《仙鉴》），而最早的材料则是李白的赠内诗。此外，宋代以降的方志、游记和诗歌中亦出现对李腾空的记述和追忆——这些材料偶尔可揭示一些有价值的历史细节，但更重要的是展示李腾空在道教文化史上的地位及在庐山地区的持续影响。尽管《仙鉴》的道教圣传性质使其人物记述充满不确定性，但经本人考察，书中"蔡寻真"条（含李腾空）有关李腾空的内容却是基本总结更早材料而来，穿凿附会处并不多见，具备一定可信度。由是之故，这里以《仙鉴》的记载为主轴，结合其他文献材料，重新梳理有关李腾空的生平情况。

正如刚刚所述，《仙鉴》中李腾空事见于"蔡寻真"条。据称蔡寻真为某蔡侍郎之女，李腾空为宰相李林甫之女，二人年少相识，"生长富贵无嗜好，每欲出家学道，父母不能夺其志"；① 于是，二人在贞元年间"相友入庐山"。李腾空确为李林甫之女，但蔡寻真出身及与李腾空的关系如何实际存在一些疑问。有关蔡寻真，《庐山记》等宋代材料有所记载，从中可知其确与李腾空相熟。但这些材料未言蔡寻真父亲为"侍郎"，也不言其与李腾空一同（由长安？）赴庐山为女冠。昭德观是由李腾空庐山故居改建而成的道观（详见后文），宋代杨杰《昭德观记》称："腾空本公卿家，初从蔡女游。"② 似乎蔡寻真是李腾空入道初期的引领者，二人在修道一途上的地位并不平等。清代宋长白《柳亭诗话·碧山家》，甚至认为李腾空"师事女冠蔡寻真，入庐山学三洞法"。③ 然蔡寻真是否李腾空之师，亦无更早的可靠材料佐证。尽管目前史料对蔡寻真与李腾空关系记述不清，但二人在庐山上一起度过相互砥砺的修道生涯却是所有材料均认可的事实。

李腾空在入庐山前可能就已正式成为道士，甚至担任观主，拥有一定教内地位。唐郑处海《明皇杂录》记载李林甫宅中屡有"妖怪"，"其南北隅沟中，有火光大起，或有小儿持火出入"。李林甫对此极端厌恶，于是"奏于其地立嘉猷观"。④ 宋代宋敏求在其《长安志》给出更为详细的记述，指出李林甫宅最初为卫国公李靖宅，几经转手变成李林甫的居所。据传李林甫宅"东北隅"（方位与郑处

---

① 赵道一：《历世真仙体道通鉴》，卷5，见《道藏》，册5，第480a页。本考所引《仙鉴》文字均出于此，后不出注。
② 杨杰：《昭德观记》，见（正德）《南康府志》，上海：古籍书店，1961—1966年，卷8，第42页。
③ 宋长白：《碧山家》，见其《柳亭诗话》，康熙天茁园刻本，卷7，第14页。
④ 郑处海：《明皇杂录》，卷1，见田廷柱点校：《明皇杂录·东观奏记》，北京：中华书局，1994年，第16—17页。

海所述不同）闹妖怪（妖异现象与郑说一致），于是"奏分其宅东南隅立为嘉猷观"①。这座由李林甫宅分出的嘉猷观获得极高的待遇：

> 明皇御书金字额以赐之。林甫奏女为观主。观中有静思院，王维、郑虔、吴道子皆有画壁。林甫死后，改为道士观，择道术者居之。②

李林甫当然并不止一个女儿，据五代王仁裕《开元天宝遗事》记载，李林甫有六个女儿，并铺陈出李林甫令女儿们由厅堂壁窗中自择佳婿的逸事。③《旧唐书》则称李林甫有女儿二十五人之多，随后又给出五位女婿的姓名和官职。④但在李林甫的众多女儿中，姓名唯一为后人所知者恰是成为道士的李腾空。依据现有材料判定李林甫奏为嘉猷观观主者是李腾空存在一定风险，但这一推测在情理上却具有很高可能。担任观主的李腾空或许凭借父亲的权势获得玄宗和多位文士的关注。李腾空担任观主的嘉猷观原本大约应该是一座"女冠观"，因此《长安志》所述李林甫天宝十一载十一月（753年1月）卒后嘉猷观改为"（男）道士观"的情况，便反映李腾空最晚在此时已迁徙他方，而迁徙的目的地很可能就是她终老半生的庐山。

《仙鉴》等材料对李腾空潜居庐山前的更多经历几无交代，我们对其进入庐山前的其他情况几乎一无所知。据《仙鉴》所述，入庐山后，蔡寻真居"咏真洞天"屏风叠南，五老峰东；李腾空居屏风叠北，凌云峰下。二人"咸有道德，能以丹药符箓救人疾苦，远近赖之。每于三元八节，会于咏真洞，以相师资讲道为事"。李腾空在庐山期间获得较多关注，其中李白夫妇是最有名的追寻者。李白曾作《送内寻庐山女道士李腾空二首》赠送给妻子，其中言道"君寻腾空子，应到碧山家。水舂云母碓，风扫石楠花""多君相门女，学道爱神仙……一往屏风叠"。⑤王琦注"水舂"一句时，引白居易诗句自注，称："庐山中云母多，故以水碓捣炼，俗呼为

---

① 宋敏求：《长安志》，台北：成文出版社，1970年，影印民国二十年铅印本，卷8，第181页。
② 宋敏求：《长安志》，卷8，第181页。
③ 王仁裕等撰，丁如明辑校：《开元天宝遗事十种》，上海：上海古籍出版社，1985年，第81页。
④ 刘昫等撰：《旧唐书》，北京：中华书局，1975年，卷106，第3241页。
⑤ 李白：《送内寻庐山女道士李腾空二首》，收李白著，王琦注：《李太白全集》，卷25，第1190—1192页。

云碓。"① 从李白的诗句中,既可印证李腾空宰相之女的身份,又可确定其居住屏风叠、参与道教服食实践的事实。但更为重要的是,李白的诗歌能反映出李腾空可能在更早时期便已入庐山,而非一般史料常说的德宗贞元年间(785—805)。

  有关李白与道教的关系,从来不缺少讨论,② 不少问题已得到澄清。获得上述李白赠诗的应该是其续娶的妻子宗氏。据记载,宗氏为唐代宰相宗楚客的孙女,③ 亦好问道寻仙,李白的《题嵩山逸人元丹丘山居》称:"拙妻好乘鸾,娇女爱飞鹤。提携访神仙,从此炼金药。"④ 李白约卒于唐肃宗时期,不可能携妻在贞元年间还在庐山寻访李腾空,故《送内寻庐山女道士李腾空二首》当作于更早,李腾空自然也当在更早时候已入庐山。钟来茵于《仙鉴·蔡寻真》中发现李白"羡君相门女,学道爱神仙"诗,但由于接受《仙鉴》所述李腾空为贞元时期入庐山,复结合其时李白早已亡故的情况,得出"此诗伪托的痕迹很明显,疑是中晚唐人所作"的结论。⑤ 然而,更可能的解释是,《仙鉴》将李腾空死后的"高光时刻"(详见后文)混淆错解为其入庐山的时间。事实上,有关这《送内寻庐山女道士李腾空二首》的写作时间,学界早就存在多种看法。刘崇德总结指出,安旗《李白全集编年校释》将此诗系为上元二年(761)所作,但此时宗氏已去世,故安旗之说恐不可从;詹锳《李白诗文系年》将之系为乾元元年(758),较为合理。但刘崇德个人认为,更可能的写作时间是至德元载(756)李白隐居庐山屏风叠时。⑥ 不论李白此诗到底写于乾元元年还是至德元年,均说明李腾空最晚在 8 世纪 50 年代便已入庐山修道。结合前文关于嘉猷观由女冠观改为道士观所得出的推测来看,李腾空确实很可能是在李林甫卒后便离开波诡云谲的长安,远赴庐山开启新的道教生涯,由此可能也躲过了安史之乱对于长安的冲击。

  李腾空在庐山修道期间还引起一位官员的注意,并最终促使她与蔡寻真二人的旧居获得朝廷封赐和改建的机会。事情原委本来并不复杂,但史料记述存在一些明

---

① 李白著,王琦注:《李太白全集》,卷 25,第 1191 页。
② 概要情况,可参李刚:《李白与道士之交往》,《宗教学研究》1988 年 Z1 期,第 83—88 页。
③ 李浩:《新见李白姻亲宗氏夫人墓志考略》,《唐代文学研究》2021 年第 20 辑,第 3—16 页。
④ 李白:《题嵩山逸人元丹丘山居》,见王琦注:《李太白全集》,卷 25,第 1152 页。
⑤ 钟来茵:《新发现九首唐诗——兼论从〈道藏〉补编〈全唐诗〉》,《江苏社联通讯》1990 年第 2 期,第 52 页。
⑥ 刘崇德:《李白家室考疏》,《河北大学学报》1993 年第 2 期,第 18 页。

显的疑问，仍需细密探究。《仙鉴》记载，"九江守许浑"将蔡寻真和李腾空事迹奏报朝廷，"德宗加敬焉"。李腾空死后，门下弟子将遗物集中于其旧居，"乡俗岁月祀之"。后"许浑入朝"，正值德宗昭德皇后去世（786），请为庐山二女真居所赐额，以此为皇后修福。德宗诏允，"以咏真洞为寻真观，腾空所居为昭德观"。改为寻真观的咏真洞即蔡寻真的居所，后世有不少诗歌凭吊，此不赘述。宋陈舜俞《庐山记》给出类似记载，称延真观治平三年（1066）赐名，本昭德观，"唐贞元中，李女真所创……柳浑自江州刺史入朝，会昭德皇后薨，因言咏真洞蔡寻真并腾空所居，可锡观名，以伸追奉……而是观也，以昭德之谥名之"。① 两相对比，存在两个明显差异，如下：

其一，向德宗建议以李腾空居所改建昭德观者，到底是许浑，还是柳浑？

其二，昭德观的建造时间，是在昭德皇后的生前，还是死后？

先来看第一个问题。吴国富已指出许浑与德宗时代相去甚远，不可能建议后者建造昭德观，柳浑才是真正的提议者。② 此论可从，但其中问题，或可梳理得更细密一些。《仙鉴》所述推荐者"九江守许浑"，中晚唐确有许浑（约791—约858）其人，且有诗文传世，③ 但一者此人出生于贞元年间，不可能成为这里的推荐者；二者亦无材料反映他曾担任与"九江守"对应之官职（如江州刺史等）；三者，未见别一许浑于贞元年间担任"九江守"。但"许浑说"在更晚论著中产生一定影响，如王琦《李太白全集》④ 和清代毛德琦的《庐山志》中均接受如是记述。⑤ 陈舜俞《庐山记》给出的"江州刺史柳浑说"，在同时代杨杰的《昭德观记》（撰于熙宁二年［1069］）中获得回响，但也并非毫无问题。⑥ 柳浑（714—789）是天宝到贞元年间重要官员，于旧《旧唐书》⑦ 和《新唐书》⑧ 中皆有列传述其生平，然均未提及柳浑贞元年间出任江州刺史一事。郁贤皓接受《庐山记》等材料的"柳浑说"，

---

① 陈舜俞撰，滑红彬校笺：《庐山记校笺》，卷2，南昌：江西人民出版社，2024年，第209页。
② 吴国富：《庐山道教史》，南昌：江西人民出版社，2011年，第98—99页。
③ 有关许浑及其诗文，参许浑撰：《许用晦文集》，北京：北京图书馆出版社，2004年。
④ 李白著，王琦注：《李太白全集》，卷25，第1191页。
⑤ 毛德琦撰：《庐山志》，康熙五十九年顺德堂刻本，卷9，第4页。
⑥ 杨杰：《昭德观记》，见（正德）《南康府志》，卷8，第42页。
⑦ 刘昫等撰：《旧唐书》，北京：中华书局，1975年，卷125，第3553—3555页。
⑧ 欧阳修、宋祁：《新唐书》，北京：中华书局，1975年，卷142，第4671—4673页。

在《唐刺史考全编》中将之定为"贞元三年"（787）的江州刺史，但也指出"两《唐书》本传未及刺江州事"。① 昭德皇后贞元二年（786）十一月或三年去世。② 据傅璇琮《唐代诗人丛考·韦应物系年考证》所考，韦应物在贞元元年（785）至三年间担任江州刺史，郁贤皓亦接受傅璇琮观点。③ 又据两《唐书》柳浑本传来看，自奉天之难时，柳浑即追随德宗，"改左散骑常侍"；兴元元年（784）德宗回归长安，贞元二年柳浑拜兵部侍郎，封宜城县伯，贞元三年正月"加同平章事，仍判门下省"。④ 可知，柳浑在奉天之难后到昭德皇后去世这段时间，一直伴随德宗，并无机缘外任江州太守，尤其不可能在贞元三年刺史江州。故所谓"九江太守柳浑说"，显然也存在疑问。然查两《唐书》可知，柳浑确曾于至德（756—758）到大历（766—779）年间在江南西道任职多年，其间担任包括"江西采访使皇甫侁判官""知江西租庸院事"等官职。因此，不无可能的是，柳浑在江西任职时便听说（甚至结识）辖下庐山女真李腾空和蔡寻真，至昭德皇后卒时借机推荐将二人旧居建为道观。后世不察，欲对柳浑此举进行合理化解释，误将柳浑定为推荐发生时之庐山地方官。

相比之下，第二个问题就要简单很多。《庐山记》和《仙鉴》均指明昭德观的建立契机是昭德皇后的去世，但杨杰《昭德观记》却称"唐昭德皇后长施金币以辟土田，因建昭德观"，⑤ 似乎是在说昭德观建立于昭德皇后生前。虽然两种记载均有一定合理性，但结合"昭德"是皇后死后的谥号，推测昭德观的建立应该还是为皇后追福，杨杰《昭德观记》在这一情况的记述上恐怕并不确凿。但不论如何，根据《庐山记》《昭德观记》和《仙鉴》记载，昭德观建立之前李腾空已经羽化，旧居成为当地的祠祀空间，由此可知李腾空的卒年下限当定在贞元三年。

以上即目前所能搜集到的李腾空生平情况。整体而言，这些材料几乎完全没有给出李腾空个人形象的有效描写，同时也没有给出其生命中重要事迹的详细记述。因此，留给世间的李腾空形象其实非常模糊，但这并不影响她为庐山留下无法抹去

---

① 郁贤皓：《唐刺史考全编》，合肥：安徽大学出版社，2000年，第2279—2280页。
② 《旧唐书》，卷52，第2193—2194页；《新唐书》，卷77，第3502页。
③ 傅璇琮观点及郁贤皓所述，见郁贤皓：《唐刺史考全编》，第2279页。
④ 《旧唐书》，卷125，第3553—3554页。
⑤ 杨杰：《昭德观记》，见（正德）《南康府志》，卷8，第42页。

的宝贵遗产。

二、李腾空的"庐山遗产"

李腾空为庐山留下的"遗产"可大致分为物质和精神两类。物质方面主要是李腾空在庐山的修道场所演化而成的名胜。按照毛德琦《庐山志》所述，至清代尚有不少人认为庐山凌霄峰为蔡寻真、李腾空炼丹之处，乡人常常求雨的女真潭则因李、蔡二人而得名。① 李腾空留给庐山最重要的物质遗产，其实就是由其故居改建的昭德观以及观中曾经存放的她的遗物。

有关德宗朝建造昭德观的情况，前文已详细讨论。据杨杰熙宁二年所撰《昭德观记》记载，李腾空故居改建的昭德观在宋初渐渐荒废，皇祐五年（1053）南康军使命道士陈道融居之，不久陈道融去世，当地太守继而令道士李如海继任。李如海在昭德观二十二年期间，修复道观，"建真游亭以奉李氏之遗物"。此观后获皇帝赐额，治平三年（1066）改为"延真观"。② 从李如海被任命为昭德观主（1053）到碑文撰成（1069）不足二十二年，可推测李如海在此之前即为昭德观道士，在昭德观中已居住六年左右时间。昭德观及后来改造重修的延真观作为庐山上李腾空的崇祀胜地，获得各类人士拜访。五代时期的杨保宗或许是文献记载的最早造访者。据《仙鉴》所述，女道士杨保宗修道庐山，获得南唐皇帝礼遇。其本人"素慕蔡寻真、李腾空之为人，亦能以丹药符篆救人疾苦。暇日或至屏风叠之南北瞻礼二祠焉"。③

宋代开始的诗歌和游记中，能不时发现庐山昭德观/延真观览胜活动。如宋代李彭便有《游昭德观》诗，其中称："云霾大壑真游远，风扫石楠佳句传。"④ 所谓"风扫石楠"显然借自李白赠内诗中"水春云母碓，风扫石楠花"一句，但李彭在这里对李白诗句的赞叹却可能别有原因。据宋代陈舜俞《庐山记》所述，彼时已有

---

① 毛德琦撰：《庐山志》，卷9，第4—5、25、29页。
② 杨杰：《昭德观记》，见（正德）《南康府志》，卷8，第43页。此写为"绍平天子赐名延真"。"绍平"不详所指，疑为"治平"之讹；前揭陈舜俞《庐山记》中便指出"治平三年"赐额事。
③ 赵道一：《历世真仙体道通鉴》，后集卷5，见《道藏》，册5，第482b页。
④ 李彭：《游昭德观》，见其《日涉园集》，民国豫章丛书本，卷8，第18页。

人将李白的《送内寻庐山女道士李腾空二首》题刻在昭德观墙壁上，① 这一为胜地文化意义加权的举措无疑增加了游人的乐趣，促使李彭等人刻意将自己的诗歌与李白的大作联系起来。宋代王阮的《延真观一首并引》也是造访李腾空延真观后所作的诗歌，"引"中同样提到李白的赠内诗"羡君相门女，学道爱神仙"，诗中化用李白的"乘鸾着玉鞭"而成"不似抽身稳跨鸾"一句。② 根据朱熹的诗歌《昭德源》来看，他也曾游览昭德观旁的溪流昭德源，其诗称："僧闲多老大，寺古半荒凉。却怪寻山客，何由到上方。"③ 朱熹所谓的"僧""寺"很可能含糊地将佛道二教均包括在内，如是或可推测在朱熹游览昭德源的时代，昭德观作为左近的"古寺"再次显出衰败荒凉之感，为此后昭德观的消失埋下伏笔。同时代或稍晚，戴复古《庐山诗》中亦有"乘鸾不见李腾空，试与寻真访故宫"之语；④ 元代李洞《游庐山记》写明，其在延祐乙卯年（1315）游览庐山期间经过李腾空昭德观。⑤ 此后直接提及造访昭德观的诗歌愈加罕见，恐元代之后昭德观便逐渐荒芜废毁了。

近代以来，另一位杰出女性的到来，为李腾空的庐山传奇继写续章。香港首富何东平妻张莲觉是近代著名佛教居士，创建闻名海内的东莲觉苑。她积极参与鼓励女性佛教教育和救国抗日等社会运动，为近代女性解放潮流做出一定贡献。张莲觉少时，随父游宦九江，居庐山脚下多时。据其《名山游记》所述，张莲觉中年时因仰慕李腾空为人，专程赶往庐山寻觅仙踪。此时，庐山上已无李腾空道观的任何痕迹，张莲觉在怅然中选择向李腾空默祷，表达敬意。庐山之上，两位杰出女性跨越千年的心神相交，书写出一段令人感念的佳话。⑥

李腾空留给庐山的精神遗产主要表现为这个与庐山存在特定联系的人物所引发

---

① 陈舜俞撰，滑红彬校笺：《庐山记校笺》，卷2，第209页。
② 王阮：《延真观一首并引》，见《义丰文集》，宋淳祐三年刻本，第36页。
③ 朱熹：《昭德源》，见（正德）《南康府志》，卷10，第2页。
④ 戴复古：《庐山十首取其四》，收其《石屏诗集》，四部丛刊续编本，卷6，第6页。
⑤ 李洞：《游庐山记》，见何镗辑：《古今名山记》，明嘉靖四十四年庐陵吴炳刻本，卷11上，第5—7页。
⑥ 张莲觉：《游庐山记》，见其《名山游记》，香港：东莲觉苑，1934年，第23—33页。有关张莲觉名山游览的情况，参白照杰、姬鑫洋、栗翔宇：《民国女居士张莲觉的〈名山游记〉及所呈现的"女性意识"》，《佛学研究》2023年第2期，第258—275页。有关张莲觉生平等情况的研究，参白照杰此文综述之相关论著。

的诗歌意象和人文想象。景观虽然可能随着世代推移而荒废，但意象化的庐山李腾空却总能引起文人雅士和追求仙道者的追忆和求访。前文多次提及的李白赠内诗，或许可以算是李腾空文学意象化的滥觞。就像前述游访昭德观的诗作中所表现的那样，很多诗歌在追忆李腾空时或多或少都从李白的诗歌里获得了灵感。与此同时，诸如"径思披发去，一访李腾空"（《浔阳江上望庐山》）等寻常诗句也不罕见。[①]甚至还曾出现因梦中见到仙人自称"唐时庐山道士李腾空"而赋诗赞叹者（"瑟婵诗来云梦中见李腾空谢余赋诗"）。[②]但更为重要的是，与一般的著名女冠不同，唐代及之后庐山李腾空文学意象的一个典型侧重于与李林甫之间形成极端对比，从而将父亲奸诈贪婪的性格与女儿的清虚处静的气质双双突出出来。

不论古人还是今人，对于盛唐时期著名宰相李林甫的生平和历史评价都不会陌生。李林甫生为权相，但风评不佳，被认为是导致安史之乱的潜在原因之一，被世人视作著名的"奸相"。相比之下，李腾空的安贫乐道，不染尘务，以及获得李白、柳浑，甚至唐德宗的尊敬，便更被映衬得难能可贵。《明诗纪事》所收张可度《庐山杂诗》称：

> 父居黄阁女崆峒，流水桃花石室中。
> 多少男儿沦落尽，神仙却让李腾空。[③]

起手一句"父居黄阁女崆峒"点明李林甫与李腾空的不同人生选择，最后的"神仙却让李腾空"则对二人的生命意义给出高低评判。类似的，清代张维屏《相辞涧李腾空遗迹》亦有"其父势焰恶，其女仙迹芳"等诗句，[④]延续着这一父女对比意象。清代王士禛《池北偶谈》将李腾空作为"三相女"之一，与秦桧女、王安石女并举，称庐山道士李腾空获得李白和张可度的诗歌赞赏，秦桧女绣大士像颇为灵验，被供养茅山，王安石女工诗，此"三奸"之女皆奇女子，令人敬仰。[⑤]显然，

[①] 陈文述：《浔阳江上望庐山》，见其《颐道堂集》，清嘉庆十二年刻道光增修本，卷23，第2页。
[②] 陈文述：《庐山仙女李腾空诗》，见《颐道堂集》，卷21，第2—3页。
[③] 张可度：《庐山杂诗》，见陈田辑：《明诗纪事》，清陈氏听诗斋刻本，辛签卷17，第17页。
[④] 张维屏：《相辞涧李腾空遗迹》，见其《松心诗录》，清咸丰四年赵惟濂羊城刻本，卷7，第4页。
[⑤] 王士禛：《池北偶谈》，卷24，见《景印文渊阁四库全书》，台北：台湾商务印书馆，1983年，册870，第342a—b页。

奸相与贤女的对比，在任何时代都可以成为吸引人的话题。

颇为有趣的是，唐代卢肇《逸史》中给出一则李林甫的传奇故事，故事称李林甫原本仙籍在册，但终因此世行为干犯天和，升仙之期被大大延后。① 这则传说影响甚为深远，后世之人在此基础上，又衍生出林甫、腾空父女均是仙人，但因此世行为差异而导致不同仙道结果的对比模式。如明代王世贞便接受这一"父女皆仙"的说法，称：

> 李腾空乃李林甫女，人以为疑，不知林甫亦谪仙也，而况其女乎？大抵宰官贵臣，多凤生有来历者，要在籍失之耳。②

宋长白亦总结称："林甫不归紫府，而其女乃弄紫霞，可谓不系世类者矣。"③ 李氏父女仙道异路的最典型诗歌比较，或许是清代陈文述的诗歌《庐山仙女李腾空诗》：

> 父兮仙官女仙女，前身都是蓬莱主。
> 父酣富贵女烟霞，笑谢尘缘志冲举。④

这首诗就是前述瑟婵"梦中见李腾空诗余赋诗"的那个作品。当然，李林甫身为"奸相"却拥有仙缘，违反古代社会信奉的朴素社会伦理观，古人对此人拥有仙籍一事并非毫无怀疑。如清代王士禛的著作中，述及李白、张可度所写李腾空诗时，便生出"余往读《林甫外传》，疑之天上岂有不忠孝神仙耶"的怀疑。⑤ 但这样的疑问，并没有在述及李腾空的其他诗文中获得普遍体现。

最后需稍稍提及的是，除与父亲李林甫的对比外，清代胡承珙在诗歌《李腾空》中又给出了一个稍稍别出心裁的对比项。其诗云："一吸丹霞容不老，只应长侍李腾

---

① 《逸史·李林甫》为《太平广记》所引，有关此则故事的流传情况，参李剑国：《唐五代志怪传奇叙录》（增订本），北京：中华书局，2017年，第880、895页。
② 王世贞：《读书后》，卷8，见《景印文渊阁四库全书》，册1285，第96a页。
③ 宋长白：《柳亭诗话》，卷7，第14页。
④ 陈文述：《庐山仙女李腾空诗》，收其《颐道唐集》，卷21，第2页。
⑤ 王士禛：《渔洋诗话》，卷3，见《景印文渊阁四库全书》，册1483，第873b页。

空。……可怜赫赫萧京兆,枉向权门误一生。"①"可怜赫赫萧京兆"一句,应该是化用杜甫著名的《遣兴五首·漆有用而割》中的"赫赫萧京兆,今为时所怜"。其中的"萧京兆"指曾担任京兆尹、煊赫一时,但最终下场窘迫的萧炅。这样一组对比,依旧是在"世禄-清虚"之间做文章,但由于少了"父-女"的特定伦理关系,讽刺性打了很大折扣,多少有点金为铁的意思。此类以萧炅等其他权贵与李腾空做对比的文学现象,并不常见,似乎未成为唐以后文人雅士所喜爱的意象表达选择。

小结

通过对现有资料的深入分析,可发现李腾空可能在天宝末年便从长安转赴庐山,直到羽化辞世一直隐居匡庐。李腾空在庐山修道期间获得诗人李白等人关注,死后通过柳浑的推荐获得唐德宗为代表的官方赞许。李腾空为庐山留下的昭德观等道教遗迹成为后世览胜怀古、寻仙问道的胜地,同时由她身上引发的文学意象也为庐山增添了特殊的文化遗产。

李腾空在庐山留下的昭德观等著名道教建筑,成为唐代以后游人热衷寻访的胜迹。李腾空的特立独行及与父亲李林甫之间鲜明的形象对比,又使这位庐山女冠成为经久不衰的文学意象,化身为庐山道教和庐山文化的代表形象之一。从这个角度而言,在特殊的诠释结构中,李腾空确实获得了超越其本身的文化史意义。最后,让我们以清代陈文述的《浔阳江上望庐山》来结束对唐代庐山女冠李腾空的追忆:

> 翠嶂叠屏风,香炉界断虹。
> 飞流三百丈,直下玉渊东。
> 我泊浔阳郭,匡庐夜正中。
> 径思披发去,一访李腾空。②

---

① 胡承珙:《李腾空》,收其《求是堂诗集》,道光十三年刻本,卷7,第11页。
② 陈文述:《浔阳江上望庐山》,收其《颐道堂集》,卷23,第2页。

考一三
盛唐仙道邢和璞

邢和璞是活跃于盛唐时期的著名道士，在唐宋时期影响很大，不少文人笔记、诗歌、民间传说都对之进行追忆。然而，与邢和璞在非官方材料中时常浮现不同，以新旧《唐书》为代表的官方史书仅有两三处对之稍稍提及，人物的重要性亦大打折扣。官方和非官方材料对同一人物的记述呈现云泥之别，是值得深入思考的重要问题。通常来说，官方史书在内容取材上反映着秉持正统观念的"儒家文士"的历史旨趣，因此虽然官方史书可信度相对较高，但这一话语背景上的局限亦影响其对政治和正统学说之外问题的客观描绘。与此同时，学界普遍认为以非官方资料直接充当历史记述，不是可以被轻易接受的行为。非官方材料中常常充斥着隐含特殊意图的传说内容，与真实情况距离较远。以笔记小说为例，可以发现这类资料具有明显的目的性，常常是"以史传叙事结构展示神仙故事的宗教真实性"。[1] 虽然不少人认为这是为了取信于人而故弄玄虚，但不可否认的是，使用史传叙事结构的笔记小说语言简洁明练，与极重铺陈的传奇存在明显差异，后者重在故事的可读性，掺杂大量"个人"创造，而前者则更可能是对"道听途说"的故事的直录，因此往往能够反映大众的集体记忆。[2] 虽然将笔记小说直接当作真实历史依旧不可取，但如果将这些非官方材料看作某种集体记忆和历史记忆，并有效地结合更加确凿的史料，便可以在一定程度上恢复古人"心中"的历史和人物面貌，并对真实和想象之间的关系与张力问题做一些具体探索。本考对唐代高道邢和璞的讨论，即建立在这

---

[1] 曾礼军：《宗教真实与文学想象——〈太平广记〉仙传小说的叙事特征》，《浙江师范大学学报》2012年第2期，第35页。

[2] "小说"与今人所谓"novel"完全不同，未必都是如今所谓的"虚构文学"。今人对古代笔记小说史学价值的抹杀，不少是混淆"小说"古今意的结果。

样的思考之下。

与邢和璞在唐宋间的鼎鼎大名不符,今人对这位高道的关注度很低。检索国内外主要学术网站可知,以"邢和璞"为专题的研究几乎不存在,绝大多数学者是在探讨宗教史料、[1] 唐代道教情况、[2] 占卜术数、[3] 宗教传说[4]时,偶尔涉及邢和璞其人,对邢和璞进行专门介绍者只有词典等通论性著作。[5] 因此,本考的爬梳和讨论,或可在一定程度上弥补相关研究的空白,令邢和璞这样一位唐代高道重新焕发活力。

一、邢和璞史事钩沉

首先还是来整理相对可靠的记述。据倪小鹏统计,入两《唐书·方技传》者唯三十九人,[6] 邢和璞居其一,不可谓不突出。但新旧《唐书》有关邢和璞的记述整

---

[1] 这类研究很多,不少是学位论文,如倪小鹏:《两唐书〈方技传〉研究》,兰州大学硕士学位论文,2014 年,第 36 页;陈洁:《〈明皇杂录〉研究》,东北师范大学硕士学位论文,2012 年,第 50—51 页;邹瑜:《〈新唐书〉增补传记之史料来源考略——笔记小说部分》,陕西师范大学硕士学位论文,2005 年,第 33 页;朱思敏:《唐代文言小说佛教题材研究》,安徽师范大学硕士学位论文,2011 年;任兰香:《〈太平广记〉神仙部词汇研究》,温州大学硕士学位论文,2012 年;白霞:《〈酉阳杂俎〉研究》,陕西师范大学硕士学位论文,2014 年。此外还有古敬恒:《唐人小说〈宣室志〉札记》,《徐州师范学院学报》1991 年第 1 期,第 97—99 页;韩瑜:《文化学研究视角下的唐代小说集〈纪闻〉》,《嘉兴学院学报》2006 年第 4 期,第 53—56 页;等等。
[2] 学界对唐玄宗时代道教的关注较多,很多论述中都会一笔带过邢和璞,典型者如薛平拴:《论唐玄宗与道教》,《陕西师范大学报》1993 年第 22 卷第 3 期,第 83—89 页,尤其第 89 页;汪桂平:《唐玄宗与茅山道》,《世界宗教研究》1995 年第 2 期,第 63—71 页;田晓膺:《隋唐五代帝王崇道活动述略》,《西南民族大学学报》2007 年第 7 期,第 115—120 页;等等。
[3] 邢和璞在唐宋时期被视作算法入神的道士,因此讨论中古术数的论著也会提到他,但同样语焉不详。如毛忠贤:《道教的术数、符咒及其小说中的运用——〈神魔小说论稿〉上篇〈神变论〉之三》,《宜春师专学报》1997 年第 6 期,第 19—23 页;蔡静波、隋晓会:《论唐五代笔记小说中的占卜民俗》,《渭南师范学院学报》2007 年第 22 卷第 6 期,第 52—55 页;杨子路:《隋唐道教术数学派与传统数学关系考论》,《四川大学学报》2012 年第 4 期,第 154—160 页。
[4] 如王永平:《论道教法术与唐代民间信仰》,《首都师范大学学报》2003 年第 6 期,第 1—6 页;曾礼军:《〈太平广记〉神仙小说中"青竹"的宗教文化意蕴探析》,《宗教学研究》2009 年第 3 期,第 31—36 页,尤其第 33 页;等等。其中多借某个邢和璞事件为例,而未对邢和璞进行专门讨论。
[5] 如后藤朝太郎:《支那长生秘术》,东京:富士书房,1929 年,第 477—480 页。
[6] 倪小鹏:《两唐书〈方技传〉研究》,兰州大学硕士学位论文,2014 年,第 41 页。

体较少，内容亦可能取材于笔记小说。由于这些资料已进入正史系统，因此还是先按惯例将之视为史事加以介绍。

根据两《唐书》的记载，邢和璞是陪伴在唐玄宗身边的高道之一，与方士张果和僧人一行都有交涉，二事均以《旧唐书》记载较为详细。根据《旧唐书》所述，开元二十一年（733），通过恒州刺史韦济的推荐，玄宗派遣中书舍人徐峤迎接张果入朝面圣。张果入朝时，玄宗对神仙方药心存犹疑，因此请"善算人而知夭寿善恶"的邢和璞为张果卜算，但邢和璞无法算出张果年纪，"憣然莫知其甲子"。① 在其他几番考察后，玄宗最终认定张果是一位神仙。这则记载暗示玄宗彼时怀疑"方药"，但对"卜算"却较有信心，这提醒我们不能笼统探讨"方术"传统，对之做以类型区分显然很有必要。邢和璞与僧人一行也有交涉。一行是唐代著名的密教僧人，在天文历法方面卓有建树。据载，一行发明《大衍历》，朝廷推广使用，邢和璞对尹愔说："一行其圣人乎？汉之洛下闳造历，云：'后八百岁当差一日，必有圣人正之。'今年期毕矣，而一行造大衍正其差谬，则洛下闳之言信矣。非圣人而何？"② 这两则记载的中心人物分别是张果和一行，文字间的邢和璞只是次要的证人或旁白。然而，对神圣人物的塑造和辨识，需要仰仗已经被社会认可的另一个权威人物之口来予以确认。从这个角度而言，在记述发生的时代，证人和旁白有时要比传记的核心人物更有名望。因此，邢和璞之所以能够成为张果和一行的奇迹证明人，原因其实在于邢和璞本人在术数领域内已德高望重，成为权威。这一观点也可以用来解释为何唐宋时人在一些传说中会比附、牵扯邢和璞的问题，有关于此容稍后详述。

邢和璞载于正史中的另一则资料见于《新唐书·艺文志》。据记载，邢和璞著"《颍阳书》三卷，隐颍阳石堂山"。③ 邹瑜认为，在传世笔记小说中，只有《酉阳杂俎》前集卷二记载"邢和璞，偏得黄老之道，善心算，作《颍阳书疏》"，因此《新唐书·艺文志》此条记载应该是从《酉阳杂俎》中采录的。④ 虽然《酉阳杂俎》确实

---

① 刘昫等撰：《旧唐书》，北京：中华书局，1975年，卷191，第5106页。
② 《旧唐书》，卷191，第5113页。
③ 欧阳修、宋祁撰：《新唐书》，北京：中华书局，1975年，卷59，第1548页。
④ 邹瑜：《〈新唐书〉增补传记之史料来源考略——笔记小说部分》，陕西师范大学硕士学位论文，2005年，第33页。

有以上内容，但仍不可贸然确定这就是《新唐书》相关记载的史料来源。实际上，邹瑜的观点建立在《颍阳书》（有时亦写作《颖阳书》，后文统称《颍阳书》）流传不广甚至很早（唐后期）就已亡佚的基础上。然而，如果《颍阳书》在唐宋间仍有流传或产生持续性影响，那么《新唐书·艺文志》的编纂者自可直接依据《颍阳书》的文本来做著录，而不必转录《酉阳杂俎》。通过对唐宋史料的考察，不难发现邢和璞《颍阳书》在当时确实是一部颇具影响的著作。唐中后期便有多位文人以《颍阳书》入诗，如：

> 杨衡《寄赠田仓曹湾》：朝览夷胡传，暮习《颍阳书》。
> 王建《送山人》之二：山客狂来跨白驴，袖中遗却《颍阳书》。
> 罗隐《第五将军于余杭天柱宫入道因题寄》：瓦榼尚携京口酒，草堂当写《颍阳书》。[1]

杨衡诗中的"夷胡传"指佛教之书，与之相对的《颍阳书》自然成为道教著作的代表。王建诗歌中骑着白驴的狂客是仙道诗歌中常见的人物形象，但在这里我们不禁想到，与邢和璞至少有一面之缘的张果传说也好骑白驴——这是王建有意所为，还是一个文学巧合？罗隐的诗中，新入道的第五将军抄写的是《颍阳书》，这部著作又一次成为道教典籍的代表。道教书籍成千上万，独拎出邢和璞三卷《颍阳书》作为代表，可知此书在唐中后期颇有一定地位。事实上，直到两宋时期，邢和璞及其《颍阳书》仍保持着很大的影响力。李纲所撰《梁溪集》称："汉之扬雄、张衡，唐之魏伯阳、邢和璞，本朝之邵雍，皆深于数者。故雄作《太玄》，衡著《灵宪》，伯阳有《参同契》，和璞有《颍阳书》，雍以先天图作《皇极经世》。"[2] 可见，在李纲等宋人眼中，邢和璞与扬雄、魏伯阳相当，其《颍阳书》的价值能与《太玄经》《参同契》《皇极经世》等传世之作齐名。今《颍阳书》亡佚不传，不能不说是一大

---

[1] 杨衡：《寄赠田仓曹湾》，收彭定求等编：《全唐诗》，北京：中华书局，1960年，卷465，第5281页；王建：《送山人》之二，《全唐诗》，卷301，第3430页；罗隐：《第五将军于余杭天柱宫入道因题寄》，《全唐诗》，卷664，第7603页。
[2] 李纲：《梁溪集》，卷134，见《景印文渊阁四库全书》，台北：台湾商务印书馆，1983年，册1126，第552b页。

遗憾。①

虽然《颍阳书》全本似已不存，但依旧可从现存史料中辑录出书中的若干条目，如序题元和十二年（817）的《玄珠心镜注》，对"淑美则真"一句的注解便引《颍阳书》："我身本空，我神本通，心既无碍，一切无碍。"② 宋代道教类书《云笈七签》卷81引《颍阳经（书）》解"童子"一词，称"《颍阳经》曰：童子者，心身也，众神之主"；③ 同卷又有"《颍阳书》下篇略例"数则，分别是治脾肾舌术、治鼻口喉咙术、治肺心耳术、治两眉间脑舌中神术、治肝目身中阳气术、治两手足术。④ 明代《普济方》引用《颍阳书》一则内容，称"《颍阳书》云：发宜多栉，齿宜数扣，液宜常咽，气宜常炼，手宜在面，此五者所谓'子欲不死，修昆仑矣'"，以证明按摩神庭之功效；⑤ 高濂《遵生八笺》复录《普济方》此段文字。⑥

《新唐书·艺文志》所述的邢和璞"隐颍阳石堂山"亦可落实。北宋蔡绦的《西清诗话》记载道，颍阳石唐（堂）山，上有石室，"即邢和璞算心处。治平中，许昌龄安世诸父蚤得神仙术，杖策来居，天下倾焉。"后许昌龄游亳州太清宫遇欧阳修，欧阳修专门写诗相赠。⑦ 南宋江少虞《事实类苑》亦载此故事。⑧ 从这些资料可知，宋时邢和璞在嵩山石堂山隐居的洞穴名为"紫云洞"，故欧阳修"石堂仙室紫云深，颍阳真人此算心"中的"紫云"当指洞名无疑。⑨ 清代《河南通志》在记述颍阳石堂山邢和璞洞时，称欧阳修作《石堂山隐者》诗以赠之，误"石堂山隐者"为邢和璞，⑩ 实际诗中的石堂山隐者指的是许昌龄。

除以上传统史料的记述外，还存在两方与邢和璞关系密切的碑刻。这些碑刻对

---

① 《道藏阙经目录》中有《颍阳经》，当即《颍阳书》，可知此书历元而佚。但正如后文所述，明代炼养著作亦曾引用《颍阳书》，明人所见者可能是残本或辑文？
② 王损之章句：《玄珠心镜注》，见《道藏》，册10，第692a页。
③ 张君房编，李永晟点校：《云笈七签》，北京：中华书局，2003年，卷81，第1845页。
④ 张君房编，李永晟点校：《云笈七签》，卷81，第1850—1854页。
⑤ 朱橚等编：《普济方》，卷266，见《景印文渊阁四库全书》，册755，第801a页。
⑥ 高濂：《遵生八笺》，卷9，见《景印文渊阁四库全书》，册871，第577a页。
⑦ 蔡绦：《西清诗话》，明刻本，石林山房藏书，卷3，第359—361页。《四库》本无"诸父"二字。
⑧ 江少虞：《事实类苑》，卷46，见《景印文渊阁四库全书》，册874，第388b—389a页。
⑨ 欧阳修：《戏石唐山隐者》，见上举《西清诗话》及《事实类苑》。
⑩ 孙灏、顾栋高等编纂：《河南通志》，卷70，见《景印文渊阁四库全书》，册538，第344b页。

邢和璞研究意义重大，但极少获得关注。正如本考开头所述，学界对邢和璞其人关注有限，对其家世背景更难论及。但实际上，林宝等人所修的《元和姓纂》便对邢和璞家世有所介绍，称："后魏光禄卿邢虬。虬生臧，臧生元功（案：玄助），① 元功生思孝。思孝，丰州都督，生和璞。"②《金石录》著录《唐屯留令邢义碑》（简称《邢义碑》），所述邢和璞生父"讳义，字思义"，且玄助之祖为"子良（案：邢臧之字）"，③ 则《元和姓纂》不仅误记邢和璞生父名字，且漏记一代。有关于此，岑仲勉做过简单考证，确定了《金石录》所记《邢义碑》的正确性。④《魏书》卷85也对邢和璞祖上做以记述，⑤ 与《元和姓纂》《邢义碑》结合，可知邢虬为光禄卿，邢虬之子邢臧终于濮阳太守任上，邢臧之子邢恕"涉学有识悟"，邢恕之子邢玄助为皇司议郎（案：玄助官职见《寇府君墓志》，详见下文），邢玄助之子邢义为屯留令，则邢和璞祖上至少五代簪缨，家富学识。这一家世背景对他能够成为盛唐时期举世知名的高道，定然有所帮助。

除《邢义碑》外，另一块与邢和璞密切相关的碑刻是《唐故广平郡太守恒王府长史上谷寇府君墓志铭并序》（简称《寇府君墓志》）。此方墓志志主为寇洋，字若水，生于664年，卒于748年。墓志撰写者为寇洋侄女婿贺兰弼，志石存河南千唐志斋，周绍良拓印并整理录文。⑥ 根据此方墓铭，可知志主寇洋的夫人正是邢和璞的姐姐：

> 粤十一月晦，归窆于河南县金谷原之先茔。夫人河间县君邢氏祔焉，礼也。夫人，皇司议郎玄助之孙，屯留令思义之长女。事舅姑穆如也，崇馈祀肃

---

① 当为玄助，"元"为"玄"之避讳用词，"功"为"助"之误。
② 林宝撰，岑仲勉校记，郁贤皓、陶敏整理，孙望审订：《元和姓纂》，北京：中华书局，1994年，卷5，第628页。
③ 赵明诚：《金石录》，卷26，见《石刻史料新编》第1辑，台北：新文丰出版社，1977年，册12，第8956b页。《宝刻类编》卷3，称此碑为"开元二十四年四月立"，见《石刻史料新编》第1辑，册24，第18442b页。
④ 岑仲勉的校读记，见林宝撰，岑仲勉校记，郁贤皓、陶敏整理，孙望审订：《元和姓纂》，卷5，第628页。
⑤ 魏收：《魏书》，北京：中华书局，1974年，卷85，第1871—1872页。
⑥ 贺兰弼：《唐故广平郡太守恒王府长史上谷寇府君墓志铭并序》，见周绍良主编：《唐代墓志汇编》，上海：上海古籍出版社，1992年，第1627—1628页。

如也,享年七十有五,先公即世,可谓君子偕老焉。……长子钊,秀而不实;嗣子钰,克遵遗令。①

这段引文给出很多信息。首先,其指出墓主夫人邢氏是屯留令邢义的长女,根据上文对邢和璞家世的梳理可知,此人当即邢和璞的姐姐;其次,这则资料给出了邢和璞祖父邢玄助的官职,弥补了其他史料的不足。此外,墓志的撰写人是寇洋和邢氏的侄女婿贺兰弼,是唐代著名诗人,如此邢和璞家族与文士圈子的交涉便更为复杂多元。

二、唐宋邢和璞传说爬梳

以上对邢和璞史事进行了挖掘,接下来对唐宋之间有关邢和璞的传说进行讨论。邢和璞在《酉阳杂俎》《明皇杂录》《纪闻》等重要唐宋笔记中都曾出现,文学研究不时会提到这一道教人物,但这些研究同样不以邢和璞为中心。严正道指出:"作为唐玄宗时期的著名道士,罗公远的真实事迹却极少为人所知,这与官方史料的选择性遗忘有关。但有幸的是,民间偶然性的一些记载及相关的民间传说却为我们保存了一些珍贵资料,为我们认识和了解这位道教人物提供了可能。"②严正道对民间传说的采纳建立在复原历史的旨趣上,因此其所采用者多为"合理性"或"可信性"较强的内容。这一材料使用方式会因作者对"合理性"本身的理解而产生取舍差异,但笔记材料可弥补正史不足的认识却无疑是正确的。一者,不少笔记材料在内容上较为可靠,能够算是信史,甚至已经被"正史"接受;二者,对一些表面看似奇幻的笔记的深度挖掘,特别是有关传说形成和流传背景的讨论,亦可反映笔记形成年代的历史情况。如吴真使用笔记材料对叶法善的研究,与凭借为志怪小说"祛魅"来恢复历史真实的研究不同,其将《太平广记》中的道士群体类型化,任何一个神奇的道士都能反映整个社会对道士形象的特定想象。由

---

① 贺兰弼:《唐故广平郡太守恒王府长史上谷寇府君墓志铭并序》,见周绍良主编:《唐代墓志汇编》,第1627页。
② 严正道:《唐代道士罗公远考》,《宗教学研究》2015年第3期,第78页。

此,研究便由单纯地爬梳材料,"进入宗教文学叙事手段、叙事结构及其社会心态史的考察"。① 吴真的这一想法是对宗教叙事研究旨趣和范式的灵活运用,具有一定理论意义。但这一说法也可能会让人忽视笔记、传说中个别道士有别于其他道士的特质。笔记和传说有时并不完全脱离核心人物的真实"特质",而是在人物真实特质的基础上进行层累创作。换言之,不少传说人物在特征设定上具备现实基础,与人物的真实情况存在部分一致性。这也就能解释为什么有的传说内容(如法术、形象、情节)只能被附加在某些人身上,而无法被比附于另外一些人。

记述邢和璞的笔记不算少,但从内容上看主要以牛肃《纪闻》、郑处诲《明皇杂录》、段成式《酉阳杂俎》为主,其他笔记小说基本是对三者相关内容的整理和复述。此外,在《太平广记》收录的一则颜真卿传说中,邢和璞也是重要人物,此一并讨论。

首先来看牛肃的《纪闻》。牛肃的生平和经历一直有疑问,当下只能确定其最晚生活于唐肃宗时期或稍晚。② 《纪闻》全书久已亡佚,《太平广记》对之采用颇多,其中恰有一则与邢和璞有关。《纪闻·邢和璞》收《太平广记》卷26,内容主要分三个部分,首先是对邢和璞基本情况进行介绍,这一段较为重要:

> 邢先生名和璞。善方术,常携竹算数计,算长六寸。人有请者,到则布算为卦,纵横布列,动用算数百,布之满床。布数已,乃告家之休咎。言其人年命长短及官禄,如神。先生貌清羸,服气,时饵少药,人亦不详所生。③

前文提到三卷《颍阳书》可与《皇极经世》等易算名著相提并论,可知邢和璞算术高超一事确实可以落实。《纪闻》中这则记载围绕邢和璞的真实形象展开。其中以

---

① 吴真:《唐代社会关于道士法术的集体文学想象》,《武汉大学学报》2010年第63卷第3期,第294、298页。
② 文学界对牛肃和《纪闻》的研究很多,如沟部良惠:《牛肃〈纪闻〉考——以〈吴保安〉为中心》,《唐代文学研究》2006年第11辑,第831—841页;黄楼:《牛肃〈纪闻〉及其史料价值探讨》,《史学月刊》2005年第6期,第77—82页;韩瑜:《文化学研究视角下的唐代小说集〈纪闻〉》,《嘉兴学院学报》2006年第4期,第53—56页;曾庆丽:《牛肃〈纪闻〉研究》,西南大学硕士学位论文,2009年;等等。
③ 李昉编:《太平广记》,北京:中华书局,1961年,卷26,页174。

竹算为法、布列百千的描述，强调邢和璞算法的复杂精妙。有关邢和璞服气、饵药的介绍，也与前文辑录的《颍阳书》内容对应。

在对邢和璞基本情况进行介绍后，《纪闻》展开邢和璞使友人和某少妾死而复生的两个传说，彰显邢和璞"能增人算寿，又能活其死者"的能力。第一则传说中，邢和璞拜访友人，但友人已死，在其母的请求下，救活了这位友人。友人苏醒后，解释幽冥见闻，称：

> 被箓在牢禁系，拷讯正苦，忽闻外曰："王唤其人。"官不肯，曰："讯未毕，不使去。"少顷，又惊走至者曰："邢仙人自来唤其人。"官吏出迎，再拜恐惧。遂令从仙人归，故生。①

显然邢和璞的权威要较地狱牢官高得多。"王"在这里应该是指阎罗大王，这一点在下一则传说中更为清晰。牢官可以暂时搁置阎罗王的命令，但却十分惧怕邢和璞本人，隐含着邢和璞的权威和神圣性要高于阎罗王的意思。如果考虑到阎罗王本身来源于佛教传统，那么令邢和璞这样一位本土仙人凌驾其上，便又暗含着道教信仰超越佛教的意识。这一点在第二个传说中更为明显。一位善歌舞的少妾暴死，实则为山神取去，邢和璞逐次书写墨符置妾卧处、朱符置于床、大符焚之，最终将少妾救活。少妾复生后对此前的所见所觉进行描述：

> 言曰："为一胡神领从者数百人拘去，闭宫门，作乐酣饮。忽有排户者曰：'五道大使呼歌者。'神不应。顷又曰：'罗大王使召歌者。'方骇。仍曰：'且留少时。'须臾，数百骑驰入宫中，大呼曰：'天帝诏，何敢辄取歌人。'令曳神下，杖一百，仍放歌人还，于是遂生。"②

从上引材料中可知，召取少妾的山神是"胡神"。邢和璞前两道符用来调动五道大神和（阎）罗大王，但山神拒不奉命；第三道符，奉"天帝"之命，山神最终受到

---

① 李昉编：《太平广记》，卷26，页174。
② 李昉编：《太平广记》，卷26，页175。

严厉惩罚。天帝显然是本土神灵，而胡神、五道大神、阎罗大王则都带有佛教印记。邢和璞可以通过"画符"指使五道神和阎罗大王，意在说明本土高道对冥府神灵有控制权；两位域外神灵的无力与天帝之命赫赫威灵的对比，是在表达本土神灵要远高于外来神灵的认识。值得注意的是，邢和璞指示和请求不同神灵的用符方式有所不同，他对五道神和罗大王不用太客气，因此直接写符置于少妾附近即可，而对于天帝则需焚符上达，祈求的意味很浓。吴真指出《太平广记》卷378"李主簿妻"、卷298"赵州参军妻"，故事情节与邢和璞"惊人地相似"，只是其中的道士（叶法善、明崇俨、邢和璞）、苦主、为恶神灵（华岳神、泰山三郎、山神［胡神］）的名称不同而已。因此指出唐代笔记中的道士形象存在模板，是集体想象的结果，不能与人物的真实特征挂钩。① 这个看法很有道理，但以上《纪闻》中的记述或许提醒我们应当更灵活地看待传说与历史真实之间的关系，不能贸然做全称判断。另外，即使故事模式大类，但细节差异有时也能折射出很有趣的信息。如吴真所举三则相类传说中，只有邢和璞传说中的山神被称为"胡神"，其他二者则是华岳神和泰山三郎，显示前者掺杂了更多的"华夷之辨"。

接着来看郑处诲《明皇杂录》中有关邢和璞的记述。② 《明皇杂录》所收的邢和璞与房琯传说，③ 虽合成一篇，但其实是两个故事。第一个故事称房琯与邢和璞巧遇，二人相伴来到夏谷村，遇到废弃佛堂。邢和璞侍者掘土得一瓶，瓶中是娄师德寄与永公的"书"。在邢和璞的启发下，"房遂洒然方记其为僧时，永公即房之前身也"。④ 后世笔记和佛教内部资料复述这个故事时，常将永公改称"永禅师"。⑤ 后世材料常常也会将此传说中发现的"书（書）"，改为"画（畫）"，盖

---

① 吴真：《唐代社会关于道士法术的集体文学想象》，《武汉大学学报》2010年第63卷第3期，第296页。
② 来源不同之《明皇杂录》辑文存在差异。有关邢和璞的内容除田廷柱从《太平广记》所辑文字外，还有其他材料可资参考，见陈洁：《〈明皇杂录〉研究》，东北师范大学硕士学位论文，2012年，第50—51页。本文依据田本。
③ 房琯在玄宗朝和肃宗朝都担任过宰相，《新唐书》称他"好谈老子、浮图法"（卷139，第4628页）。房琯与佛教方面交涉频繁，见《宋高僧传》（卷8、9、14）等。
④ 郑处诲著，田廷柱点校：《明皇杂录》（与《东观奏记》合订），北京：中华书局，1994年，卷1，第11页。
⑤ 如志磐：《佛祖统纪》，卷40，见《大正藏》，册49，第374b页。

两字形近而误。① 显而易见，这则故事充满浓重的佛教味道。经由举世著名的邢和璞的启发和见证，再以瓶中物品作为"物证"，房琯被确定为名僧永公的转世，这显然是对佛教轮回说的鼓吹和宣传。正因如此，这则故事后来被《佛祖统纪》等释门弘教之书作为典型的轮回和感应案例收录。有理由推测，这则传说最初是由佛教信徒创作出来，邢和璞由于太过著名而成为比附的对象。

《明皇杂录》记载的邢和璞与房琯的第二个故事，虽然没有前者那样著名，但与邢和璞善于卜算的真实形象却更为贴近，如下：

> 和璞谓房曰："君殁之时，必因食鱼脍；既殁之后，当以梓木为棺；然不得殁于君之私第，不处公馆，不处玄坛佛寺，不处亲友之家。"其后谪于阆州，寄居州之紫极宫，卧疾数日，使君忽具鲙邀房于郡斋，房亦欣然命驾，食竟而归，暴卒。州主命攒椟于宫中，棺得梓木为之。②

在这则故事中，邢和璞成为言辞暧昧的预言者。但正如前文所述，邢和璞在唐中期开始即以"算术"扬名天下，《明皇杂录》这则故事建立在邢和璞卜算技术高超的历史记忆上。在上面这段文字中并没有正式出现"算"字，但即将详细讨论的《酉阳杂俎》却以"房琯太尉祈邢算终身之事"开启这个传说。③ 与前则故事不同，不论是房琯寄居和暴卒的紫极宫（带有官方性质的老君庙），还是邢和璞的算术预言，都在有意地将故事引入道教语境。可以推测，这两则在《明皇杂录》中被合并在一起的传说，背后的创作者可能归属不同的群体，其创作目的存在差异，前者彰显佛教轮回之说（因此房琯/永公是核心人物），后者则在宣扬道士邢和璞的神通法力（因此房琯只是不幸的例证）。

《明皇杂录》中还有两则资料与邢和璞相关，这两条资料就是前揭正史中邢和璞相关记载的史料来源，分别是："邢和璞者，尝精于算术，每视人则布算于前，未几已能详其名氏、善恶、夭寿，前后所算计千数，未尝不析其详细，玄宗奇之久

---

① 《佛祖统纪》中称之为"书画"。
② 郑处诲著，田廷柱点校：《明皇杂录》，卷1，第11页。
③ 段成式撰，曹中孚校点：《酉阳杂俎》，上海：上海古籍出版社，2012年，卷2，第15页。

矣",故令邢和璞为张果卜算年寿;邢和璞盛赞僧人一行所造大衍历,印证一行就是八百年前洛下闳所谓的圣人。① 这两则记载出于笔记,但被正史采纳,再次证明"真实"与"想象"之间关系复杂。

段成式《酉阳杂俎》的"邢和璞"故事,开篇也是对邢和璞的概要介绍,称:"邢和璞,偏得黄老之道,善心算,作《颍阳书疏》,有叩奇旋入空,或言有草,初未尝睹。"② 紧接着给出从郑昉那里听来的三个邢和璞传说。第一个传说与《纪闻》中的记载相似,也是描写邢和璞有活死人、延人寿算的神力,但这一次的记述更为神奇。崔司马与邢和璞是旧交,崔常年卧病,一日听到卧室北墙有凿墙声,但旁人一无所觉。如此数日后,北墙出现只有崔司马才能看到的大洞,洞外有数人扛着铁锹。崔于是询问,工人称听从邢真人之命,开凿墙壁,"司马厄重,倍费功力"。稍后,邢和璞在侍卫护卫下驾临,对崔言曰:"公算尽,璞为公再三论,得延一纪,自此无苦也。"不久,崔司马病愈。③ 开凿卧室北壁与延长寿命之间的联系,或与风水有关,抑或只是为了增加神秘气氛。

《酉阳杂俎》给出的第二则传说,与《明皇杂录》中邢和璞令房琯忆起前世身份一事颇为类似。传说邢和璞隐居终南山,崔曙来归。邢和璞预言数日内有客到,果然。客人与邢和璞谈论甚欢,言语多非人间事。崔曙过庭,客人问邢和璞:"此非泰山老师乎?"邢和璞做以肯定回答。当晚,邢和璞与崔曙谈话,在邢和璞的提醒下,崔垂泣言:"某实泰山老师后身,不复忆,幼常听先人言之。"④ 第三则传说,即邢和璞为房琯算终身之事,但很多细节与《明皇杂录》的记述不同。如邢和璞的预言多了"若来由东南,止西北,禄命卒矣",前者的以梓木为棺,也改为了"休于龟兹板",又敷衍出一些龟兹板的由来内容。总体来看,《酉阳杂俎》中前两个传说与邢和璞个人的真实特征关系不紧密,传说内容可以被附加在任何高道身上;第三个传说涉及邢和璞的算学,内容与《明皇杂录》的记载相似,但信息比《明皇杂录》版为多,应该是传说在流传过程中的"进化"。

以上即唐中后期最典型的几则邢和璞传说,后世笔记和佛、道资料记录的邢和

---

① 郑处诲著,田廷柱点校:《明皇杂录》,卷2,第31页;补遗,第43页。
② 段成式撰,曹中孚校点:《酉阳杂俎》,卷2,第14页。
③ 段成式撰,曹中孚校点:《酉阳杂俎》,卷2,第15页。
④ 段成式撰,曹中孚校点:《酉阳杂俎》,卷2,第15页。

璞故事基本是对这几则材料的复述,如南宋陈葆光的《三洞群仙录》便在"和璞笑琯""和璞心算""戏臣鼓吻"等条目中收入了以上传说。① 除这些产生较早、影响较大的传说外,大约在唐宋之际或宋代,又出现了另外两个与邢和璞相关的传说。第一则传说与著名政治家和书法家颜真卿有关。《太平广记》征引《仙传拾遗》《戎幕闲谈》《玉堂闲话》称,颜真卿为李希烈所害,贼平后家人为之迁葬,发现颜真卿"肌肉如生,手足柔软,髭发青黑,握拳不开,爪透手背"。抬棺路上,棺材逐渐变轻,到达墓地后,唯"空棺而已"。道士邢和璞于是出现,解释称:"此谓形仙者也。虽藏于铁石之中,炼形数满,自当擘裂飞去矣。"② 宋代晁补之《鸡肋集》也收入这个故事,但其中邢和璞的解释中多出"后五百年"才会飞去的说法。③ 这则传说的产生自然是对颜真卿为国慷慨赴死的回报,"有功于民则祀之"的信仰传统为颜真卿增加了神圣光环。④ 邢和璞在这里成为一位权威的解释者,但这样的角色稳定性很差,极容易被其他人物替代。事实上,在《历世真仙体道通鉴》对颜真卿尸身奇异的记载中,"隐士曹庸"便替代了邢和璞,他宣称:"后三十年,擘裂飞腾而出,被羽衣行山泽间,即所谓地仙也。"⑤

另一则有关邢和璞的传说见于北宋吴坰的《五总志》中:

> 唐玄宗射猎沙苑,道士邢和璞化为羽鹤孤飞其上。帝弯弓射之,中其左股。复还玉局观,留箭以示其徒,曰:"此主天子,明年幸蜀。"东坡归自岭表,复官食玉局禄,有诗,卒章云:"玉局西南天一角,万人沙苑看孤飞。"盖所谓见微而知著者。⑥

沙苑在陕西洛渭之间,玉局观是四川成都著名道观,从现有材料无法获悉邢和璞曾

---

① 陈葆光:《三洞群仙录》,卷3、卷7、卷8,分别见《道藏》,册32,第250c、278b—c、248c页。
② 李昉编:《太平广记》,卷32,第207—208页。
③ 晁补之:《鸡肋集》,卷33,见《景印文渊阁四库全书》,册1118,第652a页。
④ 唐宋以降,道教中便存在颜真卿封神的说法,如白玉蟾云:"颜真卿今为北极驱邪院左判官。"见赵道一:《历世真仙体道通鉴》,卷32,见《道藏》,册5,第284a页。
⑤ 赵道一:《历世真仙体道通鉴》,卷32,见《道藏》,册5,第283c页。
⑥ 吴坰:《五总志》,《景印文渊阁四库全书》,册863,第812b页。

住于此观。依现存文献来看，宋代以前并不见此传说，故事很可能是北宋人的创造。箭射左股，与玄宗幸蜀之间的关系不明确，或是徒为增加神秘感的炫惑之说。如果苏东坡的诗句确实引用这则"典故"，那么或许可以说明此传说在北宋时多少有些影响力。

事实上，如果我们对这则传说的模型进行追溯，便可发现更早也更合理的故事版本。《太平广记》收录了一则出自《广德神异录》的传说，内容与上举邢和璞事大类，但主人公变成了徐佐卿。传说中，徐佐卿是益州道士，化鹤高飞，为玄宗在沙苑狩猎时射中。佐卿回到观中，与其他道士称射中自己的箭"非人间所有"，因此"留之于壁，后年箭主到此，即宜付之"。后玄宗避难幸蜀，果应佐卿之语。[①] 或可推测，由于"徐佐卿"对于大多数人而言太过陌生，因此北宋时便有人将传说的主人公改为著名道士邢和璞，但在对故事的细节改造上却比较敷衍，对邢和璞为何在蜀、左股中箭与玄宗幸蜀的联系等问题都没能做出合理交代。

小结：邢和璞史事及传说的持续影响

以上对唐代高道邢和璞的史事和传说进行考察，可以发现，录入正史、被当成史事的内容，与被视为文学想象的笔记传说存在密切的互动关系。此互动关系既呈现为彼此在内容上的相互借鉴，又表现为携手编织出有关邢和璞的历史记忆。虽然邢和璞的某些传说存在情节套用的现象，但其明于算术、预知、炼养的主要特征却被后人所铭记。这份特殊的历史记忆，在图画、诗歌用典、方技比附和后世笔记传说的暗指中产生着持续影响。

邢和璞令房琯悟前生的传说，经佛教渲染在唐宋之间变得十分流行，很早便产生以此为题的画作。根据《广川画跋·书邢和璞悟房次律图》记载，毕世安曾获得唐本《邢和璞房琯前世事》一幅，画师李唐复有临摹本。[②] 苏轼又称，其友

[①] 李昉编：《太平广记》，卷36，第227页。
[②] 董逌：《广川画跋》，卷2，见《景印文渊阁四库全书》，册813，第457b—458a页。

柳子玉"宝此画，云是唐本，宋复古所临者"。苏轼求之，柳子玉又请王晋卿临摹一幅，① 可知这则传说在宋代文人圈子里脍炙人口。有关邢和璞的诗歌用典，即以苏轼观赏宋复古、王晋卿摹本《邢和璞房琯前世事》后创作的《破琴诗》《破琴诗后》《观宋复古画叙》《王晋卿前生图偈》最为典型。②

邢和璞在炼养方面的贡献也在后世产生了影响。宋代吴彦夔《传信适用方》中记载一"延年草"配方，即被认为是"邢和璞真人常服"，可以"安神导气，消酒食，益脾胃"，"以其尤宜老人，邢和璞所以名万年草"。③《传信适用方》称此延年草方剂由廖蘧所传，刘斯立秘宝，则其当非源自《颍阳书》，而是宋人将新创药方托名邢和璞，以自高身价。从中可以确定，邢和璞作为炼养大师的形象，也已深入后人之心。

邢和璞得道高人和算术妙手的形象在后世笔记小说中得以复现。如元代赵道一《历世真仙体道通鉴》中收有一则"邢仙翁"的故事，称宋神宗熙宁四年（1071）李某入九疑山，遇一老者自称："吾唐末人，避世来此，姓邢氏，名不欲闻世间。"李某顿时便误认此人是"邢和璞"，但老者予以否定回答。④ 不论这位邢仙翁是不是邢和璞，李某的"误认"都说明邢和璞的高人形象深入人心。另一则出自《历世真仙体道通鉴》的传说更为有趣，称晚唐许柄岩在剑阁骑马坠崖，落入仙人洞府，与仙人、元君攀谈。此时有一颖道士到来，"执算而跪礼之（案：元君）"。元君于是请这位道士为她算两件事，"道士遂布算簌簌，披阅三才，讨论六合，上穷苍昊，下抵幽泉"，良久终于算出结果。继而元君又令此道士算今日当有何为，道士再次布算，得出"元君今夕合东游三万里"的结论，未及果有东皇君请元君赴曲龙山赏月。元君鼓掌赞叹，曰："为我语邢和璞。"颖道士唱喏。⑤ 虽然邢和璞在传说中没有真正出现，但当我们回忆起邢和璞精通布算的背景信息时，隐隐然就会猜测这位

---

① 苏轼：《破琴诗并引》《破琴诗后并引》，收《东坡全集》，卷19、卷30，分别见《景印文渊阁四库全书》，册1107，第290a—b、428b页。
② 苏轼：《破琴诗并引》《破琴诗后并引》，见前注；《观宋复古画叙》《王晋卿前生图偈》，收《东坡全集》，卷34、99，分别见《景印文渊阁四库全书》，册1107，第492a—b页，册1108，第584a页。
③ 吴彦夔：《传信适用方》，卷1，《景印文渊阁四库全书》，册741，第756a—b页。此方复收于明代《普济方》卷22。
④ 赵道一：《历世真仙体道通鉴》，卷51，见《道藏》，册5，第399a—b页。
⑤ 赵道一：《历世真仙体道通鉴》，卷32，见《道藏》，册5，第284b—285c页。

同样善于布算的颖道士可能就是邢和璞的门下弟子,故元君最后才会突然冒出请他代为向邢和璞致意的话。而"颖道士"的"颖"应该也有其深意,仿佛是在暗指邢和璞出身的"颖阳"地区或《颖阳书》,以此进一步拉近与邢和璞的关系。可见,算术通神确然是邢和璞的最重要特征,扎根后人的历史记忆。

以往学界对笔记和宗教内史的使用范式非常分裂,当这些材料能够较为"理性"时,学界往往将之视作弥补正史不足的宝贵史料;而当这些材料太过奇异时,便被判定为文学创作和个人奇想。但仅从文史材料本身而言,即使是正史中也存在方技传、释老志等带有奇幻色彩的内容,那么笔记、宗教内史与一般史料的分界到底在哪里呢?这当然不是一个能够轻易回答的问题。有关史料取舍的方法论问题,或许会随着对文本和历史本身的反思进一步复杂化。但值得注意的是,古人心中的历史意识与今人非常不同,尤其是在理性和宗教性的分野问题上。当"超自然"在古人心中就是"自然"的时候,如邢和璞这样的神奇人物的史事与传说便纠缠在一起,其既非确凿的信史,也非全然都是可随意更换人名的故事类型。邢和璞的史事与传说当然存在本质差异,但以上研究却可发现唐宋时人实际上将之视作统一体,融合二者构建自身的历史记忆。

在此,曹雪芹《红楼梦》中的一句话或许很适合作为本考的结语——假作真时真亦假,无为有时有还无。

考一四
金仙公主道迹

李唐有公主入道之风，就目前所知情况而言，已可确定至少有 28 位公主因不同原因成为道士，[1] 金仙公主就是其中较为重要的一位。有关金仙公主的情况，因有新旧《唐书》、《资治通鉴》以及迁葬桥陵后的神道碑和墓志铭等原始文献存世，且经贾晋华、Charles Benn、气贺泽保规、李帮等海内外学者深入考察，不少问题已获得处理。以下结合现有材料及学界研究，对金仙公主的道迹进行简要梳理，为未来研究稍做准备。

图 3　金仙公主墓志拓片[2]

---

[1] 贾晋华著译：《唐代女道士的生命之旅》，北京：社会科学文献出版社，2022 年，第 28—57 页。
[2] 引自中国文物研究所、陕西省古籍整理办公室编：《新中国出土墓志·陕西（一）》，北京：文物出版社，2000 年，第 114 页。

《大唐故金仙长公主神道碑铭并序》（后简称《金仙神道碑》）为徐峤（之）撰，唐玄宗御书。此碑本系传世之作，《道家金石略》依《金石萃编》等录文，可以参考。[1]《大唐故金仙长公主志石铭并序》（后简称《金仙墓志》）于1974年经陕西省考古研究所挖掘，出土于蒲城县三合乡武家村北，亦为徐峤所撰，玉真公主亲书。[2] 依二石内容，可判断二者均刻于开元二十四年（736）金仙公主附葬桥陵之时，乃梳理金仙生平道迹最可依仗之材料。

两石记载金仙公主享年四十四岁，《金仙墓志》称其"壬申之年，建午之月，十日辛巳薨于洛阳之开元观"，可知金仙卒于开元二十年（732）。以此上推，金仙约当生于689年（虚一岁），即武后永昌元年。《金仙神道碑》和《金仙墓志》给出金仙的家庭关系，指出其为太宗曾孙、高宗之孙、睿宗之女，玄宗同父同母的八妹。虽贵为天皇贵胄，但金仙公主的童年却可能长期生活在恐惧之中。其出生的永昌元年，武则天已牢牢把握大唐政权，严酷打压李氏皇族宗亲。就在一年之后，武则天正式改唐为周，登基称帝。金仙、玉真和李隆基共同的父亲李旦，曾在文明元年（684）经武则天扶持，替代中宗李显成为皇帝，但却一直生活在武则天的威胁和控制之下。

武周的建立，使李旦及其家人的处境更堪忧怜，任何不慎都可能引来杀身大祸，金仙母亲的死亡进一步增加了这个皇室家庭的焦虑感。《旧唐书》等记载，长寿二年（693），韦团儿构陷肃明皇后及德妃行巫诅之事，武则天于是在嘉豫殿中召见二人，二人随即一并遇害，尸身下落不明。事件中的德妃窦氏，即为金仙、玉真和李隆基的生母。[3] 但李旦及其子女的厄运并未止步于此，在武周统治时期，政治侵袭总是不期而遇，根本无力招架，人如风中飘絮，命运始终不曾掌握在自己手中。正如Charles Benn所述，这样的早年经历，可能成为促使金仙、玉真入道的一

---

[1] 徐峤之：《金仙长公主神道碑》，见陈垣编纂，陈志超、曾庆瑛补校：《道家金石略》，北京：文物出版社，1988年，第118—119页。本考所引《金仙神道碑》均出于此，不赘出注。《金仙神道碑》作者徐峤，常被金石著作录为"徐峤之"。王瑞芳考当为"徐峤"，见其《唐徐峤佚篇辑考》，《图书与情报》2010年第4期，第152—154页。
[2] 陈晓娥有专文对《金仙墓志》进行考释并抄写录文。本考依陈晓娥之录文，依拓片对录文中之错误有所纠正，后不出注。见其《〈大唐故金仙长公主志石之铭〉考释》，《乾陵文化研究》第2辑，西安：三秦出版社，2006年，第177—180页。《新中国出土墓志·陕西（一）》录为1973年出土（第114页），与陈晓娥所述不同。
[3] 刘昫等撰：《旧唐书》，北京：中华书局，1975年，卷51，第2176页。

种动力。[1] 对周遭环境的厌恶和冀图逃避世间侵扰的企盼，常常能够孕育出对于道教自由无待的信仰世界的亲和感。

神龙政变的突然爆发，为金仙公主等人的解脱带来转机。随着武则天的逝世和李氏皇朝的中兴，金仙公主迎来喘息的机会。就在唐中宗复位的第二年（神龙二年，706），金仙公主获得正式入道的机会。根据《金仙神道碑》所述，在李旦还是藩王时，金仙受封为西城县主，"以丙午之岁度为女道士"。这一情况，得到《金仙墓志》的呼应，称金仙"十八入道"。尽管此时的政局依旧非常混乱，几方势力纠缠争斗，局势暧昧不明，但较之武周时期，金仙等人的境况终归有所好转——入道意愿得到满足可以作为境遇转变的标志之一。然而，目前尚未发现此次入道后金仙公主即进入道观的证据，其在道教一途上的进程或许在数年后才获得重大进展。彼时，经过另外一番血雨腥风，金仙的父亲睿宗李旦再次登基，兄长李隆基和姑姑太平公主重权在握。金仙墓志和神道碑均指出，李旦对年幼的金仙公主异常宠爱，李帮认为这可能是"源于感情的补偿"。[2] 这样的补偿在李旦再次登基后，变得更加厚重。

《金仙墓志》记载，睿宗登基后，西城县主"进册金仙公主"。但这则记载实际将两个事件捏合在一起。《册府元龟》记载景云元年十二月癸未（711 年 1 月 1 日），睿宗下制，"第八女西城公主、第九女昌隆公主"，"并令入道，奉为天皇天后。宜于京城右造观，仍以来年正月令二公主入道"。[3] 则景云元年，金仙只是从西城县主进为西城公主。根据吕夏卿《唐书直笔》所述，景云二年（711）五月，西城公主才又改为金仙公主。[4] 而在改封"金仙公主"前，这位西城公主还与妹妹一同再次获受道法。据担任传法仪式临坛大德证法三师的太清观张万福亲述，在睿宗下达命令大约一个月后（景云二年正月十八日），23 岁的西城公主与妹妹昌隆公主（也就是后来的玉真公主），从"三洞大法师、金紫光禄大夫、鸿胪卿、河内郡

---

[1] Charles Benn, *The Cavern-Mystery Transmission: A Taoist Ordination Rite of A.D. 711* (Honolulu: University of Hawai'i, 1991), pp.1-5.
[2] 李帮：《唐金仙公主生平事迹考略》，《唐史论丛》2018 年总第 26 辑，第 150 页。
[3] 王钦若等编纂，周勋初等校订：《册府元龟：校订本》，南京：凤凰出版社，2006 年，卷 53，第 557 页。书中误将"西城公主"录为"西域公主"。
[4] 吕夏卿：《唐书直笔》，清光绪四年金山钱氏重刻小万卷楼丛书本，卷 3，第 10 页。

开国公、上柱国、太清观主"史崇玄，受灵宝中盟经戒法箓。① 有关史崇玄的情况，考九已做介绍。基本可以确定史崇玄依附太平公主，从神龙到先天时期快速晋升，成为当时影响力最大、最受朝廷重用的道士。随着李隆基与太平公主矛盾爆发，以及李隆基登极后取得最终胜利，史崇玄与太平公主的势力一同被磨灭在政治斗争的绞盘之中。有关此次洞玄传授的情况，Charles Benn 以专著的形式做了非常详细的探讨。② 根据张万福在《传授三洞经戒法箓略说》（后简称《略说》）以及三十年后大弘道观道士蔡玮在《玉真公主朝谒谯郡真源宫受道王屋山仙人台灵坛祥应记》中的回忆，金仙和玉真公主传法期间，甚至出现老君降临、亲自传法的奇迹。张万福在《略说》中记载道，在那次洞玄授度的十个月后，也就是玄宗登基后的先天元年（712）十月二十八日，金仙公主和玉真公主又从史崇玄处受得"五法、上清经法"。③ 据较新研究发现，此次传法非常特殊，意义也颇为重大。两位公主之所以接受"五法"传授，有可能是为了补齐和掩护当时还是"禁书"的《三皇文》等洞神经法。此次传法之后，《三皇文》在现实意义上终获解禁。④《金仙墓志》称金仙讳"无上道"，考虑到玉真公主讳"无上真"的情况，推测二人可能是在上述受法后（可能是稍早的洞玄受度后）一同获得的法号。

就在《册府元龟》所收景云元年十二月令金仙、玉真受道制中，睿宗答应在京城为两位公主造观。据《资治通鉴》等记载，次年两所道观正式动工，均被安排在辅兴坊中（金仙观在辅兴坊东南隅⑤）。然而由于"逼夺民居甚多，用功数百万"的问题，立即遭到朝臣反对。⑥ 气贺泽保规以表格形式列出反对造观的官员及其奏疏主旨。⑦ 业师贾晋华对官员们的反对情况进行详细总结，并指出玉真公主的道观建立在旧有官宅的基础上，金仙观则是完全新造，因此后者更可能导致大量原住民

---

① 张万福：《传授三洞经戒法箓略说》，卷1，《道藏》，册32，第197b—c页。
② Charles Benn, *The Cavern-Mystery Transmission: A Taoist Ordination Rite of A.D.711*.
③ 张万福：《传授三洞经戒法箓略说》，卷1，《道藏》，第32册，第197b—c页。
④ 白照杰：《"陶公五法"再研究》，罗争鸣主编：《中国古典文献研究》2024年总第3辑，第45—76页。
⑤ 王溥：《唐会要》，北京：中华书局，1960年，卷50，第871—875页。
⑥ 司马光：《资治通鉴》，北京：中华书局，2011年，卷210，第6783页。
⑦ 气贺泽保规：《金仙公主と房山云居寺石经の彼方——唐代政治史の一侧面》，《明大アジア史论集》1996年第1期，第14—19页，表格见第16页。

搬迁，由此引发矛盾。① 虽然遇到重重阻力，但金仙观依旧在睿宗的支持下建设完毕。同年，玄宗登基称帝。《金仙神道碑》有残缺，但仍可见"邑一千四百户"等语；《金仙墓志》亦记载玄宗称帝后，为金仙"进封长公主，加实赋一千四百户"的情况。气贺泽保规指出玄宗是在先天二年（713）七月之后全面掌权，推测金仙进封亦当在此之后。②

在玄宗统治时期，金仙公主在东都洛阳还拥有另外一所道观。《金仙墓志》记载"仍于京都双建道观"，且金仙最终就卒于"洛阳之开元观"。《唐会要》《长安志》等著作对金仙的这所道观有所记载，但所记内容却有不少错误。气贺泽保规对这些记述问题进行清理，指出金仙在开元五年（717）获得洛阳道德坊的景云祠，开元十年（722）改额开元观。③ 有材料记载，除了长安的金仙观和洛阳的开元观外，金仙公主在终南山中也拥有一处潜修之所。王处一《西岳华山志》记载，华山上有白云宫，是"唐明皇妹金仙公主修行之所"；仙宫观，"金仙公主所居之宫，乘鹤之后，敕修为仙宫观"；驾鹤轩，则是"金仙公主成道乘鹤升天之处也"。④ 不少更晚的材料对这些胜迹和传说也有记载。然而，尽管金仙公主在终南山中拥有修道场所并非毫无可能，但相关记载出现时代过晚，似乎更应当视作传说或地方记忆，未必符合事实。

与活跃于各个领域的妹妹玉真公主不同，金仙入道后的生活似乎要平淡很多。现有材料极少记载她入道后的情况，唯房山云居寺的一方碑石给出些许信息。这方开元二十八年（740）刊刻于所谓"金仙公主塔"上的《山顶石浮屠后记》，已经获得不少开放式研究。⑤ 此篇铭文的刊刻情况相对比较复杂，且与金仙公主本人关系较远（此时金仙已去世数年），不必过度铺陈。仅就碑文而言，其中记载下开元十八年

---

① 贾晋华著译：《唐代女道士的生命之旅》，第63—66页。
② 气贺泽保规：《金仙公主と房山云居寺石经の彼方——唐代政治史の一侧面》，第11—12页。
③ 气贺泽保规：《金仙公主と房山云居寺石经の彼方——唐代政治史の一侧面》，第12—13页。
④ 王处一：《西岳华山志》，见《道藏》，册5，第749a、751b、751c页。
⑤ Chen Jinhua, "A Daoist Princess and a Buddhist Temple: A New Theory on the Causes of the Canon-Delivering Mission Originally Proposed by Princess Jinxian (689 - 732) in 730," *Bulletin of the School of Oriental and African Studies, University of London* vol.69 no.2(2006), pp.267 - 292；魏来：《石经山金仙公主塔再研究》，《石窟寺研究》第12辑，北京：科学出版社，2021年，第106—124页；等。有关云居寺石经的整体情况，参塚本善隆：《石经山云居寺与石刻大藏经》，见汪帅东译：《房山云居寺研究》，北京：北京联合出版公司，2016年，第1—260页。

(730)金仙长公主为云居寺刻经呈递玄宗的两份奏请。其一是请求玄宗将新旧翻译的四千多卷佛经相赠,作为石刻经书的底本;其二则是为保障刻经能够有足够的经济支持,请求玄宗赐下庄田,并写明庄田四至。① 玄宗自然应允了金仙的请求,十年之后记载此事的碑铭被刊刻下来。根据魏来的推测,之所以在此时刻碑,其实是为纪念对于石经刊刻厥功至伟的敬琬法师圆寂百年。② 事实上,在金仙奏请的十年后,四千多卷赐经方才运抵石经山。金仙的奏请对于房山石经事业的顺利进展帮助很大,其在文本和经费方面的援助使这项延续千年的工程得到朝廷支持和物质保障。

时间来到开元二十四年(736),《金仙墓志》和《金仙神道碑》均记载她于四年前卒于洛阳开元观,"权窆伊洛",享年四十四岁。《金仙墓志》记载称:"越以景子之年七月己卯朔四日壬午,启旧茔而自洛,即陪葬于桥陵。"《金仙神道碑》给出迁葬队伍的记载,称:"……喜县开国男裴允初备监护之仪,银青光禄大夫、将作大匠、上柱国康……紫气迎于函谷。"

由于迁葬的关系,金仙公主实际拥有两所坟茔,根据目前的发现来看,两所坟茔均曾埋入镇墓石。有关洛阳坟茔的镇墓石,清代赵之谦《补寰宇访碑录》著录一《金仙公主墓中符篆告文石刻》,据称出土于洛阳,"正书,无年月"。③ 这方碑石所在不详,笔者亦未见拓片,但似确曾在清代出土于洛阳龙门。清代金兆燕《棕亭诗钞》中《唐金仙公主墓券歌》即因此事而作,诗中称"龙门乡界坏沙崩,断甃零砖出野塍",其间注曰:"券文云:三洞女官金仙公主今于龙门乡安宫立室。"④ 迁葬长安、附葬桥陵后的金仙墓曾有镇墓石出土,拓片为加地有定等人收藏并刊布。此方镇墓石为道教五方镇墓石之北方镇石,刻文写道"今有□清大洞三景法师故金仙观女官金仙公主李无上道灭度五仙,托尸太阴,今于京兆府奉先县桥陵域内安宫立室"云云。可知金仙公主因道士身份,以五练生尸之仪入葬,以图死后继续修道升仙。

---

① 此碑今存,录文常见。本文援引气贺泽保规的录文,见其《金仙公主と房山云居寺石经の彼方——唐代政治史の一侧面》,《明大アジア史论集》1996年第1期,第3—4页。
② 魏来:《石经山金仙公主塔再研究》,《石窟寺研究》第12辑,北京:科学出版社,2021年,第106—124页。
③ 赵之谦:《补寰宇访碑录》,清光绪三至十五年吴县朱氏槐庐家塾刻槐庐丛书本,卷3,第25页。
④ 金兆燕:《棕亭诗钞》,清嘉庆十二年赠云刊刻本,卷6,第7页。

图 4　金仙公主北方镇墓石拓片①

---

① 引自加地有定著,翁建文、徐璐译:《唐代长安镇墓石研究》,西安:三秦出版社,2021年,扉页。

考一五
"十五代茅山宗师"黄洞元

黄洞元（亦作黄洞源）是中晚唐时期江南地区颇具影响力的道士之一。其与多位名士官员交往密切，弟子瞿柏庭于当时即被公认飞升成仙，师徒二人由是名声大噪，后世刘大彬编纂《茅山志》时更将黄洞元定为"十五代茅山宗师"。然与这位高道超拔地位不相称的是，今人对其基本生平认识不清、歧说不断。问题根源在于《茅山志》等著作对黄洞元的生平记述不实，今人盲从不察，不免覆辙重蹈。本考综合现有材料重新梳理黄洞元生平事迹，以期纠正长期误导学界的问题，为相关讨论奠定坚实基础。

一、尝饮武陵桃源水，庭栗树下教瞿仙

《茅山志》称黄洞元为"南岳人。早游华阳，与玄静先生为师友，尝受行中黄服日之法"。[1] 与黄洞元相识的符载曾撰《黄仙师瞿童记》，亦称"南岳黄洞元"，[2] 故有关黄洞元出身南岳之说应当问题不大。[3] 玄静先生就是著名茅山高道李含光，[4] 有

---

[1] 刘大彬编，江永年增补，王岗点校：《茅山志》，上海：上海古籍出版社，2016年，卷7，第204页。
[2] 符载：《黄仙师瞿童记》，见李昉等编：《文苑英华》，北京：中华书局，1966年，卷822，第4341b—4342b页。
[3] 当然，还有一种可能是这里的南岳是"南岳先生"的简称。某岳先生，是中古道教特殊的称谓，根据个人生年之干支，将其人与五岳中的一座相联系。有关对此称谓的误解和纠正，见白照杰：《整合及制度化：唐前期道教研究》，上海：格致出版社，2018年，第162—163页。
[4] Kirkland, Russell. "Taoists of the High T'ang: An Inquiry into the Perceived Significance of Eminent Taoists in Medieval Chinese Society," Ph.D. diss., Indiana University, 1986, pp.72 - 94.

关黄洞元与李含光曾有接触且受学道法的记述似为《茅山志》首创，目前不见更早记载佐证。这一说法很可能是刘大彬等人为将黄洞元归入"茅山宗"、定为"十五代宗师"而做的铺垫，不可贸然取信。可靠的黄洞元事迹，开始于他在朗州崇义乡乌头里桃源观中的修道生活。

有关黄洞元事迹最早也"最可靠"的资料是符载的《黄仙师瞿童记》（完成于贞元元年，785）和温造的《瞿童述》（完成于长庆二年，822）。前者是根据黄洞元口述进行的创作，后者则是黄洞元弟子陈通微晚年时的回忆，两个材料均详述黄洞元弟子瞿童升仙始末。由于瞿童升仙与黄洞元在武陵桃源观的事迹紧密纠缠，故两部材料对黄洞元的情况也着墨甚多。学界对瞿童的情况目前已有非常详细的研究，有关师徒二人的交往，本考暂不详述，仅着重爬梳黄洞元本人的经历。[①]

根据符载和温造的记述，大历四年（769），十四岁的瞿柏庭（又作瞿伯庭）拜朗州桃源观（《黄仙师瞿童记》写为桃花观）黄洞元为师。在符载的记载中，黄洞元和瞿童曾有一次襄阳之行，其称："无何有丹砂之役。（黄洞元）后领（瞿童）至襄阳市阛阓之下，齐人浩扰，则瞑目不视。神气醉泥。"黄洞元问瞿童何以如此，瞿童自称市间利益相争，实在不堪，故而昏厥。[②] 黄洞元自此始觉瞿童并非常人。符载笔下的"丹砂之役"所指不详，但唐代帝王常派人赴地方采药以备炼丹之用，此或指大历年间某次采药活动。武陵地区素为丹砂产地，[③] 历代道士赴武陵寻丹砂者不绝如缕，如唐初《三洞珠囊》引《道学传》称梁天监十四年（515）即有知名道士"往武陵寻丹砂杂药"。[④] 黄洞元作为地方道教领袖，很可能参加了朝廷组织的采药活动。寻药结束后，黄洞元手中或许存留一些多余的、未入采药使法眼的丹砂，于是赴左近大城市襄阳出售。温造《瞿童述》称黄洞元师徒赴襄阳是"买药"，若符载从黄洞元口中听说的药物系"丹砂"无误，则此药本产武陵，或许不必舍近

[①] 有关瞿童的详细情况，参砂山稔：《瞿童登仙考——中晚唐の士大夫と茅山派道教》，收其《隋唐道教思想史研究》，东京：平河出版社，1990年，第364—388页；白照杰：《我到瞿真上升处，不辨仙源何处寻——唐代武陵桃源观念及景ögraphic变迁中的瞿童升仙》，《世界宗教研究》（待刊）。有关符载和温造所作两文的性质和始末缘由，以上两文均有详细讨论，皆可参考。此外，亦可参本书考一六《瞿童小传》。
[②] 符载：《黄仙师瞿童记》，见李昉等编：《文苑英华》，卷822，第4342a页。
[③] 唐至清武陵地区盛产丹砂等药材的情况，见胡安徽：《历史时期武陵山区药材产地分布变迁研究（618—1840）》，西南大学博士学位论文，2011年，第42—47页。
[④] 王悬河编：《三洞珠囊》，卷10，见《道藏》，册25，第320c页。

求远另赴襄阳购买。故怀疑"买药"恐系"卖药"之误。在服侍黄洞元的几年里，瞿童屡有仙缘奇遇，据信在某次洞穴探险时进入"秦人"避难所在，而黄洞元本人最初对此有所怀疑。避秦洞与影响巨大的陶渊明《桃花源记》所述情况衔接，故瞿童的洞穴传说很容易就与广为流传的桃源信仰联系在一起，两者成为"互证"的传奇故事。根据符载和温造的记述，瞿童在大历八年（773）白日飞升。《黄仙师瞿童记》记载称，瞿童在飞仙之前曾在园圃中捡获圆润石子一枚，坚称为秦客棋子，献与黄洞元。黄洞元将石子收入匣中，至迁居庐山时，还曾因睹玩石子而"惭愧慕望"。①

瞿童之外，符载和温造的两个材料还给出了黄洞元在桃源观时与其他人士的交往记载。首先是武陵的地方长官。《瞿童述》记载称，大历七年（772）二、三月间，黄洞元为朗州刺史胡叔清所召，停留二十余日返回道观。其次是桃源观中的几位道士，包括与黄洞元平辈论称的朱灵辩、黄山宝，以及黄洞元的"门人胡清镐、朱神静、童子陈景昕、谭伯豻"，②其中的陈景昕就是向温造讲述瞿童升仙事迹的陈通微。随着瞿童升仙事件的发酵，很快就有人追随瞿童的足迹，选择进入桃源观，拜黄洞元为师。第一位可考的追随者正是瞿童的兄长，《瞿童述》称："（大历）十一年（776），兄仙信从辰州来，闻弟登仙。至桃源，又师事洞源为道士。岩薜两茂，游嵩山，失所止。"③接下来的著名追随者是吉州刺史阎寀。《唐会要》记载贞元七年（791），阎寀请为道士，④《唐国史补》阐明其所隶道观为桃源观。⑤又有董侹⑥所撰《阎贞范先生碑》，详述阎寀入道师从黄洞元的经历，称："（阎寀）求出为武陵相，闻桃源有黄君瞿童之事，甘心而请学焉，黄君欣然留公。"⑦

---

① 符载：《黄仙师瞿童记》，见李昉等编：《文苑英华》，卷822，第4342a页。
② 温造：《瞿童述》，见吴淑：《江淮异人录》，见《道藏》，册11，第20b页。
③ 温造：《瞿童述》，见吴淑：《江淮异人录》，见《道藏》，册11，第20b页。
④ 王溥：《唐会要》，北京：中华书局，1960年，卷50，第881页。
⑤ 李肇：《唐国史补》（与《因话录》合卷），上海：上海古籍出版社，1979年，卷2，第33页。
⑥ 参刘禹锡：《故荆南节度推官董府君墓志》，见刘禹锡撰，陶敏、陶红雨校注：《刘禹锡全集编年校注》，北京：中华书局，2019年，卷14，第1618—1619页。
⑦ 董侹：《阎贞范先生碑》，见董诰等编：《全唐文》，北京：中华书局，1983年，卷648，第7003a页。砂山稔根据黄洞元的居止情况指出，建中元年黄洞元已迁往庐山，阎寀在桃源观拜之为师只能在此之前，故《唐会要》对此事时间的记载并不正确。见砂山稔：《瞿童登仙考——中晚唐の士大夫と茅山派道教》，《隋唐道教思想史研究》，第372页；有关阎寀入道的完整讨论，见第371—375页。

有关黄洞元在武陵桃源观的情况，以上基本介绍完毕，但仍有一个误解需要辨析。著名诗人王昌龄曾赴武陵，留下与道教相关诗歌，分别是《武陵龙兴观黄道士房问易因题》和《武陵开元观黄炼师院三首》。一些学者对其中"黄道士"和"黄炼师"有过推测，邓碧群等认为开元观"黄炼师"就是黄洞元；① 段祖青、蒋振华等人则认为龙兴观讲《易经》的"黄道士"是黄洞元。② 然而，目前并无可靠证据证明这两位黄姓道士就是黄洞元。事实上，正如前文所述，黄洞元所在之道观名为桃源观，与龙兴观和开元观均不相同，故尽管三人都姓黄，但未必就是同一人。又在南朝传说中，发现桃源洞的武陵渔人是黄道真，唐长孺指出此姓氏与武陵蛮身份相符。③ 有文章径认王昌龄的"黄炼师"为"溪族豪姓黄道真的后裔"，且混开元观与桃源观为一，显系过度推测，缺少切实证据。④

二、独身扶杖登匡庐，紫霄坛上留诗笺

据《黄仙师瞿童记》记载，黄洞元于建中元年（780），⑤ "自武陵卜居于庐山紫霄峰下古坛石室"。《茅山志》称瞿童升仙后，"明年（大历九年），师徙居庐山紫霄峰"，不确。清人毛德琦《庐山志》记载称，黄洞元入庐山后"得紫霄峰下石坛筑庵居之"。⑥ 居住在庐山时的黄洞元，吸引了不少文士的注意，其中最典型的就是符载。砂山稔指出，符载曾隐居庐山，与杨衡、崔群、宋济合称山中四友，⑦ 其《黄仙师瞿童记》是在庐山结识黄洞元后，依黄洞元之口述整理而成。⑧ 在文中，

---

① 邓碧群：《王昌龄交往诗歌研究》，湖南大学硕士学位论文，2017年，第33页。
② 段祖青、蒋振华：《略论宋前茅山高道与文人之交往》，《江西科技师范大学学报》2015年第1期，第113页。
③ 唐长孺：《读"桃花源记旁证"质疑》，收其《南北朝史论丛续编》，北京：生活·读书·新知三联书店，1959年，第163—174页。
④ 龚斌：《桃花源原型在武陵之推论》，《天中学刊》2015年第6期，第74页。
⑤ 《瞿童述》给出的时间更具体，为建中元年四月。
⑥ 毛德琦编：《庐山志》，康熙五十九年顺德堂刻本，卷4，山川分纪三。
⑦ "山中四友"说法不一，见傅璇琮主编：《唐才子传校笺》，北京：中华书局，1989年，卷5，册2，第598—602页。
⑧ 砂山稔：《瞿童登仙考——中晚唐の士大夫と茅山派道教》，《隋唐道教思想史研究》，第365页。

符载以"弟子风波之民"自称,对黄洞元格外尊敬,并认为黄洞元之道行远高于已经飞升的瞿童,之所以尚未成仙在于肩负救度世人的重任,需积累功德达至"三千之数"。①

山中四友里的另一位也与黄洞元有过直接接触,杨衡的《登紫霄峰赠黄仙师诗》就是专为赠予黄洞元而进行的创作。② 除四友外,热爱寻仙访道的诗人于鹄也曾入庐山访黄洞元,留下《山中访道者》(一名《入白芝溪访黄尊师》)一诗。诗中称"愿示不死方,何山有琼液",向黄洞元寻问长生久视之道。③ 黄洞元的盛名也传入著名诗人韦应物的耳中,他也创作过两首有关黄洞元的作品,分别是《寄黄尊师》和《寄黄刘二尊师》。④ 根据后者首句"庐山两道士,各在一峰居"来看,二诗当创作于黄洞元隐居庐山的那段时间。

没有任何材料反映黄洞元在桃源观中的那几位弟子曾跟随他迁居庐山,在接下来有关黄洞元居住茅山的记载中,同样见不到这几位弟子的身影。根据《瞿童述》的记载可知,向温造讲述瞿童升仙传说的陈通微就是黄洞元在桃源观中的弟子之一,但他长期居住在武陵(朗州)地区,并未随师去往庐山和茅山。因此,有可能的情况是,黄洞元孤身去往庐山隐居,在庐山期间似也并未再收徒。

三、再赴华阳三茅境,仙骨蜕尽入重玄

《瞿童述》称黄洞元在贞元五年(789)十一月迁入茅山,彼时他已在庐山居住九年之久。《茅山志》称黄洞元来到茅山后,"住下泊宫,日诵《大洞经》,嗣韦宗

---

① 功德积累与升仙之关系,是中古以来道教最常见的主题之一。如《本愿经》:"学升仙之道,当立千二百善功,立功三千,白日升天。"见朱法满编:《要修科仪戒律钞》,卷12,见《道藏》,册6,第982b页。
② 杨衡:《登紫霄峰赠黄仙师诗》,收李昉等编:《文苑英华》,卷228,第1149b页。
③ 于鹄此诗保存于《全唐诗》《文苑英华》《唐诗品汇》等多个诗文集中,个别字词存在差异。夏晓庆论文中给出校订本,并出校记,可供参考,见其《中唐于鹄诗歌论稿》,吉林大学硕士学位论文,2017年,第88—90页。
④ 有关韦应物这两首诗及其中所述"黄尊师"确为黄洞元的考证,见砂山稔:《韦应物と道教——真性〈真诰〉刘黄二尊师について》,《隋唐道教思想史研究》,第358—362页。

师之学"。① 下泊宫,位于中茅山以西,《茅山志》称《三茅君下泊宫记》为"唐贞观十一年重立碑,桃源黄先生文,和州卢使君书,② 今刻非旧。唐御史大夫王公纬尝修是宫,此记之所作也"。③《茅山志》的这些记载,存在多个问题。首先是黄洞元《三茅君下泊宫记》的建碑时间。砂山稔根据《宝刻丛编》等更确凿的资料,指出此方碑刻的初建时间是贞元十五年(799),而绝不可能是《茅山志》所述的"贞观十一年"(637)。④ 其次,有关黄洞元继韦景昭之学的说法也存在问题。根据《茅山志》的记载,韦景昭卒于贞元元年(785),四年后黄洞元方入茅山。若彼时茅山确有明确的"派系""宗师"存在的话,便会发生四年群龙无首的现象。在数年无宗门魁首的情况下,初介茅山的外人却能直接成为首脑,实在不可思议。与此同时,尤需注意的是,韦景昭所住道观是玄宗敕建的紫阳观,⑤ 系茅山最重要宫观之一,而下泊宫相对而言地位稍低,黄洞元于此观领袖茅山,大概也不甚可能。《茅山志》中又记一栖真观,称:"在华阳宫之西隐居中馆,桃源黄尊师所居。和州卢士牟撰碑,不存。宣和中,赐额。"⑥ 由此段记载并不能推出栖真观和下泊宫是茅山上的两个道观,也不能推出黄洞元曾先后居于两处的观点。《茅山志》的这段话存在问题,道观与"撰碑""不存"之间存在明显的语言不恰。事实上,这段材料当与前引《三茅君下泊宫记》共出一源,所谓的"撰碑""不存"均指《下泊宫记》而言;"和州卢使君"与"和州卢士牟"本系一人,为书碑者,这里误为撰碑者,真正的撰碑者是黄洞元;栖真观之名,则是下泊宫在北宋宣和年间新改的名称。

居住在茅山下泊宫期间,黄洞元似乎并无太多作为,最大成就或许就是收孙智

---

① 刘大彬编,江永年增补,王岗点校:《茅山志》,上海:上海古籍出版社,2016年,卷7,第205页。
② 卢使君即卢士元,见陈思:《宝刻丛编》,卷15,收《石刻史料新编》第1辑,台北:新文丰出版社,1977年,册24,第18331b页。
③ 刘大彬编,江永年增补,王岗点校:《茅山志》,卷10,第269页。
④ 砂山稔:《瞿童登仙考——中晚唐の士大夫と茅山派道教》,《隋唐道教思想史研究》,第377—378页。《景定建康志》记此碑为贞元十一年(795)作;《至大金陵新志》记之为"贞观十一年重立碑"。《茅山志》或受此类方志文献误导,将此碑记为"贞观十一年"作品。见周应合:《景定建康志》,卷45,见《景印文渊阁四库全书》,台北:台湾商务印书馆,1983年,册489,第580b页;张铉:《至大金陵新志》,卷11上,见《景印文渊阁四库全书》,册492,第418a页。
⑤ 简介见刘大彬编,江永年增补,王岗点校:《茅山志》,卷10,第268页。
⑥ 刘大彬编,江永年增补,王岗点校:《茅山志》,卷10,第270页。

清为徒。这一点不仅为《茅山志》所记载,更为李德裕的诗歌所证明——《尊师（孙智清）是桃源黄先生传法弟子常见尊师称先师灵迹今重赋此诗兼寄题黄先生旧馆》。[1] 砂山稔和王永平均曾撰文详述李德裕及其家族的道教信仰,指出李德裕与"第十六代茅山宗师"孙智清交往密切的事实。[2] 作为山门威仪,孙智清在茅山的真实地位要远胜其师——黄洞元被尊为"十五代茅山宗师"很大程度上得益于此。据信黄洞元在下泊宫居住十三年后,已经成仙的瞿童前来接引。《瞿童述》称,贞元十八年（802）春,润州邮差见一少年入茅山,少年看似缓步,实则疾不可追。当日茅山女道士萧冷然在鹤台"见少年持小漆函盖贮素书",问少年所从来。瞿童自报家门,并称来访黄洞元。萧冷然当时不悟,稍后忆起瞿童乃登仙者后,即拜见黄洞元,询问是否瞿童造访。黄洞元"唯唯不明喻"。八月,黄洞元召集门人,曰："吾将蹈沧海,为备装。"门人请求迁延一年,但"当午,洞源化"。《茅山志》记载称："德宗叹异,赠先生号,寿九十五。"[3] 所谓德宗所赐之号,即《茅山志》在黄洞元传开头给出的"洞真先生",王永平等人接受这一记载的真实性。[4] 然而,赐号事件连同黄洞元享年九十五的说法,皆不见更早记载。结合李德裕诗题中仅称黄洞元为"桃源黄先生"而非"洞真先生"的现象,推测德宗赐号一事未必属实；黄洞元寿数之说,也有待更确凿证据。

四、生前身后名难论，不意逸史留谑谈

以上爬梳了目前所能看到的黄洞元基本经历。除史实外,黄洞元与瞿童传说在晚唐以降颇受瞩目,坊间也流传出一些怪异、诙谐的传说"变体"。《逸史》中便给

---

[1] 李德裕：《尊师是桃源黄先生传法弟子常见尊师称先师灵迹今重赋此诗兼寄题黄先生旧馆》，收彭定求等编：《全唐诗》，北京：中华书局，1960年，卷475，第5396页。
[2] 砂山稔：《瞿童登仙考——中晚唐の士大夫と茅山派道教》，《隋唐道教思想史研究》，第381—384页。有关李德裕与茅山道教的关系，砂山稔亦有专门研究，见其《李德裕と道教——茅山派道教の宗师・孙智清との关わりに》，《隋唐道教思想史研究》，第389—415页；王永平：《李德裕与道教》，《文史知识》2000年第1期，第68—72页。
[3] 刘大彬编，江永年增补，王岗点校：《茅山志》，第205页。
[4] 王永平：《唐代道士获赠俗职、封爵及紫衣、师号考》，《文献》2000年第3期，第73页。

出两则记载，戏谑有趣，可附文末，以充谈资。

《逸史》为唐代卢肇所撰，原书散佚，辑存三卷。卢肇约生于元和十五年（820），会昌三年（843）状元及第，卒于乾符时期。[①] 卢肇《逸史》自序称其著《史录》后，复闻奇诡之事，于是编次成书，"其间神化交化，幽冥感通，前定升降，先见祸福，皆摭其实，补其缺而已。凡纪四十五条，[②] 皆我唐之事。时大中元年八月"。[③] 李剑国考其生平，知大中元年卢肇从事鄂岳，为卢商幕僚。[④] 彼时距瞿童升仙（773）已七十余年。卢肇在《逸史》中给出至少两则脱胎于黄洞元、瞿童故事的传说，分别名以《瞿道士》和《黄尊师》。

《逸史·瞿道士》称此传说出自"金陵父老"，[⑤] 盖黄洞元晚年迁居茅山，获得较高声望，金陵父老对之有所关注，以至继承、挪用、改造原在武陵之旧传。[⑥] 故事称，茅山黄尊师门下瞿道士年少懒惰，"屡为黄师所笞"，二人所居草堂附近有一洞穴，高八尺。一日瞿生又生怠惰，为黄尊师责打，逃入洞穴。黄尊师遍察洞穴，一无所获。瞿生"食顷方出，持一棋子"，自称"时人留浪见遗，此秦人棋子也"。黄洞元听闻此事，疑瞿生为狐狸所魅，"亦不甚信"。次年八月，风云异变，天降奇瑞，黄尊师一门认为师父飞升即期。黄尊师于是沐浴更衣，等候仙真接引。然而，最终飞升的却是瞿生。瞿生飞升云际，再拜黄尊师，曰："尊师即当来，更务修造，亦不久矣。"[⑦]

《逸史·黄尊师》称，道术高超的黄尊师居于茅山，有贩薪者"于岩洞见得古书十数纸，自谓仙书。因诣黄君，恳请师事"。但黄尊师仅"纳其书，不语"，且"日遣斫柴五十束"。贩薪者砍柴稍有不足，便会遭到黄尊师的苛骂捶打。一日，贩薪者入深山中，观两道士下棋误事，空手而归，"黄生大怒骂叱，杖二十，问其

[①] 李剑国：《唐五代志怪传奇叙录》（增订本），北京：中华书局，2017年，第866—876页。
[②] 李剑国辑佚《逸史》得八十七则，故疑"四十五"乃"百十五"之讹。见其《唐五代志怪传奇叙录》（增订本），第879页。
[③] 卢肇《逸史》序文，见李剑国：《唐五代志怪传奇叙录》（增订本），第879页。
[④] 李剑国：《唐五代志怪传奇叙录》（增订本），第879页。
[⑤] 《逸史·瞿道士》为《太平广记》所引，见李昉等编：《太平广记》，北京：中华书局，1961年，卷45，第282页。
[⑥] 李剑国逐条考释《逸史》内容时，指出《黄尊师》"贩薪者与瞿柏庭事类，当为柏庭事之误传"。见李剑国：《唐五代志怪传奇叙录》（增订本），第882页。
[⑦] 李昉等编：《太平广记》，卷45，第281—282页。

故"。贩薪者实言相告而更为黄尊师所疑,只得以"明日便捉来"自证。次日,贩薪者佯装观棋欲捉道士,但道士飞腾树上,"唯得棋子数枚"。道士笑谓曰:"传语仙师,从与受却法箓。"贩薪者携棋子以归,向黄洞元悉言其事。黄洞元"大笑,乃遣沐浴。尽传法箓。受讫辞去,不知所终"[①]。从黄仙师、拙劣的修道者(贩薪者、瞿童)、师徒/主仆关系、棋子、洞穴等诸要素上,不难看出此故事脱胎于黄洞元瞿童传说的痕迹。

---

① 李昉等编:《太平广记》,卷42,第265页。

考一六
瞿童小传

上一考对黄洞元的情况进行介绍，本考则将关注点聚焦在他的升仙弟子瞿童身上。瞿童，字柏庭（有时亦作伯庭），朗州辰溪（今湖南省怀化市辰溪县）人。据传于大历八年（773），在武陵桃源观白日飞升，获得社会普遍关注。

专门记述瞿童事件的原始资料主要有三种，包括：贞元元年（785）符载所撰的《黄仙师瞿童记》，内容来源为瞿童之师黄洞元的口述；[①] 长庆二年（822）温造撰写的《瞿童述》，内容来源为黄洞元弟子、瞿童同门陈通微的口述；[②] 大中二年（848）成书的卢肇《逸史·瞿道士》，内容来源于坊间传闻。[③] 后世瞿童仙传基本以三者为依据，前两者尤获推崇。以下以这些资料为主，梳理瞿童生平经历。

《黄仙师瞿童记》与《瞿童述》均指出瞿童字柏庭，辰州辰溪人。大历四年（769）时，瞿童年十四岁，入朗州桃源观，侍黄洞元。《瞿童述》中，瞿童同门陈通微给出有关前者拜师经过详细介绍，称："大历四年，西川溃将杨林为澧阳守，不戢部下，兵纵其党。贾子华率千人假道武陵，劫五溪。五溪之人逃难四散。"五溪者，即雄溪、满溪、酉溪、潕溪、辰溪，末者即瞿童故乡，世居此者多系少数民族（即所谓"五溪蛮"）。为避兵厄，瞿童携母出走。纵兵为祸之贾子华，或即两《唐书》记载大历十四年（779）与李希烈一同斩杀李忠臣衙将张惠光父子，并将李

[①] 符载：《黄仙师瞿童记》，收李昉等编：《文苑英华》，北京：中华书局，1966年，卷822，第4341b—4342b页。本考使用《黄仙师瞿童记》均出于此，不另外出注。
[②] 温造：《瞿童述》，见吴淑：《江淮异人录》，见《道藏》，册11，第20c页。本考使用《瞿童述》均出于此，不另外出注。
[③] 卢肇：《逸史·瞿道士》，见李昉等编：《太平广记》，北京：中华书局，1961年，卷45，第281—282页。本考所引《逸史·瞿道士》均出于此，不另外出注。

忠臣逐出汴州的那位贾子华。①《瞿童述》记载，瞿童携母逃难而出，首先寄寓于崇义乡乌头里桃源观道士黄山宝之偏宅。经黄山宝引荐，瞿童向上清三洞法师黄洞元表达了师侍愿望。黄洞元起初以"柏庭奉母须甘旨"为由，拒绝瞿童请求。但黄山宝表示："柏庭母在山宝庐，幸有继给。倘蒙收拾贫贱，所望容纳。"黄洞元于是接纳瞿童。约两年后（大历六年［771］正月），瞿童丧母，葬母后一心奉事黄洞元。

瞿童在黄洞元门下的活动似乎主要是"奉事"，不见任何道法、道学修行的痕迹。有关瞿童奉事黄洞元的概况，《黄仙师瞿童记》作以综述，称瞿童"厕役隶之末位"，优秀地充当黄洞元侍者一职。《瞿童述》中也给出了相应观点："（瞿童）服勤事洞源不懈，凡事役力办不倦。"然而这一说法在《逸史·瞿道士》中却饱受质疑，卢肇得到的消息却是"弟子瞿道士，年少，不甚精愻，屡为黄师所笞"。记载间的严重分歧，显示出集体记忆的分裂。紧接着这段概述，《黄仙师瞿童记》称瞿童常独行游溪洞，往往隔日方回。黄洞元对瞿童的行为予以斥责，瞿童回应："偶造佳地，遭遇神圣，睹云气、草木、屋宇、饮食，使人澹然忘情，不乐故处。"瞿童接着请求黄洞元一同游览洞穴，但后者却表示："灵仙之府必在左右，然尚幼小，谓所至之地不即尔也。"这段记载在《瞿童述》中被安插在大历七年（772）二、三月间，彼时黄洞元为朗州刺史胡叔清所召，临行命瞿童于山中种植果树药材。黄洞元二十余日后返回桃源观，发现瞿童并未有任何劳作，责问何以懈怠如斯。瞿童回答称，自尊师去州，"只于仙林寻仙穴"。黄洞元接着询问有何发现，瞿童答以石室、石床、石几等。黄洞元继而追问洞穴远近，瞿童称"约去一里半"，但"洞源疑而不穷"。瞿童的怠惰使人联想到上述《逸史》对瞿道士的评价，《瞿童述》试图以寻仙来作为怠惰的借口，消弭瞿童的过失并弥合此与瞿童奉师严谨评价间的断裂。符载和温造对此次瞿童寻仙洞在整个瞿童传记结构中的顺序安排不同，后者将瞿童此行与黄洞元应朗州刺史之邀等背景联系起来，似乎显得更为可信。然一者《黄仙师瞿童记》概出自黄洞元讲述，混淆时间的可能性较低；二者历史和传说在不断撰述过程中，会出现"被合理化"的现象，故此事是否确实发生于大历七年二、三月间无法贸然判断。

---

① 刘昫等：《旧唐书》，北京：中华书局，1975年，卷145，第3942页；欧阳修、宋祁：《新唐书》，北京：中华书局，1975年，卷244下，第6389页。

在符载和温造的笔下，皆有一段瞿童襄阳之行的记载，前者将之安排在瞿童游仙洞之后，后者则将之放在游洞前的大历六年七月。《黄仙师瞿童记》称：

> 无何有丹砂之役。（黄洞元）后领（瞿童）至襄阳市阛阓之下，齐人浩扰，则瞑目不视。神气醉泥。返至逆旅，通宵而后醒。问其故，捧手对曰："太朴散坏者久矣。今之人圆冠方履，以诈相尚，以利相市，余所不堪。"方大骇其说，不敢以常仆仆之。

《瞿童述》的记载则多出一段，称：

> 七月，洞源买药至襄阳市。每入市，令柏庭持装橐，柏庭必闭目处中。洞源让曰："处众而睡，人夺汝携。"柏庭曰："非有睡也。闷众之喧喧耳。"九月，洞源南归。行及宜城，去襄阳百余里，洞源遽曰："香炉捐主人，奈何？"柏庭请复取，白洞源暂休以俟。不时顷持炉还。洞源惊而问，答曰："尊师方在途，恐留滞，故疾行。"洞源信然。

《瞿童述》的记载显然更为复杂，然而《黄仙师瞿童记》也给出了一些独特的细节，如对于"丹砂之役"的背景铺陈。襄阳市上瞿童的昏沉表现及事后解释，为这位少年增加了"道系"味道，使他在黄洞元眼中变得与众不同。《黄仙师瞿童记》"不敢以常仆仆之"一语异常惹眼，隐含着瞿童作为"仆人"的身份要远重于传法弟子。这一点与前文所谓瞿童"厕役隶之末位"的记载相应，也与传记中从未提及他受学道法的情况相契合。《瞿童述》中多出的一段香炉事件，突出瞿童跨越空间或速度超常的神通。

《瞿童述》紧接着游仙洞（大历七年二、三月间），给出了一段瞿童获得秦人棋子的记载，事件被定在游洞的一旬之后。记载称，瞿童在园圃里捡到"状若小龟，光润如玉"的棋子一枚，献与黄洞元，并指之为秦人棋子。黄洞元质疑"乌知其然？"，瞿童并无证据，但坚称"诚秦人棋子"。黄洞元于是接受此物，并将之放在箓囊之中，后阅箓开囊，封处如故，但棋子已经不见。类似内容在《黄仙师瞿童记》中以追述形式被呈现出来，但没给出具体时间，也未言棋子丢失，且称瞿童升仙后，黄洞元"发箧复睹故物，其惭愧慕望者可胜言哉！"可知，符载撰文时棋子尚在，棋子丢失可能发生在黄洞元居住庐山和茅山时期。《逸史·瞿道士》也给出了秦人棋子的记载，但前因后果却颇为戏谑。有关于此，本书前考已有所介绍，此不重复。

时间来到大历八年，瞿童升仙在即。《黄仙师瞿童记》和《瞿童述》均记载瞿童求去（归洞穴），而久雨坏道，黄洞元未之许，后者将此事系在四月间。根据《黄仙师瞿童记》的记载，五月甲辰，瞿童正式向黄洞元宣告"灵期逼近"，即将离去的请求，但黄洞元只是"少加抚爱，未即听遣"。与《逸史·瞿道士》中的黄洞元一样，《黄仙师瞿童记》中的同观道士朱灵辩（案：亦写作朱灵办，疑读"辩"为"办"）也怀疑"童子精神愲愡，为妖邪所攻"。朱灵辩于是想要画符对治，但瞿童不悦，称："他辰之相见，岁在降娄矣。"而后，瞿童来在庭中大栗树旁，"冉冉从树旁灭没化去，有声隆然如风飘雷震"。黄洞元等人四下搜寻无果，于西方一二里外遇大蛇当道，不敢前行。"至于东隅，见右足八指罗印于地上。"温造的记载在细节上与前者存在差异。《瞿童述》称，大历八年五月二十七日，黄洞元命瞿童去"河畔视船"，来回不及二里，而瞿童至午方回。黄洞元质问，瞿童称："观西南十五步许，有小桥。桥上遇一老尊，负杖挂物，呼予随去。柏庭不敢，由是晚。"三十日早朝后，瞿童整理行装，焚香礼拜仙尊，而后再次拜别黄洞元。洞元问之安往，答曰："归仙洞。"洞元问是否可以随行，瞿童否定此意，但建议他"当以时迁栖"，黄洞元称迁居隐匿是其志愿。瞿童最后告知黄洞元"期十八年"再度相见。黄洞元留之不得，即邀请同观道士朱灵辩一同观看仙人飞升。朱灵辩称瞿童"今日颜色异常光辉"，"洞源门人胡清镐、朱神静、童子陈景昕、谭伯珽偕圆瞩"，只见瞿童逡巡数步而不见。初疑为庭中栗树所障，遍寻不得，又集观户搜查林莽，"至东北林际遇一大蛇当路而止"，更无所获。当年还是童子的陈景昕（陈通微）就是后来《瞿童述》的口述者，他在这里自称目睹了瞿童升仙的全过程。

作为"人"的瞿童事迹至此告一段落，但瞿童对黄洞元的期许却隐含着再次临凡的可能。除在符载和温造文章中以预言形式呈现的期许外，《逸史·瞿道士》中给出了更为直接的记述。瞿童飞升云际，再拜黄洞元，曰："尊师即当来，更务修造，亦不久矣。"根据前考所述，黄洞元在建中元年（780）四月迁居庐山，贞元五年（789）十一月迁入茅山，居茅山下泊宫十三年后，终于等到了瞿童的接引。

考一六 瞿童小传

瞿童升仙事件在当时造成重大影响，很快就有人追随他的足迹，进入桃源观，拜黄洞元为师，其中就有前考指出的瞿童兄长仙信和曾任吉州刺史的阎寀。窦常在元和七年到十年之间（812—815）担任朗州刺史，刘禹锡在其幕中。在当地瞿童信仰的影响下，窦、刘二人也成为桃源仙境的追求者。窦常请人创作了桃源仙境图，因此引起韩愈"神仙有无何渺茫，桃源之说诚荒唐"的嘲讽。[1] 刘禹锡则在那时撰写了《桃源行》《游桃源一百韵》等诗歌。就在刘禹锡的那首《游桃源一百韵》中，出现了与瞿童升仙直接相关的景观，包括庭中大树（"言毕依庭树"）和迹坛（"唯余步纲势，八趾在沙砾。至今东北隅，表以坛上石"），可知瞿童升仙丰富了武陵的人文景观。有关这一现象，狄中立会昌元年（841）的《桃源观山界记》的一段记载更为充分，文字中出现的围绕瞿童信仰而产生的主要景观包括：八迹坛、秦人洞、朱老师（朱灵辩）阁、杉树、桃源洞。唐代以后的一些材料证明武陵瞿童升仙景观得到继续丰富，如所谓炼丹台、黄洞元修真处等不一而足，详见《桃花源志略》卷2《纪胜》之记载。[2]

---

[1] 韩愈：《桃源图》，见方世举撰，郝润华、丁俊丽整理：《韩昌黎诗集编年笺注》，北京：中华书局，2017年，卷6，第365页。
[2] 参唐开韶、胡焞编纂，刘静、应国斌点校：《桃花源志略》，长沙：岳麓书社，2008年。

考一七
田虚应、田良逸新识

　　田虚应对道教学界而言并非陌生人物。经刘咸炘、陈国符等前辈之探究，田虚应在道教史上承上启下的意义已得到彰显，[①] 后借道教史著作反复强调而成为教、学二界之常识。[②] 概括而言，目前公认田虚应是中晚唐"上清道天台南岳系"的重要人物之一，他带领弟子由衡山迁往天台，使两地关系更为紧密，更开创出晚唐江南道教新局面。然而，尽管田虚应具有如此重要的历史地位，但其生平却并不如现有文献记载的那么清晰可靠。据笔者所考，晚唐出现的田虚应传记实际混合了两位"田尊师"的生平，后人袭而不查，贻误至今。

一、《洞玄灵宝三师记·田虚应传》的史料性质及价值概述

　　有关田虚应传记，历来多以杜光庭《洞玄灵宝三师记》（后文简称《三师记》）所录为准。[③] 学界对《三师记》之探讨并不罕见，有关《三师记》本身笔者另有讨论，于此仅给出本考所必需之要点：1.《道藏》本《三师记》作者"广成先生刘处静"系后人误署，此书最初署名可能只有"广成先生"四字，实际指杜光庭；2.《三师记》并非一人之作，其中度师应夷节传记为陆甚夷（杜光庭师弟）所作，包括经师田虚应传在内的其他内容为杜光庭晚年所写；3.《三师记》为920年杜光

[①] 刘咸炘：《道教征略》，杭州：浙江古籍出版社，2012年，第23—24页；陈国符：《道藏源流考》，北京：中华书局，2012年，《道经传授表》。
[②] 如卿希泰主编：《中国道教史》，成都：四川人民出版社，1996年，第2卷，第398—414页。
[③] 本考所引《三师记》内容均为《道藏》本（见《道藏》，册6，第751a—753c页），后不出注。

庭居蜀时完成。① 在以上三个要点的基础上，可展开对田虚应生平的重新讨论。

根据《三师记》所述，杜光庭师承应夷节，应夷节师承冯惟良，冯惟良师承田虚应，四人之间存在师承关系，因此普遍认为杜光庭所述内容应该可靠。然真实情况或许并非如此。《三师记·田虚应传》概要如下：

> "田君，讳虚应，字良逸，齐国人也。**隋开皇中侍亲而居攸县之西数里**"，为避烦扰，求隐居，携母迁于衡山。于紫盖峰东南岩下居住，"致养于亲五十余年"。"**唐龙朔年中，与隐仙何君相遇，默传其道。**"后地方官田侯迎田虚应于衡岳观，并于殿东构降真堂，"**田千乘、诸葛黄述赞于壁**"。
>
> "上清大洞"由司马承祯传于薛季昌，薛再传于田虚应。田虚应"**涉历云水二百余年，虽寒暑迁贸而寿纪莫穷**，至今诸峰游人往往有见之者"。田君经历当丰富，"**但尘凡忧隔，不可得而详焉**"。"先生门弟子达者四人"，分别为冯惟良、陈寡言、徐灵府。"元和中东入天台山，""宪宗皇帝诏征不起。""广成先生刘君尤居岳下。武宗皇帝征为天师，入国传道。今江浙三洞之法，以先生田君为祖师焉。"②

此段看似简明有序的记述，实际问题重重。一者，这段材料的记事明显分为前后两段，前者为田尊师在衡山的活动，较为详细；后者自"上清大洞"始，仅给出田尊师师承传嗣和东入天台的记载，但对田尊师此段时间的具体经历却完全不提，只称"不可得而详焉"。越早事迹越详、越晚事迹越略的情况，不免使人心生疑窦。二者，如果接受这段叙述，那么就必须接受田虚应活跃于隋开皇时期（581—600）至唐元和年间（806—820）的说法，换言之即需认同田虚应至少活了二百余岁，且较其师祖司马承祯（639—727）更为年长的观点。杜光庭本人明确认识到这一问题，故称田尊师"涉历云水二百余年"。三者，即使是此段文字中最晚的田虚应东入天

---

① 白照杰：《中晚唐天台上清正统的重建与赓续——"洞玄灵宝三师"考》，《社会科学》2022 年第 5 期，第 52—64 页。
② 为节省篇幅，此段文字引号内为《三师记》原文，其他文字为笔者概述；黑体为凸显重点而加；前后两段，为方便观察而分。

台一事（据笔者考证，发生于元和十年［815］①），亦发生在杜光庭出生前35年，因此无论如何杜光庭本人不可能亲见田尊师之经历。杜光庭在晚年撰写田虚应传记时，只能是依据其他更早材料——不论是书面还是口传——进行创作。获悉以上情况后，可以发现杜光庭的这段记述既不是"原始资料"，又未必是遵守秉笔直书态度的历史实录。因此，这里有必要追寻更根本的田良逸、田虚应传记记述，而后再返回作为"终点"的《三师记·田虚应传》，进行重新检讨。

二、杜光庭之前的田良逸和田虚应传记材料

在对田良逸、田虚应的研究中，李冲昭的《南岳小录》和陈田夫《南岳总胜集》是非常值得重视的材料。对这些材料的仔细阅读，将带给我们颠覆性的认识。《南岳总胜集》完成于南宋隆兴元年（1163），关注这部著作的原因并不在于其中记载了田虚应或田良逸的事迹——事实上，这部著作晚于杜光庭《三师记》。对此书的关注，主要在于书中记载了彼时衡岳观（宋为铨德观）中所存六方碑刻。在这六方碑刻中，与本考相关者有四，如下：

《何尊师得道碑》，唐衡阳太守苏务廉撰。②
《广成先生神道碑》，翰林承旨萧邺撰，太子少傅致仕卢璠书。
《隐真岩田先生记》。
《广成先生内传》，吏部侍郎赵橹撰。③

---

① 参本书考一九《天台道士徐灵府杂识》。
② 苏务廉系苏践义之子，苏践义为高宗时宰相苏良嗣之子。见欧阳修、宋祁等：《新唐书》，北京：中华书局，1975年，卷74上，第3147—3148页。
③ 有关目前所存《南岳总胜集》的版本情况，雷闻曾有精要讨论，指出光绪三十二年（1906）叶德辉据宋本重刊本较佳。故本考以此本为据，标点为笔者所加。见雷闻：《山林与宫廷之间：中晚唐道教史上的刘玄靖》，《历史研究》2013年第6期，第165页。有关刘玄靖相关碑铭作者、书者情况，亦见雷闻此文。
引文见陈田夫：《南岳总胜集》，光绪丙午长沙叶氏影宋本，卷2，第6页。

何尊师即《三师记·田虚应传》中"默传其道"于田虚应的隐仙何君。据《南岳总胜集》、赵道一《历世真仙体道通鉴》等材料记载，何尊师于"龙朔中居衡岳"，天宝二载（743）下元日登仙。何尊师隐居衡山期间，"张太虚、田虚应、邓虚中师事之"。① 有关广成先生刘玄靖的情况雷闻曾做过详细探讨，指出这里《广成先生内传》的"内"字可能是衍文。② 《南岳总胜集》记载"石室隐真岩"大中年间为刘玄靖所居。③ 刘玄靖又为"田先生"弟子，则从《隐真岩田先生记》篇题或可推测田先生亦曾长住于此。所谓隐真岩，即《南岳小录》所载之"石室隐真宫"，后改为会真阁。④ 接着来看《南岳小录》中有关田先生的内容。据李冲昭自序所言，《南岳小录》完成于"兵火之后"的壬戌岁；又书中出现最晚时间为869年，可推知此壬戌当为唐昭宗天复二年（902）。⑤ 李冲昭在序文中称自身长期居住于衡山，此书撰写过程中"遍阅古碑及《衡山图经》《湘中说》，仍致诘于师资长者、岳下耆年"。⑥ 由前引《南岳总胜集》的记载可获悉这些碑铭在南宋时仍然存在，"遍阅古碑"的李冲昭必然能够参考。从史源学角度而言，应当对李冲昭的记述予以足够尊重。

《南岳小录》中有一个非常值得注意的现象，即其中出现的田先生，只称"讳良逸"而不称名"虚应"，如"田先生药岩"条即称"先生讳良逸，元和中修行于此，后得道"。⑦ 同样重要的是，《南岳小录》所记"唐朝得道人"中称："田先生良逸，元和六年（811）正月七日在降真院得道。"⑧ 此处之得道，与羽化

---

① 陈田夫：《南岳总胜集》，卷3，第4页；赵道一：《历世真仙体道通鉴》，见《道藏》，册5，卷32，第282a页。
  更早且更为可靠的《南岳小录》给出何尊师得道时间，为"天宝二年十月十五日"，与《南岳总胜集》等相合。见李冲昭：《南岳小录》，见《道藏》，册6，第865c页。
② 根据《南岳总胜集》记载，《广成先生内传》为张坚白所撰；《广成先生传》为赵橹所撰。见陈田夫：《南岳总胜集》，卷2，第15—16页。
  雷闻的意见，见其《山林与宫廷之间：中晚唐道教史上的刘玄靖》，第167—168页。
③ 陈田夫：《南岳总胜集》，卷2，第15页。
④ 李冲昭：《南岳小录》，见《道藏》，册6，第864a—b页。
⑤ Kristofer M. Schipper and Franciscus Verellen, *The Taoist Canon: a History Companion to the Daozang* (Chicago and London: The University of Chicago Press, 2004), p. 436.
⑥ 李冲昭：《南岳小录》，见《道藏》，册6，第861c页。
⑦ 李冲昭：《南岳小录》，见《道藏》，册6，第864c页。
⑧ 李冲昭：《南岳小录》，见《道藏》，册6，第865c页。

辞世同义。若这一记载无误,则此田良逸无论如何都不可能在元和十年带领弟子东赴天台。根据这些内容,很容易就可推出以下观点:田良逸与田虚应并非一人!

《南岳小录》所录之《田先生写真赞》进一步坐实此论。赞文所涉信息颇有讨论价值,不厌烦琐引述如下:

> 《田先生写真赞》,蒙谷子诸葛黄撰
> 田先生实**衡之攸民**,世间所出,**天然真气**,**生而知道**,**醇孝养亲**。得混朴自然之理,言貌不饰,裘褐垢弊。侯王礼重,我亦不荣;肛隶给轻,我亦不陋。驱役鬼神,意往即至。**一入衡岳**,**逾五十年**。九百门人,皆是轩冕,请为法主,一作帝师,广成先生是也。即先生之道,其可知也。仪形可质,**图写存焉**。自始及今,未有称述。黄承其阙,序以赞云:
> 灵根独秀,真人间生。**仙非积学**,**道乃天成**。
> 汪汪德貌,落落神情。兹形如在,尤可作程。①

根据杜光庭《三师记·田虚应传》所述,衡岳观降真堂内"田千乘、诸葛黄述赞于壁"。《南岳小录》所录赞文确实署为诸葛黄所作,且由赞文序言可知此赞之前已有田先生写真,推测《三师记》中之田千乘可能就是创作田先生写真的画师。田千乘、诸葛黄等人图壁、书赞时间当不会太晚,二人有可能与田先生及其门下弟子关系密切。诸葛黄的文字给出了田先生的一些重要信息,如出身衡山附近的攸县、醇孝养亲、弟子中有"帝师"广成先生(刘玄靖)、待人接物潇洒混朴、门人多轩冕等——均与《三师记》所述相合。然《田先生写真赞》的另外一些信息则与《三师记》存在严重分歧,包括:1. 田先生是"生而知道""道乃天成",既未言其拥有光辉的上清传承法脉,又不言及隐仙何尊师;2. 在衡山居住五十年之期。《三师记》明确提及龙朔(661—663)至元和期间田先生居于衡岳,则其当在衡山居住百五十年之久。显然,赞文所述更合常理。结合《南岳小录》所述田良逸于元和六年得道的说法,继而上推五六十年,可得田良逸约于玄宗天宝十载(751)至肃宗上

---

① 李冲昭:《南岳小录》,见《道藏》,册6,第866a页。

元二年（761）之间始居衡山。以上所述几点分歧，唯有以田虚应和田良逸本为二人而在《三师记》中被混而为一方能解释。

然而，最早混淆田良逸与田虚应的人并不是杜光庭。事实上，在目前可见的材料中，成书更早的赵璘《因话录》中即出现如是现象。《因话录》确切成书时间不详，但根据赵璘生平而论（834年考中进士），其书必然早于《南岳小录》（成书于902年）和《三师记》（成书于920年）。在《因话录》中，田良逸与蒋含弘等亲密道友合为一传。赵璘记载称，田良逸本人是元和年间南岳著名道士，居于衡岳观，与相继担任潭州刺史、湖南观察使的吕渭、杨凭友善。[①] 杨凭和田先生的弟子曾请其祈雨、祈晴，颇有效验。田良逸本人放浪不拘小节，曾预言杨凭升官，"杨果移杭州长史"。[②] 后吕渭之子吕温为衡州刺史，[③] 田良逸待之亲切。据赵璘记载，田良逸母为喜王寺尼，寺众称田良逸为"小师"。田良逸每日以柴奉母，一日寺尼见虎在田母门外，田母称此虎系代田良逸送柴而来，无须惧怕。《因话录》此后所述转向蒋含弘和欧阳平，最后提及三人相继而逝，田之弟子有桐柏山陈寡言、徐灵府、冯云翼（即冯惟良）三人。《因话录》中有关田良逸母亲为出家尼师的说法，《南岳小录》《三师记》等均未采用。然后两者为道教之书，亦有删略佛教信息之可能，故有关田良逸母亲的情况目前尚难落实。《因话录》给出田良逸弟子的记述，不提刘玄靖，而唯及"田虚应"弟子徐灵府等三人，显然张冠李戴。

将《因话录》与《三师记》相对照，不难发现二者之间存在明显的相通之处，尤其是在将田虚应与田良逸混淆的错误上，杜光庭有可能直接承袭了赵璘的错误。[④] 然而，与《因话录》相比，《三师记》又提及田先生写真及赞文的一些情况，显示杜光庭在撰写田虚应传记时还参考了其他一些资料。

杜光庭《三师记·田虚应传》捏合来源不同的材料的情况，还可从其所录田尊师弟子的叙事语言中窥得一二。如前文所引，《三师记·田虚应传》称田尊师门人

---

① 据郁贤皓考证，吕渭在贞元十三年（797）至十六年（800）间担任潭州刺史、湖南观察使，杨凭继之，于贞元十八年（802）至永贞元年（805）间担任此职。二人仕履衡岳均不及《因话录》所谓之"元和初"。见郁贤皓：《唐刺史考》，南京：江苏古籍出版社，1987年，第2132—2133页。
② 赵璘：《因话录》（与李肇《唐国史补》合刊），上海：上海古籍出版社，1957年，卷4，第92页。
③ 吕温于元和五年（810）至六年（811）担任潭州刺史，见郁贤皓：《唐刺史考》，第2153—2154页。
④ 也可能来自于同源的"道听途说"。

达者"四人",继而只给出三个人姓名(冯惟良、徐灵府、陈寡言),而后继续讲述田尊师在天台的活动。在此之后才出现"广成先生刘君尤居岳下"的说法,然却忘记介绍刘君亦为田尊师弟子一事,致使小林正美怀疑此"四人"当为"三人"之误。① 叙事上的些许断裂,反映出杜光庭对材料的捏合并不妥帖完善;而由此不完善,可推冯、徐、陈与刘君或为两拨弟子,来源于两种不同的原始记述。然而,包括《隐真岩田先生记》等重要材料的亡佚,使我们对《三师记》提出的"隋开皇"等各种记载无法逐一溯源,有关《三师记·田虚应传》的编纂流程的讨论只能暂告一段落。但至此已可确定,同为"田"姓的田良逸与田虚应均为元和年间衡山著名道士,其人及其弟子在江南地方产生很大影响,自9世纪中期开始便被不明其事者混而为一。李冲昭等长期居于南岳、关心当地道教史的人士未从俗流,然《因话录》,尤其《三师记》等材料的出现及后续影响,却使这桩张冠李戴的公案获得权威,成为"史实"。

以上探讨大约足以将田良逸与田虚应区分开来,然有关何尊师与"田先生"之关联仍需简要讨论。根据前引《南岳总胜集》所录铨德观所存碑刻可知,衡阳太守苏务廉所撰之《何尊师得道碑》在宋时尚存,此碑当为后人撰写何尊师传记的主要材料。《三师记》系目前最早提及田虚应与何尊师之间存在师徒关系的材料;此说又见于《南岳总胜集》何尊师传,其传末尾又明确提及苏务廉所撰之碑刻。② 则何尊师与田虚应之师徒关系应当并非无端妄言。此需讨论者,唯此"田虚应"到底是"田虚应",还是"田良逸"。作此判断并不困难。根据前文所述,田良逸约于751—761之间才开始居于衡山,而《南岳小录》记载何尊师于天宝二载(743)得道升仙,此二人无法相逢于一时。田虚应卒年不详,但其居天台期间并未留下重要活动迹象,恐东赴天台时已届暮年。田虚应赴天台发生于元和十年,距何尊师羽化辞世相隔72年,尽管时间较长,但若以田虚应享寿八九十岁而论,推测田虚应少年时奉事何尊师亦合乎情理。故作为何尊师弟子的"田虚应",当为"上清天台南岳派"之田虚应,而非衡山田良逸。

---

① 小林正美著,王皓月、李之美译:《经箓传授中的三师说与上清经箓传授谱系的形成》,收其《唐代的道教与天师道》,济南:齐鲁书社,2013年,第117页。
② 陈田夫:《南岳总胜集》,卷3,第5页。

小结：田良逸、田虚应生平厘正

至此，在前文考述的基础上，可重新梳理田良逸及田虚应的主要经历：

1. 田良逸：攸县人，约在玄宗后期至肃宗时期开始居于衡山。奉亲至孝，师承不详。或长期居住于隐真岩，后衡州刺史田某延之于衡岳观。为人淳朴自然，《因话录》记载其与衡州、潭州地方官吕渭、杨凭、吕温等关系甚好。居衡岳观期间，受杨凭等人所请祈雨、祈晴；又预言杨凭升迁有验。居衡岳五十年，于元和六年于衡岳观降真堂羽化得道。此后衡阳太守苏务廉为之撰碑。田千乘、诸葛黄于降真堂壁上，为田良逸图形、书赞。据信田良逸传弟子数百人，其中以广成先生刘玄靖最为出众，在唐武宗时成为"帝师"。

2. 田虚应：早入衡山。年少时受学于隐仙何尊师（卒于743年），后从学于薛季昌（卒于759年），嗣江南"上清法统"。门下弟子达者三人，分别为陈寡言、徐灵府、冯惟良。元和十年，田虚应携三人离开衡山，去往天台。入天台后，曾蒙宪宗征召，不赴。后不久当即羽化辞世。

对田虚应、田良逸之考证，至此可告一段落。由于田虚应是"上清道天台南岳派"传嗣的重要一环，对其情况的重新摸查，影响对晚唐江南"上清传统"的整体认识。仅就田良逸而言，亦有助于纠正目前的一些错误观点。如因将田良逸与田虚应混淆，故将刘玄靖判定为"上清道天台南岳派道士"，进而再推测为何他未从田虚应等人赴天台等，或许都不是中的之论了。本考之价值，或不止步于搞清两位田尊师之经历，同时亦有益于修正由二人辐射出的既有道教史记述和评论。

考一八
天台道士冯惟良行迹爬梳

冯惟良是唐后期天台山地区最著名的道士之一。据《洞玄灵宝三师记》（简称《三师记》）记载和上一考的考证，冯惟良的法脉上承田虚应、薛季昌，以至司马承祯的江南"上清传统"，下启应夷节、杜光庭等一代高道，且在天台山桐柏观的修复和拓建工作上做出突出贡献。[①] 目前有关冯惟良生平最"权威"的记述《三师记·冯惟良传》系其再传弟子杜光庭所撰，但这部材料是杜光庭晚年的追忆之作，所述情况远算不上翔实。欲发微冯惟良及晚唐"上清道天台南岳系"的真实情况，[②] 尤需综合目前仅有之材料，重新勾勒其主要事迹。以下以《三师记·冯惟良传》为基本线索，结合各类其他材料，对冯惟良的道迹进行爬梳。

《三师记》称冯惟良为长乐人。唐宋地志所载以"长乐"为名者不止一处，如武德六年（623）分隋代闽县地所置之福州长乐县，[③] 其地在今福州辖下；又如天宝初于兰州地区所置之临州安乐县，乾元之后即改以长乐为名；[④] 等等。[⑤] 故冯惟

---

① 本考所引杜光庭《三师记》内容亦为《道藏》本（册6，第751a—753c页），后如无特殊情况，不再出注。
② 有关所谓"上清道天台南岳系"的说法在现代学术中很早就已出现，如刘咸炘、陈国符都对此法脉进行过梳理。后经卿希泰等学者所编道教史著作的反复确认而深入人心。然有关此法脉之详情，目前仍欠深入探索。三位前贤论述，见刘咸炘：《道教征略》，杭州：浙江古籍出版社，2012年，第23—24页；陈国符：《道藏源流考》，北京：中华书局，2012年，《道经传授表》；卿希泰主编：《中国道教史》，成都：四川人民出版社，1996年，第2卷，第398—414页。近来又有学者以"天台桐柏派"称之，见任林豪、马曙明：《台州道教考》，北京：中国社会科学出版社，2009年，第六章。
③ 李吉甫撰，贺次君点校：《元和郡县图志》，北京：中华书局，1983年，卷29，第716页。
④ 李吉甫：《元和郡县图志》，卷39，第1003页。
⑤ 以长乐为郡、县、镇名者，颇为常见。概要情况，参臧励龢等编：《中国古今地名大辞典》，上海：上海书店出版社，2015年（影印上海商务印书馆民国版），第558—559页。

良所属之长乐，仍需考索。北宋陈田夫《南岳总胜集》称冯惟良"字云翼，湘人也"。[1] 查唐代湘地似不见以长乐为名之郡县，不详陈田夫此说依据。赵道一《历世真仙体道通鉴》（简称《仙鉴》）记冯惟良为"相人"。[2]《仙鉴》所述之"相"当即相州，约与今河南安阳至河北章丘一带相应。查《元和郡县图志》可知相州所辖之尧城县，"本汉内黄县地，晋于此置长乐县，高齐省长乐入临漳县。隋开皇十年分临漳、洹水二县于此重置长乐县；十八年改为尧城"。[3] 相与长乐二说，于此冥会。然据《太平寰宇记》之爬梳可知，相州长乐县自隋改尧城后，唐末又改永定，朱梁再改长平，后唐复为永定，后此名延之于宋。[4] 对于晚唐五代的杜光庭而言，相州之"长乐"早为陈迹，以此指称冯惟良之地望较为怪异。故疑赵道一或知"湘"中无长乐，而相州尧城古为长乐，故以"湘"为"相"之谬而径改。[5] 然就目前材料所见，亦无法排除《仙鉴》和《南岳总胜集》之说别有渊源。此暂列歧说，以俟来考。

《三师记》称冯惟良最初于衡岳中宫修道。陈田夫《南岳总胜集》指出中宫在岳庙东北七里处，为衡山重要修道场所，"元和中，冯惟良亦修行于此"。[6] 此时冯惟良与陈寡言、徐灵府结为"烟萝之友。各葺静室于中宫之侧，相去二三里焉"（《三师记》）。《南岳总胜集》及《仙鉴》称三人"香火之外，琴/瑟酒自娱"。[7]《三师记》接着记载冯惟良"其后于降真堂诣先生田君，师禀真诀，三洞幽奥，咸得参授"。据前文考证，《三师记·田虚应传》误将田良逸与田虚应混为一人。[8] 事实上，衡岳观降真堂是田良逸晚年常住之所，冯惟良之师实则是在同一时期修道于衡山的另一位田尊师——田虚应。因此，冯惟良从师就学之地不应是杜光庭所谓之

---

[1] 陈田夫：《南岳总胜集》，光绪二十三年叶德辉影宋本，卷3，第21页。
[2] 赵道一：《历世真仙体道通鉴》，卷32，见《道藏》，册5，第327c页。本考所用《仙鉴》材料均出此本，后不烦出注。
[3] 李吉甫：《元和郡县图志》，卷16，第454页。
[4] 乐史撰，王文楚等点校：《太平寰宇记》，北京：中华书局，2007年，卷55，第1141页。
[5] 赵道一《仙鉴》对冯惟良的书写显然不只借鉴了《三师记》，如其开篇提及冯惟良"字云翼"之说便不见于《三师记》的记述，而《南岳总胜集》中却明确给出了冯惟良的字。
[6] 陈田夫：《南岳总胜集》，卷2，第16页。
[7] 陈田夫：《南岳总胜集》，卷3，第21页；赵道一：《历世真仙体道通鉴》，卷32，见《道藏》，册5，第328a页。
[8] 详见本书考一七《田虚应、田良逸新识》。

"降真堂"。《南岳小录》有关"田先生药岩"的记载引人注意，其称："在中宫东面百余步。先生讳良逸，元和中修行于此，后得道。"① 冯惟良、陈寡言、徐灵府三人均为田虚应弟子，且正如上文所述，三人修道居所均围绕中宫，故深疑修炼于"药岩"的田先生应当是田虚应。师徒四人居住在方圆二三里的小范围内，或较合情理。至于《南岳小录》明确记载药岩田先生为田良逸的情况，有可能是与《三师记》犯下同样的张冠李戴之误——因某一个"田先生"在当地太过著名，而将另一个田先生的事迹误加于前者之身。② 倘如是，则冯惟良拜师之处可能是在药岩，而非降真堂。

《三师记》称元和年间，田虚应携门下弟子冯惟良、陈寡言、徐灵府东入天台。徐灵府在其《天台山记》中明确指出几人于"元和十年，自衡岳移居台岭"。③ 进入天台后，作为师父的田虚应几乎没有留下任何事迹，料想很快羽化辞世。据《仙鉴》所述，徐灵府入天台后不久即独居云盖峰虎头岩石室，陈寡言则常年隐居于玉霄峰华林，④ 同门三人似乎并未生活在同一道观。鉴于《三师记》中将冯惟良称为"天台山桐柏观上清大洞三征君冯君"，故疑冯惟良在晚年迁居华林谷之前，一直常住桐柏观。杜光庭笔下，冯惟良等人在天台山的最重要活动就是重修桐柏观。有关这一事件，《三师记》如是记载：

> 会稽廉察河南元稹，闻其风而悦之，叙恳缄词，望云致敬，执弟子之礼。时桐柏观自贞一先生缮修之后，绵历岁年，华殿层楼，榛芜翳荟。三君记元戎

---

① 李冲昭：《南岳小录》，见《道藏》，册6，第864c页。
② 考虑到以下一点，或许能为这一判断增加一些可信度。《南岳小录》中完全没有出现过田虚应这个名字，所有的"田先生"均指田良逸。其中，李冲昭在"唐朝得道人"一节称田先生有弟子三人陈、冯、张（不详，或误，可能指徐灵府），在天台山得道（见《道藏》，册6，第866a页）。显然这里的田先生应该是田虚应，而非田良逸。因此，笔者怀疑，随着田虚应的弟子徒孙在天台山的积极运作，在李冲昭撰写《南岳小录》（902年）前，田虚应在元和年间修道衡山一事早已广为人知。然元和年间衡山风头更盛的田良逸（其人正是朝野闻名的广成先生刘玄靖的师父），在当地留下了更重的历史记忆，以至衡山当地人士回溯往事时，将田虚应的事迹，归并于田良逸。
③ 徐灵府：《天台山记》，收陆心源编：《唐文拾遗》，卷50，见董诰等编：《全唐文》，北京：中华书局，1983年，第10948a页。
④ 赵道一：《历世真仙体道通鉴》，卷32，见《道藏》，册5，第328a页。有关徐灵府在天台的修道之所（先在云盖，后转方瀛），参本书考一九《天台道士徐灵府杂识》。有关陈寡言修道华林的说法，徐灵府在其《天台山记》中亦有记载，可以坐实。

考一八　天台道士冯惟良行迹爬梳　　177

之力，再加兴构，作上清阁、降真堂、白云亭、偹闲院，以复贞一先生之迹。

冯惟良等重修桐柏观的情况和意义，需放在唐代桐柏观变迁史的背景下方可获得正确理解。

据《天台山记》记载，唐睿宗于景云二年（711）召见司马承祯，后司马承祯坚请还天台，睿宗于是为之建造桐柏观。① 有关天台山修道场域早期历史的想象和真实情况，魏斌做过极好的论述，值得参考。② 以司马承祯定居天台为契机，此地的道教情况又发生一些变化。③ 司马承祯至冯惟良时期桐柏观的变迁情况，不仅记载于《三师记》等材料中，更突出呈现在几方纪念性碑刻上。据《舆地碑记目》等材料记载，自司马承祯至冯云翼，有三方碑刻被竖立在桐柏观中，分别是景云二年的《桐柏观敕》、天宝元年（742）的《桐柏颂》，以及大和四年（830）的《重修桐柏宫碑》。④

《桐柏观敕》碑是睿宗敕建桐柏观的文书，全文录于《天台山全志》《全唐文》等。⑤ 文称睿宗敕台州始封县修复"废桐柏观"，据言当时桐柏观附近已有"学道坛宇连接者，十余所"。然始封县百姓多于山中樵采修墓，触犯神灵，以致灾祸不断。故敕当地官府收购地亩，"仍置一小观，还其旧额。更于当州取道士三五人，选择精进行业者，并听将侍者供养"。同时令州县长官与司马承祯"于天台山中，辟封内四十里"为长生福庭，禁止樵采捕猎。⑥ 有关四十里禁樵采的戒令，很可能

---

① 徐灵府：《天台山记》，收陆心源编：《唐文拾遗》，卷50，见董诰等编：《全唐文》，册11，第10947a页。
② 魏斌：《"不死之福庭"：天台山的信仰想象与寺馆起源》，《"山中"的六朝史》，北京：生活·读书·新知三联书店，2019年，第138—176页。
③ 有关司马承祯试图将天台山重新塑造为上清圣地的情况，参 Thomas Jülch, *Der Orden des Sima Chengzhen und des Wang Ziqiao: Untersuchungen zur Geschichte des Shangqing-Daoismus in den Tiantai-Bergen* (München: Utz Verlag Gmbh, 2011)。魏斌指出司马承祯将赤城这个"路标"误解为天台山最重要的洞天是"很大的讹误"（见《"不死之福庭"：天台山的信仰想象与寺馆起源》，《"山中"的六朝史》，第164页）。但这一讹误，也很可能是司马承祯等人的有意设计。
④ 王象之：《舆地碑记目》，卷1，见《景印文渊阁四库全书》，台北：台湾商务印书馆，1983年，册682，第525b页。四库本《重修桐柏宫碑》误系于"元和四年"，考元稹集等材料可知当为"大和四年"。
⑤ 李旦：《复建桐柏观敕》，见董诰等编：《全唐文》，卷19，第224b页；张联元辑：《天台山全志》，清康熙刻本，收"爱如生中国基本古籍库"8.0版，卷5，尾题"景云二年十月七日"。
⑥ 李旦：《复建桐柏观敕》，见董诰等编：《全唐文》，卷19，第224b页。

来源于《真诰》等材料所记载的一个观点,即"金庭有不死之乡,在桐柏之中。方圆四十里,上有黄云覆之"。① 由于天台山地域远超四十里范围,故需司马承祯与地方官一起勘定所需"辟封内"的长生福庭范围。从睿宗的敕文中不难看出这次复建的桐柏观只是一座"小观",其中的道士也只寥寥数人,且入住此观者既为当地精进优异且得侍者服务之辈,恐怕已不易成为司马承祯的法嗣传人。这也为司马承祯离去后,无人承继其学、昌盛此观埋下伏笔。② 事实上,或许恰因这一情况存在,田虚应、冯惟良师徒几人方有从南岳衡山东入天台绍续祖业的可能。在天台山居住廿八年后,司马承祯受玄宗之召,迁居王屋山阳台观,时在开元十二年(724)。③

立于桐柏观的第二方碑刻是《桐柏颂》。《宝刻丛编》《舆地碑记目》等金石著作均记此碑为天宝元年所立,④ 碑文今存,尾题"天宝元年太岁壬午,三月二日丁未",干支与年数吻合。⑤ 徐灵府《天台山记》中提及此碑,但记为天宝六载(747),当系误"元"为"六"的结果。⑥ 结合《天台山记》《宝刻类编》《舆地碑记目》对此碑情况的描述以及《道家金石略》所整理之碑文,⑦ 可得出以下信息:

---

① 吉川忠夫、麦谷邦夫编,朱越利译:《真诰校注》,北京:中国社会科学出版社,2006年,卷14,稽神枢第四,第465页。有关唐代道教圣地禁樵采的问题,参白照杰:《从陵墓礼遇到道教圣地特权——唐代"禁刍牧樵采"的礼制与权威变迁》,《世界宗教研究》2020年第4期,第20—35页。

② 袁清湘等持此说,较有道理,但其论说中举谢自然为司马弟子而活跃于蜀中一事并不属实。谢自然与司马承祯之间的师徒关系,系后世比附传说。有关袁清湘的观点,见其《徐灵府与上清派南岳天台系》,《中国道教》2009年第6期,第43页。与司马承祯关系不实等谢自然相关问题,学界已有明确探讨,杨莉、柏夷(Stephen R. Bokenkamp)、深泽一幸、何海燕、杨丽容、王颋、李光辉等学者均做出突出贡献,相关研究综述及对此问题的最新分析,见白照杰:《唐代女仙谢自然史实及传说阐幽》,《史林》2019年第6期,第65—76页。

③ 有关司马承祯迁居王屋山阳台观的时间存在开元十二年和十五年(727)两种观点,朱越利对之进行了分析,认为开元十二年之说较合理。见其《解读司马承祯传记(上)》,《中国道教》2016年第4期,第10—15页;《解读司马承祯传记(下)》,《中国道教》2016年第5期,第31—35页。

④ 陈思:《宝刻丛编》,卷3,见《石刻史料丛编》第1辑,台北:新文丰出版社,1977年,册24,第18291b页;王象之:《舆地碑记目》,卷1,第525b页。

⑤《道家金石略》依《天台山志》《金薤琳琅》整理出一录文,本考以此为据。见陈垣编纂,陈智超、曾庆瑛校补:《道家金石略》,北京:文物出版社,1988年,第133—134页。

⑥ 查《天台山记》有道藏本、大正藏本、唐文拾遗本(即本节所使用者)、日本国会图书馆本等多个版本,均有此误,则此错误出现时间应当较早。日本国会图书馆藏抄本之录文,见薄井俊二:《天台山记の研究》,福冈:中国书店,2011年,第261页。

⑦ 见陈垣编纂,陈智超、曾庆瑛校补:《道家金石略》,第134页。《全唐文》本给出篇题为《唐天台山新桐柏观之颂并序》,见董诰等编:《全唐文》,卷304,第3089a页。

此碑立于天宝元年三月二日，碑文为守大中大夫尚书祠部郎中上柱国清河崔尚所撰，翰林院学士庆王府属韩择木所书（八分书），玄宗皇帝亲书碑额。此碑本由朝请大夫使持节台州诸军事受台州刺史上柱国贾长源与别驾蔡钦宗等向朝廷倡议，目的在于赞颂司马承祯新作桐柏观之功，作为司马承祯弟子的李含光积极参与其事。① 立碑者则是自称弟子的毗陵（今江苏常州）道士万（或范）惠超等一千人众。参与此次立碑事件的几个人物在历史上留下过其他痕迹，李含光自不待言。作为立碑的主要倡议者，台州刺史贾长源积极响应朝廷崇道热潮。据《册府元龟》等材料记载，玄宗于开元二十九年（741）梦玄元皇帝，以此为道佑李唐之祥瑞，于是下达制书，令天下各州刻碑颂念，展开波及全国的"梦真容"运动。② 彼时台州《唐玄宗真容应见制》的刊刻活动，正由贾长源负责。③ 此事或对其之后倡议赞颂司马承祯复兴桐柏之功存在潜在关联。根据《唐诗纪事》记载，负责撰写碑文的崔尚为久视元年（700）进士，官至祠部郎中。④ 担任宗教事务管理部门重要官职的崔尚确实是撰写此碑的恰当人选，他对当时政教关系的理解也颇为恰当，其在赞文末尾明确将话语引向道教的护国功能——"通天降祥，保我皇唐，如山是常"。⑤ 书碑的韩择木是当时著名书家，《宣和书谱》中有其简要传记，认为他在隶书及八分书上颇有造诣。⑥ 然《宣和书谱》录韩择木《桐柏观记》为隶书，与宋元金石著作录之为八分书稍异。通过以上爬梳便可想象，此次《桐柏颂》立碑必然是一时盛举。然而，不论从碑文本身还是从《天台山记》对此次活动的记载中，都看不到立碑活动对桐柏观本身建设所产生的影响，故此次事件的历史意义似乎主要在

---

① 碑文本身并未提及李含光参与此事，然《天台山记》中作如是记载，或另有所据。
② 王钦若等编纂，周勋初等校订：《册府元龟：校订本》，南京：凤凰出版社，2006 年，卷 80，第 878 页。有关玄宗发起的"梦真容运动"的梳理和讨论，参白照杰：《天命再造——唐玄宗的"梦真容"运动》，《社会科学》2003 年第 6 期，第 75—86 页。
③ 陈思：《宝刻丛编》，卷 13，见《石刻史料丛编》第 1 辑，册 24，第 18291b 页。
④ 计有功撰，王仲镛校笺：《唐诗纪事校笺》，北京：中华书局，2007 年，卷 14，第 483 页。原书"久视六年"，王仲镛指出久视年号使用不足一年，故"六"当为"元"之误。除《唐诗纪事》所录应和诗一首外，崔尚所撰之《沁州刺史冯公碑》亦残存至今。此文《全唐文》卷 304 收录，然讹误甚多，陈尚君重录。见陈尚君：《全唐文再补》，卷 2，收其《全唐文补编》下册，北京：中华书局，2005 年，第 2114a—2115a 页。
⑤ 陈垣编纂，陈智超、曾庆瑛校补：《道家金石略》，第 134 页。
⑥ 《宣和书谱》，收《景印文渊阁四库全书》，台北：台湾商务印书馆，1983 年，册 813，卷 2，第 218b—219a 页。

于宣传和象征层面。

经历安史之乱等社会动荡后，桐柏观似乎又一次成为"废观"。此次圣地重光的责任，落到了冯惟良、徐灵府、陈寡言等人肩上。这次重修三人功不可没，不仅修复桐柏观原有殿堂，更是大大拓展出新的区域。根据前揭杜光庭之记载，元稹与冯惟良之间存在亲密关系，前者对后者执弟子之礼。为此次重修桐柏观撰写碑文者就是元稹。幸运的是，碑文完整地保存下来。① 元稹的《重修桐柏观记》给出了更为确切的重修时间。记文称"大和己酉"桐柏观修葺完成，徐灵府以状乞文。记文主体为四言韵文，述桐柏观由来及此次重修经过。欧阳修《集古录》论此碑铭，标为大和四年，称元稹亲自为碑铭作注。② 又《宝刻丛编》依欧阳棐《集古录目》记载，称："《唐修桐柏宫碑》，唐浙东团练观察使越州刺史元稹撰并书，台州刺史颜颛篆额。桐柏宫以景云中建，道士徐灵府等重葺碑以大和四年四月立。"③ 今《重修桐柏观记》仅四言正文，冀勤认为元稹自注亡佚不存；又己酉为大和三年（829）干支，"作年不同，当有一误"。④ 元稹自注亡佚是事实，然大和三年（己酉）和四年两个时间或许并非"一误"，怀疑前者为元稹撰文时间，后者则可能指正式建碑时间。由此可知，此次重修桐柏观，发生在几人入天台山（815）十余年后。此时，这一道教团体已在当地建立起一定权威，拥有重修和拓建桐柏观的经济条件。与《三师记》所述不同，元稹认为，"以其状乞文"于他的徐灵府是桐柏观重建的主要负责人，冯惟良和陈寡言起辅助作用，故称"克合徐志，冯陈协夫"。有关徐灵府重修桐柏观时的身份问题，袁清湘以为主持工程之人当为观主，推测徐灵府于大和三年之前即已担任桐柏观观主一职。⑤ 然而，一者，目前无其他材料支持此观点；二者，以亲密人士身份主持道观修葺事宜亦属正常；三者，元稹或因乞文者为徐灵府，而在记文中格外突出此人功绩亦不无可能。故以徐灵府为桐柏观主之判断，还需寻找更确凿证据。在《三师记》中，冯惟良被冠以"桐柏观上清大洞三征君"之名，亦很有担任此观观主之可能。《三师记》称元稹愿服弟子礼于冯惟良。然就

---

① 元稹撰，冀勤点校：《元稹集》，北京：中华书局，1982 年，集外集卷 8，续补二，第 712—713 页。
② 欧阳修：《集古录》，卷 8，见《景印文渊阁四库全书》，册 681，第 118a 页。
③ 陈思：《宝刻丛编》，卷 13，见《石刻史料丛书》第 1 辑，册 24，第 18292a 页。
④ 元稹撰，冀勤点校：《元稹集》，集外集卷 8，续补二，第 713 页。
⑤ 袁清湘：《徐灵府与上清派南岳天台系》，《中国道教》2009 年第 6 期，第 44 页。

《重修桐柏观记》中元稹称呼徐、冯、陈三人的语气而言（如"道士""冯陈""乞文于余"等），看不出对三人怀有明显尊重。故疑《三师记》所述并不符实，概为杜光庭尊崇祖师的夸大之词。

根据以上所述，此次桐柏观重修确实是由冯惟良、徐灵府、陈寡言领导的项目，三人厥功至伟。联系前述桐柏观在唐代的变迁历史便可了解大和年间重修的历史意义。经过此次重修和拓建，冯惟良所在的这个道教团体成功地复苏和占领了唐代天台山最有象征意义的道教宫观。随着这个团体中的重要成员持续不断地在天台山中开辟新的修道场所，在接下来的一些年中逐渐形成以桐柏观为中心的辐射系统，[①] 从而使这个由衡山迁移而来的道教组织在二三十年间就变成此地的道门权威。就法脉象征意义而言，此次重修桐柏观后，田虚应及其弟子们组成的道教教团，光明正大地接续了百多年前司马承祯在天台重新开创的"上清传统"。此教团对自身"上清正宗"身份的标榜，集中地表现在《三师记》不厌其烦地重复三师法脉源流的文字中，其中尤以成文最早的《应夷节传》最为显著。[②] 在《三师记·应夷节传》中，此段内容的撰写者陆甚夷给出了一条自陶弘景到应夷节的"上清大法"单传脉络。如果考虑到此时期茅山方面亦可能存在类似的"上清正宗"传承观念，[③] 那么此时天台道教团体对自身正统性的强调便非常值得玩味。然而，是次桐柏观重修活动，无疑可以作为田虚应、冯惟良道教团体接续天台山"上清正统"的标志性事件。正如《三师记·冯惟良传》所述，自此以降，这个教团便名正言顺地"以贞一、田君旧传三洞之道行于江南"。

由于文献之阙，有关冯惟良重修桐柏观之后的行迹，基本只能依据《三师记》的记载进行简要梳理。随着冯惟良声望日隆，"宪宗、敬宗叠降征召，蒲轮鹤书，

---

① 有关新修道地点的开拓问题，可以徐灵府为例，参本书考一九《天台道士徐灵府杂识》。
② 根据《三师记》序言可知，书中《应夷节传》是杜光庭师弟陆甚夷的作品，杜光庭只是为之补一赞文。陆甚夷在《应夷节传》末尾处表示，包括罗隐在内的儒家学者所撰应夷节相关文章（当地刻碑保存）并没有记录下应夷节生平中的"神仙之迹"，故弟子陆甚夷才"稽首烟霞，直书其事"。鉴于此文之撰写具有明确的针对性，推测当成于应夷节去世后不久，撰文地点也当在天台地区。
③ 茅山上清单传谱系，见李渤：《真系》，收张君房编，李永晟点校：《云笈七签》，北京：中华书局，2003年，卷5，第69—85页。有关《真系》所述上清传统传承谱系，小林正美有专文研究，见其《经箓传授中的三师说与上清经箓传授谱系的形成》，收小林正美著，王皓月、李之美译：《唐代的道教与天师道》，济南：齐鲁书社，2013年，第101—129页；又参白照杰：《唐代"上清道"的身份觉醒与法脉建构》，《文史》2024年第1辑，第87—111页。

竟不能屈"。《三师记》中冯惟良的名号中有"三征君"一词，推测宪宗和敬宗中的一位有可能征召过冯惟良两次。推脱皇帝征召后，冯惟良"即于华林谷创栖瑶隐居以止焉"。此后冯惟良的主要活动似乎只是在天台地区寻幽探奇，《三师记》记载其"履策寻幽，遍讨奇趣，灵墟华顶、琼室石桥，天姥、桃花之源，金庭、黄云之野，翛然独往，累月一归"。此段文字提到的地点都在天台山中或左近，徐灵府《天台山记》中多可找到相应记载。唯一未见于《天台山记》的地点只有"桃花之源"，但这显然是指著名的刘、阮入天台桃源的传说。此传说最早见录于刘义庆的《幽明录》，称刘晨、阮肇入天台山，迷路难返，经桃源、溪流而遇女仙。二人居桃源半载，思家而归，发现人间已过七世。[①] 经文人和道教的推广和渲染，天台桃源秘境逐渐成为唐代重要文学主题和圣境幻想。《三师记》接着记载称，冯惟良"自此深隐，莫知其所"。由这句话可知，冯惟良在某次探奇之旅后再也没有回来，下落不明。最后，《三师记》给出了冯惟良嗣法弟子的名字，即"三洞应君夷节、玉霄叶君藏质字含象、仙都刘处静、金庭沈君观无"。

上面以《三师记·冯惟良传》为主脉，结合其他各种材料对冯惟良生平经历进行爬梳。借助文中考述，不仅落实了冯惟良本人的一些经历，从中更能获悉"上清道南岳天台系"形成和发展过程中的一些详细情况。相信随着此类细节考述的逐渐积累，中晚唐江南道教的真实情况将得到越来越清晰的描述。

---

① 刘义庆：《幽明录》，见鲁迅：《古小说钩沉》，收《鲁迅全集》第 8 卷，北京：人民文学出版社，1973 年，第 361—362 页。

考一九
天台道士徐灵府杂识

道教上清传统最初经杨羲、许谧等人之手肇兴于东晋南朝时期，其传统并非严格的"道教组织/宗派"，而主要以较松散的"经派"形式流行于江南一带。故虽上清洞真经籍于南朝中后期一跃成为三洞魁首，但上清经背后的组织和传嗣情况却远没有想象中那么严格有序。经历隋唐道教整合之后，原本的"经派"认同也几乎消失殆尽，故尽管后人以茅山为"上清正宗"，但盛唐之前的茅山却似乎并不强调专门的"上清"归属，此情况直到司马承祯出世方才发生变化。司马承祯本人对上清"正宗"格外关注，这一点不论从其向玄宗推广"五岳上清真君祠"，还是从其多部以"上清"为名的著述中，都可发现端倪。正是在司马承祯的活动下，从盛唐时期开始，以天台山、茅山、衡山等道教圣地为中心的江南地区出现了"复兴上清"的道教运动，而这一运动的主力则是司马承祯及其门下弟子。

作为司马承祯的再传弟子，徐灵府参与了这场改变江南甚至整个大唐道教格局的运动。在现存材料中，有关徐灵府的记载并不充分，但通过对现有材料的有效挖掘尚可大致了解这位道士在唐中后期天台上清复兴运动中所做出的诸般贡献。本考以目前所能搜罗到的原始资料为基础，结合前贤研究，对徐灵府的主要情况进行考察，希冀提供这位道士的确凿信息，为研究唐中后期江南上清崛起等问题奠定基础。

元代成书的《历世真仙体道通鉴》（简称《仙鉴》）本质上并非严格意义的"纪实"著作，但近来学界研究认为赵道一编纂此书时对材料的选择颇有可取，所记人物、事件常能找到更早文献来源。[1] 有关徐灵府的情况，或可由此书记述入

---

[1] 罗争鸣：《赵道一〈历世真仙体道通鉴〉的编撰、刊刻与流传论考》，《宗教学研究》2018年第3期，第36—44页。

手。据《仙鉴》记载，徐灵府号默希子，钱塘天目山人，"通儒学"。① 从《仙鉴》同卷内容来看，徐灵府师承田虚应，与陈寡言、冯惟良等为同门师兄弟。此说可证于唐赵璘《因话录》之相应记载。② 徐灵府之师田虚应为薛季昌弟子，薛季昌之师即司马承祯。有关此法脉传嗣，刘咸炘较早做过处理，清晰明了，颇可参考。③ 田虚应于衡山得受上清真传，在此山修道多年后，于"宪宗元和中，东入天台不复出"，详细情况前文已有介绍。同书冯惟良传记称传主于"唐宪宗元和中，东入天台、会稽"，当与师父田虚应同往。然《仙鉴》徐灵府传径从默希子天台事迹讲起，于其早年活动几无措言。有关徐灵府此前经历，需另觅材料探究踪迹。

据徐灵府《通玄真经注》自序称："默希以元和四载投迹衡峰之表，考室华盖之前迨经八稔。"④ 又徐灵府《天台山记》自称于"元和十年，自衡岳移居台岭。"⑤ 可知，徐灵府自元和四年（809）开始在衡山持续修行六年之久，其间拜田虚应为师。元和十年（815）与同门结伴赴天台，两年后（817）定居"华盖"（即云盖，详见后文）。有关田虚应一门由衡山转赴天台的原因，袁清湘曾给出三点理由，包括江南地区拥有安定的社会状况、天台山具备适于修炼的自然环境，以及这个道教团体希望担负起继承和恢复祖师司马承祯天台上清圣地的责任等。⑥

根据《仙鉴》记载，徐灵府入天台后不久，即独自居住于云盖峰虎头岩石室，"凡十余年"，后改居"方瀛"，此后似未再与师父田虚应等人居于一处。王利器注徐灵府《通玄真经注序》之"华盖"为温州永嘉县之三十六小洞天之华盖洞，⑦ 袁清湘指正其误，认为华盖就是徐灵府隐居之天台云盖峰⑧（華/雲，概形近而误）。徐灵府此序自述对《通玄真经》（《文子》）的注疏开始于修道衡山时，而在其居住

---

① 赵道一：《历世真仙体道通鉴》，卷40，见《道藏》，册5，第328b页。
② 赵璘：《因话录》（与《唐国史补》合刊），上海：上海古籍出版社，1979年，卷4，第93页。
③ 刘咸炘：《道教征略》，杭州：浙江古籍出版社，2012年，第24页。据信此书最初完成于1924年。
④ 徐灵府：《通玄真经注序》，收《道藏》，册16，第674a页。《道藏》本题为《通玄真经》，实则为徐注。为免混淆，本考径称《通玄真经注》。
⑤ 徐灵府：《天台山记》，收陆心源编：《唐文拾遗》，卷50，见董诰等编：《全唐文》，北京：中华书局，1983年，册11，第10948a页。
⑥ 袁清湘：《徐灵府与上清派南岳天台系》，《中国道教》2009年第6期，第42页。
⑦ 王利器：《文子疏义》，北京：中华书局，2000年，第14页。
⑧ 袁清湘：《徐灵府与上清派南岳天台系》，《中国道教》2009年第6期，第42—43页。

于云盖峰时最终完成。元代任士林《松乡集·通玄观记》称杜道坚所得《文子》与"徐灵府所进者同",① 袁清湘据此认为徐灵府曾将《通玄真经注》进呈皇帝。② 尽管现有文献中并无对此事的直接记载,但徐灵府自序中有一段话意义特别,称《文子》一书于治国兴霸大有裨益,大唐传至宪宗"十有一叶",皇帝统治得当,使"在显位者,咸得其忠;慕幽居者,亦安其业"。③ 此段内容既强调《文子》于治国理乱之作用,又表彰当朝贤王统治,似蕴藏将此书上呈宪宗的意图和可能。④ 故袁清湘的意见目前可从。

在云盖峰居住一段时候后,徐灵府徙居左近之方瀛。《仙鉴》称徐灵府居云盖石室"十余年"后方迁居方瀛。以徐灵府元和十二载始居云盖来算,则十余年后当在敬宗末年至文宗时期。然有关此事,徐灵府自己给出不同记载。其在《天台山记》中称:"灵府长庆元年定室于此。"⑤ 徐灵府自陈较后人记述更为可靠,又此说在其《天台山记》中亦可再得印证。《天台山记》末尾称"灵府以元和十年自衡岳移居台岭,定室方瀛。至宝历初岁,已逾再闰",闲暇之余完成此文。由这段话首先可知《天台山记》完成于宝历元年(825)。其次,所谓"再闰"指经历两个闰年,而宝历元年、长庆二年(822)、元和十五年(820)皆为闰年,可推"定室方瀛"必在元和十五年到长庆二年之间(820—822),⑥ 长庆元年(821)恰符其数。由此确证《仙鉴》之说有误,系赵道一夸大之词。

根据《天台山记》和《仙鉴》的记载,方瀛以自然风貌而得名。据称此处有一顷大小的平地,其中有水池,水池中又有小洲,形类海中仙岛,故获仙岛"方瀛"之称。陈耆卿《嘉定赤城志》称唐敬宗宝历元年为徐灵府居所"赐今名"(方瀛)。⑦《天

---

① 任士林:《松乡集》,卷1,见《景印文渊阁四库全书》,台北:台湾商务印书馆,1983年,册1196,第509b页。
② 袁清湘:《徐灵府与上清派南岳天台系》,《中国道教》2009年第6期,第43页。
③ 徐灵府:《通玄真经注序》,见《道藏》,册16,第674a页。
④ 有关徐灵府《通玄真经注》之主旨,参岛一:《徐灵府の「通玄真经」注について》,《立命馆文学》1990年通号516,第314—348页;袁清湘:《唐宋〈通玄真经〉诠释思想研究——以徐灵府、朱弁和杜道坚为考察对象》,华中师范大学博士学位论文,2008年;黄吉宏、王丽:《空间宗续与仙老信仰:以上清陶弘景与徐灵府为中心的考察》,南昌:江西高校出版社,2015年。
⑤ 徐灵府:《天台山记》,收陆心源编:《唐文拾遗》,卷50,见董诰等编:《全唐文》,册11,第10945b页。
⑥ 见陈垣:《二十史朔闰表》,北京:古籍出版社,1956年,第103—104页。
⑦ 陈耆卿:《嘉定赤城志》,上海:上海古籍出版社,2016年,影临海宋氏本,卷21,第641页。

台山方外志》等后代天台地志继承这一观点,①包括袁清湘在内的不少学者接受此说。然而,一者此事不见更早记载。二者,如前所述,《天台山记》完成于唐敬宗宝历元年,其中记载当年五月敬宗遣道士于天台设醮投龙之事,然未言及赐名;又记中专门记述"方瀛山居"之段落,亦不称此名为敬宗所赐;若以敬宗"赐名"更在其后来解释,则皇帝"赐名"与原名相同也不合常理。故《嘉定赤城志》等所记敬宗赐名一事,或需再寻实据方能确认。

徐灵府的一卷本《天台山记》是中晚唐著名道教地志著作,书中详细记载天台胜迹,文字优美可读,陈振孙曾以读《天台山记》的"卧游"方式,聊解大雪阻路无法亲赴天台的遗憾。②此书在唐以后历代书目中常获著录,传承有序,保存至今。其书不仅被收入《道藏》,更有《古逸丛书》、日本国立图书馆等多个藏本传世。日本学者薄井俊二曾对《天台山记》进行过长期研究,就其版本、流传、意义等问题发表多篇论文,后将相关成果汇编成书,并给出此书详细注解,具有较高参考价值。③由于传承清晰,又有完本留存,再经薄井俊二详细探讨,故有关《天台山记》的基本情况在此不必过多介绍。于此需辨析者,唯《天台山记》与《天台山小录》之关系。宋人陈耆卿《嘉定赤城志》述及天台山时,多次引用"徐灵府《小录》"(详见下表),后代地志类著作亦多因袭其说,不免使人怀疑徐灵府除《天台山记》外又作一《天台山小录》,且此书至宋时尚存。然笔者研究后认为,所谓《天台山小录》可能就是《天台山记》。对此问题的分辨,需从古书著录和《天台山小录》"辑文"本身入手。就书志著录而言,在徐灵府生活年代,天台山地区确有一《天台山小录》流传。日本僧人圆珍于853年入唐,858年返回日本。从其所撰请来目录可知,其在大唐求得著作中有一部一卷本《天台山小录》,④称此书于"天台山国清寺写取"。⑤然而,根据圆珍所做注解可知此书"或题《国清灵圣传》",⑥故当

---

① 释无尽:《天台山方外志》,台北:丹青图书公司,1985年,影佛陇真觉寺藏本光绪年刊本,卷4,第176页。
② 陈振孙:《直斋书录解题》,上海:上海古籍出版社,1987年,卷8,第263页。
③ 薄井俊二:《天台山记の研究》,福冈:中国书店,2011年。
④ 圆珍:《智证大师请来目录》,见《大正藏》,册55,第1105a页;《日本比丘圆珍入唐求法目录》,见《大正藏》,册55,第1099c页。
⑤ 圆珍:《福州温州台州求得经律论疏记外书等目录》,见《大正藏》,册55,第1094c页。
⑥ 圆珍:《福州温州台州求得经律论疏记外书等目录》,见《大正藏》,册55,第1094c页。

为专门记述天台山国清寺高僧大德的著作，与徐灵府之《天台山小录》并无实质关联。宋代尤袤在其《遂初堂目录》中所著录之不署撰者的一卷本《天台小录》，或即圆珍求得之书。似乎历代书目中并不见署名徐灵府别有一《天台山小录》。就实际内容而言，稍做对比即可发现，凡陈耆卿《嘉定赤城志》等著作所引《天台山小录》文字，基本都能在《天台山记》中找到对应内容。结合这两点原因，可知此两书并无分别。中晚唐道教内部确实存在以"小录"为名之地志，如李冲昭《南岳小录》等便较著名。怀疑《天台山记》亦因属于同类著作，且篇幅不长（一卷），故获"小录"别称。

表 12　《天台山小录》辑文与《天台山记》对比

《天台山小录》主要辑文	《天台山记》
徐灵府《小录》又以剡县金庭观为北门云。①	又去天台北门，在剡县金庭观（案：《唐文拾遗》本误作"金灵观"）。
按徐灵府《小录》云：由桐柏北上一峰，可五里许，上有平畴余十亩，间以陂池，前眺苍峰，后即云盖峰也。②	自观北上一峰，可五里，有方瀛山居。上有平地顷余，前有池塘，广数亩，塘中有小洲岛焉。有荷芰（案：《唐文拾遗》本误作"苟芰"），前眺望苍岑，后耸云盖，即后峰名也。
按徐灵府《小录》，瀑布寺有峰山，盖白（案：当为台之讹）山支干，名九垄。唐天宝六年改今名。王羲之与支道林尝登焉。③	（瀑布）寺南九峰山，山高百余丈，周回六里，亦天台有派干也。旧名九垄山，天宝六载改为九峰山。昔王逸少与支道林常登此山。
徐灵府《小录》云：其下别有洞台，方二百里，魏夫人所治。南驰缙云，北接四明，东距溟渤，西通剡川。④	即赤城丹山之洞，上玉清平之天，周回三百里……南驰缙云，北接四明，东拒溟漱，西通剡川。
徐灵府《小录》又云：道士陈寡言尝隐于此，号华琳。⑤	东北五里有华林山居，水石清秀，灵寂之境也，长庆初道士陈寡言（案：《唐文拾遗》本误作"陈宗言"）修真之所。

① 陈耆卿：《嘉定赤城志》，卷 21，第 638 页。
② 陈耆卿：《嘉定赤城志》，卷 21，第 641 页。
③ 陈耆卿：《嘉定赤城志》，卷 21，第 646 页。
④ 陈耆卿：《嘉定赤城志》，卷 21，第 654 页。
⑤ 陈耆卿：《嘉定赤城志》，卷 30，第 934 页。

续　表

《天台山小录》主要辑文	《天台山记》
按唐徐灵府《小录》，南桐柏北上一峰，可五里许，长庆元年灵府定室于此。①	自观北上一峰，可五里，有方瀛山居……即灵府长庆元年定室于此。
按徐灵府《小录》：真人所居，黄云常覆其上。故自诵云堂，号黄云。②	《真诰》云：天台山中有不死之乡，成禅之灵墟，常有黄云覆之。此则其地也，故建思真之堂，兼号黄云堂。
徐则……太极徐真人降……见《隋书》及徐灵府《小录》③	按《法轮经》，即太极三真人下降，援葛仙公修道于天台山……真人自称姓徐，名来勒，字则，未详何人也。

在完成《天台山记》后，徐灵府可能逐渐展开对寒山诗歌的编纂活动。寒山是活跃于天台山地区的诗人，其诗歌横跨三教，嬉笑怒骂，在后世产生很大影响。寒山本人时隐时现、癫狂不凡，尽管有数以百计的寒山诗传世，但有关此人生平却并不清晰。孙昌武怀疑"寒山诗"的作者不止寒山一人，而是存在一个"作者群"。④ 正如项楚总结的那样，有关寒山活跃时间学界主要流行两个观点，分别将之措置在初唐和中晚唐时期。⑤ 余嘉锡考证认为中晚唐之说更为可信，⑥ 罗时进等学者对此问题又进行补充说明。⑦ 根据杜光庭的记载，编纂《寒山诗》的人就是徐灵府。《太平广记》引杜光庭《仙传拾遗》，称寒山好将诗歌题于"树间石上"，

---

① 陈耆卿：《嘉定赤城志》，卷30，第934—935页。
② 《天台山志》，见《道藏》，册11，第92c页。《天台山志》共引徐灵府《小录》四则，其中三则与《嘉定赤城志》相同，不录。
③ 张联元辑：《天台山全志》，清康熙刻本，卷8，收"爱如生中国基本古籍库"8.0版。《天台山全志》用徐灵府《小录》八则，七者与前同，不录。
④ 孙昌武：《王梵志诗与寒山诗》，收其《禅思与诗情（增订本）》，北京：中华书局，2020年，第267—309页。
⑤ 项楚：《寒山诗注》前言，北京：中华书局，2019年。
⑥ 余嘉锡：《四库提要辨证》，北京：中华书局，1980年，卷20，集部一《寒山子诗集二卷附丰干拾得诗一卷》，第1250—1264页。
⑦ 参罗时进：《寒山生卒年新考》，《唐代文学研究》2002年，第333—345页；罗时进：《伪托闾丘胤撰〈寒山子诗集序〉的接受与演化——以寒山、拾得之形象演变为中心》，《复旦学报》2017年第4期，第98—106页。

"有好事者，随而录之，凡三百余首"，后"桐柏征君徐灵府，序而集之，分为三卷，行于人间。"[1] 杜光庭之师为应夷节，应夷节之师为冯惟良，而冯惟良与徐灵府同为田虚应门下弟子。虽然杜光庭所记史事常有疑问，但在缺少更确凿材料的情况下，只能对其所给出的这则给予一些重视。项楚指出四部丛刊影宋本《寒山子诗集》收诗311首，[2] 与《仙传拾遗》"凡三百余首"的说法可以对应。有关徐灵府编纂《寒山诗》的具体时间，不少学者指出徐灵府宝历元年完成的《天台山记》中并未提及寒山这号人物，故编纂寒山诗集当更在其后。罗时进希望将徐灵府编《寒山诗》的时间下限卡在大和（827—835）之前，认为徐灵府在大和年间的主要活动是重修桐柏观，无暇他顾。[3] 但这一说法缺少理据，同一时间处理两件事务并无不可。《仙鉴》所记徐灵府传记文字不长，却完整收录徐灵府所作三首诗歌。从诗文"学道全真在此生"等可见徐灵府诗歌特点系以平易语言讲说体道玄理，与寒山诗有异曲同工之妙。或许正是因为诗歌意趣相投，徐灵府才会主动肩负起搜集整理三卷《寒山诗》的责任。

唐文宗统治时期，徐灵府与门下叶藏质等人一起着手对桐柏观进行维修。一如前文所述，桐柏观是天台山上最著名的道观，系景云二年（711）唐睿宗专为司马承祯所建之道观。根据元稹所撰《重修桐柏观记》记载，桐柏观"不及百年，忽焉而芜"。[4] 袁清湘对桐柏观不足百年而荒败的原因进行分析，认为原因出在司马承祯在天台山没有培养出著名传人，导致桐柏观后继乏力。[5] 此说有一定道理，但田虚应等司马承祯再传弟子于十年之前已赴天台，十年经营或不致使先师道观荒芜破败。恐此次"重修"更主要的目的在于扩建。如《洞玄灵宝三师记》即记载此次重修，陈寡言、冯惟良、徐灵府三人"再加兴构，作上清阁、降真堂、白云亭、儵闲院"。[6] "忽焉而芜"的说法，未必不是以文学夸张的手法反衬徐灵府、冯惟良等人重光圣地之功绩。元稹的《重修桐柏观记》正文保存完整，文称"大和己酉"，桐

---

[1] 李昉等编：《太平广记》，北京：中华书局，1961年，卷55，第338页。
[2] 项楚：《寒山诗注》前言，第5页。
[3] 罗时进：《寒山生卒年新考》，《唐代文学研究》2002年，第339页。
[4] 元稹撰，冀勤点校：《元稹集》，北京：中华书局，1982年，集外集卷第八，续补二，第713页。
[5] 袁清湘：《徐灵府与上清派南岳天台系》，《中国道教》2009年第6期，第43页。
[6] 杜光庭：《洞玄灵宝三师记》，见罗争鸣辑校：《杜光庭记传十种辑校》，北京：中华书局，2013年，第921页。

柏观修葺完成，徐灵府以状乞文。可知此观记，当为元稹依据徐灵府的状而进行的创作。碑文主体为四言韵文，述桐柏观由来及徐灵府重修经过。欧阳修《集古录跋尾》著录此碑，标为大和四年（830），称元稹亲自为碑铭作注。① 《宝刻丛编》依欧阳棐《集古录目》记载，称："《唐修桐柏宫碑》，唐浙东团练观察使越州刺史元稹撰并书，台州刺史颜顗篆额。桐柏观以景云中建，道士徐灵府等重葺碑，以大和四年四月立。"② 有关桐柏观此番重修问题，前考已做介绍，此不重复。

据《仙鉴》记载，会昌年间，唐武宗派遣浙东廉访使请徐灵府出山赴阙。徐灵府推辞不过，出见使者，献《言志诗》一首，陈"甘老在岩松"之意，终得使者体谅。廉访使于是向武宗奏报，托以徐灵府衰槁，方才作罢。徐灵府"由此绝粒。久之，凝寂而化，享年八十二"，"门人得其道惟左元（玄）泽"。③ 有关武宗遣浙东廉访使征召徐灵府一事，更早的潜说友《咸淳临安志》、王象之《舆地纪胜》均有类似记载，④ 应为事实。又前引杜光庭《仙传拾遗》称徐灵府为"征君"（受皇帝征召者），当指武宗征召一事而言。

除《通玄真经注》、《寒山诗》（编、序）、《天台山记》外，根据前揭《咸淳临安志》《舆地纪胜》《仙鉴》等著作的记载，可知徐灵府还曾创作《玄鉴》五卷（或五篇）和《三洞要略》等著作，可惜均已亡佚不传。除创作外，徐灵府还参与了一些重要道经的抄写和校订工作，尽管其抄本并未流传至今，但在北宋道士陈景元的一些记载中却可发现蛛丝马迹。陈景元在《冲虚至德真经释文序》中，称其在天台山桐柏观和潜山见到过两个《列子》抄本，天台抄本署"衡岳墨（案：当为默）希子书"，潜山抄本则径指为徐灵府手写。⑤ 可知天台抄本为徐灵府在衡山修道时所写，后携至天台；潜山抄本则是徐灵府的又一抄本，不知经何途径外传至潜山。陈景元在《南华真经章句余事》中又提到其所据各版《庄子》中，有一"天台山方瀛

---

① 欧阳修：《集古录跋尾》，卷9，见《石刻史料新编》第1辑，台北：新文丰出版社，1977年，册24，第17910a页。
② 陈思：《宝刻丛编》，卷13，见《石刻史料新编》第1辑，册24，第18292a页。
③ 赵道一：《历世真仙体道通鉴》，卷40，见《道藏》，册5，第382c页。
④ 潜说友：《咸淳临安志》，台北：成文出版社，1970年，卷69，第668页；王象之：《舆地纪胜》，北京：中华书局，1992年，卷12，第697页。
⑤ 陈景元：《冲虚至德真经释文序》，见殷敬顺撰，陈景元补遗：《列子冲虚至德真经释文》，收《道藏》，册15，第162a—b页。

宫藏本，徐灵府校"。[①] 唐代抄经多列出抄手、校者姓名，此《南华真经》抄本当由徐灵府担任校者一职。由以上记载可见，唐代老、庄、文、列道门四子之经典，徐灵府至少涉猎其三；而《老子》本为唐代道士必修典籍，徐灵府必也用心其间，则其对道门四子之学均有涉猎。

以上根据现有材料，对徐灵府生平事迹进行整体梳理，望能提供相对可靠的信息，为推进道教研究工作贡献绵薄之力。

[①] 陈景元：《南华真经章句余事》，见《道藏》，册15，第959a页。

考二〇
天台道士应夷节生平

应夷节是晚唐天台山著名高道,上承司马承祯、薛季昌、田虚应、冯惟良的江南"上清系谱",向下又培养出继中古道门经教大成的科教宗师杜光庭,在道教史,尤其江南道教史上,占据突出地位。有关应夷节生平经历,以"广成先生"所制《洞玄灵宝三师记》(简称《三师记》)的记载最为详尽可靠,后世诸如陈葆光《三洞群仙录》(卷11)、赵道一《历世真仙体道通鉴》(卷40)等所录应夷节传记,基本摘录《三师记》而成文,没有什么特殊发明。或正因歧说罕见,"神异"不足,又有"茅山为上清之正宗"的片面定见,导致今人对天台山应夷节缺少足够关注,目前唯见汪桂平撰文详论应夷节受道经历与唐代授箓制度之关联。[1] 然据笔者发现:一者,尽管《三师记》给出的应夷节传记较为可靠,但其间仍有几个细节问题亟须纠正和细化;二者,应夷节之经历与若干晚唐江南宗教重大事件(如龙虎山兴起、武宗灭佛后的宗教复兴等)紧密关联,其生平可以反映特殊时代背景。是以对应夷节生命历程的挖掘考索,既有理清个案的意义,同时也富含以小见大、反思晚唐江南道教整体情况的价值。以下结合所见资料,对应夷节生平进行重新考察。

一、《洞玄灵宝三师记》材料性质说明

目前所见材料中,以《洞玄灵宝三师记》所录应夷节生平最详,然此书撰述经

---

[1] 汪桂平:《从天台道士应夷节的受道历程看唐代道教的授箓制度》,见连晓鸣编:《天台山暨浙江区域道教国际学术研讨会论文集》,杭州:浙江古籍出版社,2008年,第704—708页。

历较为特殊，作者归属存在问题，非经检验考究不可贸然采用。《三师记》系某甲为自己的度师、籍师（度师之师）、经师（籍师之师）所立之传记。《道藏》所收《三师记》署名"广成先生刘处静撰"。① 然"广成先生"者一般认为指杜光庭，其在王建前蜀政权治下获此赐号。这里的广成先生冠刘处静之名，似乎存在问题。迄今为止，以罗争鸣对此问题的考察最为深刻。罗争鸣指出，《三师记》题署上的问题是误将正文中出现的"广成先生"、"广成先生刘君"（罗争鸣考为刘元/玄靖）、"刘君处静"混而为一的结果，当为后世编者的误题。然罗争鸣同样不同意《道藏提要》及 Taoist Canon 中径将"广成先生"判定为杜光庭的做法，并根据《三师记》序文提出以下证据：1. 序文末尾纪年"有唐龙集庚辰，中元日甲辰序"。罗争鸣认为"庚辰年有公元860年和920年两种可能"，前者杜光庭仅10岁，后者杜光庭"已是71岁患眼疾的老人"。以后者而论，已是前蜀时期，题署"有唐"也有不妥；2. 杜光庭在920年撰写的《道德真经元德纂序》题署为"乾德二年庚辰降圣节戊申日，广成先生光禄大夫、尚书户部侍郎、上柱国、蔡国公杜光庭"，较之同年成书的《三师记》题署要详细很多。② 罗争鸣对杜光庭到底是否就是《三师记》作者仍旧心存犹疑，其在文章中称："杜光庭'广成先生'号为前蜀王建赐号，如果某位道士以此自居，恐有自大之嫌，当不多见。所以此经编撰者'门人广成先生'与杜光庭或不无干系，或是造构者假托杜光庭之号编纂此经，后人又误为'刘处静'。"③

但就目前情况而论，笔者还是倾向认为《三师记》确系经杜光庭之手而完成之著作。首先，罗争鸣的文章非常具有启发性，但所提出的反证或许还不足以否定杜光庭的作者身份。"龙集庚辰"必为920年而非具有两种可能。"龙集"即"岁在"之意，前蜀王衍乾德二年（920）为庚辰年，当年七月朔庚寅，中元（七月十五）干支恰为甲辰，与题署完全相符；大中十四年和咸通元年（860）七月朔己酉，十五癸亥，与题署日期干支不合。④ 此时，杜光庭既能以年迈有疾之躯创作《道德真

---

① 洞玄灵宝三师记并序，见《道藏》，册6，第752a页。
② 罗争鸣：《〈洞玄灵宝三师记并序〉作者归属及相关的会昌灭佛问题考论》，《宗教学研究》2013年第1期，第46—50页。
③ 罗争鸣：《〈洞玄灵宝三师记并序〉作者归属及相关的会昌灭佛问题考论》，《宗教学研究》2013年第1期，第48页。
④ 陈垣：《二十史朔闰表》，北京：古籍出版社，1956年，第107、113页。

经元德纂序》），则另撰出《三师记》并非绝无可能。署名"繁简"之异确然存在，然《道藏》本《三师记》题署既为后世编者所加，原本就无比较价值；唯可考虑者，是后世编者误署之原因或在于原署可能仅"广成先生"四字——若《三师记》原本题署一如《道德真经元德纂序》之详，则无论如何不会产生捏合三名而为一人的失误。但题署之繁简并非必然一贯之事，以此为证恐涉牵强。故最关键的证据，恐怕就是"有唐"的使用。既然920年距大唐亡国已有时日，不论作者是谁都不当再使用"有唐"一词。因此，最可能的解释是，"有唐"也是后世编者所加。后世编者既已将作者定为"刘处静"，则冠以"有唐"亦无不可。考虑到就在《三师记》本文中，刘处静作为应夷节的同门出现，且较应夷节（卒于唐昭宗乾宁元年[894]）去世为早，是彻彻底底的"有唐"人，"托名"之说也不易成立。著作托名多有其目的，《三师记》一书本为彰显师承荣耀（同时为作为弟子的作者增添光环），若作者托名旁人则达不到以上目的，而只能是"为他人作嫁衣裳"。因此，在以上说法不易成立的前提下，复考虑到杜光庭确为度师应夷节之著名弟子（根据此文序言等内容之叙述，作者为度师应夷节之门人弟子无疑，详见下文），且号"广成先生"（文中作者自称及书名后题署之号），生平又与题署系年相合，在无其他可靠证据前接受杜光庭是《三师记》作者（之一）的说法，恐怕是目前最合理的选择。

虽然笔者接受《三师记》是经杜光庭之手完成的著作，但此书的成书过程却并非"一蹴而就"，其中应夷节传记的主要内容更非杜光庭的手笔。有关此书成书经过，可分别在序言和度师应夷节传记末尾发现蛛丝马迹：

（序）钦惟三君焕有明德，追仰尊禀，瞻慕无阶，粤自上宾，未列图纪。虽贞猷茂范，刊勒于名山，而后学门人，难披于真奥。敢条实录，昭示将来。辄陈小序，仍为颂述。道弟吴兴陆甚夷已叙道元先生休烈，但继裁短赞，以纪德风。庶劫历有终，而清规不泯。①

（度师应夷节）拾遗张颖述院记，衡阳罗隐撰真赞。鸿笔铄石，丽藻清词，

---

① 《洞玄灵宝三师记并序》，见《道藏》，册6，第751b页。

皆当朝伟才，垂之不朽。然而化仙之迹昭昭，然未在贤儒之笔。顾惟孱眇，辄纪大猷，颛伫英才，别加润色。后学弟子吴郡陆甚夷，稽首烟霞，直书其事。门人广成先生制赞曰：……①

综合两则材料，不难获得以下信息：1."道元先生"即应夷节，《三师记》中应夷节的传记为弟子吴兴陆甚夷所撰；2. 最后的应夷节赞文为弟子"广成先生"所制，这一点与序文中"但继裁短赞"相呼应；3. 在《三师记》应夷节传记前，曾有记述和赞美应夷节的作品（详见后文），但出自儒家之手，未言及升仙之事，故门人弟子方"别加润色"，重新撰作；4. 吴兴陆甚夷为广成先生的同门师弟，故以"道弟"称之。在这几则信息的基础上，可以发现《三师记》可能是分三步方才最终成书：首先是陆甚夷重新撰写家师应夷节的传记；接着，广成先生杜光庭制作赞文；②最后，或许出于对法脉的强调等原因，杜光庭在全面接受"应夷节传"的基础上，将作品向上拓展为"三师记"。《三师记》以应夷节为中心的情况，也可从应夷节传记所占篇幅明显大于田虚应和冯惟良的情况中看出。概言之，《三师记》中应夷节的传记应该最早完成——虽尚无实据，但以理推之其有可能与应夷节的墓志或行状存在很大程度的对应关系。若确系如此，则其当成文（或所依据之应夷节墓志等文章）于唐昭宗乾宁元年前后的天台地区。《三师记》中的田虚应传和冯惟良传，则应当是杜光庭晚年在前蜀统治下的补述之作。经过以上分析后，可以确定《三师记》中应夷节传编纂者与应夷节本人关系极其密切（师徒），传记创作的时代距离应夷节很近，可靠性应该比较高。③

二、应夷节生平

《三师记·应夷节传》的史料价值较此书其他部分高很多。文中记载，应夷节

---

① 《洞玄灵宝三师记并序》，见《道藏》，册6，第753b页。
② 《道藏》本《三师记》排版三师"赞曰"均重起一行，但应夷节的赞明显应该与上一句相连，即当为"门人广成先生制赞曰"。对此断句问题的正确认识，有助于理解此文本形成之步骤次序。
③ 笔者此前对晚唐龙虎山都功版的讨论中，依《道藏》本《三师记》题署录作者为"刘处静"，目前看来并不正确，需要纠正。有关都功版的问题，与应夷节的修道经历有关，详见下文。

字适中，祖籍汝南，家族于东晋迁居"婺女金华山，今为东阳郡人也"。金华山属古越地，为婺女星对应之分野，隋于此置婺州，唐时改为东阳郡。① 据信，应夷节为"开元朝高士征君庶凝之玄孙"。应夷节母何氏，"梦流星入牖，警寤而神光在焉"，既而有孕，元和五年庚寅岁（810）生夷节。据信应夷节自儿时便"不喜荤杂"，七岁辞亲，于本郡（东阳郡）兰溪县灵瑞观吴玄素处受学"《南华》《冲虚》《通灵》真经及《周易》《孝经》《论语》"。《通灵》者或当为《通玄》，即与老、庄、列并称为四子道经的《文子》。十三岁，"备冠褐三衣五戒"，正式入道。应夷节"十五入天台，参正一。十七，配高玄紫虚。十八，诣龙虎山系天师十八代孙少任，受三品大都功。二十四参灵宝真文、洞神、洞玄之法。二十九进升玄。三十有二，受上清大洞回车毕道紫文素带藉地腾天之符"。汪桂平对应夷节的授箓经历进行过较为细致的考察，② 但彼时有关唐代法位制度的研究并不充分，故对有关应夷节授箓情况的认识稍显片面。应夷节自十五参正一到三十二受毕道，实际是较为严格地按照初唐以来的法位制度逐步递升，最终获得当时公认的道教界最高等级身份。③ 有关应夷节在龙虎山受三品大都功一事，反映晚唐龙虎山张氏天师道的兴起及当时道法传授"政出多门"现象的出现，笔者已有专文讨论，此不赘述。④

除在法位制度及龙虎山治职体系中有所斩获外，应夷节还成为"上清大法"的正宗传人。《三师记》道："以上清大法，自句曲陶真人传升玄王真人，王传体玄潘真人，潘传贞一司马真人，司马传南岳薛天师季昌，薛传衡山田先生良逸，田传天台栖瑶冯征君惟良，冯传先生。"前揭《三师记·冯惟良传》称冯门下有四位弟子格外出众，即应夷节、叶藏质、刘处静、沈观无。但《三师记·应夷节传》仅称应夷节与叶藏质、刘处静"皆同学"，而不及沈观无。沈观无的情况并不清楚，但刘处静、叶藏质与应夷节的交往则有文献可征。《冯惟良传》给出的刘处静师承存在疑问。《仙鉴》的冯惟良传记里，冯的得意弟子中并无刘处静，仅有应夷节、叶藏

---

① 臧励龢等编：《中国古今地名大辞典》，上海：上海书店出版社，2015年，第887d页。
② 汪桂平：《从天台道士应夷节的受道历程看唐代道教的授箓制度》，收连晓明主编：《天台山暨浙江区域道教国际学术研讨会论文集》，第704—708页。
③ 白照杰：《整合及制度化：唐前期道教研究》，上海：格致出版社，2018年，第4—11、274—328页。
④ 白照杰：《扬州新出土晚唐龙虎山天师道大都功版初研》，《宗教学研究》2018年第4期，第9—16页。

质、沈观外（沈观无）三人；①同书记载，刘处静实际是陈寡言的弟子，"与叶藏质、应夷节为方外友"，此人年轻时曾"即婺州兰溪，事灵瑞观主吴守素为道士"。②这里的吴守素，与应夷节最早求学的吴玄素皆为婺州兰溪灵瑞观道士，很可能是同一人。倘如此，应夷节与刘处静也当是同学。《仙鉴》对陈寡言与刘处静的过从记载详细（包括弟子负责师父丧葬等细节），这些内容很难无中生有。若接受《仙鉴》这一说法，则推测陆甚夷所谓应夷节与刘处静的"皆同学"，可能只是含混的表述，不强调二人是否同出冯惟良门下。杜光庭晚年撰写《冯惟良传》时，或因疏忽不察，直接将《应夷节传》中"皆同学"的刘处静误划为冯惟良的弟子。刘处静与应夷节的往来确实密切，《仙鉴》提到刘处静有"诗十篇"就存于应夷节的道元院中。叶藏质出身于著名的道教世家，家族中曾出过叶法善、叶静能等著名道士，③此人与刘处静的关系也相当密切。《仙鉴》记载，叶藏质居玉霄观时，忽命人备酒，"召其友应夷节同饮，语及平生事，然后告以行日"，即期而亡。④

《应夷节传》记载称，会昌三年（843），应夷节迁居桐柏观西南翠屏岩，建净坛一所。"越州观察使李公褒，远慕贞规，顺风翘请，奏置院额。敕旨以道元为名。既而息影林端五十余载。"有关道元院，《应夷节传》还记载"拾遗张颖述院记，衡阳罗隐撰真赞"。然而，这些记述实际抛弃了一些细节，并可能产生误导，真实情况需参详其他资料才能探明。李褒在越州观察使任上对武宗灭佛后的天台山宗教恢复工作做出不少贡献。宋代施宿《嘉泰会稽志》记载，李褒在大中年间至少帮助重建了三座在会昌灭佛中遭到废毁的寺院，分别是淳华寺、称心寺、大庆尼寺。⑤宋代陈耆卿《嘉定赤城志》中有一段关于道元院沿革的记述，称："昭庆院，在县西北二十五里。旧名佛窟，唐大中六年（852）建，盖僧遗则卓庵之地。唐会昌中废，后道士刘处静复创圣祖殿。越州刺史李褒奏闻，赐号导（案：当为道）元，张仁颖

---

① 赵道一：《历世真仙体道通鉴》，卷40，见《道藏》，册5，第328a页。
② 赵道一：《历世真仙体道通鉴》，卷40，见《道藏》，册5，第328b页。
③ 吴真：《为神性加注：唐宋叶法善崇拜的造成史》，北京：中国社会科学出版社，2012年，第1—25页。
④ 赵道一：《历世真仙体道通鉴》，卷40，见《道藏》，册5，第329b页。
⑤ 施宿：《嘉泰会稽志》，卷7，《景印文渊阁四库全书》，台北：台湾商务印书馆，1983年，册486，第135a、139a、144b页。

为之记，国朝大中祥符元年（1008）改今额。"① 遗则是唐代牛头宗禅僧，曾在天台山佛窟岩开创精舍，所创法门称佛窟学。② 据《嘉定赤城志》所述，遗则的佛窟精舍在武宗毁佛时废弃，继而被刘处静（而非应夷节）收编改建为圣祖殿。从殿名来看，其中可能供奉李唐圣祖老君。后因李褒奏闻获得赐额。《嘉定赤城志》的记述也存在问题，会对时间线索产生误导。根据这段材料很容易得出以下观点：1. "大中六年建"，指的是佛窟的创建时间；2. 张仁颖撰《道元院记》与李褒奏闻和道元院建设是同一时间的事情。然而，这两点都与事实不符。

首先，大中为会昌之后的年号，佛窟在会昌中毁废，绝不可能在大中年初建。那么，大中六年只可能是圣祖殿或道元院的初建时间。从《嘉定赤城志》提及"张仁颖为之记"的情况看，陈耆卿给出的这个时间很可能是张仁颖《道元院记》中的关键时间点。不难设想，在张仁颖所撰《道元院记》中最重要的时间点之一，应该就是此院获得赐额的时间。结合《嘉泰会稽志》所给出的李褒为天台诸寺奏闻赐额之事均发生在大中年间的情况，将大中六年判定为道元院（而非圣祖殿）初建时间，或许更为合理。其次，根据宋元金石著录来看，《道元院记碑》的建立与大中六年获得赐额并非同一时间的事情。《道元院记碑》亡佚已久，此碑情况以《复斋碑录》和《舆地碑记目》的著录最为权威，但二者说法不完全统一。王厚之《复斋碑录》早已散佚，陈思《宝刻丛编》引述其文，称："《唐天台导（道）元院记》。唐张仁颖撰，道士叶琼彦书，道士叶孤云分书额。文德元年十一月立。《复斋碑录》。"③ 王象之《舆地碑记目》称："道元院碑，在天台，唐乾符二年。"④ 不论文德元年（888）还是乾符二年（875），都不能与李褒帮道元院请额挂钩。正如上文所述，李褒在大中年间就担任台州地方官并致力于天台山宗教恢复工作，若认为这两个时间与他帮道元院请额相关联，则必然得出李褒在台州至少供职三十甚至四十年之久的观点，但这一情况的可能性显然过低。两部金石材料所给出的不同立碑时间，也未必一是一非这么简单。笔者倾向认为乾符二年为立碑时间，而文德元年或

---

① 陈耆卿：《嘉定赤城志》，上海：上海古籍出版社，2016年，影临海宋氏本，卷30，第935页。
② 赞宁撰，范祥雍点校：《宋高僧传》，北京：中华书局，1987年，卷10，第228—230页。
③ 陈思：《宝刻丛编》，卷13，见《石刻史料新编》第1辑，台北：新文丰出版社，1977年，册24，第18292b页。
④ 王象之：《舆地碑记目》，卷1，见《景印文渊阁四库全书》，册682，第525b页。

许另有所指。有关这一推测,可从撰碑者张仁颖的行迹获得一些支持。陶宗仪《古刻丛钞》收有《唐故宣义郎侍御史内供奉知盐铁嘉兴监事张府君墓志铭并序》,志主张中立的季弟就是张仁颖。由墓志可知张家历代仕宦,在江南具有一定影响力。张仁颖本人"登进士第,有时名,从知广南幕下"[①]。据张中立墓志所述,此志撰写于乾符六年(879),彼时正值黄巢起事围困广州。朝廷方面令李岩担任广南节度使,[②] 所谓"从知广南幕下"指张仁颖正在李岩幕中参谋。唯是年黄巢破广州屠城时,张仁颖作为广南节度使的幕僚文官恐难逃一劫。故将张仁颖撰写《道元院记》的时间放在供职广州前,可能性稍大一些。

弄清道元院的赐额和立碑时间后,返回来看《三师记·应夷节传》与《嘉定赤城志》的不契,可发现前者将建道元院之功全部归于应夷节,后者则仅提到刘处静的改建活动。在此应再嵌入一个重要时间点:刘处静卒于咸通十四年(873)。[③]《嘉定赤城志》对道元院的记述依据张仁颖所撰碑记,书中刘处静最初改建圣祖殿的情况最可能由此碑记获知。张仁颖撰碑时距刘处静羽化仅三年,所述应当可靠。《应夷节传》为赞师之作,成文时间更晚,且可能发生溢美或夺美的情况。故《嘉定赤城志》所述刘处静在建道元院中颇有功绩的观点更可采信。如此,前文提及的刘处静十篇诗文存于道元院的记载也便更合情理。然据《应夷节传》记载,李褒是与应夷节交流后才决定帮忙请额。如果这则记载可信,那么应夷节对道元院的建立可能确实也起到某种作用。

总结以上烦琐的考证和推理,可知道元院之所在最初是遗则修行的崖洞,慕遗则之道者"相率为筑室","蔚为精舍焉"。[④]《舆地碑记目》所录天台县元和六年(811)《佛窟禅师碑》,[⑤] 可能是为纪念此精舍完工而立。唐武宗会昌灭佛,佛窟精舍被废,僧徒弟子流散。大约同一时期(会昌三年[843]),应夷节于佛窟附近开创净坛。宣宗即位后,各地设法挽回武宗灭佛导致的宗教衰退情况。刘处静接手佛窟精舍,将之改造为道教圣祖殿。越州观察使李褒认真对待天台山宗教圣地恢复工

---

① 陶宗仪:《古刻丛钞》,清知不足斋本,收"爱如生中国基本古籍库"7.0版。
② 刘昫等:《旧唐书》,卷19下,北京:中华书局,1975年,第703页。
③ 陈性定:《仙都志》,见《道藏》,册11,第81b页。
④ 赞宁:《宋高僧传》,卷10,第229页。
⑤ 王象之:《舆地碑记目》,卷1,见《景印文渊阁四库全书》,册682,第525b页。

作，多次帮助山中寺观申请赐额。某次机缘下，李褒与应夷节相识。在后者的游说下，李褒在大中六年帮圣祖殿申请到官赐观额"道元院"。刘处静于咸通十四（873）年羽化，应夷节随后接手道元院。乾符二年（875）建《道元院记碑》，由秘书校书郎张仁颖撰写碑文，道士叶琼彦书丹，道士叶孤云书额。此碑当系纪念性碑铭，碑文大约记载大中六年赐额道元院之事，后世金石著作和方志据此碑判断道元院始创于大中六年。

《应夷节传》记载，应夷节在道元院中长期居止，"息影林端五十余载"，潜心修道，吴越之人倾心仰慕，公卿大夫"飞章上闻。允崇懿号，荐奉芝诏，宠锡紫衣"。可知李唐皇帝曾赐应夷节师号、紫衣，[①] 但到底是哪位皇帝、什么时间赐紫却不见记载。《三师记·应夷节传》开头称应夷节为"道元先生，赐紫"。"道元"二字与道元院对应，以院名作为师号，似乎只便授予观主。故若接受"道元先生"为皇帝授予应夷节的师号，那么将此事措置在刘处静羽化、应夷节接手道元院的背景下或许较为合理。刘处静卒于咸通十四年，根据《应夷节传》的记载，应夷节卒于乾宁元年，其间经历懿宗、僖宗、昭宗三朝，为应夷节赐紫者只能产生于三人之中，但到底是谁尚不易确定。

《应夷节传》记载其在羽化前向弟子表示："吾以弘护本教，不得遁世销声。道不违人，勤求可至。玉京金阙、泉曲丰都，相去几何？惟心所兆，后学之者，勉弘之焉。"乾宁元年七月中会日（七日），应夷节羽化，享年八十五岁；七日之后葬于道元院东北角石室内。有关应夷节的羽化，《应夷节传》还给出了两则神迹预言：其一，当月四日，二神人入观，"但闻吟赞之声"而已失其人，应夷节死后，门人认为"此乃灵官之所玄告也"；其二，五年前孟冬时节，天台道士章敬玄在天台观中看到山峦之上云雾之中彩舟三艘，载叶藏质、刘处静和应夷节。叶、刘之舟在前，应君之舟在后。三人登霞先后顺序与三舟归去次序一致，故被认为是事有前征。此二神异，当即陆甚夷所谓"未在贤儒之笔"的昭昭"仙化之迹"。

[①] 唐皇给道士赐师号和紫衣的情况，参见王永平：《唐代道士获赠俗职、封爵及紫衣、师号考》，《文献》2000年第3期，第67—79页。

小结

　　以上首先对作为应夷节事迹核心资料的《三师记》的成书和性质进行分析，认为此材料中的应夷节传具有较高的可信性，肯定其作为"史料"的价值。继而以之为中心，结合多种其他材料，详细考证应夷节生平要事，充实和修订有关应夷节事迹的基本认识。同时，又得以由应夷节身上发现江南地区道教的几个特点，如道教权威在制度上的赋予并不局限于"法位制度"一家，龙虎山的法职再次获得道内重视；作为佛、道二教圣地的天台山，在武宗灭佛及之后一段时间里，出现了一些佛、道教空间交错的现象，这些现象改变着山中的信仰空间分布；应夷节等天台道士与地方统治者之间存在密切的交往，李褒、罗隐、张仁颖等都与应夷节这位栖息山林五十年的道士结下香火情。这为接下来天台山道教中以"上清传统"自持的司马承祯后裔，向附近城市发展提供了方便。正是道士在山中与城镇之间、在清静林泉与地方统治中心之间的游走变换，在晚唐五代时期不断地改变着江南地区道教的空间分布和教团自身的面貌，使中古道教逐渐过渡至所谓的宋元新道教。

考二一
女仙卢眉娘

李唐朝廷崇道，道教规模庞大，道家文化璀璨绚烂，道士们拥有各式各样的技能。在大唐的道士中，有一位因匠心独具而名传千载的著名女冠——卢眉娘（又作庐眉娘）。与一般的高道凭借道法、学术、诗歌等技艺获得社会认可不同，卢眉娘主要是凭借刺绣等手工艺而上达天听，获得朝野重视。现存资料中有关卢眉娘的记载并不多，其主要事迹也算不上复杂，但不少晚出材料的相关介绍却总会出现一些有意无意的讹误。这里首先依据最可靠之资料述其生平大概，而后对包括《三洞群仙录》《南岳总胜集》《云笈七签》《六艺之一录续录》中的误记进行检讨。

北宋李昉所编《太平广记》（卷66）、北宋张君房所编《云笈七签》（卷116）、南宋陈葆光《三洞群仙录》（卷19）、清代倪涛《六艺之一录续编》（卷14）等材料均录有一段关于卢眉娘的介绍，且都称引文出自《杜阳杂编》。唐代苏鹗的《杜阳杂编》确实是唐以后存世的有关卢眉娘的最早记载。其记述时代距卢眉娘仅数十年，内容较为写实，"仙话"因素不算太多，所述与眉娘之真实情况当较接近。

根据《杜阳杂编》的记载可知，唐顺宗永贞元年（805），南海（今广东）贡奇女子卢眉娘。其年眉娘十四岁，则约出生于792年前后。[①] 小字注解释了"眉娘"一名的由来，眉娘因"生而眉如线细长也"，故得此名。自称"北祖帝师之裔"，大足中流落岭南。所谓"帝师"小字注已给出，指卢景祚、卢景裕、卢景宣、卢景融。卢氏是南北朝望族，兄弟四人均为帝师；"大足"则当指武后的大足年号。大足仅一年，即701年，故眉娘所属之卢姓一支当于是年南徙。然中古之人宿重门

[①] 本考所据之苏鹗《杜阳杂编·卢眉娘》，见《笔记小说大观》，扬州：广陵书局，1983年，册1，第145b页。其书系影印上海进步书局版《杜阳杂编》。后不烦出注。

第，比附名门绝非罕见，眉娘祖溯"帝师"，是非难断。眉娘因"工巧无比"，手工艺出众奇特，故为南海地方官上供顺宗。《杜阳杂编》记载卢眉娘两件刺绣作品，分别如下：

> 1. 能于一尺绢上，绣《法华经》七卷。字之大小，不逾粟粒，而点画分明，细于毛发。其品题章句，无有遗阙。
> 2. 更善作飞仙盖。以丝一缕分为三缕①，染成五彩，于掌中结为华盖五重。其中有十洲三岛，天人玉女，台殿麟凤之象。而外执幢捧节之童，亦不啻千数。其盖阔一丈，秤之无三数两。自煎灵香膏傅之，则虬硬不断。

唐宋时期，鸠摩罗什所译《法华经》常分七卷或八卷，但以七卷本较为通行。有关《法华经》之灵验神异，佛教方面记载颇多，并出现专书记录。日本僧人圆仁承和五年（838）赴唐，曾寻找一卷本《法华灵验传》。② 绣工是妇女的专利，以绣经或绣佛菩萨像作为积累功德的形式在唐宋时期并不罕见，《全唐文》中便收录多篇赞文，赞美绣经、像之妇人功德无量。又宋代僧人志磐《佛祖统纪》记载称，朱氏废十年之力绣成《法华经》一部，绣至"化城喻"时针尖获舍利数十粒。③ 可知，卢眉娘绣《法华经》本身是当时较为流行的妇女信仰实践，其突出之处在于刺绣功力超群，一尺之绢即可绣出整整七卷法华，实在匪夷所思。与绣《法华经》相比，卢眉娘的飞仙盖不仅具有更明显的道教特征，工艺亦更为巧夺天工。从以上引文可知，卢眉娘的飞仙盖并不是一般的平面刺绣，而是立体艺术品。为使柔软的绣线能够坚硬挺拔，卢眉娘发明或制作"灵香膏"。从此膏名称和用途来看，当系混合香料的透明胶状物质，风干后可使绣线硬化。

唐顺宗因卢眉娘手艺卓绝而以"神姑"相称，令居宫中。《杜阳杂编》对卢眉娘在宫中的活动记述不多——当然，有关卢眉娘的全部记载本身就很少，但接下来的记述却阐明卢眉娘与道教之间更深层的关系，称其"每日但食胡麻饭二三合"。胡麻饭对于道教徒而言具有特殊意义，常常被认为是炼养服食的佳品。如上清道基

---

① 原书断句误为"更善作飞仙。盖以……"。
② 圆仁：《日本国承和五年入唐求法目录》，收《大正藏》，册55，第1075b页。
③ 志磐撰，释道法校注：《佛祖统纪校注》，上海：上海古籍出版社，2012年，卷29，第632页。

本经典《真诰》所收范伯慈故事，称他"入天目山，服食胡麻"，最终"白日升天，今为玄一真人也"。① 事实上，在中古道教的修炼法中，吃胡麻饭的主要目的是帮助辟谷。葛洪的《抱朴子内篇》记载："巨胜一名胡麻，饵服之不老，耐风湿，补衰老也。桃胶以桑灰汁渍……多服之则可断以谷。"② 葛洪之后，《太清经断谷法》等材料又给出不少有关服食胡麻的具体方法，其中一节专以"服食巨胜（胡麻）"为名，具体方法如下：

> 胡麻肥黑者，取无多少，簸治蒸之，令热气周遍，如炊顷便出曝。明旦又蒸曝，凡九过止。烈日亦可一日三蒸曝，三日凡九过。燥讫，以汤水微沾于臼中，捣使白，复曝燥，簸去皮，熬使香，急手捣下粗筱。随意服，日二三升。亦可以蜜丸，丸如鹅子，日服五枚。亦可饴和之，亦以酒和服，稍稍自减。百日无复病，一年后身面滑泽，水洗不着肉。五年水火不害，行及奔马。抱朴子云："江东本无此方，惠帝永安元年甲子岁洛乱，人得之。余以永兴二年八月一日寓以为要秘。"③

《太清经断谷法》给出的胡麻服食法具有很强的操作性，对其功效也进行详细介绍，且称此法系葛洪偶然得之，而后传于江东。唐代司马承祯在《服气精义论》中更是直言"得服茯苓、蒸暴胡麻等药，预断谷尤佳"。④ 所谓"蒸暴"，可能就是指《太清经断谷法》中的九遍蒸煮暴晒之法。卢眉娘每日只吃"胡麻饭二三合"，显然是在实践这一经典的道教服食法门。因此，尽管此时卢眉娘尚未成为"正式"道士，但她在信仰实践上却已与道教产生密切关系。

顺宗禅位，时间来到唐宪宗时代。此时卢眉娘仍在禁中。宪宗嘉赏眉娘聪慧奇巧，"遂赐金凤环以束其腕"。而后，宪宗感受到卢眉娘不愿常住宫中，于是将她度为道士，放归南海，赐号逍遥。受皇恩敕度，且获封号，必然会使卢眉娘获得较高的道内地位。但有关她回归南海之后的活动，现有材料几乎完全失语，只有她的羽

---

① 陶弘景撰，赵益点校：《真诰》，北京：中华书局，2011年，卷14，第255页。
② 葛洪撰，王明校释：《抱朴子内篇校释》，北京：中华书局，1985年，卷11，第205页。
③ 《太清经断谷法》，见《道藏》，册18，第508b页。
④ 司马承祯：《服气精义论》，见《道藏》，册18，第488c—489a页。

化获得记载。《杜阳杂编》称:"及后神迁,香气满室。弟子将葬,举棺觉轻,即彻其盖,唯有藕履而已。"与同时期或更早的"尸解"记载相对照,可发现类似记述千篇一律。如《列仙传》对钩弋夫人之死的记载称:"后武帝害之,殡尸不冷而香。一月间,后昭帝即位,更葬之,棺内但有丝履。"① 葛洪《神仙传》中也有一个类似传说,称李少君死后,汉武帝听闻有人路见于他,因此开棺验看,发现"棺中无所复有,钉亦不脱,唯余履在耳"。② 由此可怀疑,有关卢眉娘尸解的记载可能只是一种叙事模式的比附。《杜阳杂编》接下来的记述更具仙话性质,称后入海之人,常见卢眉娘"乘紫云游于海上"。

《杜阳杂编》在故事最后给出了一则非常重要的信息,如下:

> 是时罗浮处士李象先,作《卢逍遥传》。而象先之名无闻,故不为世人传焉。

可知卢眉娘回归南海后(居住在道教名山罗浮?),成为地方知名人士,故南海罗浮山李象先专门为她作传。但由于李象先本人并不出名,其所写传记也一同淹没。"不为世人所传"一说似乎表明《杜阳杂编》的作者苏鹗也只知其名而未见此书。事实上,《卢逍遥传》系南海当地人为卢眉娘所立传记,其中当有较多内容记载卢眉娘回归故乡后的生活和修道经历。苏鹗若睹其书,当不至于在眉娘"放归南海"到"神迁"之间,不置一词。至于《杜阳杂编》中有关卢眉娘羽化及飞游海上的说法,或许是通过口耳相传的"传说"途径进入苏鹗的脑海,此传说的来源有可能就是已经亡佚的《卢逍遥传》。

除以上记载外,还可发现据传为卢眉娘所作的两首诗歌。《全唐诗》收录卢眉娘与卓英英的两组唱和诗。根据《全唐诗》小字注所述,这位卓英英是成都女郎,作万首绝句,因才华出众被采入宫闱。③ 二人唱和诗如下:

---

① 王叔岷:《列仙传校笺》,北京:中华书局,2007,卷下,第106页。《列仙传》旧署名刘向,但历来认为这一归属不太可靠。根据葛洪《抱朴子》、《隋书·经籍志》等文献对《列仙传》有所引述可知,此书至晚成书于晋朝。
② 葛洪撰,胡守为校释:《神仙传校释》,北京:中华书局,2010年,卷6,第209页。
③ 彭定求等编:《全唐诗》,北京:中华书局,1960年,卷863,第9755页。

锦城春望	和卓英英锦城春望①
卓英英	庐眉娘
和风装点锦城春，	蚕市初开处处春，
细雨如丝压玉尘。	九衢明艳起香尘。
漫把诗情访奇景，	世间总有浮华事，
艳花浓酒属闲人。	争及仙山出世人。

成都以蜀锦闻名，"锦城""蚕市"者均点明地点。卓英英的这首诗就内容而言，"入世"享受的意味很浓。对比来看，卢眉娘认为浮华之事令人间喧闹，远不及仙山出世的修道之人（自指）自在安然。显然，卢眉娘已经萌生远离宫闱，回归宁静清幽的修道生活的决心。

理笙	和卓英英理笙②
卓英英	庐眉娘
频倚银屏理凤笙，	但于闺阁熟吹笙，
调中幽意起春情。	太白真仙自有情。
因思往事成惆怅，	他日丹霄骖白凤，
不得缑山和一声。	何愁子晋不闻声。

缑山即骑鹤吹笙的王子晋得道处，唐代缑山升仙太子庙因武后推崇而广为人知。卓英英的这首诗是在表达闺阁怨情，而卢眉娘则鼓励卓英英，认为只需自身修养逐渐增高，待到功业圆满，自然可以得到仙人（暗指夫君，在这里可能就是指皇帝）垂青。然而，在这样一首回应闺怨的诗歌中，卢眉娘使用了很多道教独有的意象和词语，显示出她对道教的理解已有一定基础。正如前文所述，唐宪宗得知卢眉

---

① 彭定求等编：《全唐诗》，卷863，第9755—9756页。
② 彭定求等编：《全唐诗》，卷863，第9756页。

娘不愿常住禁中，将她放归南海。尽管不知道卓英英与卢眉娘的这两组唱和诗是在什么场合下完成的作品，但如果这些创作产生于某次帝皇欢宴的背景下，那么卢眉娘便可以通过诗歌（尤其第一首）的主旨将离开宫廷回归山野的愿望表达出来，唐宪宗也可由此获悉卢眉娘的愿望和诉求。但有关这一点，缺少直接的材料证实，只能止步于猜想。

  以上即卢眉娘相关史实，这位唐代著名女冠不仅因"本分"事业修道服食而卓然出众，更是因为独具匠心巧思而受到皇帝赞赏。其在手工艺上的成就引起后世"博物学家"的兴趣，如清代陈元龙《格致镜原》等书便收入卢眉娘飞仙盖的记载，以为美谈。① 最后，唐代以降，有关卢眉娘史事记载谬误丛生，需要警惕。如《六艺之一录续编》中说卢眉娘是"永贞四年"被召入宫，然永贞（805）年号只使用了几个月；其书称故事抄自《杜阳杂编》，则"四年"者，当系误抄。② 又如，《六艺之一录》卷268给出一段话，据称引自北宋陈田夫《南岳总胜集》，但《道藏》本《南岳总胜集》不见此段文字。其文称卢眉娘被"敕住南岳魏阁"，③ 似乎是误"南海"为"南岳"的结果；其中出现更具体的"魏阁"，若非另有所本，则系故意创造以为南岳增添殊胜光彩。再如，卢眉娘绣七卷《法华经》于一尺绢上之事，《杜阳杂编》作为最早资料记载确凿，但后世道内文献可能认为女冠绣佛教《法华》或有不妥，故妄改记载。例如《云笈七签》所收卢眉娘故事，虽称文出《杜阳杂编》，但却直接删除绣《法华经》的内容；④ 南宋成书的《三洞群仙录》，则将绣《法华经》七卷改为"一尺绢上绣《灵宝经》八卷"，且袭眉娘放归"南岳"之说，⑤ 与眉娘真实情况已越行越远。事实上，眉娘是否绣七卷《法华经》并不影响她最终的道教信仰归属，毕竟她在入宫前尚未出家入道。

---

① 陈元龙：《格致镜原》，卷31，见《景印文渊阁四库全书》，台北：台湾商务印书馆，1983年，册1031，第463b页。
② 倪涛：《六艺之一录续编》，卷14，见《景印文渊阁四库全书》，册838，第692a页。
③ 见倪涛：《六艺之一录》，卷268，见《景印文渊阁四库全书》，册835，第675b页；陈田夫：《南岳总胜集》，收《道藏》，册11。
④ 张君房编，李永晟点校：《云笈七签》，北京：中华书局，2003年，卷116，第2565—2566页。
⑤ 陈葆光：《三洞群仙录》，见《道藏》，册32，卷19，第360a页。

考二二
罗浮先生轩辕集事迹辨析

轩辕集是唐后期著名道士，正史中记载他曾被李唐皇帝征召入朝，今人对之并不算太过陌生。但从既有论述来看，当前有关轩辕集的认识仍存在不少问题。诸如真实情况与虚构传说相混淆、盲目信从"权威史传"而被误导、史料细节挖掘远未穷尽等情况，并未得到应有改善。事实上，已有不少研究论著或多或少地涉及这位来自罗浮山的唐代高道，但以轩辕集为中心，并严格遵循学术规范的讨论却难得一见。因此，有必要重新整合和分析轩辕集相关材料，对其人其事加以考辨，纠正目前的误识。

一、轩辕集入朝

轩辕集早年经历不详，比较可靠的事迹只能从被征召入朝讲起。但有关轩辕集入朝一事，却也存在必须辨伪的说法。根据司马光等人的记载，唐武宗笃信赵归真等道士之说，服食丹药过甚以致暴亡。宣宗甫一继位，便着手处理这些道士："杖杀道士赵归真等数人，流罗浮山人轩辕集于岭南。"[1] 根据这则记载，不难得出轩辕集在武宗朝即被征入长安的观点。然而，司马温公所给出的这则记载实际疑窦重重。

首先，比《资治通鉴》更早的《旧唐书》中并不见轩辕集于武宗时入朝的记

---

[1] 司马光：《资治通鉴》，北京：中华书局，2021年，卷248，第8146页。

载,① 亦无轩辕集曾遭流放的说辞,《资治通鉴》首创其说不免令人疑惑。事实上,如果追溯轩辕集相关记载的史源,问题便会更为清晰。

中晚唐战乱纷纷,李唐皇帝屡次被迫离京,朝中国史多丢失散佚,是以后晋起居郎史馆修撰贾纬方有"武宗至济阴废帝凡六代,唯有《武宗实录》一卷,余皆阙落"之叹。② 故后世史家编纂武宗以后的唐代历史,不少内容均取材于晚唐文人的私人记述。就时间早晚和具体内容来看,苏鹗的《杜阳杂编》和裴廷裕的《东观奏记》应该是《旧唐书》等权威史书的材料源头。苏鹗和裴廷裕均活跃于唐昭宗时期,与轩辕集在朝中的活跃年代(详见下文)相去不远,二人记述虽然亦掺杂传说,但其中当也存在贴近现实的内容。然而,在这两部材料中,均不见轩辕集为武宗征召及遭受流放的记载。③《资治通鉴》中的说法,在史源上尚无法获得支持。

其次,就对轩辕集的评价而言,不论是裴廷裕、苏鹗,还是《旧唐书》的编者,均对轩辕集表示崇高敬意,认为他确实是一位有道高人,但《资治通鉴》却非常冷淡地处理有关轩辕集的记载。记述态度的反差,使我们感到司马光的记述可能存在问题,而此或许要归因于《资治通鉴》的撰写目的。众所周知,《资治通鉴》并不是纯粹的历史记述,其本质是为了向帝王提供治国理念所编纂的"以史为鉴"的"教材"。④ 通读《资治通鉴》,不难发现其中存在浓烈的"儒家政治理性"味道,而这一整体氛围不仅会左右司马光等撰述者对史实的评价,亦可能为书中史实的客观性带来灾难性影响。总体来看,《资治通鉴》中对僧、道等宗教持明显的负面态度,认为宗教有害国政,贤明帝王当远离僧、道,亲近儒臣,类似说教屡见不鲜。因此,虽然缺少直接的支撑证据,但颇令人疑心的是,司马光等人有可能为了贬低轩辕集的形象,虚构其遭受流放的历史细节。

再次,《资治通鉴》"流罗浮山人轩辕集于岭南"本身也存在疑问。既然赵归真

---

① 刘昫等:《旧唐书》,北京:中华书局,1975年,卷18,第613—646页。
② 王钦若等编纂,周勋初等校订:《册府元龟:校订本》,南京:凤凰出版社,2006年,卷557,第6387页。
③ 苏鹗:《杜阳杂编》,收《笔记小说大观》,扬州:江苏广陵古籍刻印社,1983年,册1,影印上海进步书局本,卷3,第150页;裴廷裕:《东观奏记》(与《明皇杂录》合订本),北京:中华书局,1994年,卷3,第128页。
④ 有关《资治通鉴》的撰述意图,参张国刚:《〈资治通鉴〉与家国兴衰》,北京:中华书局,2016年。

等道士得到杖杀的重刑惩罚，轩辕集为何可以免遭劫难？更为明显的疑问是，轩辕集既遭受流刑，为何同书后来的记述却是宣宗"遣中使迎道士轩辕集于罗浮山"？遭受流放者为何不在服刑，却可逍遥山中？这些叙事上的不连贯，反映《资治通鉴》虚构轩辕集流放岭南，或许只是为了机械地与轩辕集在罗浮山受诏的真实情况建立对应关系。对以上疑点的分析，多少有些理由怀疑《资治通鉴》有关轩辕集遭流放记述的真实性。事实上，笔者感觉这更可能是司马光等人的编造，但重点当然不在于污蔑前朝高道，而在于劝告宋代帝王远离儒家以外的学说和宗教人士。

撇开《资治通鉴》的记述后，终于可以来看轩辕集的入朝事件。根据《杜阳杂编》和《东观奏记》记载，轩辕集常年修道罗浮山，年龄很大，但颜色不老，头发极长，立于床上发可及地，又善于采药治病。①《东观奏记》记载称：

> 上（宣宗）晚岁酷好仙道。广州监军使吴德鄘离阙日病足，已蹒跚矣。三载，监广师归阙，足疾却平。上诘之，遂具为上说罗浮山人轩辕集医愈。上闻之，甘心焉，驿诏轩辕集赴京师。②

根据《唐会要》记载，唐宣宗大中五年（851）下诏表彰侯道华升仙，大中八年（854）试图修葺武宗所建的求仙建筑望仙台（因谏未果，改为文思院），十一年（857）命中使征召轩辕集。③这些活动反映宣宗晚年确实倾心仙道，之所以笃信道教，则有身患家族性风疾的原因。王永平根据《旧唐书·宣宗纪》指出，宣宗晚年风疾发作，一般医药效果不佳，转而求仙访道，望可疗疾长寿。④根据《旧唐书》等材料记载，或许是唐武宗因服丹药而暴亡的前鉴未远，故当宣宗决定征召轩辕集时，右补阙陈嘏、左拾遗王谱、右拾遗薛廷杰等人便上疏劝谏。宣宗则下诏称，自身公务繁忙、身体欠佳，听闻轩辕集"善能摄生，年龄亦寿，乃遣使迎之，或冀有

---

① 苏鹗《杜阳杂编》还给出其他一些传说，包括轩辕集能通过长发排出酒水，可畅饮不醉等。但此类传说之真实性，难以确认。
② 裴廷裕：《东观奏记》（与《明皇杂录》合订本），卷3，第128页。《太平广记》引《感定录》轩辕集故事，文字极类《东观奏记》。见李昉等编：《太平广记》，北京：中华书局，1961年，卷79，第502页。
③ 王溥：《唐会要》，北京：中华书局，1960年，卷50，第881—882页。
④ 王永平：《试释唐代诸帝多饵丹药之谜》，《历史研究》1999年第4期，第182页。

少保理也"。而至于方士害政的问题，宣宗表示自己不会重蹈覆辙，并表彰了谏官的诚挚劝导之举。稍后，宣宗复又令宰相（同中书门下平章事）崔慎由向谏官们表示："虽少翁、栾大复生，不能相惑。"①

大中十二年（858）春，轩辕集抵达长安，宣宗召入禁中南亭院。② 根据《唐两京城坊考》所述，南亭院在大明宫中。③ 苏鹗《杜阳杂编》描述了一系列轩辕集在宣宗面前表现出的神奇能力，但多数过于神异令人难以置信，唯两则相对可信者被《旧唐书》收录。第一则系宣宗向轩辕集请教长生之法的故事，轩辕集面对皇帝提问给出如下回答：

> 彻声色，去滋味，哀乐如一，德施周给，自然与天地合德，日月齐明，何必别求长生也。④

在《杜阳杂编》中轩辕集的回答里，"日月齐明"之后本系"则致尧舜禹汤之道，而长生久视之术，何足难哉？"两相对比，不难发现《旧唐书》编者的擅改痕迹。但不论如何，轩辕集劝诫的主题在于倡导清静无为、慈悲爱物，而并不以服饵、房中等技术为归旨。或许正是因为轩辕集并没有为宣宗提供求取长生的技术性帮助，不久之后，宣宗同意了轩辕集的还山请求。

《旧唐书》采录《杜阳杂编》的第二则故事，并将之"措置"在大中十三年（859）春轩辕集即将离开京师之时。据《旧唐书》记载，宣宗本欲多留轩辕集一年，以为之在罗浮山别创道院（此则记载不见《杜阳杂编》等更早材料），但轩辕集坚持尽快还山。宣宗怀疑轩辕集急求还山是预测到朝中将有祸患发生，故复又请问自身得天下之年数，轩辕集于是"取笔写四十字，而十字挑上"。⑤ 宣宗果治天下十四年而终。然而，《杜阳杂编》并没有说明此事发生的时间背景，给出确切时间的是《东观奏记》，但所述故事在情节上则有些不同。《东观奏记》称，轩辕集在

---

① 《旧唐书》，卷18，第640页。
② 裴廷裕：《东观奏记》（与《明皇杂录》合订本），卷3，第128页。
③ 徐松撰，张穆校补，方严点校：《唐两京城坊考》，北京：中华书局，1985年，卷1，第25页。
④ 《旧唐书》，卷18，第642页。
⑤ 《旧唐书》，卷18，第645页。

京城"留岁余"后请求还山，宣宗欲授之朝奉大夫广州司马，但轩辕集"坚辞不受"。宣宗又问自身理天下年数，轩辕集曰"五十年"。宣宗听闻非常欣慰，但最终结果却并不是称帝五十年，而只是享寿五十岁。① 《旧唐书》似乎认可了《东观奏记》给出的故事背景——轩辕集大中十二年春入朝，"留岁余"，《旧唐书》称其在大中十三年春离开，但在故事情节上则接受了《杜阳杂编》的记述。情节存在差异，但两个故事的主旨都是在说轩辕集成功预测了宣宗的死期。宣宗卒于大中十四年（860），距离轩辕集离开长安的时间并不算远。因此，或可推测，轩辕集有可能是凭借高超医理得出宣宗命不久矣（一年之内）的判断，故才坚求还山，以免遭遇与前朝赵归真类似的灾祸。换言之，预测宣宗年寿或称帝年数之事，或许有其"科学"依据。

二、轩辕集返程罗浮山

有关轩辕集从长安离开返回罗浮山的记载并不多见，但从现有材料中还是可以推测出一些细节。杜光庭《神仙感遇记》记载了一个故事，称右三军徐定国，是大中年间选出的护送轩辕集回罗浮山的三十名扈从之一。彼时徐定国年届六十，抵达罗浮山后托以疾病，从轩辕集修道。数年后，身体康健，轩辕集遣之还归长安。据称此人直到天复年间仍然在世，且有少容。② 《神仙感遇记》当然不能直接当成客观历史记述来对待，但这则故事并没有太过不可思议之处，或许反而反映了一定的真实情况，故事中使者护送轩辕集返山的内容合情合理。《杜阳杂编》中有关轩辕集还山，给出两个记载，其中一个称轩辕集中途失踪，使臣惶恐，但数日后得到岭南来信，称轩辕集已抵达罗浮山。此则记载与上述徐定国的故事存在矛盾——《神仙感遇记》中徐定国应该是陪伴轩辕集一同抵达罗浮山，没有中途失散。《杜阳杂编》给出的另一个故事，提供了一则重要信息。故事称，轩辕集从长安至江陵，一路布施钱财赈济贫人。轩辕集从长安出发无甚奇特，但故事中为何将"江陵"作为

---

① 裴廷裕：《东观奏记》（与《明皇杂录》合订本），卷3，第128页。
② 杜光庭：《神仙感遇记》，卷4，见《道藏》，册10，第897a页。

重要站点却值得推敲。

江陵，即湖北荆州，晚唐时属荆南节度使管辖，为治所所在。何光远在《鉴诫录·禅月吟》中记载了晚唐著名诗僧贯休的一则故事，称：

> 初上人诗名未振，时南楚才人，竞以诗送轩辕先生归罗浮山，计百余首矣。后上人因吟一章，群公于是息笔。①

这里归还罗浮的轩辕先生就是轩辕集。紧接着以上引文，何光远给出了贯休诗歌的全文，称"谩指罗浮是去程"云云，与送别轩辕集归罗浮的场景相当吻合。这里的"南楚"与荆南相应，高道轩辕集还山途中，地方大员或有心结识，故此次百人参与的送别诗会应该是由荆南地方长官出面组织的文化活动，可以推测此次诗会很可能就在荆南节度使治所所在的江陵举办。白敏中自大中七年（853）开始担任荆南节度使、江陵尹，至宣宗死时调任长安。轩辕集还山时白敏中正于荆南主政，很可能就是此次送行诗会的组织者。参与诗会的贯休，在大中十三年时方二十七岁，年轻辈浅，与"诗名未振"的说法相符。根据一些学者研究，贯休从大中九年（855）开始展开游历。② 或其于大中十三年（859）恰过江陵，值轩辕集还山，以诗僧身份参与诗会，留下佳作。此外，贯休弟子为其所编的《禅月集》中，别有一首《赠轩辕先生》，有可能是同一场合下贯休赠予轩辕集的另一作品。③

唐代诗人李洞似乎也参与了这次荆南诗会。李洞是"唐诸王孙"，④ 昭宗时科举不第，游蜀而卒。李洞所作名为《赋得送轩辕先生归罗浮山》，系七言律诗，收入《文苑英华》，其文后四句为："洞深头上觉舡过，楼静鼻中闻海腥。此处先生应不住，吾君南望谩劳形。"⑤ 这四句似乎是在说轩辕集从江陵开始，要从水路赶赴

---

① 何光远撰，刘石校点：《鉴诫录》，卷5，收傅璇琮、徐海荣、徐吉军主编：《五代史书汇编》，杭州：杭州出版社，2004年，第5907页。
② 田道英：《贯休生平系年》，《四川师范学院学报》1999年第4期，第113—116页；江舟：《贯休政治生涯考述——兼论其政治诗》，福建师范大学硕士学位论文，2015年，第8页。
③ 贯休：《禅月集》，明虞山毛氏汲古阁刊本，卷21，第2b页。田道英即将贯休这两首诗同系为大中十三年作品，见其《贯休诗歌系年》，《乐山师范学院学报》2001年第5期，第49页。
④ 计有功撰，王仲镛校笺：《唐诗纪事校笺》，北京：中华书局，2007年，卷58，第1972页。
⑤ 李昉等编：《文苑英华》，北京：中华书局，1966年，卷229，第1152页。

罗浮山。倘若如此，则轩辕集一行有可能会首先沿着长江东行之海，而后一路往南直驱罗浮。因此，或许江陵对于轩辕集的这次南归而言，既是陆路与水路的转折点，也是最盛大的送行活动的举办地。如此，《杜阳杂编》专门强调"江陵"一站，便可说得通了。

三、轩辕集返罗浮之后的行踪及后人对他的缅怀

很遗憾，并无切实资料记载轩辕集返回罗浮后的真实事迹，甚至他的最终下落也不明所以，以致卒年亦不可考。但从诗人皮日休、陆龟蒙和诗僧齐己等人的诗歌中，可以发现在轩辕集还山后，不少人仍非常关注他的动向。

首先来看皮日休和陆龟蒙。《松陵集》是皮日休和陆龟蒙的唱和诗集，根据尹楚彬的考察，此集所收诗歌均创作于咸通十年（869）五、六月至咸通十二年（871）三月之间，彼时皮日休任职吴中，结识长洲诗人陆龟蒙。[①]《松陵集》中收二人以怀念轩辕集为主题的唱和诗两首。皮日休的《寄题罗浮轩辕先生所居》称"乱峰四百三十二，欲问征君何处寻"，又曰"从此谒师知不远，求官先有葛洪心"，似有拜谒轩辕集的想法。陆龟蒙的奉和诗歌称"预恐浮山归有日"，对皮日休的想法表示赞同。[②] 从皮日休和陆龟蒙这两首诗的题目和内容来看，都不是与轩辕集的直接唱和，而是遥寄思念的作品。皮日休为何会想起以轩辕集为题作诗？这或许并不是诗人脑中灵光乍现的突然结果。皮日休本竟陵（湖北天门）人，家乡距离江陵不远，咸通七年（866）赴京科考前主要活动于家乡附近区域。大中十三年轩辕集途经江陵时皮日休刚十九岁，或许无缘参加彼时诗会。但当年诗会百位文人参与赋诗并有贯休创出佳作的消息，或许在这位年轻人心中留下了深深的印记。以至在日后与陆龟蒙的酬唱中，表达出希望亲赴罗浮参拜轩辕集的想法。从皮日休的诗歌内容来看，其中仅提到轩辕集隐居罗浮四百三十二峰之中，难以寻觅。如果此内容确实可以反映轩辕集的真实情况，那么或许从咸通十年到十二年中的某个

[①] 尹楚彬：《皮日休、陆龟蒙生平事迹新考》，《古籍研究》1998年第3期，第90—91页。
[②] 皮日休、陆龟蒙：《松陵集》，卷7，《景印文渊阁四库全书》，台北：台湾商务印书馆，1983年，册1332，第241b页。

时间开始，轩辕集的行踪便已难以捉摸，且此消息已从岭南罗浮传至江南吴中一带。

接着来看晚唐诗僧齐己。仅就生卒年来看，轩辕集系大中十三年归山，而齐己约出生于863年，后者一生亦未亲往罗浮，二人应该没有机缘会面。但齐己与前文所述的贯休关系密切，彼此曾有诗歌唱和。[①] 又齐己本系湖南长沙人，自号衡岳沙门。或许正是从贯休口中听闻了轩辕集的高道形象以及当年江陵诗会的盛况，于是本为荆南诗人的齐己对自身出生过晚、未能与会感到失望。故另外创作一首《怀轩辕先生》称："不得先生信，空怀汗漫秋。"[②] 从齐己这首诗的题目和诗文主旨来看，轩辕集在当时已确定行踪不详。

尽管轩辕集的很多真实情况早已不为人知，但作为被皇帝所尊崇的高道，他的传说在后世典籍中依旧被反复提起。如《唐语林》（卷7）、《三洞群仙录》所征引的《高道传》（卷7）和《丹台新录》（卷10）、《历世真仙体道通鉴》（卷42）等重要的道教内外著作，均收录了轩辕集的传说和史传，其中内容基本不出《杜阳杂编》《东观奏记》的记述。根据一些后世材料来看，当地人相信轩辕集在罗浮山留下了一些遗迹，并将轩辕集本人列入惠州乡贤祠的祭拜名单中。[③] 而对这些遗迹的探访，则为道教内外文人雅士所热衷，如清代王文诰便曾探寻轩辕集故居而不得其径，因是写下"轩辕道士素狻猊，使我不见轩辕庵"的诗句。[④]

最后，有关轩辕集本人还有一个问题值得辨析。明代陆应阳的《广舆记》提到轩辕集"著《太霞玉书》，习神仙事"。[⑤] 清代《罗浮山志会编》中收有归属于轩辕集的《太霞玉书序》，[⑥] 此序文又为《全唐文》所收录。序文称"我皇唐大历之初，集栖朱明之野"，朱明洞天突然洞开，灵文玉书在空成字，特"厘为十有二章，统以

[①] 二人交往情况，参田道英：《齐己交游考》，《四川师范学院学报》2003年第2期，第116页。
[②] 齐己：《白莲集》，卷1，《景印文渊阁四库全书》，册1084，第332b页。
[③] 如《嘉靖惠州府志》中记录的轩辕试剑石、轩辕集故居等，见杨宗甫：《（嘉靖）惠州府志》，明嘉靖三十五年蓝印本，卷5，第18a页；乡贤祠，见卷9，第4b页，收"爱如生中国基本古籍库"8.0版。
[④] 王文诰：《寻轩辕集遗庵不得》，收《晚晴簃诗汇》，退耕堂本，卷110，第36a页。
[⑤] 陆应阳：《广舆记》，清康熙刻本，卷19，收"爱如生中国基本古籍库"7.0版。
[⑥] 见宋广业：《罗浮山志会编》，康熙五十六年刻本，卷4，第17页，收"爱如生中国基本古籍库"7.0版。

太霞"。① 序文以轩辕集的口吻写出，称在大历年间编纂朱明洞天显露之天文，共计十二章。此说为当下不少学者所认可，但看上去伪托的成分不小。首先，尽管《太霞玉书》的序文流传至今，但正文却似乎没什么影响，与轩辕集本身闻名遐迩的情况形成反差。其次，虽然序文中天文结字的说法在中古道教中很流行，但有关此书的记载却出现得非常晚，存在后世造假的可能。再次，大历共计十四年，最晚的大历十四年为779年。轩辕集约在大中十三年（859）返程罗浮山。二者相隔八十年，从正常情况来看，即使轩辕集返山时已届百岁，则大历年中亦不过是十几岁的少年。如许年轻便能编纂天文，亦不免令人生疑。此所谓《太霞玉书》十二篇者，后世伪托的可能性非常大，其传世序文亦自不可冒认出自轩辕集之手。

---

① 轩辕集：《太霞玉书序》，见董诰等编：《全唐文》，北京：中华书局，1983年，卷928，第9673a页。

考二三
边洞玄"道迹"发微

> 解脱荆钗去，闲云观顶铺。
> 藤花绣碧瓦，石火养丹炉。
> 落日恒山翠，晴沙滏水珠。
> 眼前余好景，即此揖麻姑。
> ——李继圣《边仙观》[1]

李继圣是活跃于清雍正前后的文人，当他远游的足迹踏上著名古观边仙观时，便创作了这首以观名为题的诗歌。雍正时期成书的《畿辅通志》记载了冀州古城（今河北省衡水市冀州区）中的这座道观，称："紫云观，在州治东北。一名边仙姑观，唐初建。"[2] 这座据说唐初建成的道观正式名称是紫云观，而当地坊间则似乎更喜欢用它的另一个名字：边仙（姑）观。[3] 边仙姑即边洞玄，据信白日飞升，受到玄宗下诏褒奖，由此成为传说中的重要女仙。

《广异记》、《墉城集仙录》（简称《集仙录》）等道教内外材料记载了边洞玄的相关事迹，但由于白日飞升的传说始终过于"玄幻"，使人容易自动过滤相关记述的史实特征，于是边洞玄的道迹越来越有演化为架空式传说的倾向。明代内府所藏杂剧抄本《边洞玄慕道升仙》便是边仙传说架空演化的巅峰形式，故事中

---

[1] 李继圣：《寻古斋诗文集》，清乾隆十八年李氏寻古斋刻本，卷6，收"爱如生四库系列数据库"。
[2]《（雍正）畿辅通志》，卷52，见《景印文渊阁四库全书》，台北：台湾商务印书馆，1983年，册505，第192b页。
[3] 此观遗迹尚存，据传存明代边洞玄石像，并被奉为"冀州八景"之一。见 https://baike.baidu.com/item/%E5%86%80%E5%B7%9E%E5%85%AB%E6%99%AF/152987。

出现了多种与边洞玄并无真实联系的仙人高士,① 于是古代戏剧研究者也便无法将之归为历史类戏剧里的"唐代故事",而只能把它放在"神仙"戏的类目之下。② 对边洞玄真实情况的不察,导致学界在探讨相关问题时反复出现误解。一些学者在文章中将《广异记》和《集仙录》中存在严重矛盾的边洞玄记述罗列出来,不仅接受了一些明显的史实错误(如玉真公主入道时间和原因,详见后文),更在尚未清晰区分传说与真实的情况下,得出此事符合玄宗"政治需要"的"预设结论"——尽管这个结论未必毫无根据,但对边洞玄史实和传说的解释却已流于平面。③ 有鉴于此,有必要从材料本身入手,重新考察边洞玄升仙一事的细节情况,挖掘边仙形象和事迹演变的层次,同时尝试揭示升仙事件背后的政治和舆论动机。

一、边洞玄主要史料客观性辨析

目前已知有关边洞玄的材料本身不多,其中又有不少后世著作抄撷前代传记。这里首先讨论若干最富历史价值的早期材料,并对记述的客观性问题进行辨析,④ 为接下来对边洞玄事迹的梳理工作做准备。

最早记载边洞玄事迹的材料并不是她的专门传记,而是依托唐玄宗褒赏诏书所立的碑刻。宋代陈思的《宝刻丛编》引《访碑录》,给出两方碑刻的记载:

---

① 《边洞玄慕道升仙》,收王云五编:《孤本元明杂剧》,北京:商务印书馆,1941年,第28册。此《边洞玄慕道升仙》系脉望馆抄本,关于明代脉望馆内府杂剧抄本的更详细讨论,参长松纯子:《明代内府本杂剧研究》,中山大学博士学位论文,2009年。
② 伏蒙蒙:《〈脉望馆钞校本古今杂剧〉内府本考述——兼论明代内府本的戏剧史意义》,《文化遗产》2018年第6期,第50页。
③ 事实上,本考的结论有助证明这个观点的正确性,杨莉的论文也给出类似观点,见其《从边缘到中心:唐代护国女仙与皇室本宗情结——兼论李唐皇室与地方政府及道教界的互动关系》,收黎志添主编:《道教研究与中国宗教文化》,香港:中华书局,2003年,第122—151页。但正确观点的获得需要遵循逻辑严谨的学术辨析。对边洞玄传说与事实有所混淆的情况,参李裴:《民间与官方、政治与宗教——以唐代女真白日升仙现象为中心的考察》,《四川大学学报》2011年第4期,第27—28页。
④ 这里的客观性,并不是说史料记载内容本身是否真实可信,而更关注作者在编纂传记时是否尽量严格地遵循既有描述和文献,抑或只是毫无辨别地记录传说,甚至别有用心地添加内容。

《唐敕冀州刺史源复诏》。唐明皇书，在州治。《访碑录》

《唐述刊勒手诏碑》。唐王端撰，田琦分书并题额。开元二十七年。《访碑录》①

即将讨论的《集仙录·边洞玄》中记载了玄宗下发手诏和建立《唐述刊勒手诏碑》的情况，所述内容与《宝刻丛编》的著录相合。两则碑铭中，前者录文尚存，为《全唐文》所收，名为《敕冀州刺史原（源）复边仙观修斋诏》。据明天顺五年（1461）成书的《明一统志》记载，"唐玄宗御制词褒扬之碑刻，尚存于观"，② 可知碑石至明代尚存。《宝刻丛编》称此碑"在州治"，《明一统志》则称"存于观"，不免使人怀疑二者所记为两碑。实际上，从《全唐文》所录碑刻文字来看，此碑确为玄宗手诏，文中既有答复源复的内容，又有褒赞边洞玄的文字。③ 故一种可能的情况是，边洞玄的道观和源复所在的冀州治所，分别将玄宗手诏刻碑保存，以示荣宠。但由于手诏本身并不为树碑所作，故两碑在定名上或许存在差异——道观立碑强调边洞玄，治所树碑则推崇源复。④《唐述刊勒手诏碑》当为玄宗获知手诏为冀州当地刻碑后，令王端等专门撰写的碑文。但此碑文字早已亡佚，碑刻本身在宋代以后罕见记载。由于此碑系"述勒手诏碑"，因此其立碑所在当临近手诏碑，但不知是否也刻为两碑，分别保存于边仙观和冀州治所。

在《宝刻丛编》给出的著录信息中，除玄宗外还出现三个人物，即王端、田琦和源复。王端，《集仙录》中称："敕校书郎王端敬之为碑。"⑤ 近年新出土的《大唐故裴府君（旷）墓志铭》拓片，据称为一人双志，其中一份墓志题为"崇文馆校

---

① 陈思：《宝刻丛编》，卷6，见《石刻史料丛编》第1辑，台北：新文丰出版社，1977年，册24，第18169a页。
② 李贤、彭时：《明一统志》，卷3，见《景印文渊阁四库全书》，册472，第101b页。
③ 李隆基：《敕冀州刺史原（源）复边仙观修斋诏》，见董诰等编：《全唐文》，北京：中华书局，1983年，卷32，第363a—b页。
④ 当然，还有一种推测是，这方碑刻在宋代时立于治所，明时则已转交道观。但从《宝刻丛编》和《明一统志》所给出的碑刻内容概述或碑铭差异，不太可能来源于相同的诏书内容，而更可能是从简短的碑石"题目"中直接获取的信息。
⑤ 张君房编，李永晟点校：《云笈七签》，北京：中华书局，2003年，卷116，第2562页。

书郎王端撰",另一份则为李吉甫所撰。① 两份墓志称裴旷开元二十三年（735）卒，玄宗深表悼念，于开元二十四年（736）敕地方官护送其棺椁归葬邙山之北。王端所撰墓志中并无反映玄宗敕令事，或系裴旷死后不久即应邀撰成。李吉甫所写墓志详细叙述开元二十四年事，当为专因玄宗荣宠而创作的文字。玄宗对裴旷的恩赐，导致一人双志现象发生。由以上三种材料可知，王端最晚于开元二十三年即担任崇文馆校书郎，开元二十七年（739）时依旧在任，并受玄宗委托创作《唐述刊勒手诏碑》一文。田琦，是唐玄宗时期的著名书法家，"雁门人，德平之孙。工八分书、小篆"，书画皆行于世，官历数州刺史。② 《宝刻丛编》著录中的"分书"，即田琦最擅长的八分书。

接着来看源复，此人与边洞玄升仙事件关系最为密切。郁贤皓据前引《宝刻丛编》和《集仙录》的记载，考源复在开元二十七年时任冀州刺史。③ 玄宗手诏称源复"旧相之子，家上元（玄）元"。④ 查《新唐书·宰相世系表》可知，源复曾任华州刺史，其父即玄宗时期著名宰相源乾曜，⑤ 与手诏内容相合。赵超考述源复情况，指出其在开元十四年（726）后至二十年（732）前曾被贬泽州刺史。⑥ 可知宰相之子源复，在贬谪泽州后，又辗转冀州刺史之任，任上表奏边洞玄升仙事件，获得玄宗优赏。对源复基本情况的认识，有助于正确理解此次升仙事件的真实情况。尽管《宝刻丛编》给出的两块重要碑刻中与边洞玄最关切的一块已经湮没，但二者所呈现的依旧是最原始也最具准确性的信息，因此可以作为其他相关记载的"准星"或"度量衡"。换言之，更晚出的记载是否显示出对碑记的借鉴，以及所记内容与碑记信息的吻合程度，将成为判断其说与"真实情况"距离远近的重要标准之一。

专门记述边洞玄事迹的两个早期材料分别是戴孚的《广异记》和杜光庭的《墉

---

① 墓志信息及拓片图片，见浙江大学图书馆古籍碑帖研究与保护中心"中国历代墓志数据库"，检索时间 2019 年 5 月 17 日，链接：http://csid.zju.edu.cn/tomb/stone/detail?id=40288b9569fda3ab016a57b2fc5800cb&rubbingId=40288b9569fda3ab016a57b2fc6300cc。
② 窦泉：《述书赋下》，见董诰等编：《全唐文》，卷 447，第 4573a 页。
③ 郁贤皓：《唐刺史考全编》，合肥：安徽大学出版社，2000 年，卷 107，第 1498 页。
④ 李隆基：《敕冀州刺史原（源）复边仙观修斋诏》，见董诰等编：《全唐文》，卷 32，第 363b 页。
⑤ 欧阳修、宋祁：《新唐书》，北京：中华书局，1975 年，卷 75 上，第 3362 页。
⑥ 赵超编著：《新唐书宰相世系表集校》，北京：中华书局，2018 年，卷 5，第 934 页。

城集仙录》。有关戴孚本人的情况缺少详细记载，但方诗铭、李剑国等人已依据各种资料对其进行考察，可知戴孚为至德二载（757）进士，至少经历玄宗、肃宗、代宗三朝。①《广异记》原本二十卷，唐后散佚，《太平广记》中收三百余则，边洞玄恰为其中之一，后经方诗铭辑入《广异记》。② 尽管《太平广记》中存在误署出处的情况，但李剑国等人已证实此则边洞玄相关记载确为《广异记》内容无疑。③ 戴孚的文字并未提及玄宗对边洞玄和源复的褒赏（甚至完全没有提及玄宗），其记载仅停留在升仙传奇本身。无视玄宗褒赏这样能够为故事"加料"的内容，或许反映戴孚本人并未对这个故事的情况做详细追究，而只是将"道听途说"的升仙佳话记录在案。换言之，戴孚本人在此并不以撰写"史传"为己任，因此尽管其撰述本身时代较早，但却充满了"传说"性质。当然，传说也有其独特的史料价值，至少可以反映某种具体而微的社会意识和历史记忆。

《道藏》本《墉城集仙录》并非完本，④ 其中不见"边洞玄"条，《云笈七签》选录的《集仙录》则给出了详细的边洞玄传记。⑤ 但《云笈七签》本《集仙录·边洞玄》似乎也非完帙。《道藏》本和《云笈七签》本《集仙录》第一篇均为西王母传（前者篇名《金母元君》，后者篇名《西王母传》），两者内容基本一致，均有相同的一句话："至若边洞玄躬朝而受道，谢自然景侍而登仙，故《洞玄》（案：即《边洞玄传》）及《自然传》谓金母师即王母也。"⑥ 谢自然传记中确实存在她以金母为师的记载，⑦ 但同样的内容却不见于《云笈七签》所录之《集仙录·边洞玄》，

---

① 方诗铭：《辑校说明》，收其戴孚撰，方诗铭辑校：《广异记》（与《冥报记》合刊），北京：中华书局，1992年，第1—10页；李剑国：《唐五代志怪传奇叙录（增订本）》，北京：中华书局，2017年，第558—560页。
② 戴孚撰，方诗铭辑校：《广异记》，第13—14页。本考所引《广异记·边洞玄》内容皆据此方诗铭辑校本，不再出注。
③ 李剑国：《唐五代志怪传奇叙录（增订本）》，第563页。
④ 有关《墉城集仙录》存佚情况的详细介绍，见李剑国：《唐五代志怪传奇叙录（增订本）》，第1457—1475页。
⑤ 张君房编，李永晟点校：《云笈七签》，卷116，第2559—2562页。
　本考所引《集仙录·边洞玄》均以此为据，不再出注。
⑥ 二者文字基本相同，唯《道藏》本少"即"字。此以《云笈七签》本为准。
⑦ 有关谢自然升仙传说的详细讨论，见杨莉：《谢自然传与谢自然诗：女修成道于神圣与凡俗两界的意义建构》，收李丰楙、廖肇亨主编：《圣传与诗禅——中国文学与宗教》，台北："中央研究院"中国文哲研究所，2007年，第443—484页；Stephen R. Bokenkamp, "Sisters of the Blood: The Lives behind the Xie Ziran Biography,"《道教研究学报：宗教、历史与社会》2016年第8（转下页）

可知此本文字亦不完整。《集仙录·边洞玄》的内容应有其可信之处。其文最后话及玄宗令王端撰碑,"以纪其神仙之盛事",李剑国据此认为杜光庭此文"似取王记"。[①] 此看法可从。然而,杜光庭依旧可能在边洞玄传记中加入一些重新构拟的内容,其中至少有三个方面需要提起警惕。第一,《集仙录》称边洞玄升仙"是岁,皇妹玉真公主咸请入道"与事实不符,玉真公主正式入道发生于睿宗时期,[②] 王端碑文中不可能出现如此内容,只能是杜光庭造成的时代错位。第二,《集仙录》中赠仙丹给边洞玄的卖药老人戏份太多,且老人言论不似碑铭语言,而更像是杜光庭在李唐风雨飘摇的时代,为制造李氏统治神圣性而付出的某种努力。第三,《集仙录》称玄宗在边洞玄升仙日凌晨,梦到边仙来访,"乃诏问所部,奏函亦驲骑驰至,与此符合"。若此事确曾发生,玄宗手诏中便不会没有任何反应,因此也当是杜光庭刻意创作的"神圣见证",以玄宗的权威来增加神迹的可信度。由此来看,杜光庭的记述并非照抄王端的碑铭,而是在原本已有层次感的边洞玄生平图画上,又涂抹上一层新的色彩。在结束对边洞玄主要史料的讨论后,我们终于做好重新检讨边仙传记的准备。

二、两种边洞玄传记的阅读与比较

以下着重对戴孚和杜光庭等材料给出的边洞玄传记进行分析和比较,其间对升仙事件的真实情况进行探讨,同时重点观察不同材料所呈现的迥异的边洞玄形象。

王端所撰碑铭的亡佚,使我们失去了最能接近边洞玄真实历史的材料,玄宗手诏中几乎没有给出任何有关边洞玄的具体信息:

(接上页) 期,第 5—30 页;Stephen R. Bokenkamp, "Transmissions of a Female Daoist: Xie Ziran (767 - 795)," in Florian C. Reiter ed., *Affiliation and Transmission in Daoism*, Wiesbaden: Harrassowitz Verlag, 2012, pp.109 - 121;深泽一幸:《仙女谢自然的诞生》,收《兴膳教授退官记念中国文学论集》,东京:汲古书院,2000 年,第 411—429 页;深泽一幸:《仙女谢自然的展开》,《言语文化研究(大阪大学)》2001 年第 27 期,第 233—254 页;白照杰:《唐代女仙谢自然史实及传说阐幽》,《史林》2019 年第 6 期,第 65—76 页。

① 李剑国:《唐五代志怪传奇叙录(增订本)》,第 1467 页。
② 有关两位公主入道的详细分析,参 Charles Benn, *The Cavern-Mystery Transmission: A Taoist Ordination Rite of A.D. 711* (Honolulu: University of Hawai'i, 1991)。

> 彼之女道，丹台真人，白日上升，五云在御，不图好道，遂有明征。①

从这样的描述中，只能获得"不图好道"这样放之四海皆准的套话，无法得出任何可归为边洞玄个人特征的描述。相较之下，《广异记》和《集仙录》所给出的边洞玄形象便要丰满得多。

《广异记》称边洞玄为冀州枣强县女道士，《集仙录》指出边洞玄为范阳人女儿。在两个传记中，边洞玄与卖药老人的相遇，都成为其生命转折的关键，但有关遇仙前的情况，《广异记》仅称边洞玄"学道服饵四十年，年八十四岁"，《集仙录》的记载则要复杂很多。杜光庭称边洞玄幼而好善，救护、喂养鸟雀之属。年十五，求出家入道，父母不许。"既笄"（十六岁）开始，"誓以不嫁"，奉养父母。数年后，父母去世，边洞玄丁忧毁伤，"几至灭性"。丧期已满，便"诣郡中女官，请为道士"。"洞玄"之名当系法号，应为入观后获得，其本名不见记载。杜光庭至此给出另一信息，称边洞玄"终鲜兄弟，子无近亲"。从这些描述来看，边洞玄的好道情结并不具有家庭方面的渊源，接下来的道观生活及升仙事件也不存在家族方面的助力和推动。有关边洞玄隶属的道观名称，所有材料均不见记载，似乎在玄宗赐名之前，那所道观一直默默无闻。《集仙录》记载边洞玄"纺织勤勤，昼夜不懈"，"一观之内，女官之家，机织为务"，似乎反映了这所道观经济方面不算宽绰的现实。《集仙录》记载了边洞玄在道观中的一些实践，称边洞玄将织布所得贸为香火、茯苓、胡麻、人参等药材和五谷，药材为常年辟谷服饵之用，五谷除了饥年济人外主要用来施与鸟雀老鼠，由此获得"阴德及物之应"——"自洞玄居后，未尝有鼠害于物"。尽管边洞玄慈心于物，但在初期服饵修炼中并未获得神灵报偿，据信她对别人赠予的药物盲目信从，"往往为药所苦，呕逆吐痢，至于疲剧"，症状缓解后便又"吞服如常"，"同道惜之，委曲指喻"，但边洞玄却信心不移。

此时，卖药老叟出现了。《广异记》和《集仙录》都记载下老叟与边洞玄的交流，后者明显比前者多出一段情节，但此段情节存在与否并不影响边洞玄传记的连续性。叙事上的冗余甚至使人怀疑这完全有可能是别有用心的"杜撰"。这段情节

---

① 李隆基：《敕冀州刺史原（源）复边仙观修斋诏》，见董诰等编：《全唐文》，第363a—b页。

由老叟与观中其他道众的问答组成。当老人进入道观，出售"大还丹"，并保证"饵服之者，长生神仙，白日升天"之后，双方的问答就开始了。问答内容概括如下：

表 13　道众与老叟问答

	道众问	老叟答
1	还丹效用神奇，老叟何不自恤？	度人立功未满，求仙者难，故不自服丹药。
2	人皆好道乐长生，何言求仙者难？	世人或好道而不能修，或能修而因外物诱惑而丧失初心。坚心好道者，百千万人中无一。
3	有金丹何不献天子，令其长生永寿？	天上大圣真人高真上仙，与北斗七元君轮降人间，以为天子，期满归升上天，何假服丹而得道也？
4	今天子是何仙？	朱阳太一南宫真人。

正如本考第一部分所述，这段内容看上去很可能是杜光庭刻意增衍的文字，除叙事冗余外，还存在其他证据可强化这一判断。表格中的3、4问答，如果确曾出现在王端的碑文中，那么在开元末年崇道极盛的氛围中，必然会引起更为重大的反响。但更早的戴孚却似乎并未听闻此类传说。事实上，杜光庭在编纂《历代崇道记》时，似乎也还"不知道"这样的情况，这一点与他笔下的另一个白日升天事件相比便可发现端倪。《历代崇道记》中记载了德宗时期白日升天的谢自然故事，称：

> 德宗贞元十年，混元潜使金母累降于果州金泉山，授炼炁之术付女真谢自然。修习功成，以其年十月十六日白日上升。后三月乃归，谓刺史李坚曰："天上有玉堂最高，老君居焉。壁上皆题神仙之名，时注脚下云在人间或为帝王，或为宰辅。"①

显然，白日升天的谢自然之所以重要，原因在于她从天界带回当世帝王（德宗）是

---

① 杜光庭：《历代崇道记》，见《道藏》，册11，第5a页。

神仙以及圣祖老君依旧庇佑大唐的重磅消息。这样的消息不论是对于经历过泾原之变的德宗（谢自然升仙时的统治者），还是对经历了中和元年（881）避难蜀中的僖宗（《历代崇道记》的上呈对象）而言，都是维系统治和坚定信心的重要信仰及舆论工具。从写作目的而言，杜光庭在中和四年（884）奉上的这部《历代崇道记》，本身就是为了将李唐统治与道教神权绑定在一起，借此重申李唐统治的神圣属性。因此，将谢自然的如上降示收入书中便非常贴合杜光庭和唐僖宗的实际需要。将谢自然的降示与《集仙录·边洞玄》中老叟的话对比，可以发现二者旨趣一致，且后者对于神化僖宗似乎更有帮助。① 然此则较之谢自然降示更有"价值"的信息，被排除在《历代崇道记》的选材之外，便显得有些无法理喻。这是不是杜光庭的不慎遗漏呢？但正如上面所讲，如果边洞玄升天传说中这段情节一早就存在，便早应获得强大的影响力。倘若如是，这样的故事又怎会逃得过杜光庭的法眼呢？显然，认为杜光庭在完成《历代崇道记》时，《边洞玄》中这些问答尚未被创造出来，或许是最可能的解释。目前来看，丰富老翁形象的人最可能是杜光庭本人。

《广异记》和《集仙录》对老叟身份的不同解说，同样加强了我们对老叟戏份经杜光庭大笔扩充的怀疑。《广异记》中，老人与谢自然甫一见面便自报家门："吾是三山仙人，以汝得道，故来相取。"而在《集仙录》中，老人的身份则有些模棱两可。根据上文表格中的问答可知，老叟本身因立功未满尚未成仙。② 然而，老叟接下来对边洞玄解释自身来历时却称"太上有命，使我召汝"③，则又隐含着他并非凡人的意思。如是，则《集仙录·谢自然》中便又出现了一对矛盾，造成矛盾的原因可能还是要归咎于后来添加的四问四答，使老叟的身份遭到混淆。尽管记述中存在这样那样的矛盾，但老叟在《广异记》和《集仙录》中同时出现，或许存在某

---

① 前者并未确定每任大唐帝王都是神仙临凡，但《集仙录·边洞玄》中的老叟却对这一点做出肯定。
② 立善功与升仙是中古道教常见的主题，尤其是在讲究"大乘济度"的灵宝经产生之后更是成为共识。如《太上洞玄灵宝智慧本愿大戒上品经》中便借太极真人之口曰："学升仙之道，当立千二百善功，终不受报。立功三千，白日登天"，"立三百善功，可得长存地仙。若一功不全，则更从一始，而都失前功矣"。见《太上洞玄灵宝智慧本愿大戒上品经》，《道藏》，册6，第157c页。刘屹的一篇文章详细地指出，因立功而升仙的观点最晚在《抱朴子》中便已出现，而立功数量的门槛在灵宝经中甚至进一步提高。见刘屹：《如何修得上仙？——以古灵宝经中的太极左仙公葛玄为例》，收余欣主编：《中古时代的礼仪、宗教与制度》，上海：上海古籍出版社，2012年，第383—385页。
③ 原书标点为"汝之至诚，感激太上，使我召汝"。不确，径改。

种现实上的依据。换言之，二者都认为老人赠药边洞玄的事情确然存在。

与道众问答结束后，老人与边洞玄展开直接接触。《广异记》所述老人与边洞玄的交流并不复杂。老人自报家门后，以"玉英之粉"做成的汤饼赠予边洞玄，称服食后"后七日必当羽化"。洞玄食毕，老者即辞去不见。《集仙录》的记述则要复杂得多。老叟称有"还丹大药"出售，洞玄问价，老叟告知需五十万金。洞玄困窘，叟曰："勿忧，子自幼及今，四十年矣。三十年积聚五谷，饷饲禽虫，以此计之，不啻药价也。"老叟此番言语将边洞玄升仙因缘归结于她的"善功"，在叙事结构上与前文提及的洞玄喂养鸟兽、救济贫人相呼应。接着，洞玄于药囊中自取三粒青黑药丸，老叟解释："此丹服之易肠换血，十五日后方得升天，此乃中品之药也。""易肠换血"基本可认为是服食丹药后的中毒现象，柏夷在对谢自然的研究中指出唐人对金丹中毒后所呈现的症状已有较丰富的认识。[①] 为使边洞玄的升仙更为顺利，老者又给出状如桃胶、味似桃香的配药，令洞玄以此药冲水配合大还丹服用。最后告知洞玄现在已不会经历易肠换血的痛苦，且只需七日就可升仙，眼下当静栖台阁等待天人迎接，而后"叟不知所之"。

老人消失后，边洞玄便开始准备升仙。《广异记》记载称，洞玄服药次日即"忽觉身轻，齿发尽换"。接着她告知弟子们自己即将成仙的情况，并要求他们好生修道，勿为人间之事牵绊。七日期满，弟子晨往问询，见天有异象，闻空中人语。洞玄出门，即乘紫云飞升，"时刺史源复与官吏百姓等数万人，皆遥瞻礼"。毫不意外地，《集仙录》的记述又要复杂很多。老人消失后，道众询问洞玄得药之事，或信或疑。郡中人士听闻此事，便往观瞻。洞玄于是飞登门楼之上，"一郡之内，观者如堵。太守僚吏，远近之人，皆礼谒焉"。洞玄告知观众，中元节必然升天，众人于是建斋。中元辰时，天人迎洞玄升天，"太守众官具以奏闻"。《集仙录》在最末还给出了是日辰巳间，明皇梦遇洞玄的记载。本考第一部分已点明这则情节的产生不可能追溯到边洞玄升仙之时，只能是后人的创造。但玄宗梦中的边洞玄形象却非常值得关注——彼时"有青童四人导一女道士，年可十六七"。显然，边洞玄已经获得永恒的生命力，形象也转而年轻化。玄宗梦醒后，地方奏报传来，两事符

[①] Stephen R. Bokenkamp, "Sisters of the Blood: The Lives behind the Xie Ziran Biography",《道教研究学报：宗教、历史与社会》2016 年第 8 期，第 19 页。

合。于是：

> 敕其观为登仙观，楼曰紫云楼，以旌其事。是岁，皇妹玉真公主咸请入道，进其封邑及实封。由是上好神仙之事，弥更勤笃焉。仍敕校书郎王端敬之为碑，以纪其神仙之盛事者也。

玉真公主入道时间错误的问题前文已做解释，王端撰碑一事也已交代清楚。"登仙观"是否是"边仙观"之误？虽有可能，但无法确证。至此，《集仙录》的记述使我们又回到开篇的那两块碑铭。

先来看玄宗的那份手诏碑。玄宗的手诏可以分为六个部分：

表 14　玄宗手诏分层

一	朕承唐运，远袭元元，载宏道流，遂有灵应。
二	彼之女道，丹台真人，白日上升，五云在御，不图好道，遂有明征，深为喜慰。
三	卿旧相之子，家上元元，能叶心志，自兹目视，果成朕愿。
四	虽上清云远，而旧相犹存。辽海虽别于千年，缑山复期于七日，[1] 窈冥响像，故亦依然。
五	今因奏使回，便付少物，卿可于观所，宜修斋行道，以达朕意也。
六	卿能至诚，必有通感。然道之为政，本贵无为，宜用乃心，化彼黎庶。[2]

---

[1] 这里的"七日"或许会令人将边洞玄服药七日即升仙的情况联系起来，从而增加《广异记》和《集仙录》所载边洞玄故事的准确性，但这一联系却不能成立。"七日"实际指王子乔告家人将在七月七日于缑氏山巅升仙一事，见王书岷：《列仙传校笺》，北京：中华书局，2007年，卷1，第65页。唐代郑畋的《题缑山王子晋庙》即曰"几曾期七日，无复降重霄"，见彭定求等编：《全唐诗》，北京：中华书局，1960年，卷557，第6463页。
经武则天的特别推重，这位升仙太子在此后成为唐人最熟悉的修道成仙者之一。有关武则天对升仙太子的推崇，参唐雯：《女皇的纠结——〈升仙太子碑〉的生成史及其政治内涵重探》，《唐研究》2018年第23卷，第221—246页；孙英刚：《流动的政治景观——〈升仙太子碑〉与武周及中宗朝的洛阳政局》，《人文杂志》2019年第5期，第101—108页；吕博：《武后不死：升仙太子碑成立前后以及武周末年的宗教、政治转向》，《新史学》（中古时代的知识、信仰与地域专号）2021年第14卷，第58—108页。

[2] 李隆基：《敕冀州刺史原（源）复边仙观修斋诏》，见董诰等编：《全唐文》，第363a—b页。

这份手诏相当有趣！文中首先将边洞玄升仙灵应归功于李唐圣祖玄元皇帝。接着分别褒奖了边洞玄和冀州刺史源复，其中"果成朕愿"一语令人回味，玄宗的愿望是否特指为李唐的神圣统治制造舆论呢？尽管目前的材料并不支持直接推导出这一结论，但开元末年到天宝年间带有道教意涵的祥瑞确实不断出世，而玄宗又确实几乎毫无保留地接受了这些瑞应的真实性，继而将之作为证明李唐统治合法性的证据。[1]事实上，就在边洞玄升仙事件的两年后（741），玄宗便在全国范围内建设玄元皇帝庙，稍后又宣布梦中得老君指教，以此为契机大张旗鼓地展开了以道教为国教的舆论建设，将老君崇拜塑造为李氏统治神圣性的根本依据。[2] 考虑到这一背景，便不得不使人怀疑"果成朕愿"一语尤有深意。第四部分表示对仙道的信任。第五部分，玄宗令源复的使者带回一些财物，用来在边仙观建斋行道，表达敬意。最后一部分，玄宗的话语似乎来了一个大转弯，称尽管源复的诚意带来了这样的感应，但道家的政治哲学强调无为，故希望源复以无为之心教化治下百姓。鉴于这样的转折，或许可以对玄宗真实意图进行猜测：玄宗并未完全相信边洞玄升仙一事，但他认为此事有助稳定李氏的神圣权威，故接受了源复的"好意"，但与此同时希望源复要踏踏实实地治理百姓，不要违背"无为"的原则而刻意制造祥瑞！

杨莉对唐代升仙女冠"护国情节"的讨论，指出边洞玄升仙事件的背景是朝廷对安禄山在范阳的统治有所怀疑，而玄宗将边洞玄的升仙视作国家祥瑞，大加赞扬，是从信仰层面介入边地军政局势的手段。[3] 尽管杨莉对诏书及边洞玄传说的层次性未能给予足够关注，但这个观点却与本考的推测吻合。通观全篇诏书，还有一

---

[1] 有关玄宗时期对道教祥瑞的接受及对道教的优待，见卿希泰主编：《中国道教史》，成都：四川人民出版社，1996年，册2，第89—118页。有关玄宗建设道教意识形态的尝试，海内外学界已有不少讨论，综合论述见白照杰：《整合及制度化：唐前期道教研究》，上海：格致出版社，2018年，第43—50页。
[2] 有关开元二十九年建设玄元庙系统事，见刘昫等：《旧唐书》，北京：中华书局，1975年，卷24，第925页；同年玄宗皇帝梦老君，并颁老君真容分布天下事，见王溥编：《唐会要》，北京：中华书局，1960年，卷50，第865页。贝恩（Charles Benn）等学者即明确将玄宗梦老君视为唐代道教发展的转折点，见其"Religious Aspects of Emperor Hsüan-tsung's Taoist Ideology," in D. Chappell ed., *Buddhism and Taoist Practice in Medieval Chinese Society* (Honolulu: University of Hawai'i Press, 1987), pp.128-129. 近来有关玄宗梦见老君所引发的全国性运动的综合研究，参自白照杰：《天命再造——唐玄宗的"梦真容"运动》，《社会科学》2003年第6期，第75—86页。
[3] 杨莉：《从边缘到中心：唐代护国女仙与皇室本宗情结——兼论李唐皇室与地方政府及道教界的互动关系》，见黎志添主编：《道教研究与中国宗教文化》，第122—151页。

个现象非常重要,即从头至尾都没有出现"边洞玄"的姓氏名称。这一点反映出在玄宗写下此诏时,唯一感兴趣的是"白日升天"本身,而升仙者是谁根本无关紧要——与"护国"相关者只是"升仙",而不在于升仙的是谁。源复显然没有贯彻玄宗的"无为"劝诫,而是立即将玄宗的手诏刻碑保存。镂于金石,使边洞玄升仙的公众性再次提高,诏书中有关玄元皇帝保佑的内容随之得到重申。得知立碑一事的玄宗,不论此前如何计划,这时也只有完全接受边洞玄升仙传说,毕竟此事有益于自身统治。故顺水推舟,敕令王端创作那块已经亡佚的《唐述刊勒手诏碑》,将事情原委讲述清楚。尽管如此,目前并无任何材料反映玄宗对边洞玄升仙一事太过看重。开元末到天宝年间道教祥瑞的过度密集,使位于遥远冀州小庙里的升仙事件显得无足轻重。但在后世的历史记忆里,边洞玄的重要性却越来越突出,边仙的形象也越来越饱满。

小结:边洞玄"历史"的三又二分之一个层次

后现代主义对历史客观性的冲击[1]与福柯(Michel Foucault)著名的"知识考古学"在人文社科领域的广泛影响,[2] 使我们无法继续毫无保留地接受历史文献中的记载。当一切记载都成为"权力的话语"和"态度暧昧的叙事"时,中国传统历史与文学之间原本就不够森严的壁垒便越来越难以维系。因此,在史传研究尤其是宗教人物传记研究中,以文学立场来对待僧传和仙传等材料便成为时下流行的趋势。[3] 这一"潮流"具备优越的学术价值,其将西方基督教等宗教研究中较为成熟的圣传叙事学引入中国宗教研究,每每能够梳理出叙事要素的塑成过程,进而揭示内中隐藏的思想和观念。然而,当这一理念被过度强调和片面使用时,传记材料的

---

[1] 有关后现代主义对传统历史学的批判和对历史客观性的消解,可参王晴佳、古伟瀛:《后现代与历史学》,济南:山东大学出版社,2006年。

[2] 福柯著,王德威译:《知识的考掘》,台北:稻田出版社,1993年。有关福柯在书中的主要理论,见书中王德威:《导读2:"考掘学"与宗谱学》,第39—66页。王德威所使用的"知识考掘学",即我们所说的"知识考古学"。

[3] 对这一趋势简要批评,见白照杰:《圣僧的多元创造:菩提达摩传说及其他》,上海:上海社会科学院出版社,2019年,第3—6页。

历史意义便遭到彻底抛弃。埃文斯（Richard J. Evans）对历史学的辩护似乎还不足以为宗教史料正名，[1] 无论是在撰述态度和职业道德上，还是在对具体史料的组织和解读方式上，宗教内史的作者都无法与正统史家相提并论，但这依旧不能令我们完全放弃从这些局限非常明显的资料中透视真实历史的希望。

实际上，宗教史料是否记载真实历史，与能否凭借这些材料接近真实历史，是两个完全不同的问题。如何通过这些并不完全可靠的材料来接触被隐藏的层层真相——而不是贸然放弃这一可能——或许才是眼下真正值得思考的问题。

以本考为例，有关边洞玄的记载并不复杂，但简略的记述背后往往存在极端复杂的撰述层次，不同层次背后又往往隐藏着各自的历史情结。古史辨派"层累地创造历史"的观点和分析范式在讨论宗教内史上的意义要远胜于一般的"历史"。但如果只得出"仙道历史是层累建构出的"这样的简单结论，那么个案研究便只能成为预设观点的附庸，从而所有讨论都会因极端化约而失去意义。因此，指出边洞玄形象是"层累创造"仅仅应该是研究工作的第一步，接下来的任务是在明确相关材料拥有不同性质的基础上，对之进行考订、比较、对勘、互证，继而再将这些材料及其中所述事件分别放入各自的历史语境中进行观察，寻找不同事件间可能存在的内在关联，最终揭示造成不同传记层次的具体原因和详细过程，同时获取能够返回头来填补历史空白的要素。就这一目的和研究步骤而言，女仙边洞玄并不算是最好的案例，相关材料过度稀缺给抽丝剥茧的分析工作带来不少麻烦，导致一些观点的得出或多或少地冒着风险。但操作上的困难，却也带来了过程中的趣味。

在本考的讨论中，至少可以发现边洞玄"历史"的三又二分之一个层次。第一个层次是边洞玄的真实历史。有关这一层面，我们似乎只敢确定她是冀州道观中的女道士，热衷辟谷服食，最终因服食（某老翁赠予的？）丹药而升天（或死亡）。在此之上的第二个层次是边洞玄白日升仙的神迹。以今人的视角而论，很难接受万民共睹白日升仙的仙话，向玄宗奏报这一事件的源复很可能是升仙传说的主要缔造者。当我们回忆起源复担任冀州刺史前曾有被贬泽州的经历时，推测他希望通过制造瑞应投玄宗所好以求升迁便不足为奇。边仙观中的坤道很可能也参与了这一升仙事件的创造——源复的计划必需观中人士的配合才可能施行。但边洞玄自身是否予

---

[1] Richard J. Evans, *In Defense of History* (New York: W.W. Norton & Company, 1999).

以配合则很难讲，因为我们连她的真实去向（升天？死亡？遁去？）都无从得知。玄宗似拒还迎的态度，使源复创造的边洞玄"历史"得到最终确认。不难发现，这一层次边洞玄历史的形成，带有明显的目的性。推崇盛唐玄宗的道教统治、神化李唐家族的神圣性便是源复等人的初衷。但此事在玄宗眼里似乎既不完全可信，也不算太重要，故在当时并未获得多大的重视和影响。在此之后，作为集体记忆和历史记忆的边洞玄升仙在大众传说中得到再现。戴孚的《广异记》看上去就像是对传说的直白记述，其中年迈八十、老成持重、弟子成群的边洞玄，与一般人心中的得道高人形象更加相符。这样的传说并不带有录异之外的政治目的，因此尽管与前两个层面的历史记述不同（传说流传难免损益），但却无法构成独立的一层历史，而只能被看作"半个"层次。杜光庭《集仙录》的记载，构成了边洞玄历史的又一个完整层次。《集仙录》与《广异记》之间的记述差异，显示出杜光庭并不是在戴孚记载的传说上进行的再度创作。换言之，边洞玄历史的"层次"不是严格的层叠覆盖，后人不仅未必参考和继承前人观念，更可能主动排斥和抵消其所不认同的记述的影响。

正如康儒博（Robert Ford Company）所述，所有的传说故事都与当时的社会环境挂钩，因此不存在对"原始版本"的误读，后人在原有基础上的"创作"本身是新的文化环境中的完整复述。[①] 因此，机械的"层累创造说"是当下学者面对按时序排列好的文献材料时所产生的误会，对此应当提起警惕，以免为错误的方法论所误导。《集仙录》中，边洞玄的形象有些"稚嫩"，总体带有贞女化、女仙化的特征（如年龄四十，成仙后貌十六七），成仙的原因被归结为慈悲济物。老翁的过度曝光，使我们明白杜光庭所给出的这个历史层次，距离边洞玄的真实情况更为遥远。尽管他很可能参考了时代最早也最为可靠的碑铭，但却仍自作主张地丰富和改写了边洞玄历史的很多细节。对卖药老翁的问答及杜光庭同时期的其他著作的分析，使我们有理由相信，《集仙录·边洞玄》的撰述目的之一是在大厦将倾之际，尝试从道教信仰入手，为维持李唐的神圣统治做出最后努力。

五代以降，尽管道教内外还出现了其他边洞玄传记，但这些记述基本上取材于

---

① 康儒博（Robert Ford Company）著，顾漩译：《修仙：古代中国的修行与社会记忆》，南京：江苏人民出版社，2019年，第34页。

《广异记》和《集仙录》，本身并无新意，无法产生新一层的边洞玄历史。造成这一现象的原因是李唐覆灭后，边洞玄真正成为"历史"，与"当代现实"之间的关系变得非常薄弱——其无法为新统治者提供舆论和信仰上的帮助，而升仙本身却既可满足后世道内史家论证仙道可信的需要，又足以令边仙观中道士享受礼遇荣耀，故道教内外均不再有构拟边洞玄"新历史"的动力。唯一希望丰富和重构边洞玄传记的人，或许只剩下艺术家或作家——越复杂、越离奇的故事才越能吸引观众和读者，由此《边洞玄慕道升仙》这样的元明杂剧最终被创作出来。但从性质上而言，这些内容已完全脱离纪实旨趣，超出了历史的范畴。

最后需要指出的是，对边洞玄三又二分之一个历史层次的剖析，在根本上呈现为当代学术与古代信仰的一次蹩脚对话。预设和立场上的根本差异，使当代学者难以接受仙传叙事的字面意涵，而更倾向于探究历史叙述背后是否存在某种"阴谋"——这里的种种"阴谋"无疑就是历史的层层真相。但这一"客观的学术范式"，也必须接受反复挑战和检验。将一切都归结为"构拟"，将历史等同于文学，最终将陷入绝对的怀疑论和虚无主义的泥沼。立场和预设的不同有助于我们发现原本隐匿在文字之下的个中问题，但对所发现问题的进一步求索则需要尽量抛弃成见，按照实际情况提出合理解释。概言之，研究本身是发现问题和解决问题的螺旋上升过程，而不是将预设等同于结果的简单递归运动。

考二四
第二十代天师张谌札记

张天师世家在很长的历史时段中都是"正一道"的引领者。历代天师的史事、传说有不少流传至今，学界对天师们的讨论也从来不缺少热度。虽然一些道内资料认为最晚第四代天师便已驻于龙虎山，但从严格的学术视角来看，张氏天师道入主龙虎山则是晚唐才真实发生的事情。[①] 杜光庭《洞玄灵宝三师记》和徐锴的《茅山道门威仪邓先生碑》证明第十八和第十九代天师居于茅山，向人传授正一法箓。[②] 但龙虎山天师道的真正崛起，或许应该以第二十代天师张谌作为转折。

在历代天师中，第二十代天师张谌是道教界和学界素来不怎么关注的一个人物。有关其人的史料仅寥寥二三条，面对无米之炊，无法精耕细作。认识上的"不清楚"，很容易演化为价值上的"不重要"。因此，虽贵为天师，但张谌几乎是一位被历史湮灭的高道，有关他对龙虎山正一道富有转折意义的贡献也早已被人遗忘。非常幸运的是，2016年扬州出土的一方龙虎山大都功版，一定程度上勾起我们对

[①] 有关此问题，学界已达成基本共识，相关研究可参考李刚：《唐代江西道教考略》，《世界宗教研究》1992年第1期，第52—59页；T. H. Barrett, "The Emergence of the Taoist Papacy in the T'ang Dynasty," *Asia Major* 7.1(1994), pp. 89-106；王见川：《龙虎山张天师的兴起与其在宋代的发展》，《光武通识学报》2004年第1期，第243—283页，又见其《张天师之研究：以龙虎山一系为考察中心》，台北：博扬文化，2015年，第41—58页；唐建：《天师张陵族系及里籍考辩》，《宗教学研究》2005年第3期，第4—7页；刘凯：《晚唐两宋龙虎山天师道研究——以龙虎山天师世系为中心》，《中山大学研究生学刊》2010年第31卷第3期，第18—38页；等等。近来高万桑（Vincent Goossaret）对天师传统的研究，整体性很强，值得关注，见其 *Heavenly Masters: Two Thousand Years of the Daoist State*（Hong Kong: The Chinese University of Hong Kong, 2022）。
[②] 如前文所述，《洞玄灵宝三师记》提到应夷节从第十八代天师处获受大都功，见《道藏》，册6，第752c页；《茅山道门威仪邓先生碑》提到邓启霞向第十九代天师学正一法箓，见董诰等编：《全唐文》，北京：中华书局，1983年，卷888，第9282b—9284a页，又见李振中校注：《徐锴集校注：附徐锴集》，北京：中华书局，2018年，第1321—1323页。

这位天师的记忆。以下结合传统史料和新出土资料，对张谌的生平和历史地位进行考察，望能收获新见。

有关张谌的生平信息不多，相关资料主要保存在《历世真仙体道通鉴》和《汉天师世家》中，如下：

> 张谌，字子坚，德真之长子。博学，为当时通儒，攻草隶。晚年好道，能辟谷。一云唐文宗召见，赐官不受而归。懿宗咸通中，降金建醮。一日三饮，大醉而化，年一百余岁。①

> 二十代天师，讳谌，字子坚。唐会昌辛酉，武宗召见，赐传箓坛宇，额曰："真仙观"。将命官，辞归不受。咸通中，懿宗命建金箓大醮，赐金吊（帛）还山。一日，大醉而化，年一百余岁。元至正十三年，赠冲玄洞真孚德真君。②

两份材料成书于元、明时期，去唐久矣，记载也有所不同，例如为君主召见但赐官不受的情况，分别被归属于唐文宗和唐武宗。《历世真仙体道通鉴》中使用"一云"这样的语言，显示出作者赵道一不那么肯定记载是否确凿。《汉天师世家》将张谌被武宗接见的时间定为"会昌辛酉"，查为会昌元年（841），③ 其间张谌得到武宗赐予传箓坛宇真仙观。元明善《龙虎山志》、娄近垣《重修龙虎山志》均载其事，④ 但皆只言"会昌中"。元明善与赵道一均为元代人，可见张谌到底为哪个皇帝召见一事在元朝时便不太清晰，但龙虎山内部似乎更信赖武宗接见一说。如《汉

---

① 赵道一：《历世真仙体道通鉴》，卷19，见《道藏》，册5，第211a页。
② 张正常：《汉天师世家》，卷2，见《道藏》，册34，第825a页。
③ 陈垣：《二十史朔闰表》，北京：古籍出版社，1956年，第106页。
④ 元明善撰，周召续编：《龙虎山志》，卷1，见龚鹏程、陈廖安主编：《中华续道藏初辑》，台北：新文丰出版社，1999年，册3，第20a页；娄近垣编：《重修龙虎山志》，卷6，见龚鹏程、陈廖安主编：《中华续道藏初辑》，册3，第18a页。《龙虎山志》今存三种，分别为：元明善撰，周召续编《龙虎山志》；元明善撰，张国祥、张显庸续编《续修龙虎山志》（收《四库存目丛书》，为北京图书馆藏明刻板）；娄近垣编《重修龙虎山志》。有关这三个文本的基本情况和继承关系的讨论，参罗琴：《龙虎山志源流考略》，《宗教学研究》2016年第2期，第50—54页；王文章：《〈龙虎山志〉的编纂及元本、张本、娄本间的承变》，《宗教学研究》2016年第4期，第64—72页。此外，当代龙虎山也编有山志一部，见《龙虎山志》编纂委员会等编：《龙虎山志》，南昌：江西科学技术出版社，2007年。

天师世家》的作者、第四十二代天师张正常，便很可能直接继承元明善《龙虎山志》的观点。至于系年"辛酉"，根源不详。此外，以上两种相对较早的资料均记载张谌为唐懿宗建斋，但前者的"降金建醮"很可能是指唐懿宗赐予钱财令张谌在真仙观建斋；而后者的"赐金帛还山"则暗示张谌又一次被皇帝召见。暂无其他更早或同时代资料佐证，无法判定二者是非。

有关张谌的主要史料时代较晚，且存在歧义，但武宗赐建真仙观一事却为道、学两界作为史实接受。上文指出第十八、十九代天师已在龙虎山为人传授法箓，但一个道派在地方的真正振兴需要核心宫观作为基础，因此第二十代天师张谌时期真仙观的建立和公开传授正一经法要素应该被视作龙虎山天师道振兴的标志。

然而，与张谌一样，有关真仙观的初创情况，史料中同样语焉不详。根据相关资料记载，真仙观就是著名的龙虎山上清宫的前身。从真仙观到上清宫的变迁过程中，宫观屡经重建，观址也有所迁移。有关于此，已有杨大膺、周沐照等人的考证，均可参考。① 张泽洪对龙虎山早期张天师活动的考证有一定价值，但其文引用被归属为吴筠的《龙虎山》一诗，认为诗中"龙虎山头好明月，玉殿珠楼空翠微"是在描述真仙观的盛景。② 然《龙虎山志》《汉天师世家》等材料均称真仙观成于武宗时期，且归属于吴筠的《龙虎山》也未明言是在描述真仙观，吴筠此诗未必能证明真仙观在唐中期便存在。根据前引《汉天师世家》的记载，真仙观是武宗赐予第二十代天师张谌的传箓坛宇。既然称为"传箓坛宇"，则当具有官方认可的传授法箓的功能和权力。

以往我们对张谌和真仙观史实的挖掘，受困于资料有限，无法再进分毫。③ 但2016年扬州康周行墓中出土了一方晚唐时期的天师门下大都功版，却实实在在地证明在第二十代天师手下，真仙观发挥着正一道传法功能。④ 据考古报告给出的描

---

① 杨大膺：《龙虎山上清宫考》，《光华大学半月刊》1936年5卷第3—4期，第126—128页；杨大膺：《龙虎山上清宫考（续）》，《光华大学半月刊》1937年5卷第5期，第78—80页；周沐照：《龙虎山上清宫沿革建置初探——兼谈历代一些封建帝王对龙虎山张天师的褒贬》，《江西历史文物》1981年第4期，第75—83页。
② 张泽洪：《早期天师世系与龙虎山张天师嗣教》，《社会科学研究》2012年6月，第126页。
③ 宋、元以降，包括皇帝在内的一些人曾作诗颂赞历代天师，明代《天皇至道太清玉册》中还给出"张谌真人拔宅飞升"的日期，但这些资料均无法在追溯龙虎山天师早期历史方面提供帮助。
④ 有关此都版版及与晚唐龙虎山兴起的更详细讨论，参白照杰：《扬州新出土晚唐龙虎山天师道大都功版初研》，《宗教学研究》2018年第4期，第9—16页。

述和图片来看,康周行墓出土都功版为长方形木板,长 14.2 厘米、宽 10 厘米、厚 0.2 厘米,放于墓主左肋侧,其上文字为墨书,以朱线分为十栏,栏宽约 0.7 厘米。都功版中部还有磨灭不清的红色痕迹,报告整理者怀疑是道教符文,[1] 或许就是"版符"。依考古报告中所给出的图片,录出大都功版上的墨书文字,如下:

> 系天师二十代孙臣【谌具?】[2] 稽首,今有京兆府万年县洪固乡胄贵/
> 里男官弟子康周行,年四十岁,十月廿六日生。奉道精诚,修勤/
> 贞素,明白小心。于今有功,请迁受天师门下大都功,版署阳平治左平炁。/
> 助国扶命,医治百姓,化民[3]领户。从中八已下,师可传授有心之人。质对/
> 三官,领理文书,须世太平,迁还本治,随职主【政?】。懈怠□……/
> (系天)师门下二十代孙臣【谌?】/
> 版署男官祭酒臣 刘 德常 保举/
> 版署男官祭酒臣郑……监度/
> 太岁丁巳十月癸卯朔十五日丁巳于□……乡招贤里真仙观三宝前白版

从都功版录文来看,授予者的署名由于用墨不好,已经磨灭不见。但有权力主持真仙观都功版授予的人,很可能就是天师本人,因此笔者将两处署名定为"谌具"和"谌"(见录文)。墓主康周行在"太岁丁巳十月癸卯朔十五日丁巳"受天师门下大都功版,考古报告根据干支推算为 897 年(唐昭宗乾宁四年)。彼时康周行"年四十岁",则其约生于 858 年(虚一岁)。除都功版外,康周行墓还出土人俑、马俑、买地券等物,其中买地券写明墓主康周行逝世时间是"顺义□□甲申四月己巳朔廿三日辛卯",考古报告计算为 924 年(五代吴王杨溥顺义四年)。有关康周行的生活时代并无争议,其地望和身份则有必要再讨论。考古报告称康周行为京兆府万年县洪固乡胄贵里人,卒于"扬州江都县晋昌郡",不确。根据都功版所述,康周行

---

[1] 南京大学历史学院文物考古系、扬州市文物考古研究所:《江苏扬州市秋实路五代至宋代墓葬的发掘》,《考古》2017 年第 4 期,第 55、57 页。
[2] "【?】"内是磨灭不清,由笔者补出的文字。
[3] 避李世民讳,"民"字缺笔。

确为京兆府万年县洪固乡胄贵里人。唐宋地志材料并无洪固乡贵胄里的记载，但户崎哲彦、王灵等人已根据多方墓志确认此地属于万年县。① 同墓出土的买地券文字"辛卯晋昌郡没"后二三字不清，继而紧接"康司马"，可知康周行原籍当为晋昌郡。《旧唐书·地理志》称瓜州"天宝元年，为晋昌郡"，此后"瓜州""晋昌"之名时常换用。② 有关唐代晋昌郡及其治所的位置，向达、阎文儒、孙修身、李并成等人已有探讨，虽然意见不完全统一，但晋昌郡位于今甘肃地区则确凿无疑。③ 江都县基本相当于今扬州市，因此所谓"江都县晋昌郡"的说法显然是对买地券文字的误读。根据康周行墓买地券的文字可知其卒于江都县，并"买地"其间。④ 从上引康周行买地券的文字可见，康周行应担任过"司马"一职。根据学界研究，开元初年后，京府改司马为少尹，地方诸州仍设司马一职。司马品秩不高，⑤ 多数时候只用来安置谪官，实权不大。⑥ 考古报告根据康周行受都功版而将其身份定为"道官"，未必恰当。康周行尸身左腹侧都功版下方，还发现一块"木拍板"，长45.4厘米、宽8.3—9.2厘米、厚1厘米，一端为弧状。⑦ 此"木拍板"有可能是死者的

---

① 户崎哲彦：《唐京兆府万年县乡里补考》，《中国历史地理论丛》2010年第25卷第2辑，第46—55页；王灵：《隋代两京城坊及其四郊地名考补——以隋代墓志铭为基本素材》，陕西师范大学硕士学位论文，2007年，第3—8页。对户崎哲彦文章的不同意见，参高铁泰：《对〈唐京兆府万年县乡里补考〉的异议》，《唐都学刊》2011年第27卷第4期，第128页。
② 刘昫等撰：《旧唐书》，北京：中华书局，1975年，卷40，第1642页。
③ 有关唐代晋昌郡所在之研究的综述和讨论，参孙修身：《唐代瓜州晋昌郡郡治及其有关问题考》，《敦煌研究》1986年第3期，第8—17页；李并成：《唐代瓜州（晋昌郡）治所及其有关城址的调查与考证——与孙修身先生商榷》，《敦煌研究》1990年第3期，第24—31页。
④ 作为传统丧葬习俗的买地券自汉代以降绵延至今，相关讨论参黄景春：《中国宗教性随葬文书研究：以买地券、镇墓文、衣物疏为主》，上海：上海人民出版社，2017年；鲁西奇：《中国古代买地券研究》，厦门：厦门大学出版社，2014年；韩森（Valerie Hansen）著，鲁西奇译：《传统中国日常生活中的协商》，南京：江苏人民出版社，2009年，第141—222页。学界对买地券的研究热度不减，相关研究很常见，此不赘述。
⑤ 根据所在州大、中、小之不同，司马品秩也存在差异。《旧唐书·职官志》记载，上州"司马一人，从五品下"，中州"司马一人，六品上"，下州"司马一人，从六品下"（见刘昫等撰：《旧唐书》，卷44，第1918页）。《唐六典》所述稍有不同，称上州司马为从五品下，中州司马为正六品下，下州司马为六品上（见李林甫等撰，陈仲夫点校：《唐六典》，北京：中华书局，1992年，卷30，第745—747页）。此当为唐代司马品秩变更所呈现的差异。
⑥ 王颜、任斌杰：《唐代府州司马考论》，《唐史论丛》2009年第1期，第46—57页。
⑦ 南京大学历史学院文物考古系、扬州市文物考古研究所：《江苏扬州市秋实路五代至宋代墓葬的发掘》，《考古》2017年第4期，第59页。

"笏板"。综合以上讨论可知，墓主康周行生于858年，卒于924年，原籍晋昌郡，后居于京兆府万年县洪固乡胄贵里，最终卒于江都县，官居司马。康周行奉道，于897年赴龙虎山真仙观，由第二十代天师张谌授予天师门下大都功版。

扬州出土的这则都功版，确凿地证明唐昭宗时期，在第二十代天师张谌的管理下，真仙观已经公开传授正一道法及相应治职，且能够吸引远人前来受学，龙虎山由此逐渐成为四方朝拜的正一道"祖庭"。

最后，张谌卒年不详，以往怀疑其卒于唐懿宗年间，但今扬州大都功版系年为唐昭宗乾宁四年，则其至少应该活到昭宗时代。"大醉而化，年一百余岁"或许并非虚词。

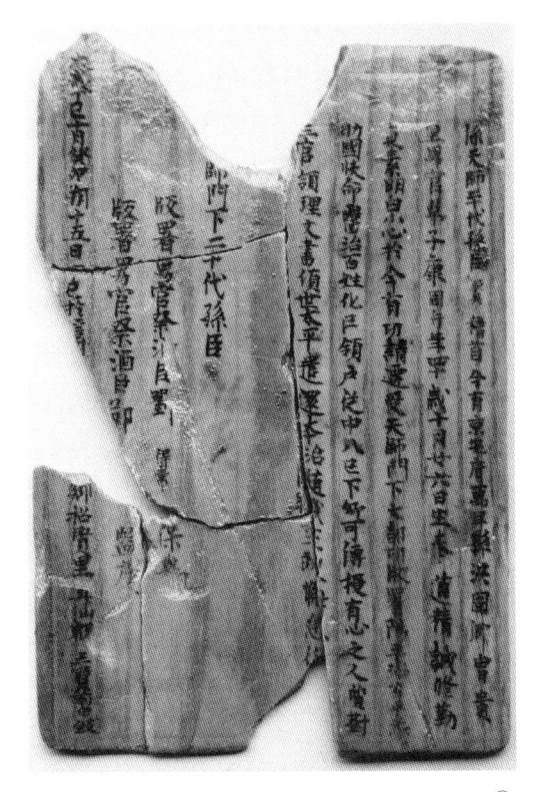

图5 扬州出土晚唐龙虎山天师道大都功版照片[①]

[①] 采自南京大学历史学院文物考古系、扬州市文物考古研究所：《江苏扬州市秋实路五代至宋代墓葬的发掘》，《考古》2017年第4期，第58页。

考二五
华阳洞天里的三观威仪孙智清

孙智清，是唐贞元至会昌年间，活跃于茅山的重要道教人物。《茅山志》等传世材料，对他的生平情况记述相当简略。但综合目前所能见到的相关文献，及砂山稔、孙亦平等当代学者的梳理和研究，[①] 可知孙智清与中晚唐茅山的重新振作关系密切。在安史之乱后江河日下的岁月里，其虽无法以一己之力恢复盛唐茅山道教的盛况，但对维系茅山道脉不绝如缕依旧厥功至伟。

有关唐代茅山道教的情况，学界已有不少研究，除一般性"（唐代）道教史"著作外，也已有薛爱华（Edward H. Schafer）的著作及汤其领、汪桂平、何安平等学者的专论。[②] 唐代茅山道教在安史之乱前后辉煌与黯淡的鲜明反差，是理解茅山道士孙智清历史地位的重要背景。这场在玄宗统治后期爆发、直到代宗时期方才消弭的反叛，严重地扰乱了唐代主流道教的生态，茅山亦因此顿然跌入低谷。值此之际，孙智清等高道通过自身努力试图挽回茅山道教的部分荣光。孙智清早年情况史载不详，《茅山志》称：

> 十六代宗师，明玄先生，姓孙，讳智清，不知何许人。在襁褓时，畏闻腥

[①] 砂山稔：《李德裕と道教——茅山派道教の宗师・孙智清との関わりを轴に》，收其《隋唐道教思想史研究》，东京：平河出版社，1990年，第389—415页；孙亦平：《李德裕与中晚唐茅山道教》，《宗教学研究》2020年第4期，第9—16页；等等。

[②] Edward H. Schafer, *Mao Shan in T'ang Times* (Boulder, Colorado: Society for the Study of Chinese Religions, 1989, second edition)；汤其领：《唐代茅山论略》，《河南科技大学学报》2008年第6期，第31—34页；汪桂平：《唐代的茅山道》，《文史知识》1995年第1期，第91—98页；何安平：《唐代茅山道教与文学》，复旦大学博士学位论文，2019年。

膻。及解事，唯进以酒。辞家入山，师洞真先生。①

有关"十六代宗师"的说法，涉及"上清道茅山宗"早期法脉的真实性和复杂性问题，其中多有后世附丽之说，不必过分执着。②文中对孙智清幼年和少年情况的记载，似乎是一般性仙道人物的"典范"嵌套，未必写实；但孙智清师从"洞真先生"则并无疑义。

洞真先生即所谓"十五代宗师"黄洞元。约在会昌二、三年间（842—843），李德裕撰写诗歌《尊师是桃源黄先生传法弟子常见尊师称先师灵迹今重赋此诗兼寄题黄先生旧馆》（简称《题黄先生旧馆》）。此时孙智清刚刚去世，李德裕诗中首先缅怀孙智清，称"后学方成市，吾师又上宾"，并自注曰："今茅山宫观道士，并是先生弟子。"③接着，李德裕的诗歌转而描述黄洞元与弟子瞿童的奇迹。可证黄洞元与孙智清确有师徒关系。有关黄洞元和瞿童的情况，已获得一些梳理和研究，④本书前面的考证也对之进行过介绍，这里简要概括。黄洞元曾修道武陵桃源观，大历八年（773）弟子瞿童白日升仙，引起轰动。后于建中元年（780）迁至庐山紫霄峰，贞元五年（789）十一月入主茅山下泊宫，贞元十八年（802）羽化。因此，孙智清当在贞元十八年前入茅山跟从黄洞元修道。需要指出的是，所谓"第十四代茅山宗师"韦景昭卒于贞元元年（785），四年后黄洞元才入茅山，不可能成为前者弟子；《茅山志》中所谓黄洞元早年与李含光的交往，也不见实在证据。⑤因此，黄洞元及其门下孙智清等人新形成的茅山道教团体，与稍早已经存在于茅山的、自述可以上溯至陶弘景的"上清道"团体迥然有别。但或许是因为安史之乱等社会剧变的影响，使黄洞元传下的这支法脉渐渐超越（或者"接续"）此前的"茅山上清

---

① 刘大彬编，江永年增补，王岗点校：《茅山志》，上海：上海古籍出版社，2016年，卷7，第205页。
② 有关唐代"上清道"的兴起和法脉建构问题，参白照杰：《唐代"上清道"的身份觉醒与法脉建构》，《文史》，2024年第1辑，第87—111页。
③ 李德裕：《尊师是桃源黄先生传法弟子常见尊师称先师灵迹今重赋此诗兼寄题黄先生旧馆》，收傅璇琮、周建国校笺：《李德裕文集校笺》，北京：中华书局，2018年，别集卷4，第597页。
④ 砂山稔：《瞿童登仙考——中晚唐的士大夫与茅山派道教》，收载《隋唐道教思想史研究》，第364—388页；白照杰：《我到瞿真上升处，不辨仙源何处寻——唐代武陵桃源观念及景观变迁中的瞿童升仙》，《世界宗教研究》（待刊）。
⑤ 刘大彬编，江永年增补，王岗点校：《茅山志》，卷7，第204页。

道",成长为茅山上权力最大的道教组织。孙智清在此过程中的作用异常重要,稍后便可看到他是黄洞元所传一脉中第一位取得茅山道教最高权威(山门威仪)之人。

唐代著名官僚李德裕与孙智清的亲密交往,提升了孙智清的社会和历史地位。但正如砂山稔等人已注意到的那样,孙智清在更早时候便已成为茅山地区富有影响力的高道。根据宋代陈思《宝刻丛编》等材料记载,贞元十五年(799)下泊宫获得修缮,而后树碑纪念:

> 《唐三茅君下泊宫记》
> 唐黄洞元撰,卢士元书。贞元十五年。《诸道石刻录》①

多年之后,黄洞元羽化,孙智清逐渐崛起,这座道观又一次获得重修。同书著录王师简《下泊宫三茅君素像记》(又录为《修下泊宫记》),记述颇为明确:

> 唐《修下泊宫记》
> 唐浙西观察判官王师简撰,道士任参玄书。下泊宫,故茅君宅也,在三茅山下。元和中,浙西观察使薛苹修以为宫,并立三茅君像。以元和九年立此碑。《集古录目》②

砂山稔注意到李德裕《奏银妆具状》提到元和十四年之前"薛苹任观察使"一事,与《下泊宫三茅君素像记》的著录信息相应。③ 这篇碑文收录于《文苑英华》等著作中,文中详细记载元和甲午(814)的重修和塑像活动,明确指出请求王师简撰文的"道士孙智清",已经成长为"玄门龟龙"。④

---

① 陈思:《宝刻丛编》,卷15,《石刻史料新编》第1辑,台北:新文丰出版社,1982年,册24,第18331a页。
② 陈思:《宝刻丛编》,卷15,《石刻史料新编》第1辑,册24,第18331a页。
③ 李德裕:《奏银妆具状》,见傅璇琮、周建国校笺:《李德裕文集校笺》,别集卷5,第618页。砂山稔:《李德裕と道教——茅山派道教の宗師·孙智清との関わりを轴に》,收其《隋唐道教思想史研究》,第392页。
④ 王师简:《下泊宫三茅君素像记》,见李昉等编:《文苑英华》,北京:中华书局,1966年,卷822,第4341b页。

李德裕在长庆二年（822）至大和三年（829）担任浙西观察使，茅山正处其治下。有关李德裕与道教的关系已有不少讨论，前揭砂山稔、孙亦平以及王永平等人的论述最为集中。① 从几人分析中，可以发现李德裕对道教信仰持有相对"理性"的态度，其既反对有可能造成国家困难的帝王佞道活动，对周息元、赵归真等在皇帝面前故弄玄虚的术士极度厌恶，但又对茅山上诸如孙智清等相对低调的道士心怀敬仰。事实上，李德裕的两位妻妾，便都拥有道士身份。李德裕亲自为二人撰写墓志铭《滑州瑶台观女真徐氏墓志铭并序》和《唐茅山燕洞宫大洞炼师彭城刘氏墓志铭并序》，其中徐氏卒于大和三年，刘氏卒于大中三年（849），且就在茅山受道。② 不仅如此，李德裕本人也正式受过道教的经戒法箓。《三圣记碑》是李德裕在宝历二年（826）八月撰写的碑铭，记载他在茅山崇玄观南"敬造老君殿院，及造老君、孔子、尹真人像三躯"之事。碑文开头，李德裕自述的首要身份便是"上清玄都大洞三景弟子"。③ 熟悉唐代道教者自不陌生，这个称谓是彼时获得很高等级的上清法位者的称号。根据前揭《题黄先生旧馆》诗中将孙智清称为"吾师"的情况，推测授予李德裕上清经法的就是茅山高道孙智清。

　　李德裕在此次浙西观察使任上，与孙智清结下深厚情缘。李德裕撰于长庆四年（824）的《奏银妆具状》显示，当年五月二十三日，唐穆宗下诏令其访寻"茅山真隐"，④ 孙智清与李德裕有可能因此事相识。据信李德裕的《寄茅山孙炼师》三首就是大和三年前后专门写给孙智清的诗作。⑤ 此时李德裕已卸任浙西观察使，只能遥寄思念，"欲驰千里恋，惟有凤门泉"，"遥想春山明月曙，玉坛清磬

---

① 砂山稔和孙亦平之研究不赘；王永平研究，参其《李德裕与道教》，《文史知识》2000 年第 1 期，第 68—72 页。此外，参唐文婧：《李德裕及其诗歌研究》，南京师范大学硕士学位论文，2019 年，第 29—31 页；等等。
② 李德裕：《滑州瑶台观女真徐氏墓志铭并序》，见周绍良主编：《唐代墓志汇编》，上海：上海古籍出版社，1992 年，第 2114 页；《唐茅山燕洞宫大洞炼师彭城刘氏墓志铭并序》，见周绍良主编：《唐代墓志汇编》，第 2303—2304 页。有关彭城刘氏墓志的分析，参孙桂平：《〈茅山燕洞宫大洞炼师彭城刘氏墓志铭并序〉诸问题考辨》，《古籍研究》1999 年第 4 期，第 77—79 页。刘氏墓志早已获得诸如陈寅恪、岑仲勉等前辈关注，但有关刘氏到底是李德裕的妻还是妾却有争论。孙桂平文章主张刘氏早年是李德裕之妾。李德裕相关石刻史料近年多有发现，参胡可先：《新出土石刻史料与李德裕相关问题探索》，《河南社会科学》2017 年第 5 期，第 82—90 页。
③ 李德裕：《三圣记碑》，见刘大彬编，江永年增补，王岗点校：《茅山志》，卷 12，第 331 页。
④ 李德裕：《奏银妆具状》，见傅璇琮、周建国校笺：《李德裕文集校笺》，别集卷 5，第 617 页。
⑤ 傅璇琮：《李德裕年谱》，石家庄：河北教育出版社，2001 年，第 157、353 页。

步虚归"。①

在浙西观察使李德裕的帮助下，孙智清于大和年间至少在茅山完成两项重要事务，分别是重建灵宝院和重申禁山敕。更晚的茅山道士王栖霞曾创作碑记《灵宝院记》，记载灵宝院最初为陶弘景所创，本名"昭真"，著名的《周氏冥通记》的主角、据信受冥召升仙的周子良曾在此修道。年深日久，遂遭毁弃。"及唐大和中，太尉赞皇李公，每瞻遗躅，屡构退缘。门师道士孙智清，复讨前址，再建是院。寻诸旧号，额曰'灵宝'。"此后灵宝院因遭兵燹而焚烧殆尽，直到王栖霞时代在地方官府的帮助下方才再次获得重建。②

有关重申茅山禁山敕的问题，因孙智清奏文和朝廷敕牒刻碑流传，是以情况比较清晰。但欲理解此事，需追溯唐玄宗时期的一些道教政策。茅山高道李含光与玄宗交往密切，《茅山志》所收二十四通所谓"玄宗赐李玄静先生敕书"中，有一通为玄宗发给江东道采访处置使、晋陵郡太守董琬的敕书。玄宗表示："茅山神秀，华阳洞天，法教之所源，群仙之所宅。固望秩之礼虽有典常，而崇敬之心宜增精洁。自今以后，茅山中令断采捕及渔猎。四远百姓，有吃荤血者，不须令入。如有事式申祈祷，当以香药珍羞，亦不得以牲牢等物。"并令董琬等当地官员负责检校此事。此为茅山首次获得"禁山"特权之缘起。③然而，经过安史之乱的扰动，茅山曾经获得的"禁山"优待已无人遵守，茅山道众清静的修道生活受到干扰。于是，大和七年（833），作为"茅山三观威仪道士"的孙智清向朝廷提出诉求，指出：

> 华阳洞天，众真灵宅，先奉恩旨，禁断弋猎樵苏、秋冬放火，四时祭祀，咸绝牲牢。自经艰难，失去元敕，百姓不遵旧命，侵占转深，采伐山林，妄称久业。伏请重赐禁断，准法护持，差置所由，切加检察，庶得真场严整，宫观

---

① 李德裕：《寄茅山孙炼师》，见傅璇琮、周建国校笺：《李德裕文集校笺》，别集卷3，第569—570页。
② 王栖霞：《灵宝院记》，见刘大彬编，江永年增补，王岗点校：《茅山志》，卷12，第341—342页。
③ 刘大彬编，江永年增补，王岗点校：《茅山志》，卷1，第54页。有关唐代道教圣地获得"禁山"特权的情况，参白照杰：《从陵墓礼遇到道教圣地特权——唐代"禁刍牧樵采"的礼制与权威变迁》，《世界宗教研究》2020年第4期，第20—35页。

获安,具元禁疆界如前。①

朝廷方面很快做出回复,批准了孙智清的请求,令茅山界内,百姓不得樵采捕猎、烧山焚林,并令州县监管。② 根据孙智清的奏状可知,经历安史之乱"艰难"岁月后,"失去元敕"的问题使"禁山"权力难获证明。或许是鉴于这一情况,孙智清在大和七年获得批复后,将敕牒刻为碑石,立于紫阳观,以防敕旨再次丢失重又引发纠纷。

在这起恢复"禁山"优待的事件中,有两个问题值得注意。首先是孙智清"茅山三观威仪"的身份。那么这"三观"到底指哪些道观呢?《大和禁山敕牒》开头较为详细地讲述茅山的区界和道观,其中提到多所道教祠宇,但以"观"为称者只有崇元(玄)观、太平观和紫阳观。③ 砂山稔似乎以此为据,认为孙智清的"三观威仪"指的就是这三所道观。④ 虽无其他材料佐证砂山稔的看法,但鉴于这三所道观是唐代茅山上最受朝廷重视的道教宫观,这一观点应当可以接受。《茅山志》记载孙智清在"太(大)和六年,为山门威仪"。⑤ 孙智清担任了山门威仪的职位,便需肩负起维护整个茅山道教利益的权利和义务,故才有了大和七年奏请重申"禁山"的举措。这就引出了第二个问题,即李德裕在恢复"禁山"事件中所可能发挥的作用。何安平敏锐地发现,在孙智清获得山门威仪任命和敕允禁山的两年间,李德裕同样在朝中获得重用。其指出,大和六年(832)十二月丁未,李德裕由剑南西川节度使入为兵部尚书;大和七年二月拜相,七月由兵部尚书迁为中书侍郎。孙智清在大和六年和七年的成功,有可能获得李德裕在朝中的大力支持。⑥ 李德裕在大和六年十二月方才返回京都,孙智清成为茅山山门威仪有可能发生在当年更早时候,背后或许就有李德裕的运作——茅山复禁山敕下达的时间是大和七年十月四

---

① 刘大彬编,江永年增补,王岗点校:《茅山志》,卷1,第68页。标点略有改动。
② 《大和禁山敕牒》,见刘大彬编,江永年增补,王岗点校:《茅山志》,卷1,第68页。
③ 《大和禁山敕牒》,见刘大彬编,江永年增补,王岗点校:《茅山志》,卷1,第68页。
④ 砂山稔:《李德裕と道教——茅山派道教の宗師・孙智清との関わりを軸に》,收其《隋唐道教思想史研究》,第396页。
⑤ 刘大彬编,江永年增补,王岗点校:《茅山志》,卷7,第205页。
⑥ 何安平:《唐代茅山道教与文学》,复旦大学博士学位论文,2019年,第135页。

日，文件最后明确签署"中书侍郎、平章事李德裕"的大名。①

　　大和七年之后，孙智清的情况不详。《茅山志》记载，孙智清"尝有诗赠武宗。② 会昌元年召修生神斋，敕建九层宝坛行道，因赐号焉"。③ 这里的"赐号"当即"明玄先生"的师号。有关孙智清的羽化，《茅山志》仅记载当时风雨大作、孙智清乘鱼飞天的奇迹，但未给出具体时间等实在信息，李德裕的诗歌再一次为我们提供帮助。李德裕曾创作《遥伤茅山县孙尊师三首》，伤惋孙智清的死亡，虽然孙智清是"蝉蜕遗虚白，霓飞入上清"，但李德裕还是伤心地追问"何年白鹤归"，无奈"想君旋下泪，方款里闾扉"。④ 欧阳棐《集古录目》著录此诗曾于会昌三年刻石茅山，"李德裕时为司空平章事"。傅璇琮结合这一记载，并李德裕在会昌二年正月加司空，得出《遥伤茅山县孙尊师三首》（及《题黄先生旧馆》）"当作于会昌二年、三年间"的结论。⑤ 以此而论，则孙智清也当卒于会昌二年或三年。

　　根据以上对茅山道士孙智清事迹的梳理和讨论，或可看出唐代茅山道教内部的复杂性。在不同时段里，绍续"茅山道脉"者并不来自于同一个道教团体或师承法脉。从武陵、庐山迁入的黄洞元一脉，在第二代孙智清的努力下，获得"山门威仪"的地位，成为新的茅山道教领袖。而这条法脉，似乎与更早的、几乎人尽皆知的从王远知到司马承祯、李含光的"上清正宗"没有实质联系。与此同时，有必要指出的是，王远知死后引领茅山道教者似乎是常年生活在茅山上的王轨等人，而非很少在茅山驻足的潘师正、司马承祯一系。这一现象，进一步增加了我们对所谓唐代"茅山道"或"上清道茅山宗"复杂性的思考。唐代时，茅山道教真的是一个"统一体"吗？或者说，"上清道"或"茅山宗"这样的概念，真的适用于唐代的茅山道教吗？

---

① 《大和禁山敕牒》，见刘大彬编，江永年增补，王岗点校：《茅山志》，卷1，第68页。
② 《茅山志》原文为"李卫公尊师之尝有诗赠武宗会昌元年召修生神斋"。鉴于李德裕有诗作寄赠孙智清，不禁使人怀疑此句可读当为"李卫公尊师之，尝有诗赠。武宗会昌元年"。然查《茅山志》此篇及前后述及年号时，不给出帝号，"武宗会昌"违背常例，故暂接受王岗的点校。
③ 刘大彬编，江永年增补，王岗点校：《茅山志》，卷7，第205页。
④ 李德裕：《遥伤茅山县孙尊师三首》，见傅璇琮、周建国校笺：《李德裕文集校笺》，别集卷4，第596页。
⑤ 傅璇琮：《李德裕年谱》，第353页。

考二六
晚唐道士侯道华升仙历程考

侯道华是唐代著名道士。其本芮城（今属山西运城）人，河中府永乐县中条山道静院道士，院主周悟仙弟子。出身低贱，朴实无华，据信因奇遇得服灵丹，于唐宣宗大中五年（851）飞升成仙，受到地方官府和中央朝廷褒奖。

侯道华事迹为《唐会要》所录，言简意赅："大中五年五月，河中节度使郑先奏，永乐县道士侯道华上升。诏改所居道净院为升仙院。仍赐帛五百匹，以饰廊房。"[1] 然此说仅点明朝廷赞赏情况，侯道华本事需别访其他文献方可获悉。经考察，有关侯道华生平，道教内外多继承唐代张读《宣室志》和五代沈汾《续仙传》之记载。二者之外，另有咸通三年（862）永乐县地方官所建《侯真人降生台记》一篇。三者记载既有牵连，又颇有不同，需彼此参照互证。

《全唐诗》录崔涂《读侯道华真人传》一诗，盛赞侯道华升举"翩翩逐彩鸾"。[2] 唐时文人、官僚有为当地仙道士作传的习惯，例如前文提及的白日飞升女道士谢自然获果州刺史李坚立撰《东极真人传》，罗浮山人李象先则为卢眉娘作《卢逍遥传》等。然崔涂诗名所谓《侯道华真人传》所指不详，既可能指《宣室志》等录异书中的侯道华短传，也可能指以侯道华为题之单本传记。若为后者，结合崔涂活跃于887年前后的情况，则可推测侯道华升仙后二三十年间当有专门传记问世，只可惜不见此书著录流传。

今存有关侯道华生平的最早材料是《侯真人降生台记》。文章所述颇详，且为

---

[1] 王溥：《唐会要》，北京：中华书局，1960年，卷50，第881页。
[2] 崔涂：《读侯道华真人传》，见彭定求等编：《全唐诗》，北京：中华书局，1960年，卷679，第7778页。

当时当地人所作,具备较高参考价值。此文《全唐文》版末尾错乱;①《山右石刻丛编》依碑石、拓片录文,②然彼时碑石已然崩坏,末尾残缺,录文最后部分并不理想。《全唐文》收薛询《侯真人降生台后记》,③恰为刻石末段内容,三者合参互补,可得碑文全貌。据记文所述,咸通三年(862),永乐县令高元礜为宣传侯道华事迹,于侯道华出生地建台纪念。不久高元礜迁官,故将后续事宜委托继任县令薛询。二人因建台事,立石刻文《侯真人降生台记》,详述当地所传侯道华故事。彼时距侯道华升仙仅十余年,所记内容当有一定真实性。

记文称,道静院道士侯道华为芮城人,于大中五年(851)五月二十日升仙,时年三十四岁,可推其出生于818年。侯道华初入道静院以杂役身份服务院主周悟仙等,因器貌愚钝、自甘劳苦,为悟仙弟子辈所贱。后周悟仙闻侯道华吟咏"道也者不可须臾离也"等高妙文句,颇感惊讶,于是为之受道。成为道士后,侯道华继续执劳苦之役,闲暇时采草木药烧炼服食。一日饮药如中剧毒,平复后"不喜闻盐米之气",身体畅然,音声清朗。侯道华归芮城故里省兄,经进士崔珵书斋,见壁上灵芝,笑称于五老峰曾食此物。若此语属实,则侯道华或于更早时间流连某"五老峰"。除庐山五老峰(即考一二所述李腾空隐居的九叠屏)外,山西亦有一著名的五老峰。侯道华本为芮城人且长执贱役,恐乏机缘往游匡庐,故此五老峰指晋南名山的可能性更大。大中五年夏,一羽客及一童子忽至侯道华庐中,告其名登仙籍,不久天人来迎。侯道华送羽客至北山山坡,后者命侯道华改名为"李内芝",名系上清宫善进院。侯道华归观,见殿前松柏茂盛遮蔽日光,故启其师请削去繁枝。卢颖出身著名的范阳卢氏,正罢幕寄居永乐。侯道华削砍树枝时,卢颖恰至,痛责道华,声称要报邑宰治罪。侯道华恐惧,请道士姚黄中卜筮决疑。姚黄中卦成,告侯道华无忧有喜,并请道华饮酒。宴后回观途中,道华遇一老者。侯道华觉喉中阻塞奇痒难耐,老人以杨柳枝为其疏出黑头白身虫数次,继而消失不见。道华夜归,周悟仙令其次日刈麦三十亩,道华不终日而功毕。路上摘食山樱桃,称"此

---

① 高元礜:《侯真人降生台记》,见董诰等编:《全唐文》,北京:中华书局,1983年,卷790,第8276a—8277a页。
② 胡聘之:《山右石刻丛编》,卷9,收《石刻史料新编》第1辑,台北:新文丰出版社,1977年,册20,第15122a—15123a页。
③ 薛询:《侯真人降生台后记》,见董诰等编:《全唐文》,卷791,第8293b页。

后永不再食也",暗示诀别之意。当夜,侯道华沐浴更衣,夜半风雷暴雨大作。次日清晨,道侣见侯道华房门闭锁而人已不见,房中唯有烧书余灰。大殿前巨松下铺有一席,上有香炉烟火未绝;又有双履在地,冠帔系结松梢。道华房中镜带上题有一诗,文曰"练得大还丹,多年色不移。前宵盗吃却,今夜碧空飞。惭愧深珍重,珍重邓尊师。多时练得药,留着待内芝"云云。道众将此事奏报廉察(即前引《唐会要》中之节度使郑先),当地官吏百姓听闻后赞叹不已,烧香供养日有千众。为旌显此事,高元䓨、薛询乃于县西北约二里古道旁的侯真人出生地,刻石纪念,时在咸通三年(862)十月一日。

《侯真人降生台记》中有数处不可解,包括卢颖何以苛责侯道华削砍繁枝?道华留诗中所谓"邓尊师"是何人?为何要拜谢邓尊师?侯道华改名"李内芝"、名录善进院事,既为隐秘,如何传与旁人得知?张读《宣室志》和沈汾《续仙传》中的一些记载,回答了以上疑问。在《宣室志》中,张读开篇就称道净院为道家圣境,唐文宗时有道士邓太玄于此炼丹,凝丹后疑而未食,藏于院内。邓太玄死后,弟子周悟仙任院主。此后侯道华入院,为院内道士所轻。[①]《宣室志》记载,侯道华喜好子史,旁人问及,答曰:"天上无愚憃仙人。"《宣室志》又记侯道华连续三年得食蒲中所出无核枣,而此无核枣全境每年仅出一二枚——以此证明侯道华身负机缘气运。接着,张读介绍侯道华削树、升仙事,所述梗概大类《侯真人降生台记》之记载,但无卢颖出场;侯道华所留诗歌也略有不同,其中最大差异在于正诗以下别有"细字",自言:"去年七月一日,蒙韩君赐姓李名内芝,配住上清善进院。"《宣室志》继而记录同院道士至此得知侯道华窃得邓太玄丹药而升仙,并将此事奏报节度使郑光(案:《唐会要》作"郑先")。郑光"按视踪迹不诬",随即奏报朝廷,宣宗下诏褒奖,赐名升仙院,并赐绢五百匹。沈汾《续仙传》中的记载与前两者有同有异,如其中侯道华自称来自峨眉。[②]然此说与《侯真人降生台记》将侯道华出生地定在河中之说不同,又不见其他确凿来源,恐为后世比附。

《续仙传》中有两处非常详细的记载,似乎也是后来创作:一者称开元中有刘天师,所炼丹药藏于梁上,侯道华修房梁时发现丹药,随即当众服食;二者是将侯

---

① 《宣室志》散佚,经辑佚而再次成书。其中"侯道华"条,自《太平广记》辑出。见李昉等编:《太平广记》,北京:中华书局,1961年,卷51,第316页。
② 沈汾:《续仙传》,卷1,见《道藏》,册5,第78c页。

道华的升仙描写为众目睽睽之下的升举，飞升空中的侯道华自言受玉皇诏，为仙台郎，管理上清宫善信院。此处的刘天师，当为邓天师之误（刘-邓误书），"开元"之说所据不详，白日升举之说又似神乎其事的想象。然而，尽管《续仙传》的记载因明显的"仙化"倾向和意图导致重述故事过于神异，但其中有关"永乐县官"斥责侯道华削砍松柏的记载却显得合情合理。据《续仙传》所述，观前松树茂盛"甚为胜景"，然侯道华突然私自削砍枝条，众道士止之不得。此时恰有当地官员经过，痛斥责辱侯道华行为不当。有关此官员，《续仙传》并未具名，但显系《侯真人降生台记》中的卢颖。沈汾不书其名的原因，如果不是确实不详其人，就可能是担心文末"其责辱道华县官叩磕流血"的记载会开罪相干人等，故特意避讳。

宋元道教仙传材料，对《侯真人降生台记》的记述并不重视，而主要吸收和整合《宣室志》和《续仙传》的记载。此外，有关为侯道华改名之"羽客"，宋代以降出现新说。此人在《宣室志》中仅称"韩君"，至谢守灏《混元圣纪》中则称"老君遣真人韩众"赐侯道华改名李内芝，①《历世真仙体道通鉴》继承此说。② 韩众是中古道教著名仙人，既有"韩众漆丹"等丹法传世，③ 又在灵宝经的传授神话中占据特殊地位。④ 就目前所知，与韩众传说相关联之地域主要为福建霍林山等，而与侯道华修道之中条山似无紧要关联，将之比为"羽客"可能仅仅是因为彼时"韩"姓仙人中以韩众最为著名。

侯道华身份低微而好学，不辞贱役而终获升仙，生命历程中卑贱与高贵的张力使其成为非常特别的榜样。晚唐五代时期，好道乐隐的郑遨曾拜访道净院，在侯道华上升处题诗，赞其"松顶留衣上玉霄，永传异迹在中条"。⑤ 杜光庭称"侯道华寓迹于佣保"，"卑躬损志，乃者习景冲真也"。⑥ 道门之中，赵道一对侯道华的作为最为感动，评价也最高。其称："侯道华劳谦养道，屈己事人"，"倘其后来不获飞升，人肯以仙视之乎？盖真仙阐化，必有深旨！""是以圣人后其身而身先，外其

---

① 谢守灏：《混元圣纪》，卷9，见《道藏》，册17，第871a页。
② 赵道一：《历世真仙体道通鉴》，卷13，见《道藏》，册5，第307c页。
③ 葛洪撰，王明校释：《抱朴子内篇校释（增订本）》，北京：中华书局，1980年，卷4，第82页。
④ 闾丘方远：《太上洞玄灵宝大纲钞》，见《道藏》，册6，第376b页。
⑤ 郑遨：《题中条静观（侯道华上升处）》，见彭定求等编：《全唐诗》，卷855，第9672页。
⑥ 杜光庭：《道德真经广圣义》，卷3，见《道藏》，册14，第475c页。

形而形存，非以其无私邪故能成其私？侯道华以之。"① 除道门中人外，陆游、苏轼等著名文士也对侯道华赞不绝口，尤其对侯道华"天上无愚懵仙人"的认识表示赞赏。苏轼对侯道华升仙事非常了解，在书信中话及侯道华食无核枣、窃邓尊师药等传说，② 后又借用"天上岂有痴仙人"入诗。③ 陆游则径称侯道华"天上无凡俗仙人"为"妙语"，④ 且在《书神仙近事》中以侯道华此事为例，指出包括儒士在内的各种人（非唯"道士"）都可因"好读书"而成仙。⑤

最后，宋代以后出现一部托名侯道华的丹道书籍，《通志》著录："《龙虎丹》一卷。侯道华录。"⑥ 然钱东垣等人辑释《崇文总目》时，指出《通志》将《龙虎丹》著录在侯道华名下，而《宋史·艺文志》则将之放在王元正名下。⑦ 可知此书真正作者不一定就是侯道华。结合更早的侯道华相关资料均不称其有著述传世，推测宋人因侯道华传记中存在多个炼丹、服丹记录，故以此为基础将新创作之《龙虎丹》安置在已经闻名遐迩的侯道华身上。尽管此书系托名伪作，传播和影响也不广，但清代的《罗浮山志会编》中却出现了一则非常有趣的记载，称侯道华"来游罗浮，遇异人传录《龙虎丹诀》，遂得道"。⑧ 或许可以推测侯道华录《龙虎丹》的传说与罗浮山存在某种关联，而这一关联的演变过程则有待来日详考。但不论如何，这则记载的出现表明这位卑贱而高尚的仙人，在千年之后的千里之外依旧得到尊重和推崇，影响力跨越时空，抵达罗浮圣境。

---

① 赵道一：《历世真仙体道通鉴》，卷13，见《道藏》，册5，第307c页。
② 苏轼：《与蒲廷渊》，《东坡七集》，四部备要本，上海中华书局据甸斋校刊本校刊，续集卷5，第719b页。
③ 苏轼：《寓居合江楼一首》，《东坡七集》，四部备要本，后集卷4，第303a页。
④ 陆游撰，李剑雄、刘德权点校：《老学庵笔记》，北京：中华书局，1979年，卷2，第26页。
⑤ 陆游：《渭南文集》，四部丛刊景明活字本，卷25，第11b页—12b页。
⑥ 郑樵：《通志二十略》，北京：中华书局，1995年，第1631页。
⑦ 王尧臣撰、钱东垣等辑释：《崇文总目辑释》，清嘉庆刻汗筠斋丛书本，卷5，第57页。
⑧ 宋广业：《罗浮山志会编》，清康熙五十六年刻本，卷4，第15页，收"爱如生中国基本古籍库"7.0版。

考二七
峨眉王仙卿串联的一段道教散史

历史记载是不均衡且不平等的，有的人没有获得铭记，但却可以化作丝缕，串联起时代的足迹，获得后世的回响。

一、故事之外的故事

在邂逅本考的线索式人物前，请容笔者先做一段稍显曲折的铺垫。

唐开元二十九年（741），稳坐皇位半甲子的玄宗皇帝，在梦中邂逅了自家圣祖——太上老君。铭记这一事件的《梦真容敕碑》记载道，玄宗自称在一日朝礼之后、天色蒙昧之时，"端坐静虑，有若假寐"。恍惚间，梦遇老君。老君自称为李氏远祖，有造像"可三尺余"，藏于京城西南一百余里处，令玄宗寻访。梦境之中，老君亲口保证佑护大唐，"享祚无穷"，宣称将与玄宗"于兴庆中相见"。玄宗于是命使者及道士寻访造像，最终在终南山楼观东南的山间寻获真容，并将之迎入玄宗身为藩王时的宅邸兴庆宫。时任中书门下兵部尚书的牛仙客盛赞老君灵应，"镇我皇家，启无疆之休，论大庆之应"，故当"宣示中外，编诸简册"。玄宗闻此颇感欣慰，于开元二十九年闰四月廿一日下敕，应允牛仙客所请。接着，博州刺史李成裕上奏，认为虽然史籍已记载此事，但碑石仍未刊刻（"虽缣缃已载，而琬琰未书"），尚不足以广宣玄元神异，"伏请于开元观具写纶言，勒于贞石，入仙宫而物睹，知圣祚之天长"。对于李成裕的恳请，玄宗自然深表欣慰，予以赞许。① 由此，一场轰轰烈烈、沸沸扬扬的"梦真容"运动在大唐宇内展开，这场运动标志着天宝时期李唐国家形象和意识形态整体道教化趋势正式展开。一年多后，也就是天宝二载（743）春，玄宗的妹妹、已经入道三十多年的玉真公主作为朝廷使者，带领团队从长安出发，去往传说中的老子故里谯郡紫极宫（即老君庙）建斋设醮，向老君及老君的母亲先天太后表达敬意，希求获得祖先神的庇佑。这场带有国家信仰和意识形态宣传目的的朝圣之旅，是玄宗"梦真容"运动的组成部分。玉真在紫极宫的祭祀活动，留下一方《玉真公主朝谒真源紫极宫颂碑》，这方碑刻在宋代金石著作中曾获著录（但内容不详），此后便不知所终，直到 2006 年太清宫进行考古挖掘时才重见天日。② 从谯郡回程途中，玉真公主的使团先后造访了嵩山和王屋山等道教圣地。路经嵩山时，玉真公主跟从善于炼丹的女道士焦静真修行存思之法，而焦静真则是盛唐高道司马承祯的杰出弟子。在王屋山上，玉真公主获得人生最后一次受法机会，经由恒代地区而来的某位胡尊师开度，获得上清玄都大洞三景法师这一最高法位。玉真公主这趟出行中截至此次受法前的活动，被洛阳大弘道观道士蔡玮记录在一方碑铭里。这方碑石保存至今，即《玉真公主受道灵坛祥应记》。③

令玉真公主心心念念的王屋山是一座极为重要的道教圣地，拥有天下第一洞天、王褒和魏华存的传说与圣迹、司马承祯的阳台宫，以及天坛和仙人台等道家胜境。而就在仙人台下，玉真公主建造了自己的灵都观，获得玄宗亲笔书额的优待。

负责撰写《玉真公主受道灵坛祥应记》的大弘道观道士蔡玮，在当年六月又帮玉真公主撰写了另外一方碑铭《唐东京道门威仪使圣真玄元两观主清虚洞府灵都仙台贞玄先生张尊师遗烈碑》（简称《张探玄碑》）。从碑题可知，张探玄既担任道官重任，同时又身兼两座道观的观主之职，是当日中州地区权力最大的道士之一。从碑文来看，张探玄据信为正一真人张道陵的后裔，玉真公主王屋山中的灵都观，正由这位天师后人督造建设——可惜工程未克完成，张探玄便羽化辞世了。据《张

---

① 《梦真容敕碑》，见陈垣编纂，陈智超、曾庆瑛校补：《道家金石略》，北京：文物出版社，1988年，第126—127页。
② 周建山：《豫东碑刻集萃·唐〈玉真公主朝谒真源紫极宫颂碑〉》，郑州：中州古籍出版社，2013年。
③ 蔡玮：《玉真公主受道灵坛祥应记》，见陈垣编纂，陈智超、曾庆瑛校补：《道家金石略》，第139—140页。

图 6 《玉真公主受道灵坛祥应记》拓片①

① 引自"中国金石总库"数据库,链接:http://www.ch5000.com.cn/jsk_sy.aspx。

探玄碑》记载，开元十四年（726），玄宗皇帝计划祭祀大圣祖玄元皇帝庙（也就是老君庙），亲自精选黄冠，最终决定由张探玄与"峨眉王仙卿、青城赵仙甫、汉中梁虚舟、齐国田仙寮"五位高道主持祭祀。蔡玮称，五人一路上获得地方官府热情接待，"登邙山，俯河洛，飘飘明霞之外，宵宵凝玄之迹，望者以为神仙之会也"。① 五人中，除张探玄有碑铭传世外，田仙寮亦有墓志留存，藏于千唐志斋。根据《大洞法师齐国田仙寮墓志》之记载，田仙寮正是那位前后两次为玉真公主撰写碑铭的大弘道观观主蔡玮的师父。② 青城赵仙甫（后文稍有讨论）和汉中梁虚舟的情况目前还没有得到清晰梳理，但峨眉王仙卿则因一个特殊事件引起了我们的注意。我们的线索式人物"王仙卿"终于登场了。

一番曲折的铺垫和倒叙，不是（至少不纯是）为了故作高深，而是试图借此揭开盛唐道教错综关系网的一角，呈现彼时道教与政治骨肉相连的历史背景。接下来，让我们把焦点转向开元十二年（724）发生在蜀中青城山上的一起"夺观"事件。③

二、青城山中的"夺观"事件

记载"夺观"事件的最主要材料是一方碑刻。这方碑刻被命名为《青城山常道观敕并表》，碑石保存至今，依旧屹立在青城山上，向后人讲述着开元年间发生的那个故事。此方碑石阴、阳及两侧均有刻文。碑阳主体为玄宗手写敕书，后接敕书下达过程；碑阴为地方官僚和教界合作解决事件后，张敬忠所上之表文；碑右系开元十八年（730）奉敕斋醮投龙活动的记述，碑左则是参与此次斋醮活动的官员和道士题名。④

---

① 蔡玮：《张探玄碑》，见陈垣编纂，陈智超、曾庆瑛校补：《道家金石略》，第136页。
② 《大洞法师齐国田仙寮墓志》，见周绍良主编：《唐代墓志汇编》，上海：上海古籍出版社，1992年，第1522页。
③ 有关此事的简要梳理，亦可参考玉叩（王家葵）：《神仙告御状》，《东方艺术》2012年第16期，第136—137页；刘小平：《唐代佛道土地资源之争述论》，《农业考古》2013年第4期，第185—188页；等等。
④ 《青城山常道观敕并表》碑文录文，见龙显昭、黄海德主编：《巴蜀道教碑文集成》，成都：四川大学出版社，1997年，第22—25页。碑石阴阳左右之文字，均引自此书，后不烦出注。

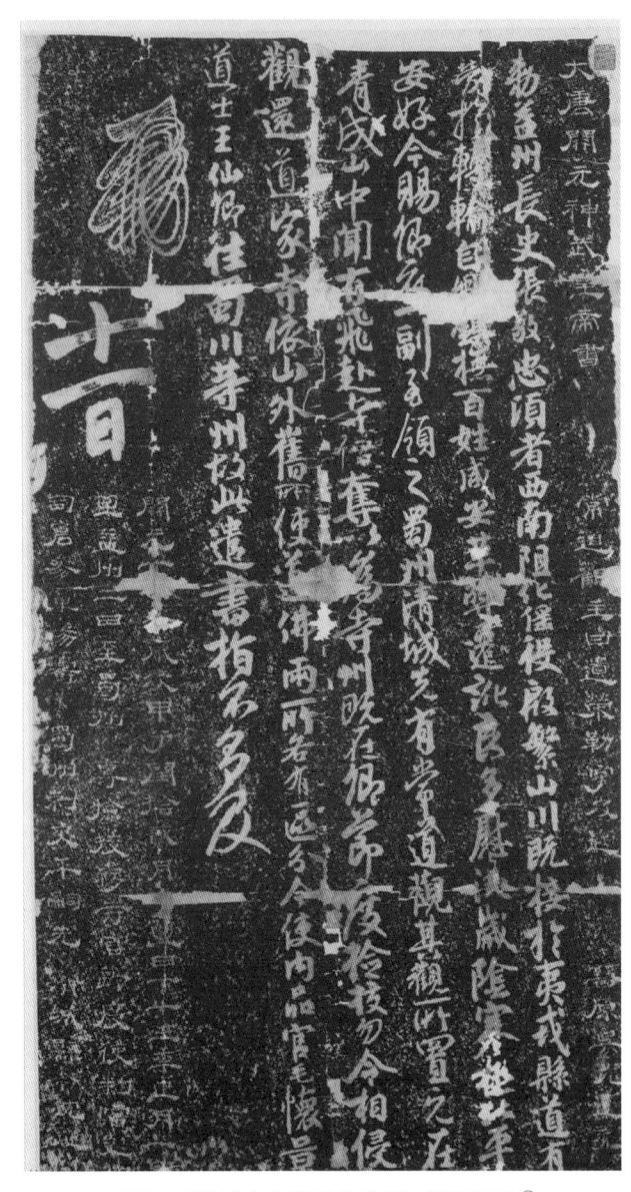

图 7　《青城山常道观敕并表》碑阳拓片①

---

① 拓片引自不二书斋：《唐玄宗李隆基行书赏析〈常道观敕墨〉》，链接：https://baijiahao.baidu.com/s?id=1597724552351459568&wfr=spider&for=pc。

碑阳刻写的玄宗墨敕，系发给益州长史张敬忠的文件，原始文件于开元十二年闰十二月十一日下发。敕书中，玄宗首先表彰张敬忠治理边疆的辛劳，给予关怀问候，赐衣一领。接着，玄宗开始进入正题。敕书称，蜀州青城山，先有常道观位于山中，听闻有飞赴寺僧夺此观为寺。鉴于蜀州归属剑南道节度使管辖，而张敬忠此时除担任益州长史外，还任剑南节度使一职，故玄宗特令其过问此事。务必使僧道不再相侵，"观还道家，寺依山外旧所，使佛道两所，各有区分"。同时派遣内品官毛怀景、道士王仙卿往蜀州公干，令二人带去敕书。张敬忠收到玄宗手诏后，对"夺观"一事非常重视。其在开元十三年（725）正月一日收到敕书，二日即将敕书下达蜀州，并令"节度使判官、彭州司仓杨璹"加"专检校移寺官"之任，与蜀州刺史平嗣先、青城县令沈从简一同处理此案。碑阴为常道观观主甘遗荣所书，上半段抄写张敬忠上呈玄宗的表奏。张敬忠的上表，首先按体例抄写玄宗敕书所交托之事务，而后表示已差派杨璹前往青城山，"准敕处置"；在当月九日，已将飞赴寺僧移置山外旧所，"观还道家"，责成僧、道"更无相侵"。张敬忠接着称，常道观旧地归还道士后，观主甘遗荣继续申诉，指出此前飞赴寺僧占领常道观期间所种植的竹木不易移动，此时僧人既已居于山外，唯恐未来再有争执，特请区分。张敬忠将此事委托所属州县（即蜀州青城县）办理，令常道观道士收领竹木。至此，相关事务处置妥当，僧道各安其所，但张敬忠等当地官员似乎没有严厉苛责僧人。最后，张敬忠将表奏附于采药使内品官毛怀景奏状上达。碑阴下段为道士题名，其中上座蔡守仙、监斋勾灵相与观主甘遗荣共同组成常道观的"三纲"。

以上即《青城山常道观敕并表》所呈现的"夺观"事件始末。负责处理事件的张敬忠是盛唐时期著名官员，史料中常见关于他的记载，并有诗歌传世。[①]青城山是道教信仰中极负盛名的圣地之一，是司马承祯《天地宫府图》洞天系统中第五洞天青城山洞的所在，"周回二千里，名曰宝仙九室之洞天"，青城丈人治之。[②]亦是道教传说中，天师张道陵与六天魔鬼战斗并立定誓约、昌盛正一盟威之道的地

[①] 有关张敬忠前后两次担任益州长官的时间等情况，参郁贤皓：《唐刺史考全编》，合肥：安徽大学出版社，2000年，卷222，第2944—2945页。

[②] 司马承祯：《天地宫府图》，见张君房编，李永晟点校：《云笈七签》，北京：中华书局，2003年，卷27，第610页。

方，^① 同时也是传说中黄帝求道宁封子的所在。而宁封子则以为黄帝受道的功劳，获封"五岳丈人"。青城山所拥有的以上胜迹，在唐玄宗统治时期及之后的年代里常常被一并提及。开元十五年（727），司马承祯建议在五岳庙外另造"五岳真君祠"，"配套"的青城丈人祠也在开元十八年（730）获得敕建祠宇的待遇。祠庙建好后所立之《青城山丈人祠庙碑》，开篇便高调列述青城山的三种道教身份：

> 夫丈人山者，本青城山，周回二千七百里，高五千一百丈，即道家第五宝仙九室之天矣。黄帝拜为五岳丈人，因以为称。服朱光之袍，戴盖天之冠，佩三庭之印，乘科车，主五岳，上司六时降水。仙唱泠泠而霄转，神灯烂烂而夕照。仙都众妙之奥，福地会昌之域，张天师羽化之处焉。^②

这样的描述，在保存至今的青城碑铭和蜀地方志中都很常见，在杜光庭的《修青城山诸观功德记》和《青城山记》等著述中获得反复回响。^③ "夺观案"的原告方常道观，与青城山黄帝受道宁封子的传说关系密切。晚年隐居青城山的杜光庭，在其《道教灵验记·青城山宗玄观验》中称："青城山宗玄观，古常道观也。在黄帝受箓坛前。"^④ 明代曹学佺整理碑石文献等材料，在《蜀中广记》对常道观的基本情况进行描述，称明代的延庆宫就是古常道观，"乃古黄帝祠址"，据信初建于隋大业七年（611）。^⑤ "夺观案"的被告方飞赴寺，也有一些记载留下。宋代祝穆《方舆胜览》云："飞赴寺，在青城县飞赴山下，名昌圣院，乃唐左军容使严君美舍宅，有四望亭。"^⑥ 但陈艳玲根据《续高僧传》的记载，指出南朝萧梁之初青城山便有飞赴寺，^⑦ 则飞赴寺的历史比《方舆胜览》记载的要早很多。在"夺观案"发生时，

---

① 葛洪撰，胡守为校释：《神仙传校释》，北京：中华书局，2010年，卷5，第190—191页。
② 徐太亨：《青城山丈人祠庙碑》，见龙显昭、黄海德主编：《巴蜀道教碑文集成》，第25页。
③ 杜光庭：《修青城山诸观功德记》，见龙显昭、黄海德主编：《巴蜀道教碑文集成》，第64—67页；《青城山记》，见董诰等编：《全唐文》，北京：中华书局，1983年，卷932，第9709—9711a页。本考所引此二文内容，皆出此版本，不赘出注。
④ 杜光庭：《道教灵验记》，卷1，见《道藏》，册10，第803a页。
⑤ 曹学佺撰，杨世文点校：《蜀中广记》，上海：上海古籍出版社，2020年，卷6，第73页。
⑥ 祝穆撰，祝洙增订，施和金点校：《方舆胜览》，北京：中华书局，2003年，卷55，第987页。
⑦ 陈艳玲：《略论唐代巴蜀地区的佛道之争》，《历史教学问题》2008年第2期，第53页。

常道观与飞赴寺均为当地颇具传统的宗教场所，考虑到常道观与黄帝受道青城传说的紧密联系，且唐代青城山和蜀地的道教势力强大，飞赴寺僧轻易侵占此观的情况就不禁令人心生疑惑：第一，飞赴寺到底是如何侵占常道观的？第二，此事为何能获得玄宗皇帝亲自过问？

有关第二个问题，很可能是线索人物王仙卿的功劳。正如天宝二载大弘道观道士蔡玮的追忆所述，深受玄宗器重的王仙卿是一位"峨眉"道士，他的圈子里还有一位"青城赵仙甫"。鉴于王仙卿由玄宗派往青城检校"夺观案"，推测常道观观主甘遗荣等人可能与王仙卿（以及赵仙甫）有旧谊，故借王仙卿之口向玄宗提出申诉。事实上，杜光庭《道教灵验记·青城山宗玄观验》中便直接说："道士王仙卿奏请移观还旧所，寺出山外。"① 至于第一个问题，目前并无史料给出解释，但杜光庭《青城山宗玄观验》中的记述或许能提供某些启发。在这则灵验记中，杜光庭首先给出玄宗时期"夺观案"的记载。但与保存至今的玄宗手诏碑对比，便可发现收入《道藏》的《青城山宗玄观验》版本在文字上存在明显疏漏，例如：将事件发生的时间写为"开元十九年"（其实应该是开元十二、十三年）；将"内品官毛怀景"写为"高品官王怀景"等。继而，杜光庭记述事件结束后常道观获得金仙、玉真公主"道像石真"等石雕碑刻。再接着，杜光庭给出一个不见于其他著作的故事，称：咸通末年，常道观无道士居住，道观荒废，仅剩尊殿石坛，余皆成墟丘，为草木所覆盖。有僧二人，欲复移飞赴寺于此。二僧居常道观月余，计议已定，即将摧毁造像坛场，抢夺其地。但此时开始，二僧夜卧，便有巨蛇卧腹；昼饭，则有飞沙投食；并见巨手、毛脚等怪异。二僧惊惧，奔驰而去。乾符己亥年（879），县令崔正规与道士张素卿重兴常道观；至僖宗幸蜀时，奏改为宗玄观。②

杜光庭给出的这则发生在咸通末年的故事，不见于其他记载。但记述中张素卿、崔正规、僖宗幸蜀、咸通末年等人物、事件均与杜光庭同时代、同地域，周围见证人恐多，且又能与稍后将要提到的《青城绝顶上清宫天池验》的记述对应，纯然"杜撰"的可能性不大。故事中的两个人物，张素卿和崔正规在当时其他材料中均留下痕迹。张素卿是蜀地高道，生活于晚唐至王蜀时代，尤以绘画著名。《宣和

---

① 杜光庭：《道教灵验记》，卷1，见《道藏》，册10，第803a页。
② 杜光庭：《道教灵验记》，卷1，见《道藏》，册10，第803a—b页。

画谱》记载宋代内府存张素卿画作十四幅，又记载张素卿为简州人，因少孤贫而为道士，在僖宗幸蜀时获赐紫衣；并在僖宗欲封青城山为"希夷公"时上表，指出五岳均已封王，青城丈人山地位高出五岳，不当仅仅封公。① 尽管《宣和画谱》记载僖宗应允了张素卿的上表，但这显然不是事实——根据唐僖宗中和元年（881）的《封青城丈人山为希夷公敕》碑来看，僖宗依旧只肯给予青城山"希夷公"的爵位。② 崔正规也是杜光庭的同时代人，可能与杜光庭有直接往来。中和元年封青城山为希夷公时，由朝廷在青城山中施设醮礼，青城县令崔正规便是执行人之一。杜光庭乾宁二年（895）所撰《修青城山诸观功德记》，同时提及崔正规修缮丈人祠、常道观以及张素卿受命为这些道观绘制壁画的情况。因此，杜光庭有关咸通末飞赴寺僧又欲占常道观地的记述，应该不全是向壁虚构。《青城山宗玄观验》有关较晚飞赴寺僧又欲侵占常道观的记载，为我们提供了一些想象开元十二年"夺观案"背景的思路。彼时常道观是否也曾荒废，故飞赴寺僧才有占据此观的愿望和可能？修整常道观故地并栽种"竹木"的飞赴寺僧是否有些冤枉，徒费修整之力到头来都是"为他人作嫁衣裳"？因知晓此中曲折，故张敬忠等地方官员才没有明显苛责僧人的举措？史料之缺，使这些猜测难于定案，是非曲直暂时无法判定。但不论如何，杜光庭对飞赴寺确实毫无好感。杜光庭在自己的作品中屡次三番地记述开元"夺观"案，并屡屡展示玄宗手诏作为谴责僧侣的权威证据。

与此同时，如果我们选择相信杜光庭的话，飞赴寺僧人似乎也确实非常觊觎常道观的地产。根据收入《云笈七签》的杜光庭《道教灵验记·青城绝顶上清宫天池验》所述，宗玄观（常道观）之南有玄宗御容碑：

> 乾符己亥年，观未兴修，水常如旧。忽有飞赴寺僧，窃据明皇真碑舍中，拟侵占灵境，刱为佛院，其水遂绝。半岁余，僧为飞石所惊，蛇虺所扰，奔出山外。县令崔正规秋醮入山，闻乡间所说，芟剃其下，焚香以请，水乃复降，至今不绝。③

---

① 《宣和画谱》，台北故宫博物院，1971年，影元大德吴氏刻本，卷2，第10页。
② 李儇：《封青城丈人山为希夷公敕》，见龙显昭、黄海德主编：《巴蜀道教碑文集成》，第48页。
③ 见张君房编，李永晟点校：《云笈七签》，卷122，第2691页。

这段记述看似清楚，实际却存在疑问。第一，杜光庭这则记述与其《青城山宗玄观验》后半段类似，除抢占常道观地产外，《青城绝顶上清宫天池验》所述飞赴寺僧为"飞石所惊，蛇虺所扰"与咸通末飞赴寺二僧的遭遇尤其吻合。第二，《青城山宗玄观验》中的崔正规正是《青城山宗玄观验》与张素卿一同重修常道观的青城县令，两则材料所给出的重要时间点都有乾符己亥年。这些"巧合"不禁使人怀疑两个传说拥有共同的源头、指向同一起事件，但却被杜光庭在有意无意间区分为唐懿宗咸通末与唐僖宗乾符己亥年两场闹剧。根据《青城山宗玄观验》所谓"县令崔正规秋醮入山，闻乡间所说"的记载，推测相关情况或许是杜光庭从崔正规口中得知，而崔的信息来源则是当地乡民。

综合以上讨论，可以发现杜光庭笔下共记录了三起飞赴寺僧抢占常道观的事件：第一起发生在开元年间，有玄宗手诏为证；第二和第三起分别发生于唐懿宗和唐僖宗时代，但其实很可能是由同一个事件演绎而成的不同灵验故事。

三、开元十八年青城山上的斋醮

常道观的"夺观案"至此已讲述完毕，让我们再把视线拉回峨眉王仙卿身上。开元十三年从青城返回长安后，王仙卿依旧获得玄宗重视，次年受玄宗之命参与玄元皇帝庙的祭祀活动。四年之后，也就是开元十八年（730），王仙卿再次来到青城山。《青城山常道观敕表》碑的左右两侧，记录下开元十八年青城山斋醮活动的历史瞬间。石碑右侧的刻文，记载太常少卿专知礼仪集贤院修撰韦韬，奉玄宗圣旨，"令检校内供奉精勤道士、东明观主王仙卿，就此青城丈人灵山修斋设醮，并奉龙璧"。当年"六月七日庚申，入净斋醮，十一日甲子，敬投龙璧"。碑左记载下参与道教仪式的主要官员姓名，包括时任蜀州刺史的杨励本等。参与此次青城山祭祀活动时，王仙卿已成为东明观的观主。这一身份并没有出现在此前的玄宗手诏、张敬忠上表以及蔡玮的《张探玄碑》中，推测王仙卿可能是在开元十三、十四年后才开始担任东明观主，此前是否隶属东明观尚不清楚。东明观是唐代长安城中的著名道观。此观最初与西明寺一起，系为高宗太子李弘求福而建，拥有一定官方性质，是组织官方崇道活动及长安佛道论辩的重要场所。① 东明观有多位颇具影响的道士，与皇室和朝廷关系密切，常奉皇命行事，开元十八年王仙卿奉命斋醮青城山亦属此类。东明观高道中有数位来自巴蜀，如极负盛名的重玄学家李荣是绵阳人；《大唐故东明观孙法师墓志铭》中记载的孙思，于蜀郡青城山受三洞法等。王仙卿得以进入东明观并担任观主一职，或许存在地缘人脉的关系。

开元十八年六月青城山斋醮投龙的核心仪式场所，应该就设在常道观。杜光庭《青城山记》记载玄宗敕王仙卿青城设醮之所是"黄帝坛"，而常道观本为古黄帝祠，黄帝坛就在常道观前。王仙卿、杨励本等人选择在旧碑两侧刻铭纪念，似乎是希望将此次仪式活动与不久前玄宗的青城护道行为联系起来。此时，更适合作为祭山仪式场所的青城丈人祠尚未建立。根据徐太亨《青城山丈人祠庙碑》的记载，就在王仙卿、杨励本举办斋醮仪式的半年后（闰六月十八日），玄宗皇帝下敕"于青城丈人山置祠室"。② 但丈人祠的建立可能要到开元二十年（732）方才真正付诸实现。《金石录》著录徐太亨《青城山丈人祠庙碑》，系开元二十年正月；③《册府元龟》记录开元二十年四月己酉敕，令庐山九天使者祠及青城丈人祠准五岳真君祠之待遇，与徐太亨碑记中"八月二十五日敕"内容呼应。④ 可推《青城山丈人祠庙碑》确实应当是在开元二十年撰写树立，故文中所谓"今年八月二十一日敕"，指的就是开元二十年的玄宗诏令。在这则敕书中，玄宗命令下辖青城山的州县"拣本山幽静处兴立祠庙。其图分付道士，将往建立"。蜀州刺史杨励本"奉尊宸旨，恭惟灵庙。亲画规模，改兴版筑"，不多时便建成祠庙。碑文记载，同年八月二十五日，玄宗下敕："青城丈人庙准五岳真君庙例，抽德行道士五人焚香供奉。"按正常情况而论，二十一日敕择地建丈人祠，二十五日祠庙不太可能建造成功，但道士配备已提前着手准备。

或许正是因为玄宗手诏碑的妥善保存和声威广被，开元十八年王仙卿的青城山祭祀，在一百六十多年后杜光庭的笔下获得回响。据杜光庭《青城山记》所述，王

---

① 此观详细情况，参刘康乐：《东明观与唐代长安道教》，《中国本土宗教研究》2019年总第2辑，第127—136页。
② 徐太亨：《青城山丈人祠庙碑》，见龙显昭、黄海德主编：《巴蜀道教碑文集成》，第26页。
③ 赵明诚：《金石录》，北京：中华书局，1991年，卷6，第134页。
④ 王钦若等编纂，周励初等校订：《册府元龟：校订本》，南京：凤凰出版社，2006年，卷53，第558页。

仙卿受玄宗之命修醮青城黄帝坛时，出现神灯遍山的灵瑞。而僖宗幸蜀之年，在青城山中修灵宝道场罗天大醮时，这一神奇景象得到复现——此时"神灯千余，辉灼林表"。[①] 玄宗手诏碑两侧的刻文中并没有提及开元十八年出现灵灯祥瑞，杜光庭的追忆更像是在创造记忆。当这样的记忆被创造出来后，僖宗时代青城灵灯的出现，便将正在遭受入蜀避难窘境的僖宗与拥有同样经历的玄宗联系起来，两个时代如出一辙的际遇和完全相同的灵瑞，昭示着大唐必将浴火重生的希望——当然，后来的历史告诉我们，希望落空了……

小结

　　一个人的身上，可以寄寓一个时代的声音；一个时代的声音，可以在另一个时代获得回响。王仙卿不是一个生命轨迹清晰明白的历史人物，但他的一些经历，以及这些经历在不远的后世的回响，共同构成了一幅错综的图画。

　　在放任意识涌动的追忆中，我们既目睹了开元道教的盛世光鲜，也意识到晚唐朝廷避难蜀地后以神道设教提振士气的无奈，佛道之间的矛盾为这些记忆涂抹上一层奇幻的色彩，使本已破碎的历史景象更加曲折迷离。以王仙卿为线索，时代的声音和后世的回响，交织成一场松散但有节律和高潮的音乐剧。这场音乐剧不免杂乱与琐碎，但道教历史的一段"印象"或许已在心中浮现。

---

① 杜光庭：《青城山记》，见《全唐文》，卷932，第9710b页。

考二八
新出安国观女道士侯希言墓志解读

史料相对匮乏严重阻碍我们对古代道教情况的探索。即使在崇道最盛的唐代，有关道教的记载也远算不上充分，致使以道教为中心绘制的历史画卷总是无奈地呈现过多空白。面对这一困境，在不断深挖传世文献的同时，对新出现的考古材料也必须给予充分关注。《大唐东京大安国观上清大洞侯尊师墓志铭并序》（后简称《侯希言墓志》）是近年新出土的一方唐代女道士墓志，对此墓志的梳理和考证，将进一步改善我们对盛唐道教情况的理解。

洛阳市文物考古研究院在2011年4—5月对侯希言墓进行发掘。根据考古报告来看，墓葬所在地为洛阳市新洛区，隋唐洛阳城城外南部，距定鼎门遗址约3.5公里。[①] 墓葬发现时已遭盗扰，墓室南部甬道旁、墓室北部、墓室中部棺床处均有盗洞。盗墓等原因导致此次抢救性考古发掘收获不多，但所获文物中的侯希言墓志一合，以及东方、南方、中央镇墓石各一合和西方镇墓石一件，对道教人物研究而言至关重要。侯希言墓志，正方，边长44.5厘米，盖厚9厘米，志石厚11厘米，志盖楷书题铭"侯尊师志石文"。三合半镇墓石，明显是按五炼生尸之法处理道士丧仪所留下的材料，除表明墓主拥有道教信仰外，其上文字多少也能补充一点墓志信息。通过对墓志的观察，可发现侯希言主要活跃于崇道至盛的唐玄宗（712—756年在位）统治时期，与玉真公主、彭太和等名震一时的道教人物有过往来，是一位颇有影响力的唐代女冠。以下对侯希言墓志进行简要梳理和必要考证，以此充实有关古代道教的认识。

[①] 顾雪军：《河南洛阳市洛南新区唐代侯希言墓的发掘》，《考古》2022年第3期，第114—120页。本考有关侯希言墓、墓志（含录文）、镇墓石等图文信息，均出自此考古报告，后不赘出注。

《侯希言墓志》撰者为"道士彭通玄"。彭通玄不见于常见传世文献，但在近年出土的另一方唐代道士墓志中却可发现影踪。《中都大弘道观主上清大洞刘尊师玄台铭》是道士刘敬铨的墓志（简称《刘敬铨墓志》），据信原石出于考古发掘，今藏洛阳市文物考古研究院。① 这方刘尊师墓志的撰书者，恰好也是彭通玄。墓志记载刘敬铨卒于丁酉年（唐肃宗至德二年，757），当年四月下葬，墓志当撰于同一时期。侯希言卒于天宝十一载（752），二者时间接近，撰者道士彭通玄当为一人。据《刘敬铨墓志》题署"弟子彭通玄撰并书"可知，彭通玄实为刘敬铨弟子。同时《刘敬铨墓志》中提及授予刘敬铨洞玄等法的"王尊师"，有可能就是侯希言的师父之一"蜀郡王尊师"，有关于此，容稍后再述。

根据墓志有关侯希言卒于天宝十一载、享年56岁的记载，可知其约当生于万岁通天二年（697）。彭通玄记载称，侯希言为陕郡芮城人。志文接着对侯尊师家庭的记述非常模糊，文字简短且无实质内容，推测侯希言出身并非显贵。墓志记载，侯尊师"六岁诵经"，手不释卷，对道教文化兴趣浓厚。"十三入道"（709），最初配属景云观。这里的景云观应该就是指长安城中颇为著名的那所景云观。《长安志》《唐两京城坊考》等方志材料均对之有所关注，但《唐会要》的记载则最为详细。《唐会要》称，景云（女冠）观位于务本坊，最初是房玄龄（579—648）的故宅，景龙二年（708）闰九月十三日唐中宗李显（684、705—710在位）的皇后韦庶人（卒于710）立为翊圣观。景云二年（711），改为景云女冠观。至天宝八载（749），改为龙兴道士观；后又于至德三年（758）改为光天观。② 侯尊师墓志给出的侯希言入道配观时间大约是709年，此时这所道观当还以翊圣为名，三年后方更名景云。

侯希言入道后，精进修行，仁爱礼让，"育物则过于思煦，养身则酷于俭薄"。墓志记载，侯希言在讲经和斋醮方面的成就尤其出众，赞美其"宣一字必锻炼声韵，发片言若叩击金石。真经秘要，备曾探讨；斋戒科仪，靡不洞晓"。由于才德出众，侯希言被调属安国观，并为大众"举为法师"。这里的"法师"并非一般敬称，而应当是专指仪式中主法道士的称谓。《唐六典》指

---

① 雷闻：《新见〈中都大弘道观主上清大洞刘尊师玄台铭〉跋》，《隋唐辽宋金元史论丛》2020年总第10辑，第53页。
② 王溥：《唐会要》，北京：中华书局，1955年，卷50，第870页。

出，"道士修行有三号：其一曰法师，其二曰威仪师，其三曰律师"，[①]但并没有详细解释这些称号的具体含义。"科教三师"之一南朝高道陆修静（406—477）《洞玄灵宝斋说光烛戒罚灯祝愿仪》中的一段对"法师"的概要解说为我们解开疑惑：

> 法师
> 　　经云：当举高德，玄解经义。斯人也，道德内充，威仪外备，俯仰动止，莫非法式，三界所范，鬼神所瞻，关启祝愿，通真召灵，释疑解滞，导达群贤。[②]

这样的仪式职位称呼在唐代得到延续，最有力的证据，就是敦煌卷子里开元年间所修、带有一定官方性质的《立成投龙章醮威仪法则》仍将主法者称为"法师"。[③]这一仪式称谓至五代之后逐渐为我们所熟悉的"高功"所取代。联系墓志前文的记述，可推测侯希言被选调安国观并担任专门的仪式法师一职，应该与其熟稔斋醮科仪有关。

景云观位于长安，而著名的安国观则位于洛阳。这一调令，使侯希言的主要活动区域从西京改为东都，更因安国观与皇室女性关系密切，而使侯希言的人生迎来转折。宋敏求《长安志》和王溥《唐会要》对安国观的记载颇为一致，称此观位于正平坊，长安元年（701）时，"睿宗在藩国，（太平）公主奉焉"。景云元年（710），改为道观。开元十年（722）开始，"玉真公主居之，改为女冠观"。[④]从

[①] 李林甫等撰，陈仲夫点校：《唐六典》，北京：中华书局，1992年，卷4，第125页。
[②] 陆修静：《洞玄灵宝斋说光烛戒罚灯祝愿仪》，《道藏》，册9，第825a页。
[③] 有关此文献的情况，参王卡：《敦煌道教文献研究：综述·目录·索引》，北京：中国社会科学出版社，2004年，第221页。
[④] 王溥：《唐会要》，卷50，第876页。王钦若《册府元龟》记载景云元年十月制，"以洛州襄王府宅为太安国观"。见王钦若等编纂，周勋初等校订：《册府元龟：校订本》，南京：凤凰出版社，2006年，卷53，第557页。此太安国观与安国观均在洛州，名称相似，且均在景云元年改为道观。暂未查到二者关系，亦不确定《册府元龟》记载是否正确。王永平通过考证，怀疑《册府元龟》中的"襄王"可能是"相王"之误，实际就是指后来成为睿宗的李旦（684—690、710—712年在位）。见王永平：《一方流失海外的珍贵道教铭刻——唐代〈彭尊师墓志铭〉研究》，《唐研究》2012年第18卷，第154页，注39。

此，这座道观与盛唐时期因道士身份和荐举人才而颇具社会号召力的公主联系在一起。安史之乱中，安国观可能遭到一定程度的侵扰。史料记载，在安禄山（703—757）、安庆绪（卒于759）占领洛阳后，一心忠于李唐的甄济（卒于766）不受伪职，被囚于安国观中。代宗（762—779年在位）收复东都，褒奖甄济，将之作为忠公体国的楷模。[1] 安史之乱后，安国观恢复如常，因往日繁华和常容留退休宫女的情况（"女冠多上阳宫人"）[2]，成为唐代诗人缅怀盛唐光景的特殊意象。刘禹锡《经东都安国观九仙公主旧院作》，诗题中的"九仙公主"曾被误认为是太平公主，现在普遍已知其所指当为玉真公主（有时也被称为"九仙媛"）。诗中叹惋"仙院御沟东，今来事不同"，"武皇曾驻跸，亲问主人翁"的过往已经不在。[3] 刘禹锡《秋夜安国观闻笙》，在秋夜安国观中偶然听到管乐声，以当下的萧然场景凭吊刚过去不久的盛世繁华——"月露满庭人寂寂，霓裳一曲在高楼"[4]。在唐代诗人卢尚书的诗作中，安国观里退休修道的宫女，同样成为盛世衰退的夕照——"闲看白首诵经者，半是宫中歌舞人"[5]。

与安史之乱后游观安国观的诗人相比，侯希言在这所道观时的所见所感必然大为不同。玉真公主的营造，使这所道观巍峨壮观、精美绝伦。《唐语林》中的一段记载描绘出安国观的盛景：

> 政平坊（案：即"正平坊"）安国观，明皇时玉真公主所建。门楼高九十

---

[1] 王钦若等编纂，周勋初等校订：《册府元龟：校订本》，卷759，第8783页。
[2] 王谠撰，周勋初校证：《唐语林校证》，北京：中华书局，1987年，卷7，第661页。
[3] 刘禹锡：《经东都安国观九仙公主旧院作》，见其撰，陶敏、陶红雨校注：《刘禹锡全集编年校注》，北京：中华书局，2019年，卷12，第1317—1318页。有关玉真公主的研究很多，整体介绍参Edward H. Schafer, "The Princess Realized in Jade," *Tang Studies* 3(1985): 1-23; Charles Benn, *The Cavern-Mystery Transmission: A Taoist Ordination Rite of A. D. 711*, Honolulu: University of Hawai'i, 1991；丁放、袁行霈：《玉真公主考论——以其与盛唐诗坛的关系为归结》，《北京大学学报》2004年第2期，第41—52页；土屋昌明：《玉真公主をめぐる道士と玄宗期の道教》，收福井文雅编：《东方学の新视点》，东京：五曜书房，2003年，第317—342页；刘仲宇：《唐玉真公主入道受箓研究》，《宗教学研究》2015年第2期，第1—8页；贾晋华：《唐代皇室入道女性的命运和权力》，收其著译《唐代女道士的生命之旅》，北京：社会科学文献出版社，2022年，第41—79页，尤其第57—78页，以及注释中所列其他论著。
[4] 刘禹锡：《秋夜安国观闻笙》，见其撰，陶敏、陶红雨校注：《刘禹锡全集编年校注》，卷7，第724页。
[5] 王谠撰，周勋初校证：《唐语林校证》，卷7，第661页。

尺，而柱端无斜。殿南有精思院，琢玉为天尊老君之像，叶法善、罗公远、张果先生并图形于壁。院南池引御渠水注之，叠石像蓬莱、方丈、瀛洲三山。①

引文中的精思院，有可能就是刘禹锡诗题中的"九公主旧院"。仙境般的构景，招徕雅士的造访。近来洛阳的考古工作对正平坊安国观遗址进行挖掘和清理，据称基本摸清了安国观建筑群的大致结构，怀疑布局参考了"天圆地方""五行八卦"等理念。②侯希言正是被调入了这样的一所人间仙境。

值得注意的是，因与李氏统治者关系密切，安国观常常承接朝廷以道教信仰为中心的工作任命，例如受命为玉真公主的兄姊写经一事。宁王是唐玄宗的长兄，颇受玄宗爱戴，卒于开元二十九年十一月辛未（742年1月5日）；③ 考一四已介绍过的金仙公主是玄宗的亲妹妹、玉真公主的亲姐姐，亦因道士身份而知名，卒于开元二十年（732）。④张九龄与玄宗之间的来往奏批，显示张九龄在某次安国观国忌行香后，发现玄宗命令安国观为已故的金仙和宁王追福所写的一切经四本，由此深受感动，希望玄宗允许将此事"宣付史馆"。玄宗预批："道由先宗，钦承余庆。所祈福力，凭以真经。归谨至诚，匪存名教。所请者依。"⑤

如墓志后文所述，侯希言此后开始帮助玉真公主执行道教法务，卷入开元末到天宝初年国家崇道的热潮中。或许有理由推测，侯希言从景云观调入安国观很可能是受到玉真公主的任命（至少是允可）。进入玉真公主坐镇、影响力非同一般的安国观，对侯希言的道士生涯有所帮助，尤其明显的一点是侯希言的法位等级得到快速晋升。入安国观后，侯希言得到洞真和上清两次受法机会，情况如下：

---

① 王谠撰，周勋初校证：《唐语林校证》，卷7，第661页。
② 《洛阳正平坊遗址考古重要进展！和唐玄宗胞妹有关》，《正观新闻》2023年1月13日，转引《洛阳日报》，链接：https://baijiahao.baidu.com/s?id=1754868138358052919&wfr=spider&for=pc。
③ 刘昫等撰：《旧唐书》，北京：中华书局，1975年，卷95，第3009—3013页。
④ 徐峤之：《金仙长公主神道碑》，见陈垣编纂，陈智超、曾庆瑛校补：《道家金石略》，北京：文物出版社，1988年，第118—119页。
⑤ 张九龄：《上为宁王写〈一切（道）经〉请宣付史馆状并御批》，见其撰，熊飞校注：《张九龄集校注》，北京：中华书局，2008年，卷13，第741—743页。

受法时间	受法内容	传法尊师
开元十五年（727）太岁丁卯闰九月十日	洞真法	蜀郡王尊师
开元廿三年（735）龙集乙亥月仲冬朔壬子十日辛酉	上清法	内供奉青城山赵尊师

唐代道教奉行法位制度的问题已获得较为充分的讨论，[①] 尽管中古时期"上清"与"洞真"常常是可以画等号的名称，但唐代法位制度的等级序列稍显复杂。洞真法位有可能按照《奉道科戒》的记述内部又分为洞真法师和无上洞真法师两个等级；[②] 而在洞真法位之上，还存在一个至高的毕道法位，受法者会获得"上清玄都大洞三景弟子/无上三洞法师"的称号。根据侯希言墓志名称中称其为"上清大洞侯尊师"的说法，推测侯希言没有得到毕道法位，因此上述两次受法可能是在洞真法位的两个等级上逐级递升。"蜀郡王尊师"和"内供奉青城山赵尊师"缺少完整姓名，很难完全确定所指，但根据对开元时代洛阳当地道教人物的了解，或许可以对二人身份稍加推测。简单来说，笔者目前倾向认为二人就是王仙卿和赵仙甫。有关王仙卿，考二七已专门讨论。根据竖立在青城山上的石刻《青城山常道观敕并表》记载，王仙卿与玄宗交流密切，开元十三年（725）赴青城山协助处理飞赴寺僧人侵夺常道观案；开元十八年（730）又奉命赴青城山修斋醮、奉龙璧，此时的王仙卿已成为长安东明观的观主。[③]

就在侯希言受"洞真法"的前一年（开元十四年，726），王仙卿出现在洛阳的一场重要道教活动中。据《唐东京道门威仪使圣真玄元两观主清虚洞府灵都仙台贞玄先生张尊师遗烈碑》（后简称《张探玄碑》）记载，玄宗计划祭祀大圣祖玄元皇帝庙，亲选黄冠，最终决定由张探玄与"峨眉王仙卿、青城赵仙甫、汉中梁虚舟、齐国田仙寮"五位高道主持祭祀。五人"登邙山，俯河洛，飘飘明霞之外，宜宜凝

[①] 施舟人、小林正美、刘仲宇、白照杰等均有讨论，观点总结和对唐代道教法位制度等级模型的描述，见白照杰：《整合及制度化——唐前期道教研究》，上海：格致出版社，2018年，第274—328页。
[②] 白照杰：《整合及制度化——唐前期道教研究》，第293页。
[③] 《青城山常道观敕并表》碑文录文，参龙显昭、黄海德主编：《巴蜀道教碑文集成》，成都：四川大学出版社，1997年，第22—25页。

玄之迹，望者以为神仙之会也"。① 从上述文字不难发现，"峨眉王仙卿"与"蜀郡王尊师"在地望、身份地位和活动范围上存在交叉，二者是同一人并非绝无可能。前揭《刘敬铨墓志》记载，志主刘敬铨于开元十一年（723）"诣此观内供奉王尊师受洞玄法"，后"又诣本师进上清大洞法"。② 雷闻结合其他材料，推测这里的王尊师，很可能也是王仙卿。同时，《大唐大弘道观故常法师（存）墓志铭》中为常存"迁阳平治"的西岳王尊师，以及张九龄《贺皇太子制碑状》中"皇太子所制王尊师碑文并寿王书"的王尊师，可能都指向王仙卿一人。③ 若如是，则开元年间王仙卿担任洛阳大弘道观内供奉的身份，使他成为洛阳安国观侯希言传法师的可能性便进一步增加了。至于赵仙甫，目前所掌握的材料远比不上王仙卿那么丰富。常见文献中，唯两三处出现他的名字。《玉海》引《集贤注记》称："开元二十年九月，左常侍崔沔入院修撰，与道士王虚正（案：当即著名道士王虚贞）、赵仙甫并诸学士参议修《老子疏》。"④ 能以主要人物身份参与为玄宗《老子注》修疏的活动，可证赵仙甫学识地位高超。杜光庭《道教灵验记》中，称"天师赵仙甫"在开元年间注解《五厨经》。⑤ 此若属实，也可证赵之学识非凡。前述《张探玄碑》助玄宗斋醮的五位高道中，"青城赵仙甫"（注意为侯希言传法的赵尊师名前也挂着青城山）仅接在"峨眉王仙卿"之后，亦可证明他也是极其著名的高道，并于开元十四年前后活跃于洛阳一带。此外，陶敏发现，《舆地碑记目》卷四和《宝刻类编》卷一均著录玄宗赐赵仙甫的诗歌刻碑，前者名之曰《唐开元皇帝送赵仙甫尊师归蜀诗碑》，后者则指出此碑建于开元二十三年五月五日。⑥ 送别诗碑的存在，反映赵仙甫与玄宗之间联系紧密，同时也能将他在两京一带活跃的时间下限拉到开元二十三年。潜

---

① 蔡玮：《张探玄碑》，见陈垣编纂，陈志超、曾庆瑛校补：《道家金石略》，第136页。据目前搜集到的材料可知，五位高道中至少有两位与玉真公主有关。《张探玄碑》记载张探玄曾为玉真公主建设王屋山灵都观，死而后已。《张探玄碑》和王屋山《玉真公主受道灵坛祥应记》的作者均为大弘道观道士蔡玮，而根据《大洞法师齐国田仙寮墓志》之记载，田仙寮正是蔡玮的师父。《玉真公主受道灵坛祥应记》，见陈垣编纂，陈智超、曾庆瑛校补：《道家金石略》，第139页；《大洞法师齐国田仙寮墓志》，见周绍良主编：《唐代墓志汇编》，上海：上海古籍出版社，1993年，第1522页。
② 雷闻：《新见〈中都大弘道观主上清大洞刘尊师玄台铭〉跋》，第54页。
③ 雷闻：《新见〈中都大弘道观主上清大洞刘尊师玄台铭〉跋》，第56—58页。
④ 王应麟：《玉海》，上海：江苏古籍出版社、上海书店出版社，1987年，卷53，第1006a页。
⑤ 杜光庭：《道教灵验记》，见《道藏》，册10，第841b页。
⑥ 陶敏：《全唐诗人名汇考》，沈阳：辽海出版社，2006年，第9页。

在的人际关系（五位道士的交谊，以及前文注解中指出的这些道士与玉真公主之间的关联）使赵仙甫很适合成为玉真公主安国观法师侯希言的传法人。文献证据的匮乏，使我们的讨论只能止步于此。

图8　《中都大弘道观主上清大洞刘尊师玄台铭》拓片①

随着法位等级的提升与在玉真安国观中地位的逐渐稳固，侯希言也参与进天宝初的帝国崇道运动中。墓志记载："天宝元载，初获灵符。一人精修，万方向道。"史书记载，陈王府参军田同秀奏报，天宝元年正月甲寅于丹凤门空中见玄元皇帝，

---

① 图片引自雷闻：《新见〈中都大弘道观主上清大洞刘尊师玄台铭〉跋》，第54页。

告以"我藏灵符,在尹喜故宅"。玄宗于是派人在函谷关尹喜台旁寻得宝符。壬辰,群臣上表,"函谷灵符,潜应年号;先天不违,请于尊号加'天宝'字"。① 玄宗应允,在《天宝改元制》中感叹:"岂谓微诚感通,烈祖降见,乃昭灵命,是锡宝符,因而求之,应言而获,亦既至止,果表殊征。"② 此事影响重大,群臣朝贺。③ "初获灵符"一事,显然指此而言。根据目前对玄宗时期官方崇道举措的研究,可知此次获得灵符,实际是玄宗开元末导演的"梦(老君)真容"事件的延续。④ 这些事件共同宣示着玄宗统治思想和李唐国家象征的道教化转变。在这场崇道热潮影响下,侯希言墓志记载道,"玉真长公主方思归封王府",并令侯希言与女道士彭太和携带财物赴江东"为国放生"。《新唐书》等材料记载,天宝三载(744),玉真公主上言:"先帝许妾舍家,今仍叨主第,食租赋,诚愿去公主号,罢邑司,归之王府。"玄宗先是不允,玉真再次诚恳请求罢归汤沐邑,"帝知至意,乃许之"⑤。

与侯希言一同受公主之命为国放生的彭太和,恰好也有墓志和五方真文镇墓石现世。明治大学东亚石刻文物研究所于2008年4月寄存某日本公民个人收藏的23方中国墓志石。2010年,气贺泽保规等人正式完成《明大寄存新收中国北朝·唐代墓志石刻资料集——介绍和解说》,书中给出这批墓志石的照片、录文和简要研究,⑥ 其中收有唐代《东京大安国观观主彭尊师墓志》(简称《彭尊师墓志》)和相关镇墓石。2011年9月,"新出土唐墓志与唐史研究"国际学术研讨会在洛阳师范学院召开,会上气贺泽保规通报明大所藏志石情况,对《彭尊师墓志》的介绍尤其详细。次年,《唐史论丛》第14辑刊发气贺泽保规此篇论述,而后《彭尊师墓志》及镇墓石为国内学者所重视。⑦ 王永平依气贺泽保规所刊布之资料,对《彭尊

---

① 司马光等:《资治通鉴》,北京:中华书局,2011年,卷215,第6971页。
② 李隆基:《天宝改元制》,见李希泌主编,毛华轩等编:《唐大诏令集补编》,上海:上海古籍出版社,2003年,卷1,第9页。
③ 李邕:《贺加天宝尊号表》,见董诰等编:《全唐文》,北京:中华书局,1983年,卷261,第2649b—2650a页。
④ 有关玄宗发动的"梦真容"事件,以及与稍后寻获灵符的关系,参白照杰:《天命再造:唐玄宗"梦真容"运动》,《社会科学》2023年第6期,第75—86页。
⑤ 欧阳修、宋祁等撰:《新唐书》,北京:中华书局,1975年,卷83,第3657页。
⑥ 《明大寄存新收中国北朝·唐代墓志石刻资料集——介绍和解说》,《明治大学东洋史资料丛刊》6,"古代学研究所"13号,2010年3月。
⑦ 气贺泽保规:《新发现的彭尊师墓志及其镇墓石——兼谈日本明治大学所藏墓志石刻》,《唐史论丛》2012年第14辑,第69—80页。

师墓志》中出现的名物事件进行详细考证。① 根据《彭尊师墓志》的记载可知，彭太和是东京大安国观的观主，开元二十三年入道；开元二十七年（739）从上清大洞法师萧某连续受道，得到上清法位，同年冬季成为安国观上座，不久迁为观主。天宝十一载，七十五岁的彭太和羽化登真。墓志记载其葬仪也使用了"灵宝镇符"，② 而这与一同保存在日本的几块五方真文镇墓石彼此对应。

图9 《东京大安国观观主彭尊师墓志》拓片③

《侯希言墓志》记载了观主彭太和与法师侯希言江东之行的大致情况：

---

① 王永平：《一方流失海外的珍贵道教铭刻——唐代〈彭尊师墓志铭〉研究》，第145—157页。
② 参考王永平录文，见《一方流失海外的珍贵道教铭刻——唐代〈彭尊师墓志铭〉研究》，第145—146页。
③ 图片引自气贺泽保规：《新发现的彭尊师墓志及其镇墓石——兼谈日本明治大学所藏墓志石刻》，第76页。

考二八 新出安国观女道士侯希言墓志解读 *273*

> 自雍及洛，泛舟而下，从郑入楚，适吴之越，彭棹沿溯，委身风波。遇灵迹必焚香而拜，闻异人必更仆而访。谒夏禹庙，朝茅君祠。扪薜萝，涉烟霭，不可胜纪。

"自雍及洛"云云似乎是说二人从雍州出发水路过洛阳，这似乎显示二人出发时身在陕西（而非洛阳安国观）。从河南开始以至楚、吴、越的行程，也主要依靠水路完成。其间拜祭名山灵宇，包括禹庙和茅君祠。此番出行，既完成了为国放生的弘道使命，又必然使侯希言的见识和阅历得到增长。

江东之行后，《侯希言墓志》指出她对安国观的修缮和进一步开拓做出很大贡献。文称，安国观"旷年不修，栋宇凋敝"。有鉴于此，侯希言与御史中丞李遇协同门下弟子，"一言启发，便为闻奏"，终使安国观"开拓规模，特加壮丽，楼台雄耸，郁为仙都"。归附玉真公主、常年接收贵胄女子入道的安国观出现"旷年不修，栋宇凋敝"的情况，令人感到有些不可思议，不禁让人怀疑这可能是为了强调侯希言修造功劳的文学化处理。但侯希言对于修缮（甚至扩大）安国观确实应该做出了不小的贡献。由于此番功劳，观中众人对侯尊师更加推崇感念，于是"举为监斋，以副众望"。这里的监斋，自然是我们已非常熟悉的唐代道观所设置的"三纲"之一。依《唐六典》所述，"每观观主一人，上座一人，监斋一人，共纲统众事"。[①] 从此，女道士侯希言上升至安国观核心领导层的位置上。

《侯希言墓志》的叙述突然迎来终点，就在女道士彭太和去世的同一年，侯希言也走到人生尽头。墓志记载，天宝十一载，侯尊师因久病之故，"轻忽生业"，享年五十六岁。侯希言死后，"乃案五炼科仪，预写符箓"，这一记述与墓中一同发现的几方镇墓石相对应。这几方石刻形制统一，唯依方位之异所刻云篆真文、盖顶题名、盖底祝文有所差异。以中央镇墓石为例，其石正方，边长32.5厘米，盖厚7厘米，底厚9.5厘米，盖顶刻"中央天文"，盖底刻中央祝文，石座顶部刻"中央灵宝黄帝炼度五仙安灵镇神中元天文"。唐代道士亡故后按照《太上洞玄灵宝灭度五炼生尸妙经》的要求，[②] 依方位在墓中安镇五方真文镇墓石的情况，已经大量传世和新出材料

[①] 李林甫等撰，陈仲夫点校：《唐六典》，北京：中华书局，1992年，卷4，第125页。
[②] 《太上洞玄灵宝灭度五炼生尸妙经》，见《道藏》，册6，第259c—265c页。

予以证明,学界对此类道教考古现象倾注了不少心血,基本问题已得到澄清,[①] 这里无须详加铺陈。几方镇墓石盖底祝文的一致表述"今于东京河南县界安宫立室,庇形后土",与侯希言墓发现于隋唐洛阳城南部以外数公里的情况对应起来。墓志最后的铭文,惋惜侯希言的辞世,同时对她的飞升成仙给予了希望——"望云车而杳眇,恐景落于虞泉。秘真文于洞府,归德业于穹玄"。

[①] 五方真文镇墓石的实物和相关研究比较丰富,有关讨论,可参张勋燎、白彬:《江苏、陕西、河南、川西南朝唐宋墓出土镇墓石刻之研究》,见其《中国道教考古》,北京:线装书局,2006年,第1451—1610页。近来陈文龙、祝逸雯将五方真文镇墓石放到道教炼度思想的背景下进行的讨论,王古今和李翎对相关材料的总结等,均具备一定综合性参考意义,见陈文龙:《道教炼度仪式考论——兼述道教修仙思想的发展》,《宗教研究》2013年,第107—129页;祝逸雯:《从自炼到炼他:以道教五芽法、五炼生尸法和五芽炼为例》,《宗教学研究》2023年第1期,第16—25页;王古今、李翎:《论唐代灵宝五方镇墓石中的政治诉求》,《老子学刊》2022年第19辑,第251—269页。

图 10　侯希言中央真文镇墓石

以上对新出土的《侯希言墓志》进行简单梳理。可以发现，这方墓志的出现补充了我们对唐代女道士生命经历的个案了解，但更有价值的地方在于它勾连起盛唐时期的重要崇道事件和置身事件中的多个道教人物，使我们得以对彼时道教生态进行又一次直观观察。由此，这篇墓志讲述的不再是女道士侯希言一个人的历史，更是透露着盛唐道教的时代基因。

附录
道士斋醮署职"高功"一称的起源时间

熟悉道教的读者或许对"高功"一称并不陌生。"高功"一般指主持道教斋醮的法师,是仪式的主心骨和领队人。一些道教辞典已对这一词语进行解释,如钟肇鹏主编的《道教小辞典》称,高功是"道教法师的专名。指道教中比较熟悉经书和宗教仪范,领头作宗教仪式的道士。在法坛上高座居中"。[①] 陈耀庭为胡孚琛主编的《中华道教大辞典》所撰写的"高功"词条,给出更为详尽的描述,认为高功"同都讲、监斋等合称为'三法师',主持斋坛醮仪……早期道教斋仪简单,并无执事的专称。……大约在唐末五代时,'高功'之称才得到了普遍使用"。[②]

可知道教学界对"高功"一词的理解相对统一,对这个仪式署职专称的出现时间也有相对明确的判断。近年新见《大唐故田尊师墓志铭》(简称《田僓墓志》),撰写于天宝六载(747),志主田僓是盛唐时期景龙观道士,参与唐玄宗时期多起重要道教—政治事件,且是杨贵妃的受箓师。在这位极为重要的道士的墓志中记载道:

> (开元)廿四载正月上元,上乃沐止水之五香,清层宫之一室,崇校戒也,命(田僓)为高功大法师,其容止详闲,进退审度,上指之曰:"仙家秀也。"

若《田僓墓志》记载可靠,则道教仪式署职专称"高功"或"高功大法师"的出现时间,便可提早一百余年,定为盛唐时期。然《田僓墓志》来历不明,尽管文辞优

---

① 钟肇鹏主编:《道教小辞典》,上海:上海辞书出版社,2001年,第220页。
② 陈耀庭:《高功》,见胡孚琛主编:《中华道教大辞典》,北京:中国社会科学出版社,1995年,第502页。

美、书法卓越,但记述内容仍稍有蹉跌。值此之际,或许有必要重新检讨"高功"一称的出现时间。

图11 《田偾墓志》拓片①

一、"高功"的资料库检索发现

在文献研究进入 E 时代的今天,考察一个专有名称出现的时间,最有效率的

---

① 引自雷闻:《贵妃之师:新出〈景龙观威仪田偾墓志〉所见盛唐道教》,《中华文史论丛》第 2019 年第 1 期,第 326 页。

办法就是在资料库中进行检索。考察"高功"一词出现时间所选用的资料库包括以下几种：

表 15　检索所使用数据库

编号	类属	名称
1	三家本《道藏》	学衡数据
2	常见古籍	"爱如生中国基本古籍库"，五代及五代以前部分
3	佛教材料	CBETA，online 版
4	石刻材料	爱如生中国金石库
5		中国金石总录
6		中华石刻数据库
7	敦煌卷子	敦煌遗书数据库

检索词设定为"高功"——自然而然地囊括所谓"高功大法师"。以下为检索结果，其中编号 1 的《道藏》检索情况稍显复杂，最后再述，先来看其余几种。

2. "爱如生中国基本古籍库"五代及五代以前部分检索结果如下：

时代设定"上古""周""秦""三国""隋"，无。

时代设定"春秋战国"，2 例，均与道教无关，指功劳高低。

时代设定"汉"，3 例。一例出现于《汉书》，两例出现于《太平经》，均与道教仪式署职无关。有关《太平经》中"高功"之分析，至《道藏》检索结果复论。

时代设定"晋"，1 例，与道教无关。

时代设定南北朝，出现 20 例，其中与道教相关者出现于《赤松子章历》和《无上秘要》中。《赤松子章历》虽为道教经典，但一者其成书时代当为唐而非南北朝（基本古籍错将之定为南北朝）；二者其中所谓"高功司马"之说，指功劳高低而非仪式署职。有关《无上秘要》之情况，至《道藏》检索结果详论。

时代设定"唐"，42 例，基本为功劳高低、道德尊卑之称，而与道教仪式署职无关。但其中存在值得关注的仪式现象。如《通典》卷 21 称："齐侍中高功者，称侍中祭酒，其朝会多以美姿容者兼官。……梁侍中高功者，在职一年，诏加侍中祭酒。"可知朝廷礼制中，选取侍中里的"高功"（亦即业务熟练、地位较高者），担任祭酒等职位。这里的"高功"并非专有名词，但却很可能是后来道教仪式中将主法者称为"高功"的渊源。

时间设定"五代"，出现 10 例，均出杜光庭《太上黄箓斋仪》，此时之高功均为斋仪署职之专称。

3. CBETA

检索"高功"一词，共出现 27 例子，均与道教仪式署职毫无关系。

4. 爱如生中国金石库

检索结果共计 21 条。其中指道教仪式"高功"者有三，分别是：《鹿邑金石志》所录之《金续修太清宫碑》；《八琼室金石补正》卷 3 和《牟平金石志》分别收录之，贞祐二年（1214）《圣水岩玉虚观记》；《金石萃编》卷 158 所录《终南山神仙重阳子王真人全真教祖碑》。显而易见，其中出现斋醮署职"高功"一称的碑石，均为宋金之后作品。

5. 中国金石总录

检索结果，共计 12 条。若非与道教毫不相关，即为宋代以降之道教碑石，不赘。

6. 中华石刻数据库

检索结果唯在"唐代墓志铭"中出现 5 例，但四则并非一词，而是诸如"才用自高，功勋旧美"之类；一则为"高功佐命"。显然，皆与斋醮署职无关。

7. 敦煌遗书数据库

"敦煌遗书数据库"为方广锠教授等人开发的敦煌资料数据库，其中所收资料最全，含敦煌道教卷子，并可全文检索。[①] 检索可得"高功"3 例，分别为 P.2481、P.2970、S.00390。然三者仅为佛教赞文，所谓"高功"实际是"用赞高功""永播高功"之语，亦即功德高妙之意，与道教仪式署职之"高功"毫无干系。

最后，来看《道藏》中检索的情况。"学衡数据·道藏"中检索"高功"一词，

[①] 此数据库尚未对外公开，本人委托上海师范大学定源（王招国）教授代为查询。在此对定源教授表示由衷感谢！

结果为："共在785个页面（案：注意是'页面'，不是'例'，一个页面可以出现多例'高功'）上找到检索信息。"《道藏》本身为道教材料合集，其中检索出的"高功"绝大多数就是道教仪式署职的专称，但也有部分"高功"与唐及唐前文献中所谓"高功低功"用法一致。而在一一翻阅检索结果后，可以发现，道藏中大量出现"高功"这一仪式署职专称的情况，始于杜光庭的著作，包括《太上黄箓斋仪》《道门科范大全集》以及杜光庭改订过的《太上洞渊神咒经》。较之更早者，则仅有《太平经》《正一旨教斋仪》《太上洞玄灵宝业报因缘经》《无上秘要》四部材料出现这一词语。这四部文献的情况，是否可以证明晚唐五代之前道教仪式署职已采用"高功"了呢？有关于此，还需稍加辨析。

二、《道藏》检索出现的反例分析

《太平经》是最早的道教经典之一，主体成书于东汉时期。此书中"高功"出现两次，分别为：

> 人人欲誉其长吏，使其名善，而高功疾迁。①
> 一县但共忧其君，善则当迁之，使高功，各争进其长吏。②

显然，《太平经》中的"高功"并不是仪式署职，与我们关注的"高功"并无关联。

《正一旨教斋仪》中确实出现"高功"，如下：

> 次补职
> 高功姓名。其职也，道德内充，威仪外备，俯仰动止，莫非法式。三界所尊，鬼神所瞻。关启祝颂，通真召灵，解释疑滞，导达众贤。③

---

① 王明：《太平经合校》，北京：中华书局，1960年，卷86，第320页。
② 王明：《太平经合校》，卷93，第396页。
③ 《正一旨教斋仪》，见《道藏》，册18，第292c页。

旨教斋的形成早于唐代,但吕鹏志已经指出,《道藏》所收《正一旨教斋仪》虽然可能是南朝后期编纂完成,但在唐代又经过小小改动,其中"高功"一词当即改动的结果。其认为"六朝斋官中的第一个官职在唐代以前均称'法师',而《正一旨教斋》称'高功',这是唐代以来才行用的科仪术语"。① 事实上,《正一旨教斋仪》中的这段文字,与陆修静《洞玄灵宝斋说光烛戒罚灯祝愿仪》中对"法师"的界定完全吻合。这段话在陆修静那里作:

> 经云:当举高德,玄解经义。斯人也,道德内充,威仪外备,俯仰动止,莫非法式,三界所范,鬼神所瞻,关启祝愿,通真召灵,释疑解滞,导达群贤。②

显而易见,今本《正一指教斋仪》确实将"法师"或"高德"改为"高功"。以上引述的陆修静语中"当举高德,玄解经义"八字,实际出自《敷斋经》。有关《敷斋经》,稍后还会论及,此经事实上就是中古时期斋醮署职解说的最常用文献之一。通过以上分析,可知《正一旨教斋》中出现的这一例"高功",无法证明晚唐之前道教仪式已使用这一称谓。

《太上洞玄灵宝业报因缘经》一般认为是初唐时期形成的经典,这部经典的第三卷中出现了作为仪式署职专称的"高功"。此段文字不可回避,原文如下:

> 或见金箓道场高功众官,祝延圣寿,生嗔怒心……③

《道藏》本《太上洞玄灵宝业报因缘经》的"高功"名称,是否如《正一旨教斋》一样经历后人修订,目前无法准确判断。敦煌卷子 P.2551 为《太上洞玄灵宝业报因缘经》第三卷,但相应段落残缺不见,无从比对。④ 但鉴于此前对唐代及更

---

① 吕鹏志:《天师道旨教斋考(上篇)》,《"中央研究院"历史语言研究所集刊》2009 年第 80 本第 3 分,第 380 页。
② 陆修静:《洞玄灵宝斋说光烛戒罚灯祝愿仪》,见《道藏》,册 9,第 825a 页。
③ 《太上洞玄灵宝业报因缘经》,卷 3,见《道藏》册 6,第 96a 页。
④ P.2551《太上洞玄灵宝业报因缘经》第三卷情况,见王卡主编:《敦煌道教文献合集》,北京:社会科学文献出版社,2020 年,册 2,第 246—250 页。

早文献的整体检索结果判断,"高功"一称在初唐时期其他文献中均不见影踪,而作为一个约定俗成使用的术语,其在文献中的出现不应当呈现"绝无仅有"的现象。事实上,检索"学衡数据·道藏"便可知,与杜光庭同为"科教三师"的盛唐时期张万福,在其大量仪式著作中,完全没有出现"高功"一词。因此,暂怀疑《太上洞玄灵宝业报因缘经》此段文字中的"高功"可能也是后世修订的结果。

最后来看北周时期成书的《无上秘要》中的情况。① 整体而言,《无上秘要》中出现的署职"高功"与《正一旨教斋》情况类似,相关文字共计三段,征引如下:

> 卷35,第122a—c页:次署众官。署高功大法师,当举高德,玄解妙意。……右出《敷斋经》。
> 卷48,第172b—173a页:次署众官。署高功大法师,当举高德,玄解妙意。……右出《敷斋经》。(案:与122a—c文字相同)
> 卷50,第186b页:斋竟,高功法师向东各鸣天鼓二十四通……

第三段出自卷50的文字,《无上秘要》未标明出处,不知所据。但读此段文字上下文可知,主持仪式者均称"法师",此"高功法师"一称非常突兀。又根据前述吕鹏志所论,唐前不太会使用"高功"一词,则《道藏》本《无上秘要》卷50的"高功法师"恐怕也经后人修改。卷35和卷48文字相同,均标明出自《敷斋经》。《太极真人敷灵宝斋戒威仪诸经要诀》今存,其中托太极真人之口称:"建灵宝斋法,举高德、玄解经义者为法师。"② 两相对比,不难发现今《道藏》本《无上秘要》确实是将"法师"改为"高功大法师"。本人又复核了敦煌卷子中所发现的《无上秘要》残卷,这些残卷既有超出《道藏》本《无上秘要》的部分,亦有与今本重叠的内容(但无卷35、48、50),其中亦不见"高功"二字出现。尤其需要注意的是,这里的"高功大法师",与《田僓墓志》中玄宗对田法师的任命相同。不

---

① 所引《无上秘要》均见《道藏》册25,以下引文不复出注。
② 《太极真人敷灵宝斋戒威仪诸经要诀》,见《道藏》,册9,第873b页。

禁令人思考，如果《田偾墓志》出于今人伪造，那么伪造者是否正是参考了《道藏》本《无上秘要》，而没能够复核《敷斋经》的原文呢？

小结："高功"的起源与《田偾墓志》的真伪

通过以上对道教内外材料的检索和检讨，可以了解，尽管"高功"这个词在官方仪式中曾经出现，但作为道教斋仪主法人专称的"高功"（当然还包括"高功大法师"），却主要出现在晚唐五代之后，杜光庭很可能是第一批使用这一道教仪式称谓的人。能够反对这一既有判断的材料目前只能找到《正一旨教斋仪》《太上洞玄灵宝业报因缘经》《无上秘要》三份文献，但其中《正一旨教斋仪》和《无上秘要》中"高功"或"高功大法师"一词很可能是后世增改，不是原始模样；《太上洞玄灵宝业报因缘经》出世于唐代或稍早，但其中"高功"一词到底是原本如此，抑或也是经过后世修改，暂时不详——期待未来能有相应古写卷出世以做最终判断。

然而，不难设想的是，一个成熟的道教仪式署职名称的出现，不会只孤零零地现身于某个时代的一部或罕见的几部文献中。实际上，仪式本身是集体性的宗教产物，仪式上使用的称谓——尤其是像主法者称谓这样重要的要素，必然经过集体协商和集体认同的过程。那么即使这个称谓在最初只是零星出现，如果没有特殊的原因阻挠其被广泛接受的话（就像"高功"在五代之后被广泛使用那样），术语在文献中就会呈现出有迹可循、层层密布的现象。事实上，如果我们将前述三部可以在某种程度上作为反例的道教文献悬置起来，便可发现"高功"一词在其余所有文献中出现的频率基本符合这一规律。如果这一判断具备一定逻辑上的可信性，那么从"高功"出现频率现象上的反差，便有理由反推所谓的几个"反例"，很可能是晚唐之后人为修改的结果。

接着，让我们把眼光拉回《田偾墓志》。尽管来历不明，但这方墓志却已经获得重视，被认为是研究盛唐道教以及杨贵妃生平极其重要的材料。有关这方墓志可能系出伪造的疑虑，没有获得什么重视。[1] 此方墓志近来为《洛阳新获墓志百品》收录，由此被公认为"真品"甚至"精品"。[2] 然而，《田價墓志》情况特殊。若此方墓志确为真品，当可大大推进道教史研究工作，意义重大。其不仅可以证明多位学者已在论著中宣扬的重要信息，也可以证明开元二十四年（736）时道教仪式中便出现"高功大法师"这一称谓，而由于这一署职出自玄宗的旨意，则又可判断此署职名称当时已经相当成熟。但若为赝品，而我们仍在它的基础上不断耕耘著述，则恐怕会带来不少负面影响。

"证有容易，证无难"——除非找到作伪者，否则所有的质疑都可以用"历史的偶然"等理由瞬间化解。最后，有一个值得注意的事实，或许可以辅佐以上的论证。敦煌卷子P.2354，首尾均残，无卷题，卷子中出现"今功德院修撰《立成投龙章醮威仪法则》"一语，故一般被定名为《立成投龙章醮威仪法则》。又卷子本身写道"奉为大唐开元神武皇帝投告龙璧简辞"等语，且与P.2457开元二十三年（735）功德院奉敕写《阅紫录仪》笔迹相似，故王卡将此卷定为开元末功德院奉敕所修之仪式抄本。[3] 正如此前所述，《田價墓志》所谓田價被任命为"高功大法师"发生在开元二十四年，在这份与之基本同时的开元二十三年前后、带有官方意味的写卷中，主法者仍被称为"法师"。若此时"高功"或"高功大法师"已成为正式仪式署职，那么在这份卷子中为何不使用呢？

---

[1] 白照杰：《新出〈大唐故田尊师墓志铭〉献疑》，《古典文献研究》2020年总第22辑下卷，第282—292页。
[2] 齐运通主编，潘向东、王华坤、吴炯炯编：《洛阳新获墓志百品》，北京：国家图书馆出版社，2020年，第77号，第166—167页。
[3] 王卡：《敦煌道教文献研究：综述·目录·索引》，北京：中国社会科学出版社，2004年，第221页。

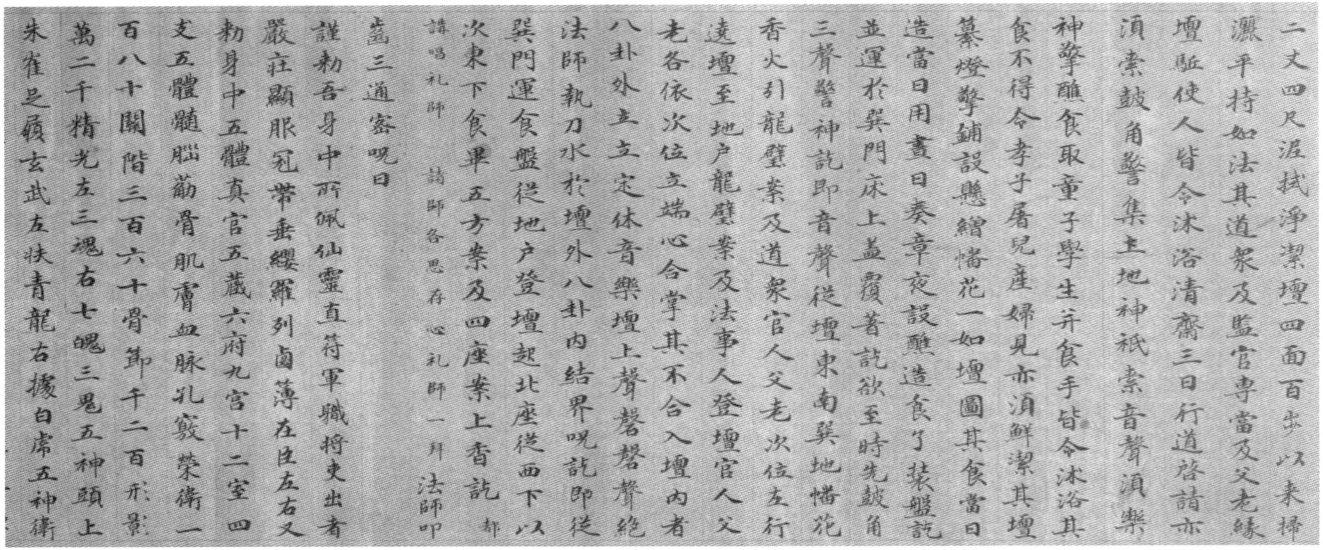

二丈四尺泥拭淨潔壇四面百步以來掃
灑平持如法其道衆及監官專當及父老緣
壇駈使人皆令沐浴清齋三日行道諮詣亦
須素鼓角警集主地神祇素音聲須樂
神擎醮食取童子學生并食手皆令沐浴其
食不得令孝子屠兒產婦見亦須鮮潔其壇
纂燈擎鋪設懸繒幡花一如壇圖其食當日
造當日用晝日奏章夜設醮造食了裝盤訖
並運於巽門床上蓋覆著訖欲至時先鼓角
三聲警神訖即音聲從壇東南巽地幡花
香火引龍璧案及道衆官人父老次位左行
遶壇至地户龍璧案及法事人登壇官人父
老各依次位立端心合掌其不合入壇內者
八卦外立立定休音樂壇上聲磬磬聲絕
法師執刀水於壇外八卦內結界呪訖即從
巽門運食盤從地户登壇起北座從西下以
次東下食畢五方案及四座案上香訖 部
請唱礼師 請師各思存心礼師一拜 法師叩
齒三通密呪曰
謹勅吾身中所佩仙靈直符軍職將吏出者
嚴莊顯服冠帶垂纓羅列鹵薄左陰左右又
勅身中五體真官五藏六府九宮十二室四
支五體髓腦筋骨肌膚血脉孔竅榮衛一
百八十關階三百六十骨節千二百形影
萬二千精光左三魂右七魄三鬼五神頭上
朱雀足履玄武左扶青龍右據白虎五神衛

图 12　P. 2354 中间一段①

① 为便于看清文字，我调高了图片亮度。图片引自 IDP 国际敦煌项目网站，链接：http://idp.nlc.cn/database/oo_scroll_h.a4d?uid=18879598025；recnum=59447；index=4。

参考文献

原始文献

IDP 国际敦煌项目网站，链接：http://idp.nlc.cn/database/oo_scroll_h.a4d?uid=18879598025；recnum=59447；index=4。

于敬之：《桐柏真人茅山华阳观王先生碑铭并序》。收刘大彬编，江永年增补，王岗点校：《茅山志》，卷12。

卫凭：《贞一先生庙碣》，见陈垣编纂，陈智超、曾庆瑛校补：《道家金石略》，第120—122页。

《大和禁山敕牒》。收刘大彬编，江永年增补，王岗点校：《茅山志》，卷1。

《大洞法师齐国田仙寮墓志》。收周绍良主编：《唐代墓志汇编》，第1522页。

《上清众经诸真众秘》。收《道藏》，册6。

《三洞奉道科戒仪范》。收《道藏》，册24。

《太上洞玄灵宝灭度五炼生尸妙经》。收《道藏》，册6。

《太上洞神三皇仪》。收《道藏》，册18。

中国文物研究所、陕西省古籍整理办公室编：《新中国出土墓志·陕西（一）》。北京：文物出版社，2000年。

王松年：《仙苑编珠》。收《道藏》，册11。

王昶编：《金石萃编》。收《石刻史料新编》第1辑，册1—2。

王溥：《唐会要》。北京：中华书局，1955年。

王钦若等编纂，周勋初等校订：《册府元龟·校订本》。南京：凤凰出版社，2006年。

王尧臣撰，钱东垣辑释：《崇文总目辑释》。清嘉庆刻汗筠斋丛书本。

王谠撰，周勋初校证：《唐语林校正》。北京：中华书局，1987年。

王适：《潘尊师碣》。收陈垣编纂，陈智超、曾庆瑛校补：《道家金石略》，第83—85页。

王维：《赠焦道士》。收彭定求编：《全唐诗》，卷127。

王昌龄：《谒焦炼师》。收彭定求编：《全唐诗》，卷142。

王维：《赠东岳焦炼师》。收彭定求编：《全唐诗》，卷127。

王仁裕等撰，丁如明辑校：《开元天宝遗事十种》。上海：上海古籍出版社，1985年。

王阮：《义丰文集》。宋淳祐三年刻本。

王士禎：《池北偶谈》。收《景印文渊阁四库全书》，册870。

王士禎：《渔洋诗话》。收《景印文渊阁四库全书》，册1483。

王世贞：《读书后》。收《景印文渊阁四库全书》，册1285。

王建：《送山人》之二。收彭定求等编：《全唐诗》，卷301。

王损之章句：《玄珠心镜注》。收《道藏》，册10。

王处一：《西岳华山志》。收《道藏》，册5。

王悬河编：《三洞珠囊》。收《道藏》，册25。

王象之：《舆地纪胜》。北京：中华书局，1992年。

王象之：《舆地碑记目》。收《景印文渊阁四库全书》，册682。

王利器：《文子疏义》。北京：中华书局，2000年。

王叔岷：《列仙传校笺》。北京：中华书局，2007。

王文诰：《寻轩辕集遗庵不得》。收《晚晴簃诗汇》，退耕堂本，卷110。

王云五编：《孤本元明杂居》。北京：商务印书馆，1941年。

王应麟：《玉海》。上海：江苏古籍出版社、上海书店出版社，1987年。

王师简：《下泊宫三茅君素像记》。收李昉等编：《文苑英华》，卷822。

王栖霞：《灵宝院记》。收刘大彬编，江永年增补，王岗点校：《茅山志》，卷12。

王溥：《唐会要》。北京：中华书局，1960年。

王明：《太平经合校》。北京：中华书局，1960年。

王卡主编：《敦煌道教文献合集》。北京：社会科学文献出版社，2020年。

王世懋：《跋孟法师碑》。收其《王奉常集》，明万历十七年刻本，卷50。收"爱如生中国基本古籍库"8.0版。

王忠信编：《楼观台道教碑石》。西安：三秦出版社，1995年。

王谠撰，周勋初校证：《唐语林校证》。北京：中华书局，1987年。

马端临：《文献通考》。北京：中华书局，1986年。

邓牧编纂：《大涤洞天记》。收《道藏》，册18。

计有功：《唐诗纪事》。上海：上海古籍出版社，1955年。

计有功撰，王仲镛校笺：《唐诗纪事校笺》。北京：中华书局，2007年。

元明善撰，周召续编：《龙虎山志》。收陈廖安主编：《中华续道藏初辑》，册3。

毛德琦撰：《庐山志》。康熙五十九年顺德堂刻本。

方世举撰，郝润华、丁俊丽整理：《韩昌黎诗集编年笺注》。北京：中华书局，2017年。

元稹撰，冀勤点校：《元稹集》。北京：中华书局，1982年。

《太上洞玄灵宝业报因缘经》。收《道藏》册6。

《太上洞玄灵宝智慧本愿大戒上品经》。收《道藏》，册6。

《太极真人敷灵宝斋戒威仪诸经要诀》。收《道藏》，册9。

《天台山志》。收《道藏》，册11。

《太清经断谷法》。收《道藏》，册18。

"中国金石总库"数据库。链接：http://www.ch5000.com.cn/jsk_sy.aspx。

玄嶷：《甄正论》。收《大正藏》，册 52。
司马承祯：《天地宫府图》。收张君房编，李永晟点校：《云笈七签》，卷 27。
司马承祯：《服气精义论》。收《道藏》，册 18。
司马光编著：《资治通鉴》。北京：中华书局，2011 年。
史崇玄：《妙门由起序》。收《道藏》，册 24。
皮日休、陆龟蒙：《松陵集》。收《景印文渊阁四库全书》，册 1332。
宁全真：《灵宝领教济度金书》。收《道藏》，册 8。
白居易：《嵩阳观夜奏霓裳》。收彭定求编：《全唐诗》，卷 450。
白云霁：《道藏目录详注》。收《景印文渊阁四库全书》，册 106。
卢肇：《逸史·瞿道士》。收李昉等编：《太平广记》，卷 45。
乐史撰，王文楚等点校：《太平寰宇记》。北京：中华书局，2007 年。
龙显昭、黄海德主编：《巴蜀道教碑文集成》。成都：四川大学出版社，1997 年。
田廷柱点校：《明皇杂录·东观奏记》。北京：中华书局，1994 年。
北京大学图书馆金石组胡海帆、汤燕、陶诚编：《北京大学图书馆藏历代墓志拓片目录》。上海：上海古籍出版社，2013 年。
《正一旨教斋仪》。收《道藏》，册 18。
《石刻史料新编》第 1 辑。台北：新文丰出版社，1977 年。
《北京图书馆古籍珍本丛刊》。北京：书目文献出版社，1988 年。
《四库全书总目》。收《景印文渊阁四库全书》，册 3。
《龙虎山志》编纂委员会等编：《龙虎山志》。南昌：江西科学技术出版社，2007 年。
（正德）《南康府志》。上海：上海古籍书店，1961—1966 年。
《边洞玄幕道升仙》。收王云五编：《孤本元明杂剧》，第 28 册。
刘禹锡撰、陶敏、陶红雨校注：《刘禹锡全集编年校注》。北京：中华书局，2019 年。
刘大彬：《茅山志》。收《道藏》，册 5。
刘大彬编，江永年增补，王岗点校：《茅山志》。上海：上海古籍出版社，2016 年。
宇文邕：《无上秘要》。收《道藏》，册 25。
江旻：《唐国师升先生王法主真人立观碑》。收刘大彬编，江永年增补，王岗点校：《茅山志》，卷 12。
江旻：《唐国师升真先生王法主真人立观碑》。收陈垣编纂，陈智超、曾庆瑛校补：《道家金石略》，第 51—54 页。
江少虞：《事实类苑》。收《景印文渊阁四库全书》，册 874。
吕夏卿：《唐书直笔》。清光绪四年金山钱氏重刻小万卷楼丛书本。
朱熹：《昭德观》。收（正德）《南康府志》，卷 10。
朱橚等编：《普济方》。收《景印文渊阁四库全书》，册 755。
朱法满编：《要修科仪戒律钞》。收《道藏》，册 6。
朱象先：《古楼观紫云衍庆集》。收《道藏》，册 19。
朱象先：《终南山说经台历代真仙碑记》。收《道藏》，册 19。
朱长文纂次，陈志平汇校：《墨池编》。上海：上海古籍出版社，2023 年。

许浑撰：《许用晦文集》。北京：北京图书馆出版社，2004年。
齐己：《白莲集》。收《景印文渊阁四库全书》，册1084。
吉川忠夫、麦谷邦夫编，朱越利译：《真诰校注》。北京：中国社会科学出版社，2006年。
齐运通主编，潘向东、王华坤、吴炯炯编：《洛阳新获墓志百品》。北京：国家图书馆出版社，2020年。
麦谷邦夫、吉川忠夫编，刘雄峰译：《〈周氏冥通记〉研究（译注篇）》。济南：齐鲁书社，2010年。
孙灏、顾栋高等编纂：《河南通志》。收《景印文渊阁四库全书》，册535—538。
李渤：《真系》。收张君房编，李永晟点校：《云笈七签》，卷5。
李渤：《少室仙伯王君碑铭》。收刘大彬编，江永年增补，王岗点校：《茅山志》，卷12。
李昉等：《太平御览》。北京：中华书局，1960年。
李昉等编：《太平广记》。北京：中华书局，1961年。
李昉等编：《文苑英华》。北京：中华书局，1966年。
李世民：《太宗赐王法主诏》。收刘大彬编，江永年增补，王岗点校：《茅山志》，卷1。
李世民：《于行阵所立七寺诏》。收道宣：《广弘明集》，卷28。收《大正藏》，册52。
李治：《高宗赠王法主诰》。收刘大彬编，江永年增补，王岗点校：《茅山志》，卷1。
李旦：《复建桐柏观敕》。收董诰等编：《全唐文》，卷19。
李隆基：《一切道经音义序》。收《道藏》，册24。
李隆基：《天宝改元制》。收李希泌主编，毛华轩等编：《唐大诏令集补编》，卷1。
李儇：《封青城丈人山为希夷公敕》。收龙显昭、黄海德主编：《巴蜀道教碑文集成》，第48页。
李冲昭：《南岳小录》。收《道藏》，册6。
李林甫等撰，陈仲夫点校：《唐六典》。北京：中华书局，1992年。
李林甫：《嵩阳观纪圣德感应颂》。收董诰等编：《全唐文》，卷345。
李吉甫撰，贺次君点校：《元和郡县图志》。北京：中华书局，1983年。
李颀：《寄焦炼师》。收彭定求编：《全唐诗》，卷132。
李白：《赠嵩山焦炼师》。收彭定求编：《全唐诗》，卷168。
李白：《送内寻庐山女道士李腾空》。收李白著，王琦注：《李太白全集》，卷25。
李白：《题嵩山异人元丹丘居》。收王琦注：《李太白全集》，卷25。
李白著，王琦注：《李太白全集》。北京：中华书局，1977年。
李希泌主编，毛华轩等编：《唐大诏令集补编》。上海：上海古籍出版社，2003年。
李彭：《日涉园集》。民国豫章丛书本。
李洞：《游庐山记》。收何镗辑：《古今名山记》，卷11上。
李纲：《梁溪集》。收《景印文渊阁四库全书》，册1125—1126。
李邕：《贺加天宝尊号表》。收董诰等编：《全唐文》，卷261。
李德裕：《尊师是桃源黄先生传法弟子常见尊师称先师灵迹今重赋此诗兼寄题黄先生旧馆》。收彭定求等编：《全唐诗》，卷475。
李德裕：《滑州瑶台观女真徐氏墓志铭并序》。收周绍良主编：《唐代墓志汇编》，第2114页。

李德裕：《唐茅山燕洞宫大洞炼师彭城刘氏墓志铭并序》。收周绍良主编：《唐代墓志汇编》，第 2304 页。

李德裕：《三圣记碑》。收刘大彬编，江永年增补，王岗点校：《茅山志》，卷 12。

李继圣：《寻古斋诗文集》。清乾隆十八年李氏寻古斋刻本。收"爱如生四库系列数据库"。

李贤、彭时：《明一统志》。收《景印文渊阁四库全书》，册 472。

李肇：《唐国史补》（与《因话录》合订本）。上海：上海古籍出版社，1979 年。

杜光庭：《历代崇道记》。收《道藏》，册 11。

杜光庭：《道教灵验记》。收《道藏》，册 10。

杜光庭：《道教灵验记》。收张君房编，李永晟点校：《云笈七签》，卷 121。

杜光庭：《道德真经广圣义》。收《道藏》，册 14。

杜光庭：《修青城山诸观功德记》。收龙显昭、黄海德主编：《巴蜀道教碑文集成》，第 64—67 页。

杜光庭：《青城山记》。收董诰等编：《全唐文》，卷 932。

杜光庭：《洞玄灵宝三师记》。收罗争鸣辑校：《杜光庭记传十种辑校》。

杜光庭：《太上黄箓斋仪》。收《道藏》，册 9。

杜光庭：《神仙感遇记》。收《道藏》，册 10。

杜光庭撰，罗争鸣辑校：《杜光庭记传十种辑校》。北京：中华书局，2013 年。

陈思：《宝刻丛编》。收《石刻史料新编》第 1 辑，册 24。

陈景元集：《西升经集注》。收《道藏》，册 14。

陈景元：《上清大洞真经玉诀音义》。收《道藏》，册 2。

陈景元：《南华真经章句余事》。收《道藏》，册 15。

陈葆光：《三洞群仙录》。收《道藏》，册 32。

陈耆卿：《嘉定赤城志》。收《景印文渊阁四库全书》，册 486。

陈耆卿：《嘉定赤城志》。上海：上海古籍出版社，2016 年，影临海宋氏本。

陈垣编纂，陈智超、曾庆瑛校补：《道家金石略》。北京：文物出版社，1988 年。

陈仁锡：《无梦园初集》。明崇祯六年刻本。

陈子昂：《体玄先生潘尊师碑颂》。收陈垣编纂，陈智超、曾庆瑛校补：《道家金石略》，第 91—92 页。

陈子昂撰，徐鹏点校：《陈子昂集》。北京：中华书局，1960 年。

陈舜俞撰，滑红彬校笺：《庐山记校笺》。南昌：江西人民出版社，2024 年。

陈文述：《颐道堂集》。清嘉庆十二年刻道光增修本。

陈田辑：《明诗纪事》。清陈氏听诗斋刻本。

陈田夫：《南岳总胜集》。光绪二十三年叶德辉影宋本。

陈田夫：《南岳总胜集》。收《道藏》，册 11。

陈振孙：《直斋书录解题》。上海：上海古籍出版社，1987 年。

陈尚君：《全唐文补编》。北京：中华书局，2005 年。

陈性定：《仙都志》。收《道藏》，册 11。

陈元龙：《格致镜原》。收《景印文渊阁四库全书》，册 1031。

陈葆光：《三洞群仙录》。收《道藏》，册 32。

员半千：《大唐宗圣观主银青光禄大夫尹尊师碑》。收陈垣编纂，陈智超、曾庆瑛校补：《道家金石略》，第 102—104 页。

宋之问：《使至嵩山寻杜四不遇慨然复伤田洗马韩观主因以题壁赠杜侯》。收李昉等编：《文苑英华》，卷 302。

宋敏求：《长安志》。收《景印文渊阁四库全书》，册 587。

宋敏求撰，毕沅校正，《长安志》。台北：成文出版社，1970 年，影印民国二十年铅印本。

宋广业：《罗浮山志会编》。康熙五十六年刻本。收"爱如生中国基本古籍库"7.0 版。

宋长白：《柳亭诗话》。康熙天苗园刻本。

张九龄撰，熊飞校注：《张九龄集校注》。北京：中华书局，2008 年。

张天雨：《玄品录》。收《道藏》，册 18。

张君房编，李永晟点校：《云笈七签》。北京：中华书局，2003 年。

张铉：（至大）《金陵新志》。收《景印文渊阁四库全书》，册 492。

张怀瓘：《书断》。收《景印文渊阁四库全书》，册 812。

张联元：《天台山全志》。清康熙刻本。收"爱如生中国基本古籍库"8.0 版。

张万福：《传授三洞经戒法箓略说》。收《道藏》，册 32。

张万福：《洞玄灵宝道士受三洞经戒法箓择日历》。收《道藏》，册 32。

张万福：《洞玄灵宝无量度人经诀音义》。收《道藏》，册 2。

张万福：《三洞众戒文序》。收《道藏》，册 3。

张万福：《传授三洞经戒法箓略说》。收《道藏》，册 32。

张正常：《汉天师世家》。收《道藏》，册 34。

张鷟：《朝野佥载》（与《隋唐嘉话》合本）。北京：中华书局，1979 年。

张铉：《至大金陵新志》。收《景印文渊阁四库全书》，册 492。

张可度：《庐山杂诗》。收陈田辑：《明诗纪事》，辛籖卷 17。

张维屏：《松心诗录》。清咸丰四年赵惟濂羊城刻本。

沈汾：《续仙传》。收《景印文渊阁四库全书》，册 1059。

沈汾：《续仙传》。收《道藏》，册 5。

苏轼：《东坡七集》。四部备要本，上海中华书局据匋斋校刊本校刊。

苏轼：《东坡全集》。收《景印文渊阁四库全书》，册 1107。

苏鹗：《杜阳杂编》，收《笔记小说大观》，册 1。

志磐：《佛祖统纪》。收《大正藏》，册 49。

志磐撰，释道法校注：《佛祖统纪》。上海：上海古籍出版社，2012 年。

岑文本：《京师至德观法主孟法师碑铭并序》。收姚铉编：《重校证唐文粹》，卷 65。收《四部丛刊初编》，册 1647。

轩辕集：《太霞玉书序》。收董诰等编：《全唐文》，卷 928。

陆修静：《洞玄灵宝斋说光烛戒罚灯祝愿仪》。收《道藏》，册 9。

陆游撰，李剑雄、刘德权点校：《老学庵笔记》。北京：中华书局，1979 年。

陆游：《渭南文集》。四部丛刊景明活字本。

陆应阳：《广舆记》。清康熙刻本。收"爱如生中国基本古籍库"7.0版。
吴筠：《宗玄先生玄纲论》。收《道藏》，册23。
何镗辑：《古今名山记》。明嘉靖四十四年庐陵吴炳刻本。
何光远撰，刘石校点：《鉴诫录》。收傅璇琮、徐海荣、徐吉军主编：《五代史书汇编》。
任士林：《松乡集》。收《景印文渊阁四库全书》，册1196。
吴坰：《五总志》。收《景印文渊阁四库全书》，册863。
吴彦夔：《传信适用方》。收《景印文渊阁四库全书》，册741。
余嘉锡：《四库提要辨证》。北京：中华书局，1980年。
欧阳修、宋祁撰：《新唐书》。北京：中华书局，1975年。
欧阳修：《集古录》。收《景印文渊阁四库全书》，册681。
欧阳修：《集古录跋尾》。收《石刻史料新编》第1辑，册24。
欧阳询撰：《大唐宗圣观记》。收陈垣编纂，陈智超、曾庆瑛校补：《道家金石略》，第46—48页。
武则天：《武后加赠王法主诰》。收刘大彬编，江永年增补，王岗点校：《茅山志》，卷1。
郑樵撰，王树民点校：《通志二十略》。北京：中华书局，1995年。
郑邀：《题中条静观（侯道华上升处）》。收彭定求等编：《全唐诗》，卷855。
郑畋：《题缑山王子晋庙》。收彭定求等编：《全唐诗》，卷557。
范晔撰，李贤等注：《后汉书》。北京：中华书局，1965年。
林宝撰，岑仲勉校记，郁贤皓、陶敏整理，孙望审订：《元和姓纂》。北京：中华书局，1994年。
林侗：《来斋金石刻考略》。收《景印文渊阁四库全书》，册684。
念常编：《佛祖历代通载》。收《大正藏》，册49。
法云：《翻译名义集》。收《大正藏》，册54。
杨杰：《昭德观记》。收（正德）《南康府志》，卷8。
杨衡：《寄赠田仓曹湾》。收彭定求等编：《全唐诗》卷465。
杨衡：《登紫霄峰赠黄仙师诗》。收李昉等编：《文苑英华》，卷228。
杨宗甫：《（嘉靖）惠州府志》。明嘉靖三十五年蓝印本，收"爱如生中国基本古籍库"8.0版。
罗隐：《第五将军于余杭天柱宫入道因题寄》。收彭定求等编：《全唐诗》，卷664。
贯休：《禅月集》。明虞山毛氏汲古阁刊本。
周婴：《卮林》。收《景印文渊阁四库全书》，册858。
周应合：《景定建康志》。收《景印文渊阁四库全书》，册489。
周绍良主编：《唐代墓志汇编》。上海：上海古籍出版社，1992年。
周绍良、赵超主编：《唐代墓志汇编续集》。上海：上海古籍出版社，2001年。
周建山：《豫东碑刻集萃·唐〈玉真公主朝谒真源紫极宫颂碑〉》。郑州：中州古籍出版社，2013年。
金兆燕：《棕亭诗钞》。清嘉庆十二年赠云刊刻本。
《青城山常道观敕并表》。收龙显昭、黄海德主编：《巴蜀道教碑文集成》，第22—25页。

《居家必用事类全集》。收《北京图书馆古籍珍本丛刊》，册61。
《宝刻类编》。收《石刻史料新编》第1辑，册24。
《茅山道门威仪邓先生碑》。收董诰等编：《全唐文》，卷888。
学衡数据·道藏：http://www.xueheng.net/dz.html。
胡璩：《谭宾录》。清抄本。收"爱如生中国基本古籍库"8.0版。
胡应麟：《少室山房笔丛》。收《景印文渊阁四库全书》，册886。
胡聘之：《山右石刻丛编》。收《石刻史料新编》第1辑，册20。
胡承珙：《求是堂诗集》。道光十三年刻本。
柳宗元：《柳先生龙城录》。收《景印文渊阁四库全书》，册1077。
赵明诚：《宋本金石录》。北京：中华书局，1991年。
赵明诚：《金石录》。北京：中华书局，1991年。
赵明诚：《金石录》。收《石刻史料新编》第1辑，册12。
赵明诚：《宋本金石录》。北京：中华书局，1991年。
赵均：《金石林时地考》。收《景印文渊阁四库全书》，册683。
赵道一：《历世真仙体道通鉴》。收《道藏》，册5。
赵之谦：《补寰宇访碑录》。清光绪三至十五年吴县朱氏槐庐家塾刻槐庐丛书本。
赵璘：《因话录》（与李肇《唐国史补》合订本）。上海：上海古籍出版社，1957年。
赵崡编：《石墨镌华》。收《景印文渊阁四库全书》，册683。
赵超编著：《新唐书宰相世系表集校》。北京：中华书局，2018年。
姚思廉：《陈书》。北京：中华书局，1972年。
彦悰：《唐护法沙门法琳别传》。收《大正藏》，册50。
祝穆撰，祝洙增订，施和金点校：《方舆胜览》。北京：中华书局，2003年。
贺兰弼：《唐故广平郡太守恒王府长史上谷寇府君墓志铭并序》。收周绍良主编，《唐代墓志汇编》，第1627—1628页。
闾丘方远：《太上洞玄灵宝大纲钞》。收《道藏》，册6。
段成式撰，曹中孚校点：《酉阳杂俎》。上海：上海古籍出版社，2012年。
娄近垣编：《重修龙虎山志》。收陈廖安主编：《中华续道藏初辑》，册3。
项楚：《寒山诗注》。北京：中华书局，2019年。
施宿：《嘉泰会稽志》。收《景印文渊阁四库全书》，册486。
《宣和画谱》。台北故宫博物院，1971年。
《宣和书谱》。收《景印文渊阁四库全书》，册813。
《洞玄灵宝道学科仪》。收《道藏》，册24。
《故上都至德观主女道士元尊师（淳一）墓志文》。收周绍良、赵超主编：《唐代墓志汇编续集》，第729—730页。
陶弘景编：《真诰》。收《道藏》，册20。
陶弘景编，闾丘方远校定：《真灵位业图》。收《道藏》，册3。
陶弘景纂，闾丘方远校定，土家葵校埋：《真灵位业图校埋》。北京：中华书局，2013年。
陶弘景撰，赵益点校：《真诰》。北京：中华书局，2011年。

陶宗仪：《古刻丛钞》。清知不足斋本，收"爱如生中国基本古籍库"7.0版。
陶敏、陶红雨校注：《刘禹锡全集编年校注》，北京：中华书局，2019年。
贾善翔：《犹龙传》。收《道藏》，册18。
晁公武撰，孙猛校证：《郡斋读书志校证》，上海：上海古籍出版社，2011年。
晁补之：《鸡肋集》。收《景印文渊阁四库全书》，册1118。
殷敬顺撰，陈景元补遗：《列子冲虚至德真经释文》。收《道藏》，册15。
徐灵府：《天台山记》。收陆心源编：《唐文拾遗》，卷50。收董诰等编：《全唐文》，册11。
徐铉、徐锴著，李振中校注：《徐铉集校注：附徐锴集》。北京：中华书局，2018年。
骆天骧撰，黄永年点校：《类编长安志》，北京：中华书局，1990年。
钱镠：《天柱观记》。收邓牧编纂：《大涤洞天记》，卷3。
徐灵府：《天台山记》。收陆心源编：《唐文拾遗》，卷50。收董诰等编：《全唐文》，册11。
徐灵府注：《通玄真经》。收《道藏》，册16。
徐太亨：《青城山丈人祠庙碑》。收龙显昭、黄海德主编：《巴蜀道教碑文集成》，第25—27页。
徐松撰，张穆校补，方严点校：《唐两京城坊考》。北京：中华书局，1985年。
圆珍：《智证大师请来目录》。收《大正藏》，册55。
圆珍：《日本比丘圆珍入唐求法目录》。收《大正藏》，册55。
圆珍：《福州温州台州求得经律论疏记外书等目录》。收《大正藏》，册55。
圆仁：《日本国承和五年入唐求法目录》。收《大正藏》，册55。
徐峤之：《金仙长公主神道碑》。收陈垣编纂，陈志超、曾庆瑛校补：《道家金石略》，第118—120页。
高元䓕：《侯真人降生台记》。收董诰等编：《全唐文》，卷790。
钱起：《省中春暮酬嵩阳焦道士见招》。收彭定求编：《全唐诗》，卷237。
钱起：《题嵩阳焦道士石壁》。收彭定求编：《全唐诗》，卷239。
高濂：《遵生八笺》。收《景印文渊阁四库全书》，册871。
倪涛：《六艺之一录续编》。收《景印文渊阁四库全书》，册838。
《梦真容敕碑》。收陈垣编纂，陈智超、曾庆瑛校补：《道家金石略》，第126—127页。
《唐王洪范碑》。上海：上海书画出版社，2000年。
《唐至德观上座杨仙师（法行）志文》拓片。收浙江大学图书馆古籍碑帖研究与保护中心"中国历代墓志数据库"。
《唐玄宗李隆基行书赏析〈常道观敕墨〉》。不二书斋，链接：https://baijiahao.baidu.com/s?id=1597724552351459568&wfr=spider&for=pc。
《唐嵩岳太一观蝉蜕刘真人传》。收陈垣编纂，陈智超、曾庆瑛校补：《道家金石略》，第717页。
《唐天台山新桐柏观之颂并序》。收董诰等编：《全唐文》，卷304。
唐开韶、胡焯编纂，刘静、应国斌点校：《桃花源志略》。长沙：岳麓书社，2008年。
《笔记小说大观》。扬州：广陵书局，1983年。
浙江大学图书馆古籍碑帖研究与保护中心"中国历代墓志数据库"，链接：http://

csid. zju. edu. cn/tomb/stone/detail?id = 40288b9569fda3ab016a57b2fc5800cb&-rubbingId = 40288b9569fda3ab016a57b2fc6300cc。

崔涂：《读侯道华真人传》。收彭定求等编：《全唐诗》，卷679。
符载：《黄仙师瞿童记》。收李昉等编：《文苑英华》，卷822。
龚鹏程、陈廖安主编：《中华续道藏初辑》。台北：新文丰出版社，1999年。
《敕冀州刺史原（源）复边仙观修斋诏》。收董诰等编：《全唐文》，卷32。
《景印文渊阁四库全书》。台北：台湾商务印书馆，1983年。
《道藏》。北京、上海、天津：文物出版社、上海书店出版社、天津古籍出版社，1988年。
《道藏阙经目录》。收《道藏》，册34。
道宣撰，刘林魁校注：《集古今佛道论衡》。北京：中华书局，2018年。
道宣撰，郭绍林点校：《续高僧传》。北京：中华书局，2014年。
道宣：《大唐内典录》。收《大正藏》，册55。
谢守灏：《混元圣纪》。收《道藏》，册17。
谢守灏：《太上混元老子史略》。收《道藏》，册17。
温大雅撰，李季平、李锡厚点校：《大唐创业起居注》。上海：上海古籍出版社，1983年。
温造：《瞿童述》。收吴淑：《江淮异人录》。收《道藏》，册11。
智升：《开元释教录》。收《大正藏》，册55。
葛洪撰，胡守为校释：《神仙传校释》。北京：中华书局，2010年。
葛洪撰，王明校释：《抱朴子内篇校释（增订本）》。北京：中华书局，1985年。
蒋叔舆：《无上黄箓大斋立成仪》。收《道藏》，册9。
释无尽：《天台山方外志》。台北：丹青图书公司，1985年，影佛陇真觉寺藏本光绪年刊本。
彭定求编：《全唐诗》，北京：中华书局，1960年。
董诰等编：《全唐文》。北京：中华书局，1983年。
董逌：《广川画跋》。收《景印文渊阁四库全书》，册813。
董侹：《阎贞范先生碑》。收董诰等编：《全唐文》，卷68。
裴廷裕：《东观奏记》（与《明皇杂录》合订本）。北京：中华书局，1994年。
傅璇琮、徐海荣、徐吉军主编：《五代史书汇编》。杭州：杭州出版社，2004年。
傅璇琮主编：《唐才子传校笺》。北京：中华书局，1989年。
曹学佺撰，杨世文点校：《蜀中广记》。上海：上海古籍出版社，2020年
《褚遂良〈孟法师碑〉》。武汉：湖北美术出版社，2019年。
窦泉：《述书赋下》。收董诰等编：《全唐文》，卷447。
（雍正）《畿辅通志》。收《景印文渊阁四库全书》，册505。
蔡玮：《玉真公主受道灵坛祥应记》。收陈垣编纂，陈智超、曾庆瑛校补：《道家金石略》，第139—140页。
蔡玮：《张探玄碑》。收陈垣编纂，陈智超、曾庆瑛校补：《道家金石略》，第136—137页。
蔡绦：《西清诗话》。明刻本，石林山房藏书。
潘师正：《道门经法相承次序》。收《道藏》，册24。
薛询：《侯真人降生台后记》。收董诰等编：《全唐文》，卷791。

潜说友：《咸淳临安志》。台北：成文出版社，1970 年。
赞宁撰，范祥雍点校：《宋高僧传》。北京：中华书局，1987 年。
戴孚撰，方诗铭辑校：《广异记》（与《冥报记》合订）。北京：中华书局，1992 年。
戴复古：《石屏诗集》。四部丛刊续编本。
魏收：《魏书》。北京：中华书局，1974 年。
魏徵、令狐德芬撰：《隋书》。北京：中华书局，1973 年。

征引论著

丁放、袁行霈：《玉真公主考论——以其与盛唐诗坛的关系为归结》，《北京大学学报》2004 年第 2 期，第 41—52 页。
丁煌：《唐代道教太清宫制度考》，收其《汉唐道教论集》，第 73—156 页。
丁煌：《汉唐道教论集》。北京：中华书局，2009 年。
山崎宏：《炀帝（晋王广）の四道场》，收其《隋唐佛教史の研究》，第 85—115 页。
山崎宏：《隋唐佛教史の研究》。京都：法藏馆，1967 年。
土屋昌明：《玉真公主をめぐる道士と玄宗期の道教》，收福井文雅编：《东方学の新视点》。东京：五曜书房，2003 年，第 317—342 页。
土屋昌明：《李白之创作与道士及上清经》，《四川大学学报》2006 年第 5 期，第 105—111 页。
土屋昌明：《长安の太清观の道士とその道教：史崇玄と张万福を中心に》，《人文科学年报》2013 年第 43 号，第 109—136 页。
丸山宏：《张万福の道教礼仪学と唐代前期の道教界》，收其《道教仪礼文书の历史的研究》，第 423—424 页。
丸山宏：《道教仪礼文书の历史的研究》。东京：汲古书院，2004 年。
山田利明：《张万福修醮考》，《东洋の思想と宗教》2000 年通号 17，第 19—34 页。
小林正美著，王皓月、李之美译：《唐代的道教与天师道》。济南：齐鲁书社，2013 年。
王古今、李翎：《论唐代灵宝五方镇墓石中的政治诉求》，《老子学刊》2022 年第 19 辑，第 251—269 页。
王光照：《隋炀帝与茅山宗》，《学术月刊》2000 年第 4 期，第 74—79、97 页。
王家葵：《王洪范碑所见茅山道教饵术传统》，收其《石头的心事》，第 47—49 页。
王家葵：《石头的心事》。北京：新星出版社，2011 年。
玉叩（王家葵）：《神仙告御状》，《东方艺术》2012 年第 16 期，第 136—137 页。
王卡：《敦煌道教文献研究——综述·目录·索引》。北京：中国社会科学出版社，2004 年。
王士伟：《楼观道源流考》。西安：三秦出版社，1995 年。
王永平：《试释唐代诸帝多饵丹药之谜》，《历史研究》1999 年第 4 期，第 179—182 页。
王永平：《李德裕与道教》，《文史知识》2000 年第 1 期，第 68—72 页。
王永平：《唐代道士获赠俗职、封爵及紫衣、师号考》，《文献》2000 年第 3 期，第 67—79 页。

王永平：《论道教法术与唐代民间信仰》，《首都师范大学学报》2003 年第 6 期，第 1—6 页。

王永平：《一方流失海外的珍贵道教铭刻——唐代〈彭尊师墓志铭〉研究》，《唐研究》2012 年第 18 卷，第 145—157 页。

王瑞芳：《唐徐峤佚篇辑考》，《图书与情报》2010 年第 4 期，第 152—154 页。

王娜、郭武：《唐武德年间"三教位次"考辨——兼论其出现的历史语境与宗教情感》，《宗教学研究》2021 年第 3 期，第 251—256 页。

王颜、任斌杰：《唐代府州司马考论》，《唐史论丛》2009 年第 1 期，第 46—57 页。

王晴佳、古伟瀛：《后现代与历史学》。济南：山东大学出版社，2006 年。

王见川：《龙虎山张天师的兴起与其在宋代的发展》，《光武通识学报》2004 年第 1 期，第 243—283 页。

王见川：《张天师之研究：以龙虎山一系为考察中心》。台北：博洋文化，2015 年。

王灵：《隋代两京城坊及其四郊地名考补——以隋代墓志铭为基本素材》。陕西师范大学硕士学位论文，2007 年。

王文章：《〈龙虎山志〉的编纂及元本、张本、娄本间的承变》，《宗教学研究》2016 年第 4 期，第 64—72 页。

中岛隆藏：《从现存唐代〈道德经〉诸注看唐代老学思想的演变》，《宗教学研究》1992 年 Z1 期，第 20 页。

毛忠贤：《道教的术数、符咒及其在小说中的运用——〈神魔小说论稿〉上篇〈神变论〉之三》，《宜春师专学报》1997 年第 6 期，第 19—23 页。

气贺泽保规：《金仙公主与房山云居寺石经的彼方——唐代政治史的一侧面》，《明大アジア史论集》1996 年第 1 期，第 3—29 页。

气贺泽保规：《新发现的彭尊师墓志及其镇墓石——兼谈日本明治大学所藏墓志石刻》，《唐史论丛》2012 年第 14 辑，第 69—80 页。

邓碧群：《王昌龄交往诗歌研究》。湖南大学硕士学位论文，2017 年。

尹楚彬：《皮日休、陆龟蒙生平事迹新考》，《古籍研究》1998 年第 3 期，第 90—91 页。

长松纯子：《明代内府本杂剧研究》。中山大学博士学位论文，2009 年。

户崎哲彦：《唐京兆府万年县乡里补考》，《中国历史地理论丛》2010 年第 25 卷第 2 辑，第 46—55 页。

卢国龙：《隋唐五代道教学者志》，《道协会刊》1986 年总第 17 期，第 17—52 页。

卢国龙：《隋唐五代道教学者志（续）》，《道协会刊》1986 年总第 18 期，第 64—90 页。

叶贵良：《敦煌本〈太玄真一本际经〉辑校》。成都：巴蜀书社，2010 年。

田晓膺：《隋唐五代帝王崇道活动述略》，《西南民族大学学报》2007 年第 7 期，第 115—120 页。

田道英：《贯休生平系年》，《四川师范学院学报》1999 年第 4 期，第 113—116 页。

田道英：《贯休诗歌系年》，《乐山师范学院学报》2001 年第 5 期，第 49—57、65 页。

田道英：《齐己交游考》，《四川师范学院学报》2003 年第 2 期，第 113—117 页。

江舟：《贯休政治生涯考述——兼论其政治诗》。福建师范大学硕士学位论文，2015 年。

加地有定著，翁建文、徐璐译：《唐代长安镇墓石研究》。西安：三秦出版社，2021 年。

古敬恒：《唐人小说〈宣室志〉札记》，《徐州师范学院学报》1991 年第 1 期，第 97—99 页。
任林豪、马曙明：《台州道教考》。北京：中国社会科学出版社，2009 年。
白霞：《〈酉阳杂俎〉研究》，陕西师范大学硕士学位论文，2014 年。
白照杰：《道法外传与经需师受》，《道学研究》2015 年第 1 期，第 13—25 页。
白照杰：《仙阶与经教——先唐道教法位制度渊源爬梳》，《弘道》2016 年第 8 期，第 100—119 页。
白照杰：《唐前期（618—755）道教法位制度厘正》，《宗教学研究》2017 年第 1 期，第 63—79 页。
白照杰：《整合及制度化：唐前期道教研究》。上海：格致出版社，2018 年。
白照杰：《烟花易冷——周唐鼎革中的太清观主史崇玄》，《中国俗文化研究》2018 年总第 16 辑，第 155—163 页。
白照杰：《扬州新出土晚唐龙虎山天师道大都功版初研》，《宗教学研究》2018 年第 4 期，第 9—16 页。
白照杰：《唐代女仙谢自然史实及传说阐幽》，《史林》2019 年第 6 期，第 65—76 页。
白照杰：《圣僧的多元创造：菩提达摩传说及其他》。上海：上海社会科学院出版社，2019 年。
白照杰：《从陵墓礼遇到道教圣地特权——唐代"禁刍牧樵采"的礼制与权威变迁》，《世界宗教研究》2020 年第 4 期，第 20—35 页。
白照杰：《新出〈大唐故田尊师墓志铭〉献疑》，《古典文献研究》2020 年总第 22 辑下卷，第 282—292 页。
白照杰：《华阳有道，勒铭丰碑——〈王洪范碑〉与茅山道士王轨》，《中国道教》2020 年第 2 期，第 45—52 页。
白照杰：《中晚唐天台上清正统的重建与赓续——"洞玄灵宝三师"考》，《社会科学》2022 年第 5 期，第 52—64 页。
白照杰：《文明元年（684）的一起太上老君降现事件》，《北京道教》2022 年第 3 期，第 33—38 页。
白照杰：《天命再造——唐玄宗的"梦真容"运动》，《社会科学》2003 年第 6 期，第 75—86 页。
白照杰、姬鑫洋、栗翔宇：《民国女居士张莲觉的〈名山游记〉及所呈现的"女性意识"》，《佛学研究》2023 年第 2 期，第 258—275 页。
白照杰：《唐代"上清道"的身份觉醒与法脉建构》，《文史》，2024 年第 1 辑，第 87—111 页。
白照杰：《我到瞿真上升处，不辨仙源何处寻——唐代武陵桃源观念及景观变迁中的瞿童升仙》，《世界宗教研究》（待刊）。
白照杰：《"陶公五法"再研究》，罗争鸣主编：《中国古典文献研究》，2024 年总第 3 辑，第 41—76 页。
后藤朝太郎：《支那长生秘术》。东京：富士书房，1929 年。
兴膳教授退官记念中国文学论集集委员会：《兴膳教授退官记念中国文学论集》。东京：汲古书院，2000 年。

吉冈义丰：《尹文操の玉纬藏经》，收其《道教と佛教》，第 261—263 页。

吉冈义丰：《道教と佛教》。东京：日本学术振兴会，1959 年，

吉川忠夫：《道教の道系と禅的法系》，《东洋学术研究》1988 年第 27 卷别册，第 11—34 页。

吉川忠夫：《王远知传》，《东方学报》1990 年第 62 期，第 69—98 页。

吉川忠夫编：《中国古道教史研究》。京都：同朋社，1992 年。

刘仲宇：《唐玉真公主入道受箓研究》，《宗教学研究》2015 年第 2 期，第 1—8 页。

刘咸炘：《道教征略》。杭州：浙江古籍出版社，2012 年。

刘崇德：《李白家室考疏》，《河北大学学报》1993 年第 2 期，第 17—21 页。

刘林魁：《虞世南编纂〈法琳集〉考——兼论法帖〈破邪论序〉的真伪》，《世界宗教文化》2021 年第 3 期，第 161—167 页。

刘林魁：《三教论衡与唐代文学》。北京：人民出版社，2021 年。

刘屹：《晋宋"奉道世家"研究》，收其《神格与地域：汉唐间道教信仰世界研究》，第 190—220 页。

刘屹：《神格与地域：汉唐间道教信仰世界研究》。上海：上海人民出版社，2010 年。

刘屹：《如何修得上仙？——以古灵宝经中的太极左仙公葛玄为例》，收余欣主编：《中古时代的礼仪、宗教与制度》，第 375—391 页。

刘凯：《晚唐两宋龙虎山天师道研究——以龙虎山天师世系为中心》，《中山大学研究生学刊》2010 年第 31 卷第 3 期，第 18—38 页。

刘凯：《杭州洞霄宫研究》，成都：巴蜀书社，2024 年。

刘小平：《唐代佛道土地资源之争述论》，《农业考古》2013 年第 4 期，第 185—188 页。

刘康乐：《东明观与唐代长安道教》，《中国本土宗教研究》2019 年总第 2 辑，第 127—136 页。

孙克宽：《唐代道教与政治》，收《史记考证·秦汉中古史研究论集》，《大陆杂志史学丛书》1981 年第 5 辑，第 2 册。

孙修身：《唐代瓜州晋昌郡治及其有关问题考》，《敦煌研究》1986 年第 3 期，第 8—17 页。

孙昌武：《禅思与诗情（增订本）》。北京：中华书局，2020 年。

孙英刚：《流动的政治景观——〈升仙太子碑〉与武周及中宗朝的洛阳政局》，《人文杂志》2019 年第 5 期，第 101—108 页。

孙桂平：《〈唐茅山燕洞宫大洞炼师彭城刘氏墓志铭并序〉诸问题考辨》，《古籍研究》1999 年第 4 期，第 77—79 页。

孙照海：《陆德明考论》。山东大学硕士学位论文，2005 年。

孙齐：《唐前道观研究》。山东大学博士学位论文，2014 年。

孙亦平：《李德裕与中晚唐茅山道教》，《宗教学研究》2020 年第 4 期，第 9—16 页。

汤其领：《唐代茅山道论略》，《河南科技大学学报》2008 年第 6 期，第 31—34 页。

吕鹏志：《天师道旨教斋考（上篇）》，《"中央研究院"历史语言研究所集刊》2009 年第 80 本第 3 分，第 355—402 页。

吕鹏志：《天师道旨教斋考（下篇）》，《"中央研究院"历史语言研究所集刊》2009 年第 80

本第 4 分，第 507—553 页。

吕博：《武后不死：升仙太子碑成立前后以及武周末年的宗教、政治转向》，《新史学》（中古时代的知识、信仰与地域专号）2021 年第 14 卷，第 58—108 页。

吕宗力主编：《中国历代官制大辞典（修订版）》。北京：商务印书馆，2016 年。

伏蒙蒙：《〈脉望馆钞校本古今杂剧〉内府本考述——兼论明代内府本的戏剧史意义》，《文化遗产》2018 年第 6 期，第 46—56 页。

朱越利：《解读司马承祯传记（上）》，《中国道教》2016 年第 4 期，第 10—15 页。

朱越利：《解读司马承祯传记（下）》，《中国道教》2016 年第 5 期，第 31—35 页。

朱玉麒：《唐代道教人物三考》，《中国道教》1995 年第 2 期，第 37—40 页。

朱思敏：《唐代文言小说佛教题材研究》。安徽师范大学硕士学位论文，2011 年。

扬子路：《隋唐道教术数派与传统数学关系考论》，《四川大学学报》2012 年第 4 期，第 154—160 页。

任继愈主编、钟肇鹏副主编：《道藏提要》（第三次修订本）。北京：中国社会科学出版社，2005 年。

任兰香：《〈太平广记〉神仙部词汇研究》。温州大学硕士学位论文，2012 年。

西安碑林博物馆编：《纪念西安碑林九百二十周年华诞国际学术研讨会论文集》。北京：文物出版社，2008 年。

陈垣：《二十史朔闰表（附西历回历）》。北京：古籍出版社，1956 年。

陈国符：《道藏源流考》。北京：中华书局，1963 年。

陈国符：《道藏源流考》。北京：中华书局，2012 年。

严振飞：《两个王远知》，《中国道教》1991 年第 4 期，第 32—33 页。

李孟楚：《敦煌石室老子义疏残卷本刘进喜疏证》，《国立中山大学语言历史学研究所周刊》1930 年第 2 期（总第 10 集第 120 期），第 1—4 页。

李剑国：《唐五代志怪传奇叙录》（增订本）。北京：中华书局，2017 年。

李刚：《李白与道士之交往》，《宗教学研究》1988 年 Z1 期，第 83—88 页。

李刚：《隋文帝与道教》，《福建论坛》1992 年第 1 期，第 67—71、49 页。

李刚：《唐代江西道教考略》，《世界宗教研究》1992 年第 1 期，第 52—59 页。

李淞：《唐太宗建七寺之诏与彬县大佛寺石窟的开凿》，收其《长安艺术与宗教文明》，第 13—50 页。

李淞：《长安艺术与宗教文明》。北京：中华书局，2002 年。

陈文龙：《道教炼度仪式考论——兼述道教修仙思想的发展》，《宗教研究》2013 年，第 107—129 页。

陈金华：《圣善寺考论》，收李四龙、周学农主编：《哲学宗教与人文》，第 471—510 页。

陈耀庭：《高功》，收胡孚琛主编：《中华道教大辞典》，第 502 页。

陈洁：《〈明皇杂录〉研究》。东北师范大学硕士学位论文，2012 年。

陈晓娥：《〈大唐故金仙长公主志石之铭〉考释》，《乾陵文化研究》第 2 辑，第 177—180 页。

陈艳玲：《略论唐代巴蜀地区的佛道之争》，《历史教学问题》2008 年第 2 期，第 51—55 页。

李四龙、周学农主编：《哲学宗教与人文》。北京：商务印书馆，2004 年。

李猛：《释法琳〈破邪〉〈辩证〉二论之编纂与早期流传》，《文献》2021年第3期，第120—137页。

李并成：《唐代瓜州（晋昌郡）治所及其有关城址的调查与考证——与孙修身先生商榷》，《敦煌研究》1990年第3期，第24—31页。

李斐：《民间与官方、政治与宗教——以唐代女真白日升仙现象为中心的考察》，《四川大学学报》2011年第4期，第27—28页。

李丰楙、廖肇亨主编：《圣传与诗禅——中国文学与宗教》。台北："中央研究院"中国文哲研究所，2007年。

李帮：《唐金仙公主生平事迹考略》，《唐史论丛》2018年总第26辑，第148—161页。

李辉：《〈山居录〉研究》。吉林大学硕士学位论文，2011年。

李浩：《新见李白姻亲宗氏夫人墓志考略》，《唐代文学研究》2021年第20辑，第3—16页。

沈文凡、孟祥娟：《唐代河南于氏家族文学缉考》，《古籍整理研究学刊》2010年第2期，第79—86页。

吴真：《唐代社会关于道士法术的集体文学想象》，《武汉大学学报》2010年第63卷第3期，第294—299页。

吴真：《为神性加注：唐宋叶法善崇拜的造成史》。北京：中国社会科学出版社，2012年。

吴国富：《庐山道教史》。南昌：江西人民出版社，2011年。

吴佐忻：《〈山居要术〉考》，《医古文知识》2003年第3期，第30—31页。

佐藤康裕：《唐代の道教における潘師正の位置》，《早稻田大学大学院文学研究科纪要》1998年第1分册第44辑，第97—108页。

连晓鸣编：《天台山暨浙江区域道教国际学术研讨会论文集》。杭州：浙江古籍出版社，2008年。

汪桂平：《唐代的茅山道》，《文史知识》1995年第1期，第91—98页。

汪桂平：《唐玄宗与茅山道》，《世界宗教研究》1995年第2期，第63—71页。

汪桂平：《从天台道士应夷节的受道历程看唐代道教的授箓制度》。收连晓鸣编：《天台山暨浙江区域道教国际学术研讨会论文集》，第704—708页。

汪桂平：《潘师正生平考述》，《中国本土宗教研究》2020年总第3辑，第306—323页。

汪业全：《史崇玄〈一切道经音义〉考》，《广西师范大学学报》2004年第2期，第71—74页。

汪业全：《〈道藏〉音释研究》。广西师范大学硕士学位论文，2001年。

何安平：《唐代茅山道教与文学》。复旦大学博士学位论文，2019年。

何安平：《王者之师：唐代高道李含光的生平与事业》，《中华文史论丛》2021年第1期，第183—218页。

邹瑜：《〈新唐书〉增补传记之史料来源考略——笔记小说部分》。陕西师范大学硕士学位论文，2005年。

严正道：《唐代道士罗公远考》，《宗教学研究》2015年第3期，第74—78页。

沟部良惠：《牛肃〈纪闻〉考——以〈吴保安〉为中心》，《唐代文学研究》2006年第11辑。

辛德勇：《制造汉武帝》。北京：生活·读书·新知三联书店，2015年。

杨大膺：《龙虎山上清宫考》，《光华大学半月刊》1936 年 5 卷第 3—4 期，第 126—128 页。

杨大膺：《龙虎山上清宫考（续）》，《光华大学半月刊》1937 年 5 卷第 5 期，第 78—80 页。

杨莉：《从边缘到中心：唐代护国女仙与皇室本宗情结——兼论李唐皇室与地方政府及道教界的互动关系》。收黎志添主编：《道教研究与中国宗教文化》，第 122—151 页。

杨莉：《谢自然传与谢自然诗：女修成道于神圣与凡俗两界的意义建构》，收李丰楙、廖肇亨主编《圣传与诗禅——中国文学与宗教》，第 443—484 页。

余欣主编：《中古时代的礼仪、宗教与制度》。上海：上海古籍出版社，2012 年。

《明大寄存新收中国北朝·唐代墓志石刻资料集——介绍和解说》，《明治大学东洋史资料丛刊》6，"古代学研究所" 13 号，2010 年 3 月。

周沐照：《龙虎山上清宫沿革建置初探——兼谈历代一些封建帝王对龙虎山张天师的褒贬》，《江西历史文物》1981 年第 4 期，第 75—83 页。

郁贤皓：《唐刺史考》。南京：江苏古籍出版社，1987 年。

郁贤皓：《唐刺史考全编》。合肥：安徽大学出版社，2000 年。

罗时进：《伪托闾丘胤撰〈寒山子诗集序〉的接受与演化——以寒山、拾得之形象演变为中心》，《复旦学报》2017 年第 4 期，第 98—106 页。

罗时进：《寒山生卒年新考》，《唐代文学研究》2002 年，第 333—345 页。

罗争鸣：《〈洞玄灵宝三师记并序〉作者归属及相关的会昌灭佛问题考论》，《宗教学研究》2013 年第 1 期，第 46—50 页。

罗争鸣：《赵道一〈历世真仙体道通鉴〉的编撰、刊刻与流传论考》，《宗教学研究》2018 年第 3 期，第 36—44 页。

罗琴：《龙虎山志源流考略》，《宗教学研究》2016 年第 2 期，第 50—54 页。

孟宪实：《〈安乐公主墓志〉初探》，收西安碑林博物馆编：《纪念西安碑林九百二十周年华诞国际学术研讨会论文集》，第 315—323 页。

周诗华：《发现成玄英：敦煌文献研究中的知识细化问题——以敦煌本〈老子道德经义疏〉第五残卷的研究为中心》，《历史文献》2021 年第 23 辑，第 392—406 页。

张勋燎、白彬：《江苏、陕西、河南、川西南朝唐宋墓出土镇墓石刻之研究》，收其《中国道教考古》，第 1451—1610 页。

张倩倩：《〈唐护法沙门法琳别传〉研究》。安徽大学硕士学位论文，2013 年。

张鹏：《塑造与讹误：从对〈甄正论〉作者的质疑而展开》，《中国典籍与文化》2017 年第 3 期，第 121—130 页。

张国刚：《〈资治通鉴〉与家国兴衰》。北京：中华书局，2016 年。

张固也、李辉：《〈山居录〉——我国现存最早的种药专著》，《南京中医药大学学报》2008 年第 4 期，第 208—212 页。

张固也：《王旻〈山居要术〉新考》，《中医药文化》2009 年第 1 期，第 48—51 页。

张泽洪：《唐代〈道藏〉的编纂与传写》，《中国道教》1992 年第 4 期，第 39—44 页。

张泽洪：《论科教三师》，《宗教学研究》1998 年第 4 期，第 33—39 页。

张泽洪：《唐代敦煌道教的传播》，《中国文化研究》2000 年第 1 期，第 59—64 页。

张泽洪：《早期天师世系与龙虎山张天师嗣教》，《社会科学研究》2012 年 6 月，第 122—

128 页。

宫川尚志：《唐室の创业と茅山派道教》，收其《六朝史研究·宗教篇》，第 176—187 页。

宫川尚志：《六朝史研究·宗教篇》。京都：平乐寺书店，1964 年。

宫内淳平：《道士王远知について》，《社会文化史学》1977 年第 14 号，第 74—76 页。

南京大学历史学院文物考古系、扬州市文物考古研究所：《江苏扬州市秋实路五代至宋代墓葬的发掘》，《考古》2017 年第 4 期，第 54—64 页。

砂山稔：《韦应物と道教——真性〈真诰〉刘黄二尊师について》，收其《隋唐道教思想史研究》，第 358—362 页。

砂山稔：《瞿童登仙考——中晚唐の士大夫と茅山派道教》，收其《隋唐道教思想史研究》，第 364—388 页。

砂山稔：《李德裕と道教——茅山派道教の宗师·孙智清との关わりに》，收其《隋唐道教思想史研究》，第 389—415 页。

砂山稔：《隋唐道教思想史研究》。东京：平河出版社，1990 年。

姜伯勤：《〈本际经〉与敦煌道教》，《敦煌研究》1994 年第 3 期，第 1—16 页。

《洛阳正平坊遗址考古重要进展！和唐玄宗胞妹有关》，《正观新闻》2023 年 1 月 13 日，转引自《洛阳日报》，链接：https://baijiahao.baidu.com/s?id=1754868138358052919&wfr=spider&for=pc。

胡孚琛主编：《中华道教大辞典》。北京：中国社会科学出版社，1995 年。

胡可先：《新出土石刻史料与李德裕相关问题探索》，《河南社会科学》2017 年第 5 期，第 82—90 页。

胡安徽：《历史时期武陵山区药材产地分布变迁研究（618—1840）》。西南大学博士学位论文，2011 年。

祝逸雯：《从自炼到炼他：以道教五芽法、五炼生尸法和五芽炼为例》，《宗教学研究》2023 年第 1 期，第 16—25 页。

钟肇鹏主编：《道教小辞典》。上海：上海辞书出版社，2001 年。

钟来茵：《新发现九首唐诗——兼论从〈道藏〉补编〈全唐诗〉》，《江苏社联通讯》1990 年第 2 期，第 47—54 页。

赵贞：《唐宋天文星占与帝王政治》。北京：北京师范大学出版社，2016 年。

赵超：《初盛唐的崇道狂迷——谈终南山道教与文人活动》，《太原师范学院学报》2005 年第 1 期，第 87 页。

段祖青、蒋振华：《略论宋前茅山高道与文人之交往》，《江西科技师范大学学报》2015 年第 1 期，第 111—117 页。

段塔丽：《略论隋朝统治与道教》，《晋阳学刊》1998 年第 2 期，第 81—85 页。

砺波护：《初唐的佛教、道教与国家——法琳事迹考》，收其著，韩昇编、刘建英译：《隋唐佛教文化》，第 10—32 页。

砺波护著，韩昇编、刘建英译：《隋唐佛教文化》。上海：上海古籍出版社，2004 年。

唐长孺：《读"桃花源记旁证"质疑》，收其《南北朝史论丛续编》，第 163—174 页。

唐长孺：《南北朝史论丛续编》。北京：生活·读书·新知三联书店，1959 年。

陶敏：《全唐诗人名汇考》。沈阳：辽海出版社，2006年。

顾雪军：《河南洛阳市洛南新区唐代侯希言墓的发掘》，《考古》2022年第3期，第114—120页。

唐雯：《女皇的纠结——〈升仙太子碑〉的生成史及其政治内涵重探》，《唐研究》2018年第23卷，第221—246页。

唐建：《天师张陵族系及里籍考辩》，《宗教学研究》2005年第3期，第4—7页。

唐文婧：《李德裕及其诗歌研究》。南京师范大学硕士学位论文，2019年。

高铁泰：《对〈唐京兆府万年县乡里补考〉的异议》，《唐都学刊》2011年第27卷第4期，第128页。

卿希泰：《王远知》，《宗教学研究》1983年第2期，第41页。

卿希泰主编：《中国道教史》。成都：四川人民出版社，1996年。

卿希泰、詹石窗主编：《中国道教通史》。北京：人民出版社，2020年。

爱宕元：《唐代楼观考——欧阳询撰〈大唐宗圣观记〉碑を手掛りとして》。收吉川忠夫编：《中国古道教史研究》，第275—322页。

贾晋华著译：《唐代女道士的生命之旅》。北京：社会科学文献出版社，2022年。

夏晓庆：《中唐于鹄诗歌论稿》。吉林大学硕士学位论文，2017年。

袁清湘：《唐宋〈通玄真经〉诠释思想研究——以徐灵府、朱弁和杜道坚为考察对象》。华中师范大学博士学位论文，2008年。

袁清湘：《徐灵府与上清派南岳天台系》，《中国道教》2009年第6期，第41—44页。

岛一：《徐灵府の「通玄真経」注について》，《立命館文学》1990年通号516，第314—348页。

倪小鹏：《两唐书〈方技传〉研究》。兰州大学硕士学位论文，2014年。

康儒博（Robert Ford Company）著，顾漩译：《修仙：古代中国的修行与社会记忆》。南京：江苏人民出版社，2019年。

黄景春：《中国宗教性随葬文书研究：以买地券、镇墓文、衣物疏为主》。上海：上海人民出版社，2017年。

深泽一幸：《仙女谢自然の诞生》，收兴膳教授退官记念中国文学论集集委会：《兴膳教授退官记念中国文学论集》，第411—429页。

深泽一幸：《仙女谢自然の展开》，《言语文化研究（大阪大学）》2001年第27期，第233—254页。

龚斌：《桃花源原型在武陵之推论》，《天中学刊》2015年第6期，第67—75页。

崔瑞德编，中国社会科学院历史研究所西方汉学研究课题组译：《剑桥中国隋唐史》。北京：中国社会科学出版社，1990年。

阎守诚、吴宗国著：《盛唐之子：唐玄宗的成败》。太原：山西人民出版社，2022年。

黄海德：《20世纪道教重玄学研究之学术检讨》，《诸子学刊》2017年第15辑，第272—289页。

黄崑威：《敦煌本〈太玄真一本际经〉思想研究》。苏州大学博士学位论文，2010年。

黄莉莉：《试论唐前期员外置同正员制》，《江苏第二师范学院学报》2018年第2期，第54—

59 页。

黄锡珪：《李太白年谱，附李太白编年诗目录》。北京：作家出版社，1958 年。

黄吉宏、王丽：《空间宗续与仙老信仰：以上清陶弘景与徐灵府为中心的考察》。南昌：江西高校出版社，2015 年。

黄楼：《牛肃〈纪闻〉及其史料价值探讨》，《史学月刊》2005 年第 6 期，第 77—82 页。

韩森（Valerie Hansen）著，鲁西奇译：《传统中国日常生活中的协商》。南京：江苏人民出版社，2009 年。

傅璇琮：《李德裕年谱》。石家庄：河北教育出版社，2001 年。

傅璇琮、周建国校笺：《李德裕文集校笺》。北京：中华书局，2018 年。

《鲁迅全集》。北京：人民文学出版社，1973 年。

鲁西奇：《中国古代买地券研究》。厦门：厦门大学出版社，2014 年。

曾召南：《尹轨和〈楼观先师传〉考辨》，《宗教学研究》1984 年 00 期，第 76—82 页。

强昱：《〈本际经〉的重玄学思想研究》，《世界宗教研究》2001 年第 3 期，第 55—62 页。

曾礼军：《〈太平广记〉神仙小说中"青竹"的宗教文化意蕴探析》，《宗教学研究》2009 年第 3 期，第 31—36 页。

曾礼军：《宗教真实与文学想象——〈太平广记〉仙传小说的叙事特征》，《浙江师范大学学报》2012 年第 2 期，第 35—41 页。

曾庆丽，《牛肃〈纪闻〉研究》。西南大学硕士学位论文，2009 年。

韩瑜：《文化学研究视角下的唐代小说集〈纪闻〉》，《嘉兴学院学报》2006 年第 4 期，第 53—56 页。

福柯著，王德威译：《知识的考掘》。台北：稻田出版社，1993 年。

詹锳：《李白诗文系年》。北京：作家出版社，1958 年。

塚本善隆：《石经山云居寺与石刻大藏经》。收汪帅东译：《房山云居寺研究》，第 1—260 页。

塚本善隆、长广敏雄等著，汪帅东译：《房山云居寺研究》。北京：北京联合出版公司，2016 年。

雷闻：《唐长安太清观与〈一切道经音义〉的编纂》，《唐研究》2009 年第 15 卷，第 199—226 页。

雷闻：《碑志所见的麻姑山邓氏——一个唐代道教世家的初步考察》，《唐研究》2011 年总第 17 卷，第 39—70 页。

雷闻：《山林与宫廷之间：中晚唐道教史上的刘玄靖》，《历史研究》2013 年第 6 期，第 164—174 页。

雷闻：《茅山宗师王远知的家族谱系——以新刊唐代墓志为中心》，《隋唐辽宋金元史论丛》2014 年总第 4 辑，第 139—152 页。

雷闻：《贵妃之师：新出〈景龙观威仪田僓墓志〉所见盛唐道教》，《中华文史论丛》第 2019 年第 1 期，第 325—348 页。

雷闻：《新见〈中都大弘道观主上清大洞刘尊师玄台铭〉跋》，《隋唐辽宋金元史论丛》2020 年总第 10 辑，第 53—61 页。

路远：《褚遂良〈孟法师碑〉曾为碑林藏石》，《上海文博》2008 年第 3 期，第 35—38 页。

蓬莱外史：《王远知年谱》，"道教之音"2017年3月7日，链接：https://www.daoisms.org/article/zatan/info-28018.html

臧励龢等编：《中国古今地名大辞典》。上海：上海书店出版社，2015年。

蔡静波、隋晓会：《论唐五代笔记小说中的占卜民俗》，《渭南师范学院学报》2007年第22卷第6期，第52—55页。

黎志添主编：《道教研究与中国宗教文化》。香港：中华书局，2003年。

薄井俊二：《天台山记の研究》。福冈：中国书店，2011年。

薛平拴：《论唐玄宗与道教》，《陕西师范大学学报》1993年第22卷第3期，第83—89页。

魏来：《石经山金仙公主塔再研究》，《石窟寺研究》第12辑，北京：科学出版社，2021年，第106—124页。

魏斌：《"山中"的六朝史》。北京：生活·读书·新知三联书店，2019年。

Barrett, T. H. "The Emergence of the Taoist Papacy in the T'ang Dynasty." *Asia Major* 7.1 (1994), pp.89-106.

Benn, Charles. *The Cavern-Mystery Transmission: A Taoist Ordination Rite of A.D.711*. Honolulu: University of Hawai'i Press, 1991.

Benn, Charles. "Appendix Three: The Works of Chang Wan-fu." In his *The Cavern-Mystery Transmission: A Taoist Ordination Rite of A.D.711*, pp.144-158.

Benn, Charles. "Religious Aspects of Emperor Hsüan-tsung's Taoist Ideology." In D. Chappell ed., *Buddhism and Taoist Practice in Medieval Chinese Society*, pp.127-145.

Bokenkamp, Stephen R. "Sisters of the Blood: The Lives behind the Xie Ziran Biography." 《道教研究学报：宗教、历史与社会》2016年第8期，第5—30页。

Bokenkamp, Stephen R. "Transmissions of a Female Daoist: Xie Ziran (767-795)." In Florian C. Reiter ed., *Affiliation and Transmission in Daoism*. pp.109-121.

Chappell, D. ed. *Buddhism and Taoist Practice in Medieval Chinese Society*. Honolulu: University of Hawai'i Press, 1987.

Chen Jinhua. "A Daoist Princess and a Buddhist Temple: A New Theory on the Cause of the Canon-Delivering Mission Originally Proposed by Princess Jinxian (689-732) in 730." *Bulletin of the School of Oriental and African Studies, University of London* vol.69 no.2 (2006), pp.267-292.

Chen Jinhua（陈金华）. "A Complicated Figure with Complex Relationships: The Monk Huifan and Early Tang Samgha-state Interactions." In Thomas Jülch ed., *The Middle Kingdom and the Dharma Wheel: Aspects of the Relationship between the Buddhism Samgha and the State in Chinese History*, pp.140-221.

Evans, Richard J. *In Defense of History*. New York: W.W. Norton & Company, 1999.

Jülch, Thomas. *Der Orden Sima Chengzhen und des Wang Ziqiao: Untersuchungen zur Geschichte des Shangqing-Daoismus in den Tiantai-Bergen*. München: Utz Verlag Gmbh, 2011.

Jülch, Thomas ed. *The Middle Kingdom and the Dharma Wheel: Aspects of the Relationship* between the Buddhism Samgha and the State in Chinese History. Leiden & Boston: Brill, 2016.

Kirkland, Russell. "Taoists of the High T'ang: an Inquiry into the Perceived Significance of Eminent Taoists in Medieval Chinese Society." Ph.D. diss., Indiana University, 1986.

Kroll, Paul W. "Szu-ma Ch'eng-chen in T'ang Verse." *Society for the Study of Chinese Religions Bulletin* 6(1978):16 – 30.

Kroll, Paul W. "Notes on Three Taoist Figures of the T'ang Dynasty." *Society for the Study of Chinese Religions Bulletin* 9(1981):19 – 41.

Reiter, Florian C. *The Aspirations and Standards of Taoist Priests in the Early T'ang Period*. Wiesbaden: Harrassowitz Verlag, 1998.

Reiter, Florian C. ed. *Affiliation and Transmission in Daoism*. Wiesbaden: Harrassowitz Verlag, 2012.

Schafer, Edward H. "The Princess Realized in Jade," *Tang Studies* 3(1985):1 – 23.

Schafer, Edward H. *Mao Shan in T'ang Times*. Second Edition; Boulder, Colorado: Society for the Study of Chinese Religions, 1989.

Schipper, Kristofer and Franciscus Verellen eds. *The Taoist Canon: a History Companion to the Daozang*. Chicago and London: The University of Chicago Press, 2004.

后　记

本书是我工作以来完成的第六本学术专著（或许会比第五本《赓续与过渡——中晚唐道教侧写》更早出版），但这本书的完成和出版却并不在最初的预料之中。

对唐代大量道士进行集中考证的工作，起源于"历代高道传"编纂项目。

2016年赴上海工作后，因厦门大学黄永锋老师推荐，得浦东道教协会会长丁常云道长赏识，担任"历代高道传"项目执行主编。此后数年间，将多半精力放在《历代高道传》体例编订、项目组维持以及文稿撰写上，个人收获颇丰。但两年前，终因本人对项目推进过慢、学力过浅、名望太低，不具组织编纂之号召力，且在编纂观念上存在差异等原因，卸去执行主编之职。尽管不再担任执行主编，但仍愉快地承担《历代高道传·隋唐五代册》中四五十个道士传记的撰写工作。《历代高道传》在预期读者方面希望平衡学者、教界以及一般人士的阅读习惯，因此要求行文简明，希望以叙述式的语言呈现结果，对较为琐碎的考证有些抵触——这些考虑当然无可厚非。但在个人立场上，我倾向保留考证过程。对考证的呈现，使读者能够知悉观点的来由，并在追溯来龙去脉时对作者观点的可信度进行判断。换言之，保留考证有助于增加传记的客观性，便于未来纠错和订正，也有利于在读者和作者之间形成对话和互动。因撰写体例的要求，《历代高道传》不易呈现繁密的考证过程（但我还是多少保留了一些必要的考证，尤其在面对较为复杂的历史误解时），但这一过程却是通向最终"传记"不可或缺的必要步骤。于是，我将考证性文稿保留下来，从中选出较有价值的二十多篇进行改写和修订，最终呈现为眼前这本小书。

本书的完成，算是给我的唐代道士考证工作画上暂时的休止符。希望它的出版，多少能为大家的道教研究提供一点便利。

仅此而已。

2023 年 1 月 31 日傍晚

华灯初上，书房独坐

感谢昆山书法兼篆刻家吕昭成老师为本书题写书名。感谢朱永清兄指正本书初稿细节问题。

感谢上海社会科学院 2024 年院重要成果出版资助慨然资助本书出版。

2024 年 9 月 30 日补记